JN098495

ことわざから出会う
心理学

IMADA Hiroshi
今田 寛
［編著］

ミネルヴァ書房

まえがき

長く学び、勤めた関西学院大学を定年退職後、広島女学院大学に赴任し、全ての公務が終わったのは2011年の春のことでした。すでに75歳を超えていましたので、そろそろ引退時と判断し、西宮に戻ってきたとたん、次の年から大阪梅田で社会人を対象に開講している講座を担当せよという話が舞い込んできました。与えられた課題は何と「人生を豊かにする心理学」でした。基礎実験心理学者の私には荷が重いタイトルでした。加えて、リピーターがいるので、できるだけ毎回新しいことを話してほしいという要請でますます困惑。これでは数少ない引き出しでは間に合いません。そこで思いついたのが「ことわざ」でした。「親は無くても子は育つ」というのは発達心理学の立場からみて本当なのか？　本当に「目は口ほどに物を言う」のか？　「赤信号皆で渡れば怖くない」を説明する実証的研究は心理学にあるのかなどを問い、順次答えていくことは、心理学を身近で様々な切り口から考える機会になると気づきました。2015年には、それまでの何年かの講義をもとに『ことわざと心理学――人の行動と心を科学する』（有斐閣）をまとめました。その後も講義はつづきましたので、その内容を一般の読者の皆さんにお伝えし、心理学の面白さを知ってもらいたい思いで、今回も出版を計画しました。間違いなく我が人生最後の出版となるでしょう。

今回は、本書の内容をより捉えやすいものになることを目指し、若い現役の先生方の意見も求めました。すると、「先生の講義の魅力を前面に出すように」との声が多く、今回は、実際の講義に近いかたちで、ですます調の語りの文体にしました。それでも、物事をきっちり事実で証明しなければ気が済まない実験心理学者の硬さは残ったでしょう。今回のもう一つの特徴は、ことわざの文化差にも取り組んだことです。ことわざは人類の生活の知恵の結晶なので、普遍的なものが多いですが、求められる生活の知恵は、文化によって、時代によって変わることを考えれば、ことわざに文化差、時代差があるのも当然です。今回は、「出る杭は打たれる」「旅の恥は掻き捨て」のような、日本に特徴的なことわざも取り上げ、人の行動の文化による規定性にも目を向けました。

ことわざは多岐にわたる人間の行動をカバーしているので、学習、動機づけ、恐怖・不安・ストレスの基礎研究を専門とする私にとっては、狭い意味では専門外のテーマが多かったのですが、これは視野の狭い私を肥らせる絶好の機会ととらえ挑戦し、おかげで随分これまで無知であった領域のことを勉強しました。しかしそれでも思い違いや誤解があるかもしれませんので、すべての原稿は、その道の専門の先生方にお目通し願いました。その他、資料提供などでお世話になった先生もあり、それらの先生方のお名前を左に記し、心からの感謝の意を表したいと思います。ありがとうございました。

〈原稿のチェックほか、情報・資料収取等でお世話になった方々〉（五十音順、敬称略）
有光興記、安藤寿康、石田雅人、今城周造、内田由紀子、大渕憲一、小川洋和、桂田恵美子、北口勝也、北村元隆、サトウタツヤ、中島定彦、成田健一、一言英文、松見淳子、渡邊正孝、渡邊芳之、吉田寿夫

また関西学院大学の現役の心理学の先生方の何人かに、講間コラムを執筆いただいたので、内容がより豊かで多様なものとなりました。ありがとうございました。

最後になりましたが、今回の企画に関心をもっていただき、全体の計画の推進、細かい点のチェックなど、

何から何まできめ細かく面倒を見ていただいた、ミネルヴァ書房の丸山碧さんに心から感謝申し上げます。さすが心理学で修士課程まで終えられただけあって、的確なご指摘に大いに助けられました。ありがとうございました。

本書を通して多くの方が、ことわざから心理学に出会い、親しんでいただければと願っています。

２０２２年5月30日（88歳誕生日）

西宮市松籟荘にて　今田　寛

『ことわざから出会う心理学』　目次

目　次

目　次

第1講

血液型性格判断は妥当なのか?
――「馬には乗ってみよ、人には添うてみよ」

パーソナリティの心理学

【日本語大辞典】 馬は、乗ってみなければそのよしあしはわからないし、人も、いっしょに暮らしてみなければその本当の人柄はわからない。何事も、実際に経験したうえで判断せよ、という教え。(講談社)

まずはじめに、左記の3つの質問に答えてください。Q1は、自分が当てはまる番号に○をしてください。

Q1 血液型と性格は相関があると思いますか?
1. 大いにある
2. ある程度ある
3. おそらくない
4. まったくない
5. 分からない

Q2 あなたの血液型は?

Q3 自分の血液型のために不快な経験をしたことがありますか?

この質問のQ1については、私の講義の受講生の回答を本章の最後で紹介します。

標記のことわざは、「何事も、実際に経験したうえで判断せよ、という教え」です。またことわざではありませんが、「先入観をもって物事を見るな」という意味で「イドラ（idola 幻影）」という名言があります。これは17世紀の近代科学の誕生の立役者の一人と言われる、イギリスのフランシス・ベーコン（Francis Bacon, 1561-1626）の言葉で、知的偏見・先入観を意味する言葉です。ベーコンは、このイドラを捨て、事実の観察と実験からの帰納によってのみ真の知識に到達できると主張しました。「何事も客観的事実や証拠に基づいて判断してほしい」という願いを込めて、このことわざの意味を本章ではこのようにくみ取りました。

今回のテーマは「血液型」です。血液型占いなどとも呼ばれ、世の中で広く知られている「血液型によってその人の性格を判断する〝血液型性格判断〟」によって、「＊型だから大雑把である」などと、ある種の先入観によって人柄を捉えることもあるようです。しかし果たしてこの判断は正しいのでしょうか。第1講は、この「血液型性格判断」の妥当性を確かめるものです。

はじめに

おなじみのＡ、Ｂ、Ｏ、ＡＢという血液型を私が初めて知ったのは、太平洋戦争中でした。戦争も末期になると、私の住んでいた西宮市甲東園も、近くに軍需工場（川西航空機、現・新明和工業。場所は現在の阪神競馬場）があったために、Ｂ29による空爆の標的になりました。そのため国民学校（今の小学校）への登校時には**図1-1、1-2**のような防空頭巾が必携になりました。綿入りの私の紫色の頭巾には、住所名前等とともに、「血液型Ａ」と書き込まれた布切れがしっかり縫い付けられていました。もしものときの出血・輸血に備えてのことでした。幸いそれが役に立つことはありませんでしたが、子どもたちの間では、密かに血液型による性

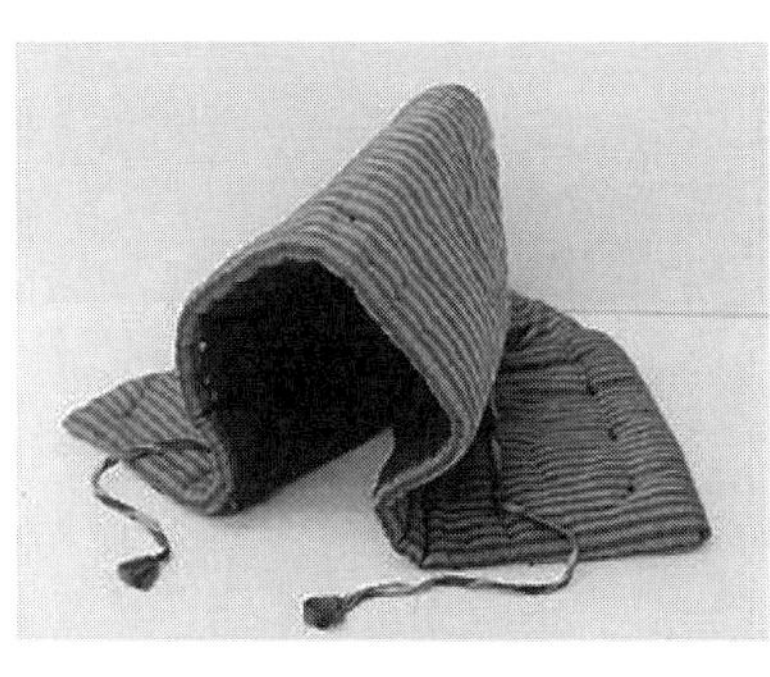

図１－１　防空頭巾

図１－２　防空頭巾着用でお出かけの親子

格判断が広まったような覚えがあります。当時の記憶では、「彼はO型に違いない」などというと、大抵当たっていたのが妙に記憶に残っています。

その私が後に心理学の道を選び、血液型で性格判断はできるかを問うことになりました。実は血液型性格占いはわが国独自のものなのですが、大きなブームは、太平洋戦争前と戦後と2度ありました。以下、そのような歴史的背景についてまず述べ、最後の第3節で、今日の心理学が血液型性格占いをどのようにみているかを述べることにします。

A、B、O、ABの4種類の血液型が確定されたのは１９００（明治33）年、オーストリアの病理学者・カール・ラントシュタイナー（Karl Landsteiner, 1868–1943）とその弟子たちによってでした（大村 2012, p. 21）。それまでは、血液の組み合わせによって血が固まる凝集という現象が知られていなかったため、この発見によって人の輸血医療は飛躍的に進歩しました。そしてその功もあってか、ラントシュタイナーは１９３０（昭和5）年にノーベル生理学・医学賞を受賞しています（なお輸血をする際には、ABO式の血液型に並んでRh式も重要であることが後に明らかになりました）。

それではA、B、O、AB型の血液型の人は、それぞれどのような割合で分布しているのでしょうか。実はこの血液型分布は人種によって同じではありません。**図１－３**は人種別血液型分布を示していますが、ヨーロッパ人ではA型とO型が多く、B型が少ないのに対して、アジア人はヨーロ

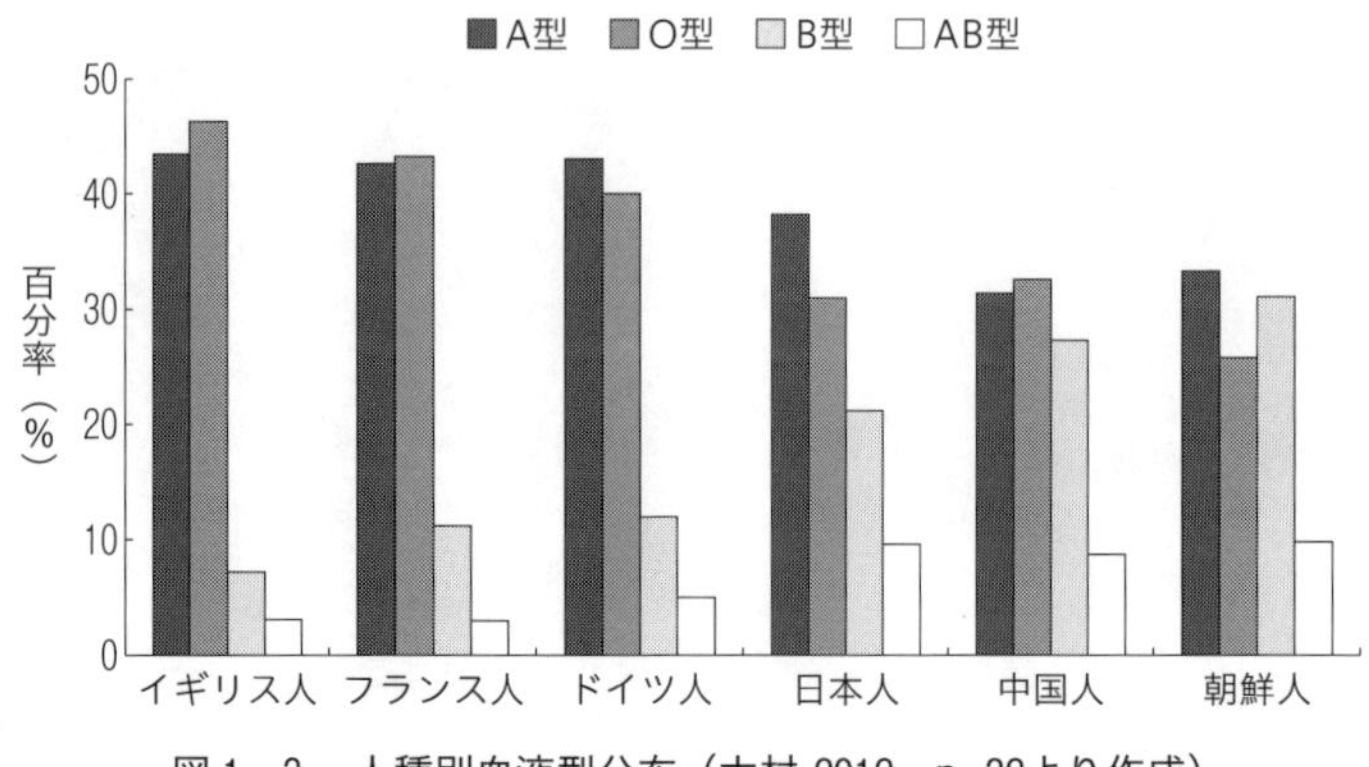

図1－3　人種別血液型分布（大村 2012, p. 32より作成）

ッパ人に比べてB型が相対的に多いのが特徴です。日本人の血液型分布は、A、O、B、AB型の順に、ほぼ4：3：2：1といわれています。なおこの図にない北米人（アメリカ人、カナダ人）は、ヨーロッパ人にほぼ同じだといわれています（29頁も参照）。

1　血液型と性格の関係：戦前編

わが国で、血液型と性格の関係に初めて言及したのは長野日本赤十字病院の医師・原来復（きまた）といわれています。1916（大正5）年のことです（松田 1991, p. 29；大村 2012, p. 24）。その当時は、西欧はあらゆる面で東洋より進んでおり、ヨーロッパでは、西欧人の優秀さはA型が多いためだとするA型人種優秀論が支配的でした。それと並んで、当時は動物の血液型とみられていたB型が相対的に多い東洋人は、まだ進化の過程にあるとするB型人種劣勢論も幅を利かせていました。これを面白くないと思った原は、日本人が西欧人に劣っているはずはないと信じ、それを立証しようとして多くの日本人（長野県人）の血液型を調べてみました。しかしその立証には成功せず、その代わり、多くの人々に接しているうちに、この人はB型に違いないと思うとそのとおりだったという不思議を何度となく経験することになりました。

そして血液型と性格には関係があるのではないかと思うようになり、この道の研究の将来性に期待を寄せています（『信濃毎日新聞』、１９１６年5月31日）。しかし原自身がこの道の研究を発展させることはありませんでした。

その後血液型の研究は、負傷・輸血と関わりが深い大日本帝国陸海軍の軍医たちを中心に進められましたが、やがて研究は血液型と個性の関係へも展開することになります。もっとも個性といっても、当時はほとんどが身長、体重、同胞（きょうだい）数、階級、懲罰、疾病などが主で、心理的特性への深い踏み込みはみられていません。しかし血液型と各種スポーツ適性との関係や、血液型による兵管理などの試みもなされており、これらは心理学者の関心事と重なるところがあります。

血液型と気質の関係の研究を世界で初めて行った古川竹二

１９００年にラントシュタイナーによる血液型が発見されて以来、専ら医学者の手にあった血液型の研究に文科系の学徒が日本で初めて関心をもち、論文を著わしたのは１９２７（昭和２）年のことでした。現在の東京大学哲学科教育学専攻出身の古川竹二の論文、「血液型による気質の研究」です。**図１－４**は、切手になった古川の肖像です。

原点を押さえる意味で、まずこの論文の概要をコラム１－１にまとめましたので参考にしてください。ちなみに、古川は当時、東京女子高等師範学校（現・お茶の水女子大学）で教えていました。

図１－４　切手になった古川竹二（提供：大村政男）

注：2006年から始まった「オリジナル切手作成サービス」を利用して，心理学者の大村政男が個人的に作成したもののようである。

古川竹二の論文「血液型による気質の研究」「心理学研究」1927年、第2巻

古川は教育学者ですが、この心理学の専門誌に掲載された論文の冒頭には、当時の東大心理学の大御所・松本亦太郎と、助教授の増田惟茂への謝辞があります。

論文は、気質(注1)の研究の歴史的展望から始まり、過去の研究はいずれも科学的根拠を欠くとし、次に血液型研究の歴史を概観し、血液型にはA、B、O、AB型があることを紹介し、続いて血液型という客観的事実と気質の関係を追究しようとする自分の研究の科学性を訴えています。文意を汲んで研究の目的を引用しますと、「……重大な人体の要素である血液にいろいろ相違があるとすれば、各人の心理的相違と何らかの因果関係がないだろうかと思って、血液四型と気質の関係を研究すること」とあります。

研究は、まず自分の血縁関係の人々（11名）を観察し、同一血液型の人が類似の気質傾向にあるという印象を受けます。次に、長年親交のある同僚、卒業生（50名）を対象としてこの印象を調査で確認します。そして最後に、女子高等師範学校の生徒（269名）について本調査を行うという、慎重な段階的方法をとっています。

その結果、気質は積極的進取的（active）と、消極的保守的（passive）に大別できるという結論に達し、積極的気質（A組、血液型と紛らわしいので、以下、積極組）と消極的気質（B組、以下、消極組）に該当する行動特徴を、それぞれ9つずつあげ、全対象者に自己判定と他者判定によって、それぞれが積極組に属するか消極組に属するかを答えさせました。そして積極組の行動特徴例としては、物事を苦にしない方(ほう)、事を決するとき躊躇しない方、恥ずかしがりやでない方、等々があり、消極組のそれには、それぞれの逆、つま

り心配性の方、事を決するとき迷う方、恥ずかしがりやの方、等々がありました。(注2)

次に、自己判定と他者判定の結果を血液型と対応させ、結論として、次のような対応関係があることを明らかにしています。(注3)

A型	消極的、保守的（内面的および外面的） おとなしい人、心配性の人、不平家、引込み思案の人
B型	積極的、進取的（主として外面的） よく気のつく人、世話好きの人、陽気な人、黙っておられぬ人
O型	積極的、進取的（内面的および外面的） きかぬ気の人、冷静な人、精力的な人、強い人
AB型	A型的でB型的分子を有する人

要するに、消極的なA型、積極的なOおよびB型、混合型のAB型というパターンです（図１－５も参照）。論文はこの血液型と気質の関係に対する自らの仮説の妥当性を数値的に示し、仮説と必ずしも一致しない事実にも考察を加え、続いて血液型の遺伝について言及しています。そして最後には、血液型と気質の関係は、性格への環境の影響がまだ少ない少年少女においてより顕著であろうと、教育学者らしく環境の性格へ

（注１）　心理学では一般に気質（temperament）とは、遺伝の影響の大きい性格（character）の一側面とみられています。

（注２）　なおこれらの行動特徴は、積極組は後に淡路・岡部（1933）によって外向的と呼ばれるようになった特徴に、また消極組は内向的特徴に対応しています。しかし、積極組の最後の２特徴（他人の意見に動かされない方、自分の主張を枉げない方）は、淡路式向性検査では「他人の意見を素直に聞き入れる」のが外向的なので、内向的特徴となり、不思議にこの２特徴だけが逆の対応関係のものでした。

（注３）　ただ、データの整理方法の詳細は論文からは十分理解することはできませんでした。

の影響にも言及しています。

ところで、なぜ古川が血液型と気質の関係に関心を抱くようになったかについてですが、彼は医師の家庭に生まれ、兄も弟も医師になりましたが、自分は聴覚障害があったため医師の道に進み得なかったこと、また弟が北里研究所で血液型調査に携わっていたことの影響もあっただろうと大村は考察しています（大村 2012, p. 37）。

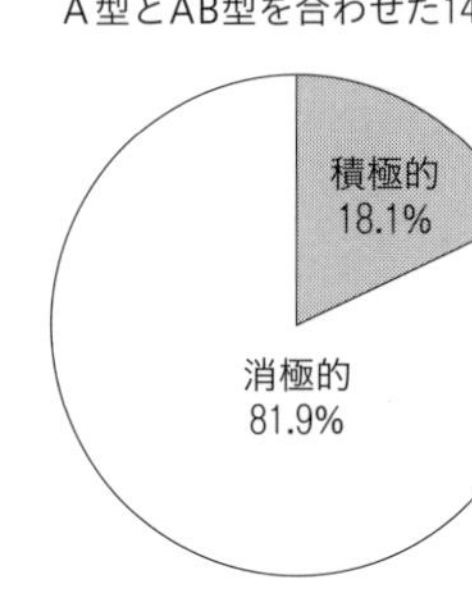

図1-5　古川説の大村による要約（大村 2012, p. 39より作成）

次に進む前に、古川の血液型と気質の関係に関するデータをもとに、他の研究者が古川学説をわかりやすくまとめたものを2つ紹介しておきます。

一つは、１９３０（昭和５）年の古川と同時代の法医学者・大村得三（1931）による要約です。「A型の人は温厚そうであるが小心翼々で案外不平がましく、B型の人は機転がよく利き磊落な気質の人、ＡＢ型の人は一見豪快そうだが案外内心因循なところがあり、O型の人は理知的だが打算的な人ということになっている」（松田 1991, p. 126より引用）。

第二は、近年の心理学者・大村政男が古川の調査結果をまとめた**図1-5**です。積極的なB型とO型、消極的なA型とＡＢ型という姿が見て取れます。

古川の血液検査事件とその結果

古川が先の論文を著わした翌年、１９２８（昭和３）年６月21日の新聞

２紙は次の見出しの出来事を報じています。図１－６は東京朝日新聞の記事ですが、医師でもない古川が小学生の血液を採取し、血液型と気質の関係に関するいかがわしい研究を行ったのはけしからんという調子の批判です。読売新聞の見出しも同様で、「御茶ノ水高女教諭の大暴挙、独断の研究材料に小学生の血液採取、犠牲になった百六十名の生徒」という見出しです。

しかしこの批判に対して、血液型研究で夙に知られていた金沢医科大学の医師・古畑種基と、小学校での検査を古川に許可した文部省が、古川を擁護する立場に立ちました。古畑は、古川の研究は日本独自の優れた科学的研究であり、教育面や職業選択にあたって広く社会に役立つ研究である。欧米研究崇拝、自国研究軽視は止めよという調子です。また文部省も古川の研究が独創的で世界的な一大発見であり、児童の個性に合わせた教育の合理性を述べて古川を擁護しています（松田 1991, pp. 85-86）。

ちなみに、この時代にあっても、その後においても、血液型性格相関説が日本ほど話題になった国はほかにありません。その意味では日本独自の研究であったことは間違いありません。

このように古川の新学説は、批判の形であれ、マスコミに取り上げられたことによって、また古畑や文部省の擁護もあって、かえって世間の注目を集めることになりました。またその後、陸軍や法医学会の好意的対応もあって、１９２９（昭和４）年

児童の氣質調べに
奇怪な血液檢査
小石川窪町小學校の保護者から
嚴重な抗議申込み

あやふやな學理
兒童教育上にも保健上にも
由々しい大問題

現在の醫學では
絶對不可能
衛生試驗所の石川技師談

図１－６　1928（昭和３）年６月21日　東京朝日新聞の記事

図1－7　「血液型研究」創刊号の表紙（大村 2012，p. 103より）

注：人物は，唾液による血液型検査に応じる若槻禮次郎首相。

頃までには、「心理学会から医学会まで、古川の学説は、一応の学問的市民権を得たことになった」（松田 1991, p. 99）とのことです。

このようにして、昭和一桁の半ばには、犯罪者、共産党員、精神病者、人種、地域集団、スポーツ・チーム等の団体気質と血液型の関係が、また著名人の個人気質と血液型の関係が取り上げられるに伴って、古川学説は世間一般の関心も喚起するようになり、ちょっとしたブームになったようです。なお、このブームの背景には、長崎医科大学のタレント性の高い医師・浅田一の存在があったようで、彼が深く関わって１９３０（昭和５）年には製薬業の石津作次郎が「大阪血液型研究所」を発足させ、翌年10月には「血液型研究」という専門誌も発刊されるようになりました。図１－７は同誌の創刊号の表紙です。なおこの「血液型研究」はその後も長く継続出版され、大村は創刊号から１９３５（昭和10）年の第50号までの要約を紹介しています（大村 2012：第5章）。

一方、このような古川説のブームに便乗した金銭目当ての占い師も暗躍するようになりました。また研究者の間でも、とても科学的とはいえない大胆な決めつけ的発言も目立つようになりました。たとえば古川自身、当時台湾を支配していた日本に対して現地の高砂族が叛乱を起こした事件について、高砂族にはO型が多いためであって、彼らをおとなしくさせるためにはA型の多い日本人と結婚させればよいというような乱暴な発言を行っています（松田 1991, p. 147）。１９３１年のことです。

古川説への批判

このような乱暴な発言に対しては当然反論が起こりました。たとえば台湾総督府医学専門学校教授で、血液型をはじめ高砂族の調査を行ってきた丸山芳登は古川説を「甚だ出しゃばり過ぎた空論」として反発していま す（丸山 1932）。一方、同じ1932（昭和7）年1月には、古川は三省堂から単行本『血液型と気質』を出版しました（古川 1932）。しかし皮肉なことに、この本の出版がきっかけになって、「……古川学説への批判は、昭和7年末から一斉に始まった」（松田 1991, p. 151）とあります。

1927（昭和2）年の古川による初の血液型気質相関説の論文が引き起こしたブームと、1932（昭和7）年の同氏の単行本出版以後のブームの衰退の様子は、この問題に関する年次ごとの論文数の変化を示した図1－8に、明らかに見て取れます。

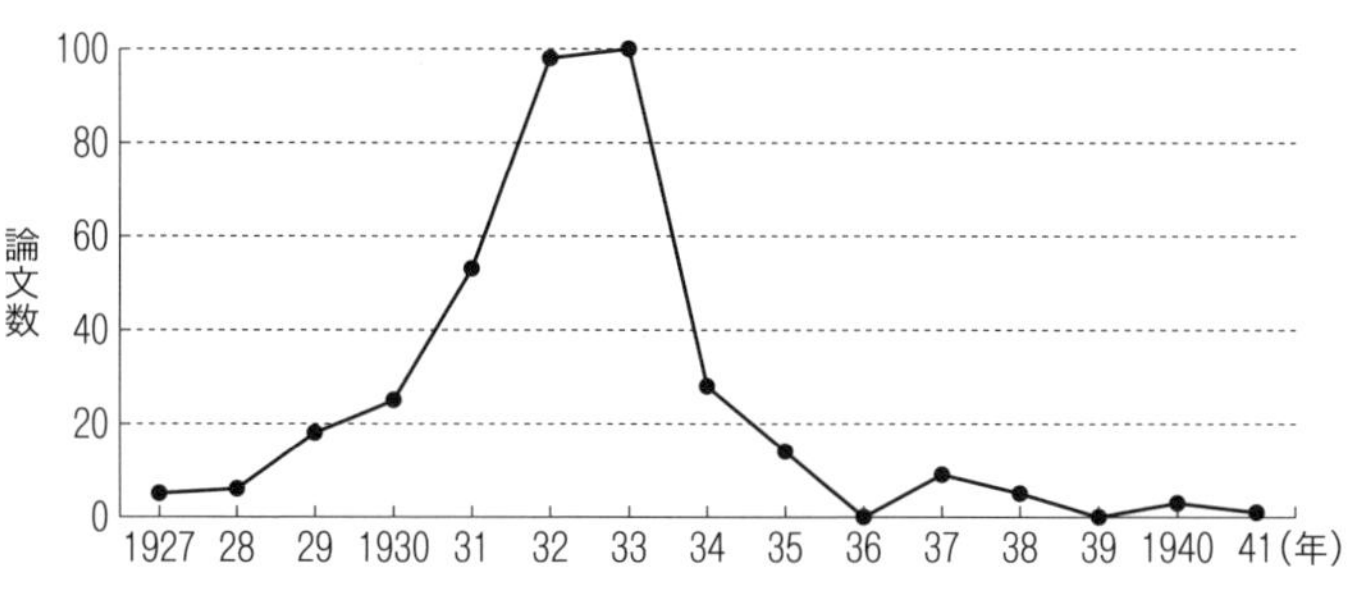

図1－8　1927～1941年までの血液型気質相関説に関する年次ごとの論文数（白佐・井口 1993の文献目録に基づき作成）

ここで当時古川説に投げかけられた批判を心理学の立場から取り上げることはあまり意味がないと思います。なぜかといいますと、当時はまだ性格の検査法は確立されていなかったので、血液型と性格の関係を論じても不毛と思うからです。つまり、相関係づける双方が確実であってこそ、相関関係は意味をもつからです。今日の心理学では、古川のような気質類型論はほとんど顧みられることはありませんし、パーソナリティ心理学も当時と比べれば格段に進歩しています。したがって血液型気質相関説の検討は、最後の第3節において、近年の知見も取り入れて行うことにします。

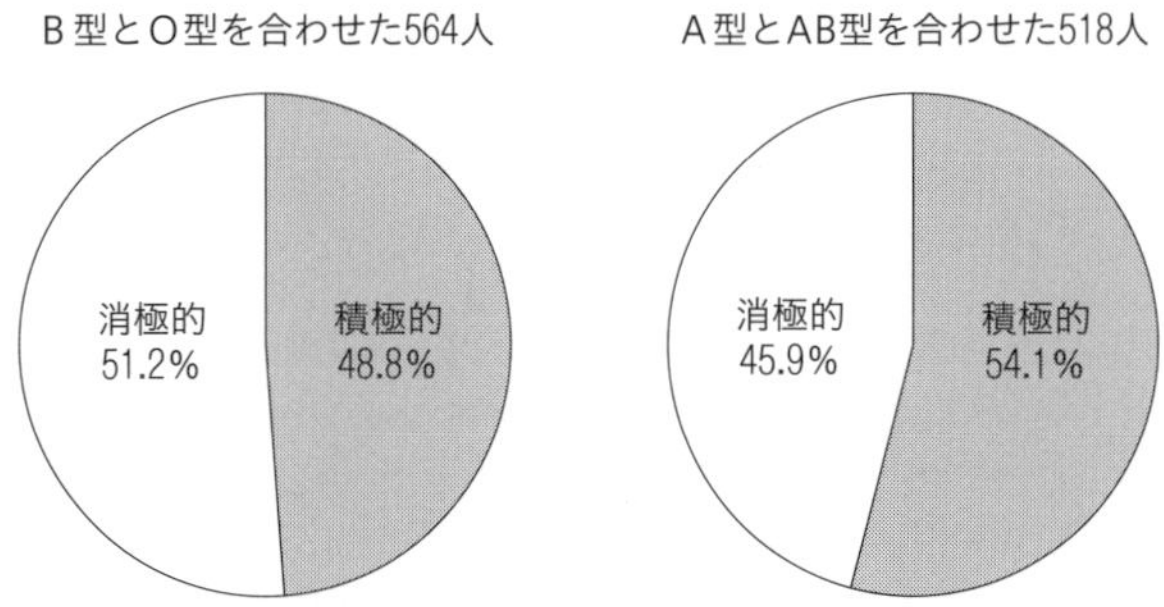

A型とAB型を合わせた518人

積極的
54.1%

消極的
45.9%

B型とO型を合わせた564人

積極的
48.8%

消極的
51.2%

図１‐９　大村による古川の研究の再調査の結果を図１‐５と同じ形式でまとめたもの（大村 2012, p. 36より作成）

ただ、古川と同じ方法で古川説を検討してみたものの再現できなかったという事実について三つ紹介します。

古川説に批判的な最初の事実は、古川説を擁護した金沢医科大学の医師・古畑の門下生から現れました。４０００人を対象に古川の気質表を使って調べた結果、「古川氏の示した気質型は、血液とは無関係に各型の血液型のそれぞれに存在していて、ある血液型にだけ現れるというような気質は発見できなかった」（正木 1932をもとに要約）。事実に基づく全面否定です。

第二は心理学者・松井三雄によるものです。松井は中学４年生以上の１４０名を対象に調査をし、血液型と気質型の間に「古川氏の言われるが如き深い一致関係は認められない」と結論しています（松井ほか 1931）。

第三は、１９７０年以後、血液型気質相関説に批判的立場をとり続けた大村政男の著書からの引用です。**図１‐９**は、大村が古川と同じ方法で再調査した結果であり、**図１‐５**に対応するものです。古川説が実証されるためには、**図１‐９**は**図１‐５**と同じ結果になるはずですが、**図１‐９**にみるように、古川の結果はまったく再現されていません。

なお古川説が話題になった昭和一桁時代は、わが国の歴史のなかでは特異で、富国強兵を掲げて軍部の力がどんどん強くなり、１９３７（昭和12）年には日中戦争が、続いて１９４１（昭和16）年には太平洋戦争に突入することになりました。これらの時代背景と血液型研究の関係については、松田薫の『血液型と性格の社会史』（1991）に興味深く描かれていますが、残念ながら、学問的研究といっても時代・社会とは切り離せないことがそこにはよく見て取れます。

そこでこのセクションの最後に、このような過程のなかで起こった三つの出来事を紹介することにします。出来事の第一は、１９３６（昭和11）年に金沢医科大学から東大に移った、先にも紹介した古畑種基が、これまでの古川説擁護の立場を撤回し批判に転じたことです。最高の地位を手にした者の変わり身の速さに驚く声もありました。

第二の出来事は、当時の時代を反映した次の新聞記事です。１９３７（昭和12）年６月24日の東京日日新聞には、「霞が関仰天　外交官に血液の資格『O型に限る』と建白書　科学の手榴弾飛ぶ」という外務省嘱託医が提出した建白書の記事が載り、翌日の毎日新聞も「将来の外交官はO型血液所有者に限る……」などと報じています。そして、自分がO型でないことを知った霞が関の某課長が、出世の望みがないと辞表を出すというような、笑い事では済まされない事件へと発展しました。

また１９３８（昭和13）年4月8日の毎日新聞の夕刊には、「血液型で移民の選別　O型は冬向きB型は夏向き」という記事がみられています。この記事は、前日の4月7日に東京帝国大学で開かれた人類学会と日本民族学会の連合大会での一報告を背景にしたものでした。

なお古川竹二の血液型気質相関説については、佐藤・渡邊（1995）の論文にも詳しいので、参考にしてください。

2　血液型と気質の関係：戦後編

血液型と気質：能見正比古の著書と、その後の血液型性格判断ブーム

太平洋戦争を挿んで、古川説は長年忘れられていたようですが、1970年頃から再び血液型気質相関説が息を吹き返しました。なかでも能見正比古（のうみまさひこ）が著わした『血液型でわかる相性──伸ばす相手、こわす相手』（1971）（図1-10）、『血液型人間学──あなたを幸せにする性格分析』（1973）は一般大衆の大きな関心を呼び、血液型性格判断ブームといいますか、血液型性格占いブームを引き起こし、その結果、血液型によって性格が異なるという信じ込み、つまり血液型ステレオタイプ（詫摩・松井 1985）が広く社会に広まることになりました。

第1節でみたように、血液型関係の研究は、戦前は医師や心理学者など研究者によるものがほとんどでした。しかし能見は研究者ではなく放送作家であり、ジャーナリストです。ジャーナリスト・能見の文章の一般大衆へのアピール力は研究者のそれの比ではありませんでした。彼の血液型気質相関ブームを呼んだのもよくわかります。説の要点はコラム1-2にまとめましたが、その前に、能見がどのようにして血液型の問題に関心をもち、自説を唱えるようになったかをみておきましょう。

1925（大正14）年生まれの能見の血液型問題への出会いについては彼自身の文章によく現れています。「私が

図1-10　能見の著書『血液型でわかる相性』（1971）

一つ年長の姉幽香里から血液型と気質の関係を聞かされたのは、中学校に入って間もなくだったが（1938年頃か）、関心を強く持ち始めたのは大学以降である。私は四百人ほどの（東大の）寮の委員長になり、寮内のよろずもめごとに立ち合ってきた。戦時中のことで寮生名簿には血液型も記入してある。それを見ながら寮生に接しているうちに、気質の違いがありありと浮かびあがってくる。これはただごとでないと私は坐り直していた」（大村 2012, pp. 192-193：括弧内補足）。その能見が、大学を出てから25～26年経って『血液型でわかる相性』（1971）を著わすことになるのですが、そのきっかけは、能見の師匠であった著名な作家・評論家、大宅壮一に、「これ（血液型）をやると儲かるぞ」と言われたことにあったようです。能見は、そのタレント性とテレビ全盛という時代も手伝って、その後、血液型関係の書物を22冊も出版しました。また並行して活発な講演活動も行い、雑誌も出版し、友の会も結成し、自らの血液型気質相関説を大いに宣伝しますが、1981年に講演中に56歳で急死しました。なお能見の活動は、その後養子の俊賢に引き継がれ、この２人が集めた資料は10万を超えるといいますが、それが公表されたことはありません（大村 2012, p. 197）。

能見正比古の各血液型の気質特徴

実は私は、最近、血液型気質相関説について原点から勉強を始めることとなり、その成果の一部を第１節で紹介しました。私が最終的に明らかにしたいのは、今日の進んだ性格テストを使用して、各血液型の人たちの性格特性を明らかにし、各血液型に対応する性格特性があるのかないのか、もし対応関係があるとすれば、それは能見の考えを支持するものかどうか、ということでした。しかしブームを引き起こした能見の書物を読むにいたっていささか愕然とし、勉強意欲を失ってしまいました。さすがジャーナリストの文才と博識と能力には敬意を表するものの、私には一般受けと儲けを狙った処世のためのハウツーもののようにみえて、同氏の著書の展開にはとてもついていくことはできませんでした。そして先に述べた私の目的のためには、能見の血液型気質相関説を詳細に理解する必要は必ずしもないと思うようになりました。ただ、うまい人間関係（職場、友人間、夫婦間）のためには血液型相性の知識は欠かせないという主張や、政治家、企業人、芸能人、スポーツ選手などの著名人の血液型と性格の話題などは、一般読者の興味を大いに掻き立てたことは十分に想像できました。

そこでこのコラムでは、次に進む前の一段階として、能見がまとめている各血液型の気質特徴を、日本人に多い血液型の順にまとめて紹介するにとどめます。なお書物によって気質特徴の記述が異なるので、ここでは渡辺席子（1994）に倣って、血液型性格判断についての数冊の本のなかから少なくとも3冊に共通して現れている各血液型の性格特性を7つずつ紹介することにします（渡辺 1994, pp. 81-82）。

A型特性	・礼儀正しい・内向的で、問題を自分の中だけで解決する・協調性がある・思慮深く、物事に対しては慎重な態度をとる・責任感がある・本音よりも建前を重視する方である・感情が豊かで、繊細である
O型特性	・人がよくて人間味がある・積極的で、かつ実行力がある・目的のためとあらば、最大限の勇気と根性を発揮する・意志が強い・ものの言い方や表現法はもちろん、欲望の表し型もストレートである・個人主義的で、ともすれば自己中心的になってしまう・情熱的である
B型特性	・すぐに動揺してしまうことがある・人情にもろい・友人関係が広く、気さくで社交性がある・マイペース型で、周囲の影響を受けにくい・楽観的である・慎重さに欠けている・行動派であり、好奇心旺盛である

ＡＢ型特性	・親密な人間関係を避けたがる傾向がある　・ソツがなく、意外と親切である　・妙にメルヘンチックな面がある　・合理的にものを考える傾向がある　・クールでドライな印象が強い　・飽きっぽい　・気分にムラがあって、ともすると二重人格のように見えることがある

なお大村も各血液型の特徴を能見（1984）に基づいて17ずつ紹介し、それらを古川の各血液型に対応する特徴と比較していますが、能見があげた各血液型の性格特徴は、古川の表現を少し変えただけのコピーにすぎないという結論を下しています（大村 2012, p. 201）。ただＡＢ型の特徴について古川は、外面はＡ型的、内面はＢ型的という表現にとどめているので、ＡＢ型については能見のオリジナルです。なお能見正比古自身は古川の貢献を評価していますが、息子の俊賢は、血液型人間学は親父のオリジナルと威勢よく記しています。

次に、諸特徴の羅列ではつかみにくい全体像を明らかにするために、『血液型英語上達法』（松本 1982）の著者の妹である奥村幸子がまとめた「浦島太郎の血液型」を紹介しておきます。これは「浦島太郎がもし＊型なら」という仮定に立った行動特徴記述です（大村 2012, p. 228より）。括弧のなかは、さらに簡潔に各血液型の性格特徴を私なりに表現したものですが、当たっているでしょうか。

Ａ型だったら：龍宮城でタイやヒラメに気を遣ってさかんに恐縮する（マジメ）。

Ｏ型だったら：龍宮城では大騒ぎして乙姫様もあきれかえる（オオラカ）。

Ｂ型だったら：龍宮城で遠慮なく飲み食いして、つまらなくなると勝手に亀に乗って帰ってしまう（マイペース）。

ＡＢ型だったら：龍宮城ではタイやヒラメをナンパする。許可もないのに方々を見て回る（チャッカリ）。

血液型性格判断ブームと血液型ステレオタイプの広がり

１９７１年の能見の著書の与えた影響については、佐藤・渡邊（1996, pp. 163-165）が、「血液型カルチャー25年史：１９７１～１９９５」として要領よくまとめているのでそれを紹介します。なお各期の下に記したのは、各期に出版された血液型と性格関係の単行本の年平均冊数であり、これは血液型と性格に関して膨大な文献目録を作成した白佐・井口（1993）に基づいて数えました。括弧内は補足情報です。

第一期（黎明期）１９７１～１９８１（7.6冊）

・カルチャーの産声があがる。血液型の偉人・能見正比古の活躍。

・能見正比古、様々なメディアで活躍する一方、他者が血液型について語るのを嫌う。

・『血液型人間学』という本には、ある人の説が自説の盗用だとして始末書をとったとの記述さえある。

（１９８１年、能見正比古死亡。）

第二期（隆盛期）１９８２～１９８４（39.3冊）

・占い師の参入による多彩な展開と忍びよる批判。

・様々な記事や言説が雑誌記事や街にあふれ、Ｔシャツ、キーホルダーなどのグッズも盛んに作られた。その一方で、ＴＶを中心に批判が開始された。

（なお単一年での血液型と性格に関する単行本の出版数が最多の年は１９８５年の60冊であり、それをピークに１９８６年には17冊と激減しています。書物の出版が世間の流行より1年程度の遅れがあることを考えると、隆盛期の終わりを１９８４年とするのは適当でしょう。）

第三期（衰退・潜伏期）１９８５～１９８９（12冊）

・マスコミ、学者による批判の展開。

図１－11　ずらりと並んだ血液型と性格に関する書物（高田，1992（協力：大村政男）p. 109より）

・マスコミや学者の批判が体系化され、雑誌などでの特集記事が少なくなる。

第四期（復活期）１９９０～１９９５（15.8冊）（ただし１９９2年まで）

・新しい理論化により、大衆の常識として再生。

・潜在化していた血液型への興味が引き起こされ、サイエンスライターによってお墨付きが与えられる。

・黎明期に影響を受けた世代の子どもたちが「血液型カルチャー二世」に。学者の批判はより多彩になるも、多勢に無勢。

なお図１－11の写真は血液型と性格に関する70～90年代の書物ですが、このようなブームのなかで、どれほどの人が血液型占いを信じていたのでしょうか。１９９２年頃に大村が男女学生を対象に行った調査（高田 1992）では、男子学生（５２３人）で51.0%、女子学生（４１６人）で67.8%が血液型占いを信じていました。ところが２０１６年に野村総研が行った調査では、「信じている」、「どちらかというと信じている」人の割合は、20歳代の男性（１９６人）で31.4%、女性（２３３人）で45.1

「性格決めつけ」テレビ番組

AB型は B型は

根拠ないのに

放送倫理・番組向上機構 慎重対応要望へ

血液型判断で「いじめ」 視聴者から抗議相次ぐ

図１－12　血液型占い番組への慎重対応を求めた放送倫理・番組向上機構からの要望を伝えた新聞（2004年11月27日毎日新聞夕刊）

％と、血液型占いを信じる率がブーム期に比べてかなり低下しています。若い層に限定せずに nifty 編集部が行った２０１６年の調査結果もほぼこの結果と同じでした。

このようなデータをみますと、今日は沈静期というべきではないでしょうか。２０１２年に刊行された大村の著書でも、「血液型についてのブームは去った――というより固着してしまった……」（大村 2012, p. 206）とあります。２０１４年には、放送倫理・番組向上機構は、「血液型によって人間の性格が規定されるという見方を助長することのないよう要望する」という声明を出し、これによって一時テレビを賑わせた血液型占いの番組も姿を消し、ブームは沈静化したようです（放送倫理・番組向上機構 2004）（図１－12参照）。

それでは血液型占いを信ずる人、つまり血液型ステレオタイプをもつ人はどのような人でしょうか。詫摩・松井（1985）が行った性格検査によりますと、気分のムラが大きく、人づきあいが好きで、人と一緒にいたがり、権威に弱い人だといいます。そしてこのような人が血液型占いを信ずるのは、これが人づきあいのなかで格好の話題であり、人間関係を円滑化させるからであり、また血液型気質相関説という権威のお墨付きが得られるからであって、決して、これを確固たる信念としているわけではないだろうと考察しています。

また血液型占いを信ずる割合は、男性に比べて女性の方が高いことが、先に示したデータからもうかがえるでしょう。この傾向は、１９８４年8月17日発刊の週刊朝日の、「なぜか若い女性にまんえん　血液型性格分析症の困った病巣」というタイトルにも表れています。

3　今日の心理学からみた血液型性格判断

今日の科学的心理学の研究者が行った血液型ステレオタイプに関する研究は数多くありますが、そのなかからわかりやすい研究をいくつか選んで紹介します。結論を先に言いますと、今日の心理学者は血液型気質相関説（以下血液型性格相関説）に否定的です。

批判１　詫摩・松井（1985）の研究　詫摩らは、能見（1984）を参考に、各血液型の特徴を5項目ずつ、合計20項目選び出し、６１３人の男女学生に、自分の性格に一致する項目を選択させました。もし能見の考えが正しければ、自分の血液型に合致する血液型性格特徴を多く選ぶはずです。結果は**図１-13**に示されていますが、奥行に人数とともに示している各血液型の学生が、もし能見の言うように自分の血液型に合致した性格特徴（横軸）を選んだとすると、**図１-13**の奥行の各並びの白の柱が、同じ並びの他の3本の黒柱よりも抜きんでて高くなるはずですが、そのような傾向はまったくみられていません。むしろ、どの血液型の学生も、ＡＢ型の性格特徴を選ぶ傾向が際立って低い（コラム１-３参照）ほかは、比較的まんべんなくすべての血液型の性格特徴を選んでいます。

批判２　大村（2012）の研究　大村政男（1925-2015）は、血液型が性格と関係があるという俗説と闘い続けた心理学者で、その著書の一冊は**図１-11**の右端にみられます。これまでにもすでによく登場しているのでお

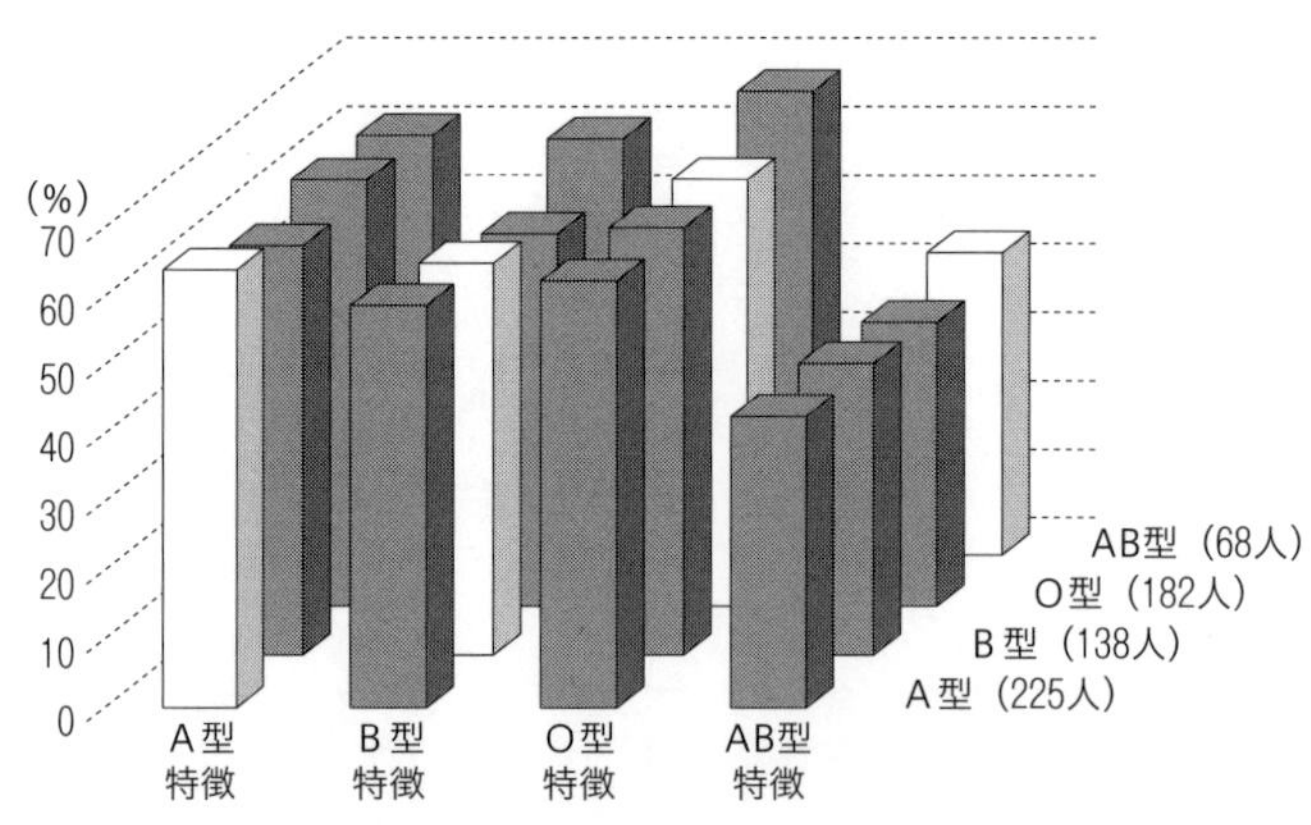

図1－13　能見による各血液型性格特徴（横軸）を，各血液型の学生が自分の性格に合致するものとして選んだ割合（詫摩・松井 1985, p. 17, 表2に基づき作図）

注：奥行きに各血液型の学生の人数を示す。

わかりのように、この道の代表的研究者で、私もよくお世話になりました。次に大村が行った興味深い研究を紹介しましょう。

大村は男女四大・短大生430人それぞれに4種類の血液型別の性格特徴が書かれた4枚の用紙を配布し、各自の性格特徴に合致した用紙を1枚選択するように求めました。ただここには仕掛けがあって、たとえばA型の性格特徴群が記載された用紙にはO型というラベルが付けられており、またO型の性格特徴が書かれた用紙にはA型というラベルが付けられていました。同様にB型のラベルの下にはAB型の特徴群が、AB型のラベルの下には、B型の性格特徴が記されていました。つまり、大村が関心をもったのは、学生たちは選択にあたって、自分の血液型の書かれているラベルに影響を受けるのか、ラベルに惑わされることなく、自分の血液型の性格特徴群の書かれた用紙を選ぶのか、ということでした。

結果は**図1－14**に要約されていますが、4本の高い灰色の柱が示すように、どの血液型の学生も、自分の血液型のラベルの性格特徴群を高い割合で選んでおり、ラベルに惑

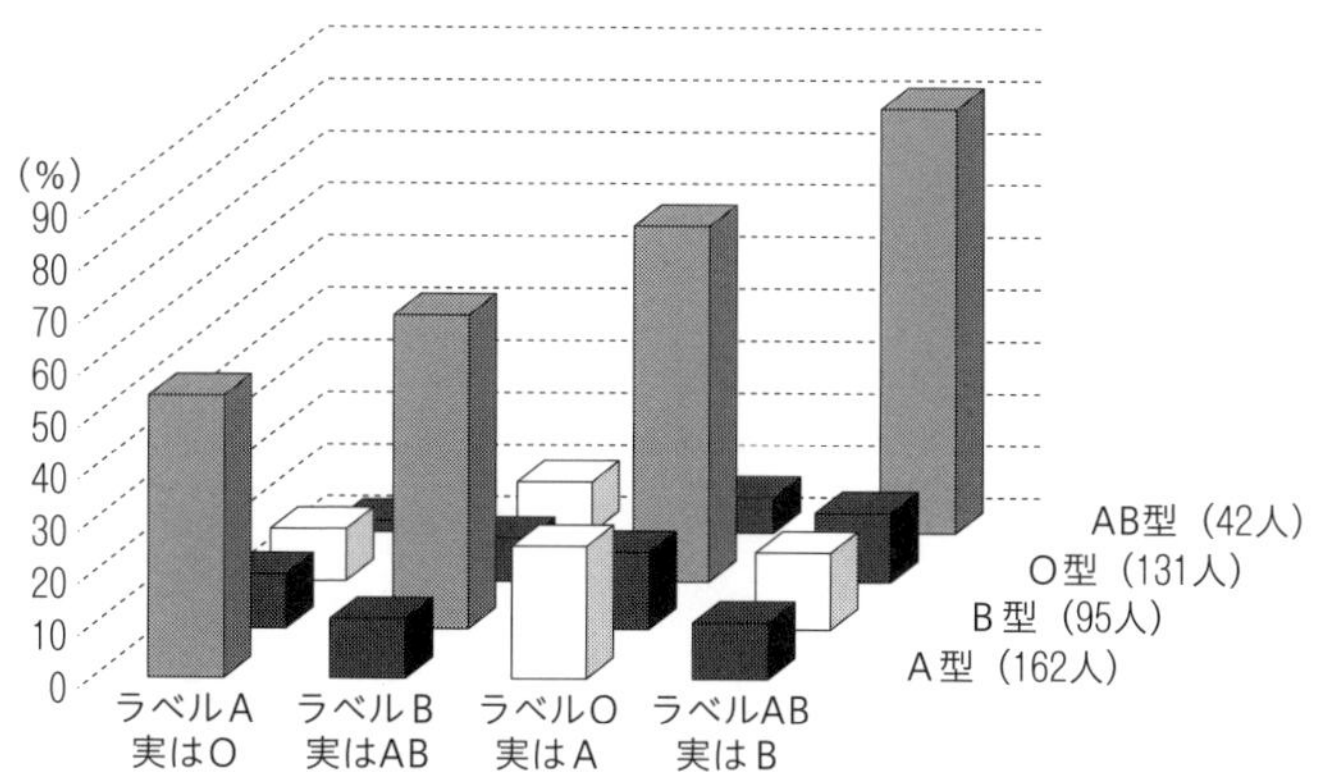

図１－14　偽の血液型ラベルが付けられた４つの性格特徴群から，自分の性格に合致する性格特徴群を選ぶように求められた場合の結果（大村 2012，p. 246，表73に基づき作図）
注：奥行きに各血液型の学生の人数を示す。

わされず自分の血液型の性格特徴群を選んだ割合（白柱）は低いのが明らかです。血液型を無視して４３０人全体でみると、ラベルに騙された学生は64％に及び、もし能見の考えが正しいとすれば高くなるべき白柱の全体の割合は16.5％にすぎません。つまりＡ型の特徴はこれだと言われると、Ｏ型の性格特徴が書かれていても簡単にそれを自分の特徴と思ってしまう結果であり、血液型ステレオタイプを否定する結果であることは歴然です。この事実に関する大村のコメントについてはコラム１－３を参考にしてください。

ただこの図で少し気になるのは、図の最前列の白柱、つまりＡ型の学生が自分の血液型性格特徴群を選んでいる率が24.7％と高い事実です。しかし男女別にこの白柱の率をみると、男性ではこの率は11.5％と低いのに対して、女性では32.7％と高く、より細かくみると、Ｏ型のラベルの下に記載されているＡ型性格特徴のなかには、「何かのために生きる生きがいを求める」「まわりにこまかく気をつかう。もめごとが起こるのを嫌う」「感情や欲求は抑制するほうである」など、社会的に望ましい特徴記述が含まれています。私見ですが、女子学生がこの社会的望ましさの影響を男性より大きく受けた可能性は残るように思います（コラム1－3参照）。

血液型ステレオタイプ補足

血液型信仰を支えるFBI効果

図1－14の調査を行った大村は、血液型ステレオタイプは次のような心理的効果のために生じているとし、それをＦＢＩ効果と命名しました。しかしこれは命名であって説明だとは思いません。

Ｆ（Free size　フリーサイズ効果）：各血液型の特徴としてあげられているものは、どの血液型にも当てはまる汎用性をもっている。誰もが着られるフリーサイズのシャツのようなもの。

Ｂ（Labeling　ラベリング効果）：「これが＊型の特徴だ」と言われると、内容が合っていても合っていなくても、それが自分の性格であると、ラベルを信じ込んでしまう。

Ｉ（Imprinting　インプリンティング〈刷り込み〉効果）：最初に「当たっている」と感じると、それが刷り込まれてしまい、その印象がずっと残る。

社会的望ましさと血液型気質

先にも述べたように、能見の血液型気質は、型によって社会的望ましさが異なる可能性があります。ですから、もしこれによって、ある血液型の人とは友達になりたくないというようなことが起これば、これは差別につながりかねません。

上瀬・松井（1991）は、「隣に住みたくないタイプ」「仲間として一緒のクラブに入りたくないタイプ」「結婚したくないタイプ」「自分には好きになれないタイプ」「この血液型の性格はきらいだ」などの項目で、一貫してO型に対しては好意的・肯定的イメージが強く、AB型に対しては非好意的・否定的イメージが強いことを318人の女子大生を対象にした調査で明らかにしました。AB型は日本人のなかでは1割程度の少数者であることがこれに重なりますと、AB型への少数者差別が起こることは十分に考えられます。

また山岡（1999）は、1300人の平均年齢約19歳の首都圏の男女大学生を対象に、自分の血液型のために不快な経験をした者の割合を算出したところ、**図1-15**のような結果を得ました。A型とO型に比べて、B型とAB型は不快な経験をした人の割合が際立って高いことがわかります。これは**図1-13**の、すべての血液型の学生がAB型性格特徴を選ぶ率が低い事実、そしてB型の特徴を選ぶ率がそれに次いで低い事実と一致しています。

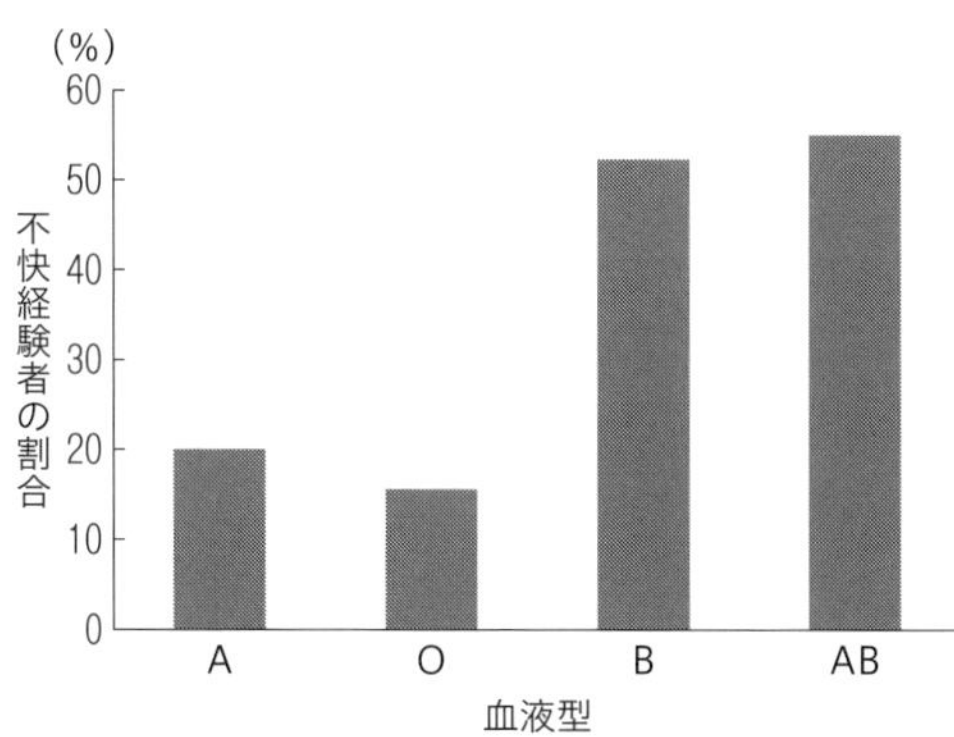

図1-15　自分の血液型のために不快な経験をした人の割合（山岡 1999, p. 61, 図2に基づき作図）

注：なお「快経験者の割合」も示されているが，この図の全く逆の結果であった。

また山岡（1999）よりも早くに行われた佐藤ら（1991）の研究では、女子短大生、男女四大生197人に、各血液型のイメージを自由に書かせ、それぞれの社会的望ましさを評定させたところ、望ましい順に、大らか・大ざっぱ・おっとりイメージのO型、几帳面・神経質・真面目なA型、個性的・変わり者・明るい・マイペース・楽天的イメージのB型、B型と同様に個性的・変わり者に加えて二重人格・二面性イメージをもつＡＢ型の順になり、この順位は後の山岡（1999）の研究結果と同じでした。
そして佐藤ら（1991）は結論として、「血液型による人間分類は、論理的に誤っているだけでなく、その内容がある特定の血液型の人にとって不利なものになりつつあり、ステレオタイプから偏見へと変わってきているのかもしれない……。これらのことを総合的に考えると、会社や学校・保育園における人事において、血液型を参考にすることは控えるべきだと提言できる」と、当時実際に行われていた、行きすぎた血液型ステレオタイプの影響に警告を発しています。

批判3　久保・三宅（2011）の研究　血液型による性格の違いはあるのか、あるのであればそれは能見が唱える血液型ステレオタイプと一致するのか。この問いは、性格を測るテストそのものが信頼できるものであってこそ意味があることは言うまでもありません。幸い今日の心理学では、昭和一桁時代の古川説が唱えられた頃と異なり、信頼できる性格テストが作成され、世界中で広く用いられています。そこで最後に、最近の性格テストによって血液型性格相関説の妥当性を検討することにします。

今日幅広く用いられ、その信頼性と妥当性が証明されている性格テストに5因子性格検査、いわゆるビッグ・ファイブ尺度があります。この尺度の詳しい説明は次の講のコラム2－3に譲りますが、これは情緒安定性、外向性、開放性、調和性、誠実性の性格5側面から人の性格の個人差を測る尺度です。この尺度を用いた血液型性格相関説の検証は内外でいくつか行われていますが、まず久保・三宅（2011）の結果をみてみましょう。

彼らは、273名の男女大学生を対象に5因子性格検査を施し、血液型別に5つの下位尺度別の結果をみたところ、**図1－16**のような結果になりました。縦軸は各尺度の標準得点（おなじみの偏差値）です。横軸にと

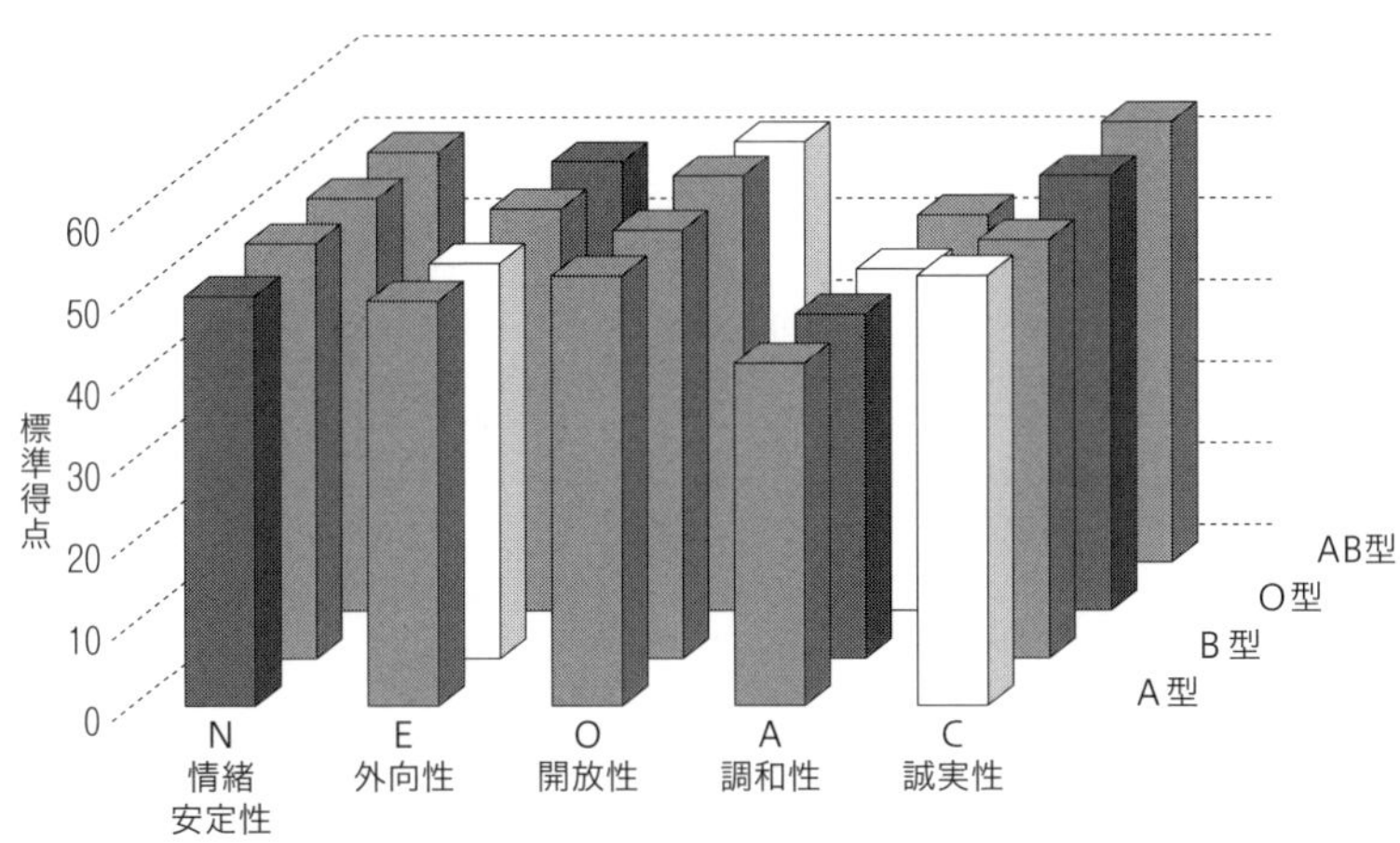

図１‐16　各血液型の者が，５因子性格検査の５つの下位尺度で示した性格特徴（久保・三宅 2011の結果に基づき作図）

注：白柱と黒柱の意味は本文参照。

られている５つの性格因子のいずれにおいても、図の奥行にとられている血液型の４本の柱の高さの間に有意な差は認められませんでした。

では、もし能見説が正しいとすれば、どの血液型のどの柱が高く、どの柱が低くなるべきでしょうか。この点に関しては川名（2003）の研究が参考になります。川名は５因子性格検査の各下位尺度から６項目ずつを選定し、30項目からなる質問紙を作成し、33人の女子大・短大生に、各血液型性格イメージに一致する項目を選ばせました。そこで川名の結果を**図１‐16**に重ねて表してみました。この図では、学生たちによって、各血液型の性格イメージの１位に選ばれた特徴を白柱で、最下位（４位）に選ばれた特徴を黒柱で示しています。したがって、もし能見説が正しければ、各血液型の奥行の並びごとに、白柱が抜きん出て高く、黒柱が最も低くなるべきなのです。図から明らかなように、結果はそのようにはなっていません。たとえば、川名の研究では学生たちは、Ａ型は、誠実性において他のどの血液型よりも高く、情緒安定性において最も低いというイメージを明らかにしましたが、実際のA型者のテスト結果はそうなっていません。またO型は他のどの血液型よりも、調和性が高く、誠実性が最も低いというイメージでしたが、これも外れです。

図1-16でみたように、５因子性格検査は、血液型の違いによる性格特徴の違いを明らかにしておらず、また血液型性格相関説も支持しませんでした。５因子性格検査を用いた血液型性格相関説の検討は、カナダでも（Cramer & Imaike 2002）、オーストラリアでも（Rogers & Glendon 2003）でも行われていますが、いずれも血液型相関説を支持するものではありませんでした。

批判４　縄田（2014）の研究　最後に、５因子性格検査ではありませんが、２００４年、２００５年に日本で、２００５年にはアメリカでも実施された大規模社会調査データを用いて行われた縄田の研究を紹介します（縄田 2014）。縄田は、多数の社会調査項目のなかから、性格と関連が深い21項目（２００４年）、26項目（２００５年）を選び出し、幅広い年齢層の男女日本人６６０３人とアメリカ人３０８７人を対象に、各項目に対する血液型別の回答を分析しました。その結果、すべての項目で血液型の性格への効果は認められませんでした。つまり縄田の大規模研究の結果も、血液型性格相関説を支持しなかったわけです。

なおこの研究については特に強調しなければならない点が3つあります。

第一に、この研究では、これまで紹介した研究とは比較にならないほど多い1万人に近い被調査者（大標本）を対象にしている点です。これによって、これまでの小規模研究では、単に「血液型と性格の間には関連性がみられない」という結論にとどまっていたものを、さらに前進させ、「血液型と性格は無関連である」と、「無関連性」を積極的に結論することができました。これは論文のタイトルにも明示されています。

第二に、縄田の研究では、血液型が性格に及ぼす効果を、用いた標本の大きさ（被調査者の数）に左右されない「効果量」という指標でも結果を判定している点です。心理学でよく用いられる通常の有意差検定では、標本が大きくなればなるほど小さな差でも、あるいはわずかな関連性でも、意味のある差あるいは関連性という結論になってしまいますが、効果量は標本の大きさに影響されない効果の大きさそのものの指標なのです。そしてこの効果量という指標を用いた結果が先に述べたとおりなのです。

第三に、調査対象を日本人に限らず、アメリカ人も対象にしている点です。血液型性格判断・占いが広く知られている日本では、その知識によって、自分の血液型の性格特徴にしだいに自分を合わせていく、血液型ステレオタイプによる自己成就現象があることが知られています（山崎・坂元 1992）。そこでこの研究では血液型ステレオタイプの知識のないアメリカ人３０００人余を調査対象に加え、血液型と性格の無関連性をより確かなものにしました。これは興味深い、意味のある事実だと思います。

ちなみに縄田の研究対象になった、日本人６６０３人の血液型分布は、Ａ、Ｏ、Ｂ、ＡＢ型の順に、38.1%、29.9%、22.3%、9.7%とほぼ４：３：２：１で、図１‐３と一致しています。他方アメリカ人３０８７人の分布は日本人の場合と異なり、Ｏ、Ａ、Ｂ、ＡＢ型の順に、44.4%、33.4%、14.8%、7.4%で、これは図１‐３のヨーロッパ人の結果に近い分布でした。

4　おわりに

本講では、血液型によって人の性格を判断する血液型性格判断の妥当性を、何事も実際に経験したうえで判断することの大切さを勧めることわざ、「馬には乗ってみよ、人には添うてみよ」のもとで検討しました。１９２７年に古川竹二によって提唱された、血液型と性格には相関関係があるとする学説については、提唱当初から批判の声はありましたが、１９７０年代になってジャーナリスト・能見正比古の著書等を通して血液型性

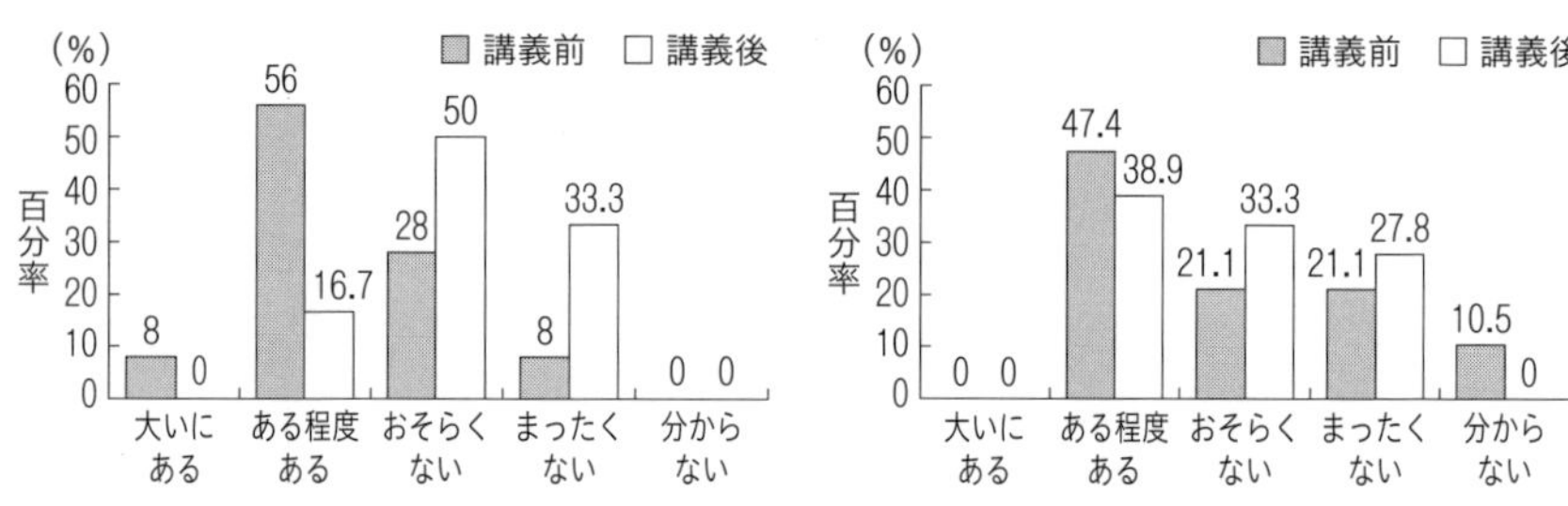

図1－17　「血液型と性格は相関があると思いますか？」に対する講義前後の男女別回答

注：A．女性（講義前25人，講義後24人）（B）男性（講義前19人，講義後18人）
（講義は2020年2月に実施。この後，コロナのために6回予定の講義が3回で中断されたので，この講義が私の人生の最終講義となった。当時85歳10ヶ月。）

格判断、あるいは血液型占いは一大ブームを引き起こし、血液型によって性格がわかるという信じ込み（血液型ステレオタイプ）が広く社会に広まり、問題も引き起こしました。本講では、まず第1節で古川説を、第2節では能見説を中心に講じましたが、第3節では、血液型性格相関説を積極的に否定する今日の科学的心理学の事実を4つ紹介しました。その結果到達した結論は、血液型と性格に相関関係があるとする説の完全否定です。

それでも巷ではまだ、『本当はスゴイ！血液型』という本（武田 2018）が出版されていますし、実際の講義では私が血液型性格相関説を否定する近年の諸事実を熱心に語ったにもかかわらず、一部の受講生の血液型ステレオタイプを完全に打ち砕くことはできませんでした。これについては次の追補を見てください。

追補　ビフォア・アフター・テストの結果

みなさんに本講の冒頭で考えていただいたのと同様に、今回テーマの講義を始める前に「血液型と性格は相関があると思いますか？」という質問に、冒頭に示した5つの選択肢の中から一つを選ぶ方式で実際の講義を受けた受講生に回答してもらいました。そしてその翌週の講義の冒頭に再度同じ質問を受講生に対して行い、私の講義を聞く前と後とで、どのような変化がみられたかを調べました。最後にその結果を男女別におみせします（図１‐17）。いわゆるビフォア・アフター・テストの結果です。

図１‐17から明らかなように、講義前には、血液型性格判断をある程度以上信じていた割合は、女性で64％、男性で47.4％でしたが、講義の影響は女性において顕著で、64％が16.7％に減じています。しかし男性に対する影響は少なく、47.4％が38.9％に減じたにすぎません。ここにも男女差がかなり顕著です。ちなみにこのクラスの平均年齢は、男性68.8歳（範囲：56‐83）、女性61.4歳（範囲：46‐84）です。さて、本書をお読みいただいたみなさんはいかがだったでしょうか。

さらに補足ですが、講義の後、血液型と性格とは関係があると信じる男性が質問に来て、血液型が反映される性格特性は、ビッグ・ファイブのような性格検査に表れない性格側面に表れるのではないかと、本人が授業中に受けた5因子性格検査の経験を背景に意見を述べにこられました。心理学者が見落としている性格側面があるのでしょうか。

ひょっとしてこの質問の主は、自らの数多くの人との実際の交わりの経験を背景に、「馬には乗ってみよ、人には添うてみよ」の本来の意味に基づいて私に疑問を呈したのかもしれません。そのために、何事も科学的事実に基づいて判断してほしいという意味をこのことわざからくみ取った私との間にずれが生じた可能性はあります。しかしこれによって、心理学の立場からの血液型性格相関説の否定的結論が覆るわけではありません。

良い経験も、悪い経験も意味がある？
――「酸いも甘いも噛み分ける」

感情・情動の心理学、健康心理学
成田健一

【新明解国語辞典】人生経験を積んで、人間のこまやかさや世間の複雑な事情によく通じていること。酸っぱい味と甘い味を味わい分け、そのよい所も悪い所も知っているという意味から。（三省堂）
【明鏡国語辞典】人生経験を積み、人情や世情に通じている。（大修館書店）

私たちの人生は、様々な出来事に彩られています。試験で良い点をとり優秀な成績を得たり、一方で試験がさんざんで単位を落としてしまったり……。また、頻繁には経験するものではないですが、想いが通じて結婚することができたり、どうにもならなくなって離婚してしまったり、死別にいたったり……。このように、比較的小さな日常起こりがちなデイリーハッスル（日常的いらだち事）、あるいは人生を左右する非常に大きなライフイベント（人生上の出来事）など、私たちは様々な経験をし、喜怒哀楽、ポジティブな情動とネガティブな情動に包まれて日常生活をおくっています。

人が経験する多様かつ多数のポジティブ・ネガティブな情動に関して、クオィドバックら（Quoidbach et al. 2014）は「情動多様性」という考え方を提唱しています。これは、地球上にいろいろな生物が存在し、生きものの命のつながりが豊かである様を指す「生物多様性」という生態学における考え方を人の情動に適用したものです。人も情動経験が豊かでかつ多様である方が、心身ともにより健康で幸福である、と唱えています。この時「シャノン情報量」（エントロピーとよばれる混沌性・不規則性の程度）や「ジニ係数」（所得の不平等、富の偏在などの指標として有名）など、これまで利用されてきた多様性の指標を情動経験の評定値に適用し、「情動多様性」が表現されます。

図1には、横軸にポジティブ、ネガティブな情動を各5種類、縦軸に日毎の情動経験数をとった2人の個人の例を示しています。2人ともポジティブ情動、ネガティブ情動の平均経験数は同じです。しかし左のAさんは特定の情動のみに反応し情動多様性が低いですが、右のBさんは様々な情動に対して反応しており情動多様性が高い様子がうかがえます（Ong et al. 2018を一部改変）。

そしてクオィドバックらは約１３００名（18歳以上、平均51歳、女性は58％）から、ポジティブ（興味、満足、幸せ、感謝など）、ネガティブ（不安、怒り、悲しみ、妬み

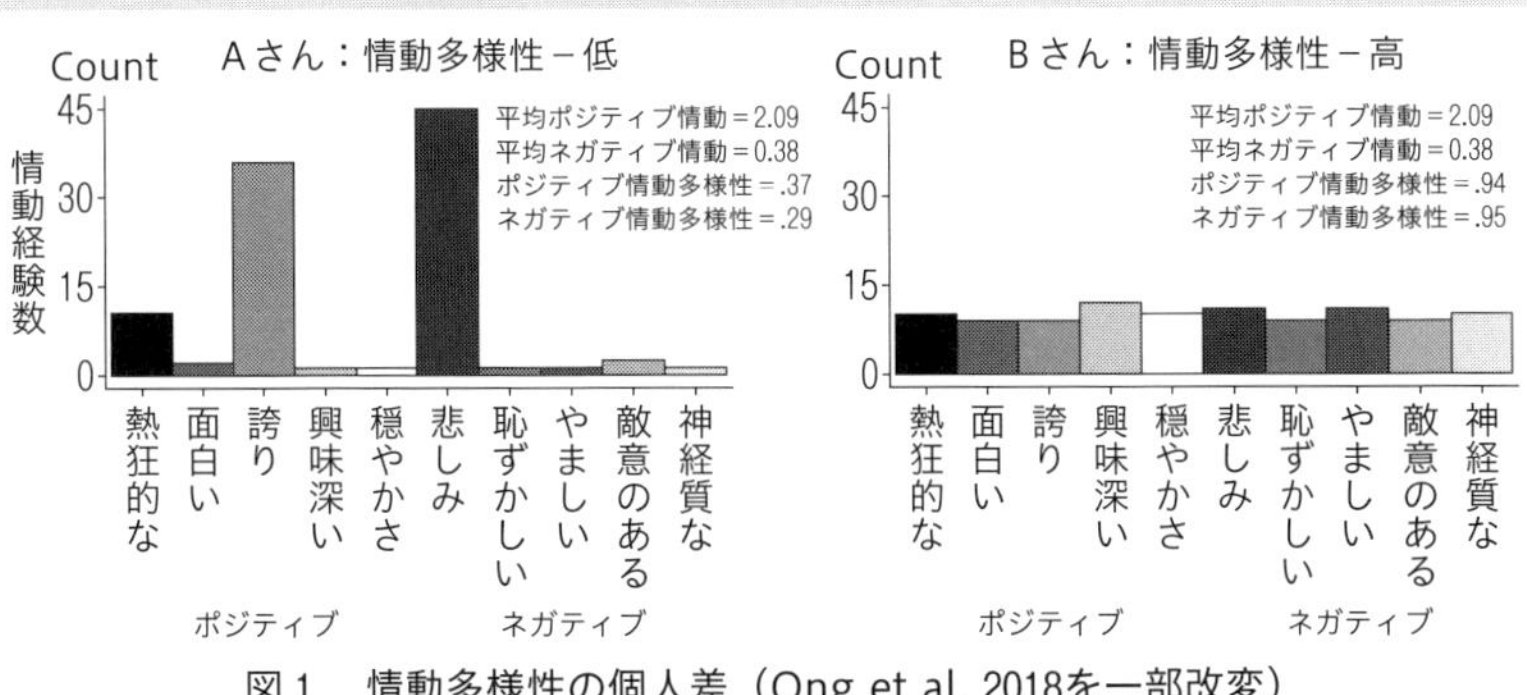

図１　情動多様性の個人差（Ong et al. 2018を一部改変）

など）な情動の経験しやすさの評定データを収集しました。さらに健康行動（受診回数／年、薬物摂取量／日など）も測定して、ポジティブ情動・ネガティブ情動・全情動、それぞれの多様性とその程度・強度と健康行動の関係を検討しました。その結果、いずれも情動多様性が大きいほどより健康な方向にあることを、年齢や性別を統制した重回帰分析や偏相関分析によって確かめました。つまり、ポジティブであれ、ネガティブであれ、多様な情動経験があるほど、心身ともにより健康である、と主張しています。人生上の良いことも悪いことも様々な情動を経験することでより健康に導かれる、という可能性は大きな希望になるのではないでしょうか。

ただし情動が多様であるためには、自分の情動経験を正確に認識し、区別することが必要でしょう。同じ赤色でも紅色、朱色、深紅色、茜色、緋色と、類似しつつ微妙に異なる色に対応して多様な表現があるように、情動でもたとえば「恥ずかしい」という感情ならば、羞恥、面目ない、赤面、はにかみ、恥じらい、あがり等々、それぞれ異なる多様な表現があります。バレット（Barrett 2017）はこれを情動粒度（Emotional granularity）とよび、豊富な語彙と経験に対する理解が情動多様性の基礎となることを示しています。自分や他者の情動を評価・認識し、適切に利用し制御・調整できる能力を情動知能（Emotional Intelligence）とよびますが、自身の情動の評価・認識が出発点となり、状況に応じた柔軟な対応を促進させるといわれています。日々の経験は何か特定の1つの情動を生み出すわけではなく、刻々と変化する複雑な情動が生じていることに気づき、対処することができるか、という問題かもしれません。この情動粒度を向上させる方法は、散歩、旅行、読書、映画、食べたことのない料理などが挙げられています。「やばい」の一言ですべての感情を表現するのではなく、酸いも甘いも噛み分けられるよう、まずは自身の情動の理解のため、本書の熟読から始めては如何でしょう？

第**2**講

親の特徴は子にどれほど受け継がれるのか？

――「血は争えない」

パーソナリティ心理学

【大辞林（第４版）】父母の特質は何らかの形で子どもに受け継がれ現れるものだということ。血筋は争えない。（三省堂）

はじめに

自分の性格や能力のルーツには誰しも関心があるでしょう。私のこの性格はどこからきたのだろうか？　親からか、それとも育った環境からか？　人々のそのような古くからの興味・関心を反映しているのでしょうか、私たちの個性に対する遺伝や環境の影響については多くのことわざがあります。たとえば、環境の影響を重視したことわざをいくつかあげますと、

「氏より育ち」「朱に交われば赤くなる」「可愛い子には旅させよ」「孟母三遷」「艱難辛苦汝を玉にす」「養育は血統に勝る（nurture is above nature）」

などがあります。他方、遺伝の影響を重要視したことわざにも、

「瓜の蔓には茄子はならぬ」「血は争えない」「蛙の子は蛙」「天性は教育にまさる」

などです。このほかにもいくつかありますが、全体的な印象としては、環境の影響や努力を奨励したことわざの方が多いように思います。これはおそらく人々の生活の知恵で、私たちの運命が生まれたときにほぼ決まっていると考えるよりは、新しい出会いや努力次第で道は開けると考えた方が、未来が明るいからではないでしょうか。

他方、心理学でも私たちの心理的特徴の個人差に与える遺伝と環境の影響は、古くから nature（天性）－nurture（養育）問題として多くの関心を集めてきました。しかし20世紀の初頭、心理学が他の自然科学の仲間入りをしようとする努力のなかで生まれた行動主義は、遺伝の影響をできるだけ切り捨てようとしました。たとえば行動主義の創始者といわれるアメリカのワトソン（John B. Watson, 1878-1958）は次のような有名な言葉を残しています。

「私に健康でよく育った1ダースの乳児と、彼らを育てるために私が自由にできる環境を与えてほしい。そうすれば、そのうちの一人を無作為に取り上げて訓練し、私が選ぶどのような型の専門家にでも育ててみせましょう。――医師、法律家、芸術家、大聖人、そう、乞食や泥棒にさえも。彼の才能、好み、傾向、適性、先祖の民族に関係なく」（Watson 1930）。

完全な「氏より育ち」です。このように述べたのは、おそらく人が生まれたときにすでに何かしらの特性を有していると考えると、当時の素朴な科学観ではうまく科学的心理学を展開しにくかったからかもしれません。しかし１９６０年代の全世界的反体制運動の結果、当時まで支配的だったアメリカ中心主義が批判の対象となり、行動主義も例外ではありませんでした。その結果、それまで軽んじられてきた先天性も顧みられるようになり、nature-nurture 問題は新たな展開をみせることになりました。

そこで本講では、知能の遺伝、性格の遺伝の問題を、主に20世紀後半以後の研究を中心に取り上げます。しかし最近の研究では、知能や性格への遺伝の寄与率とともに、環境の寄与率も検討されることが多いので、本講は遺伝の問題にとどまりません。

1　知能の遺伝を巡って

知能の遺伝は、人権とも関わる問題なので、心理学だけにおさまらない社会的な問題をはらみ、イデオロギーにも関わってきます。そこでタイトルを「知能の遺伝」とせずに「知能の遺伝を巡って」と幅を広げました。なお本論に入る前に、知能とその遺伝についての基礎知識を最初にまとめましたので、頭の整理に活用してください。

知能とその遺伝についての基礎知識

知能（intelligence）とは何かと問われると、大抵の人は、「頭の良し悪しのことでしょ」と、およその共通イメージをもって答えるでしょう。しかし専門的には知能の定義は簡単ではなく、長年多くの議論の的となってきました。ここではまず、アメリカの心理学者ゴットフレドソンが、52人の心理学者の同意を得て知能についてまとめた25項目のなかから、冒頭にあげられている知能の定義を紹介します（Gottfredson 1994, 1997）。

・知能は……推理、計画、問題解決、抽象思考、複雑な考えの理解、経験から素早く学ぶ能力などを含む……心的能力である。知能は決して、本から学んだ知識、学業スキル、受験のための知識ではない。それはむしろ、われわれを取り巻く世界を理解するための幅広い、深い可能力を反映している。たとえば〝理解の良さ〟、物事の〝意味を読み取り〟、何をするかを〝考え出す〟力のことである。

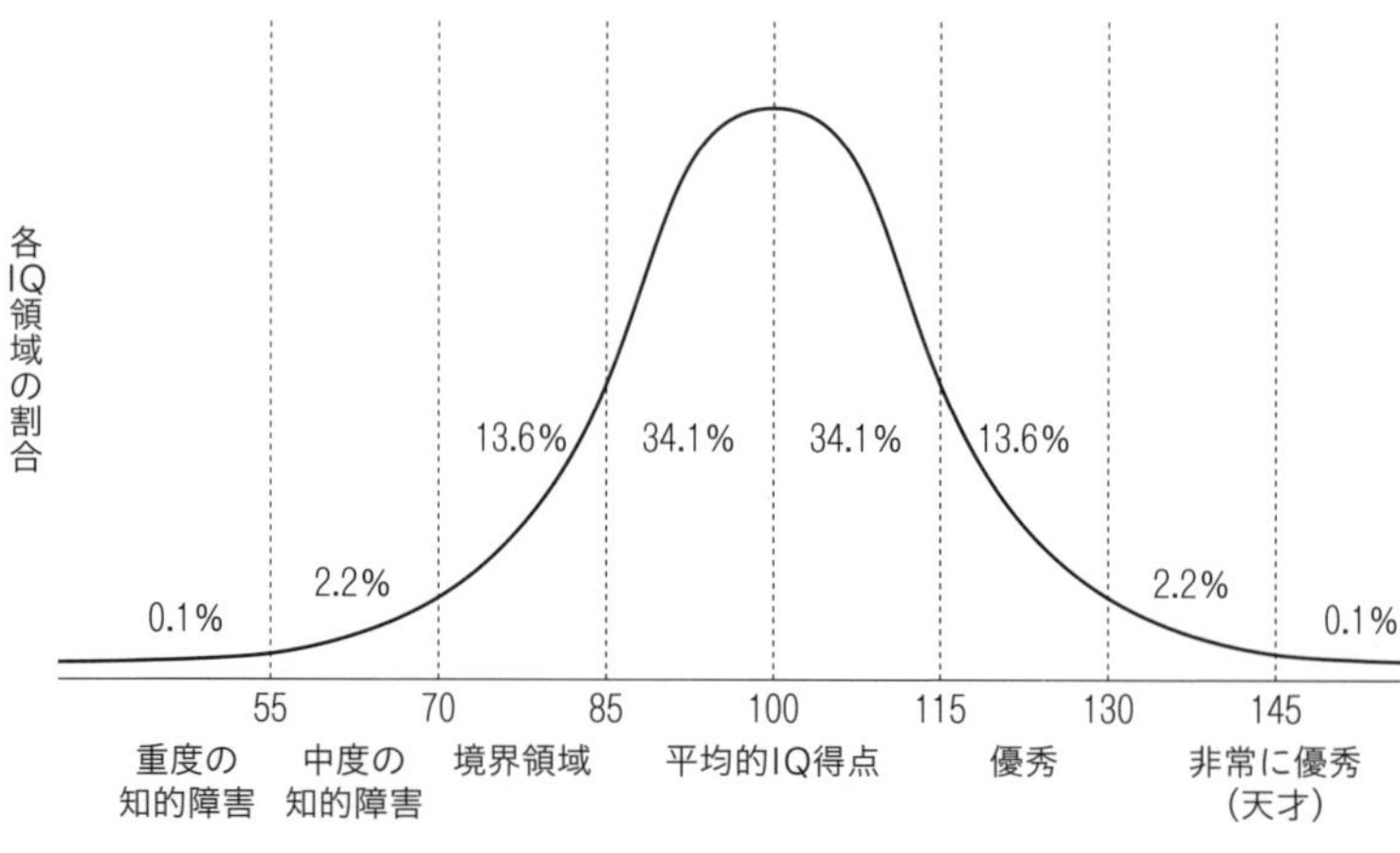

図２－１　IQ得点の分布（Nolen-Hoeksema et al. 2014, p. 415より作成）

知能の個人差は知能テストによって測定され、知能の高低はＩＱ（intelligence quotient　知能指数）によって表現されます。ＩＱの分布は、図２－１のように中心を１００とした左右対称のベル型曲線（正規分布）で表されます。たいていの人は、平均値（ＩＱ１００）の周辺に集まり、知的能力が非常に高い、あるいは低い人は数少なく、２％強の人がＩＱ１３０以上（これ以上が〝天才〟）であり、同じく２％強の人がＩＱ70以下の知能に障害をもつ人です（Gottfredson 1994）。

知能の遺伝の研究法

家系研究法　心理学史上、知能の遺伝について最初に研究したのはイギリスのフランシス・ゴールトン卿（Sir Francis Galton, 1822-1911：図２－２）でした。彼は進化論で有名なダーウィン（Charles Darwin, 1809-1882）の従兄弟であり、その『種の起原』（Darwin 1859）を読んで直ちに進化論の虜になります。適者生存という言葉がキーになるダーウィンの進化論では、環境によく適した個体と適さない個体の存在、つまり同一種内での個体差・個人差のあることが前提になります。ゴールトンはこの個人差に関心をもち、優秀な人物が優秀な家系から輩出され

図2-2　フランシス・ゴールトン（1822-1911）

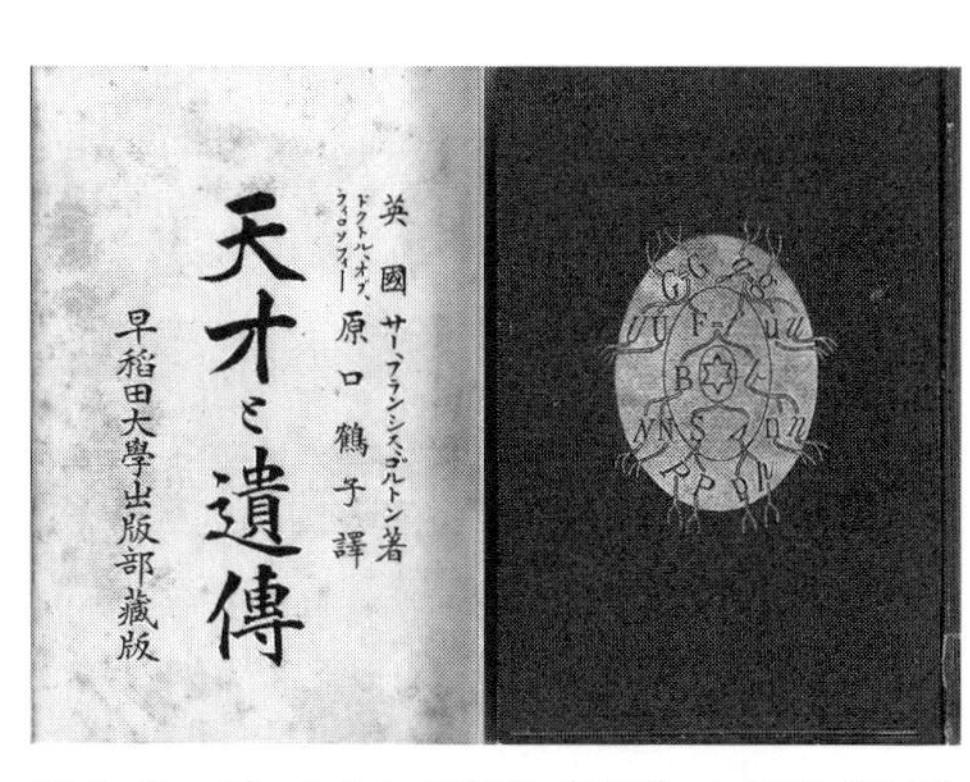

図2-3　ゴールトンの著書（1869）の邦訳（1916）
注：訳者は夭折した原口鶴子（1886-1915）

やすいことを明らかにすることで、優れた能力が遺伝することを明らかにしようとし、『遺伝的天才』（Galton 1869）を著わしました。以下に同書の訳本『天才と遺傳』（原口 1916：図2-3）から、漢字表記を新字体に改めゴールトンの言葉をいくつか引用しましょう。

「世間には、生まれ落ちたばかりの人間には、甲乙がない。生まれながらの人間は全く同一である。人と人との相違は、物心がついてから当人が奮発すると否とによって生ずるものだと主張する人がある。……しかし、人間の生まれながらの能力は同一であるという人々に対しては、徹頭徹尾賛成する事が出来ない。」（p. 21）

「善良なる境遇なるものは、たとえ最良のものといえども、凡夫に天才を与えるものではない……。」（p. 62）

「教育の効果は、予想外に微小なるもの……」（p. 64）

このようにゴールトンは、知能への遺伝の影響を強く主張しています。しかし彼の用いた家系研究法では遺伝と環境の影響が完全に分離できないなどの批判もあり、その後の知能の遺伝研究ではもっぱら次の双生児法が用いられるようになりました。

双生児法　よく知られているように、双生児には一卵性と二卵性があります。二卵性双生児は二つの卵子がそれぞれ別の精子によって受精し発育したものなので、遺伝的にはその差はきょうだい間の差と同じです。しかし一卵性双生児は一個の受精卵が分離して二つの個体になったものですから遺伝的にはまったく同じ個体です。双生児法は、この二種類の双生児の類似性を比較することによって人の心理特性に及ぼす遺伝と環境の影響を調べる方法です。つまり問題の特性がもしすべて環境によって決まるのであれば、一卵性双生児間の類似度と二卵性双生児間の類似度はほぼ同じになるはずです。しかしその特性が遺伝のみによって規定され環境の影響がないとすれば、一卵性のふたごの間には差がないはずですし、二卵性のふたごの間には、きょうだい間程度の類似性しかないはずです。そして一卵性双生児間の類似と二卵性双生児間の類似の差が大きいほど遺伝の関与が大きいということになります。この考え方に立つ方法は、今日でも幅広く用いられていることは後に述べる通りです。

知能の遺伝を巡って

ジェンセンの論文が投げかけた波紋

カリフォルニア大学バークレー校のジェンセン（Arthur R. Jensen, 1923-2012）は、１９６９年に「ハーバード教育学評論」からの寄稿依頼に応えて、「ＩＱと学業成績はどの程度高めることができるか?」という１２３頁に及ぶ長論文を公表し、知能における遺伝重視の立場を強く打ち出しました（Jensen 1969）。しかしこの論文は、学界からも社会からも激しい批判の対象になります。その背景には、次のような当時のアメリカの社会情勢がありました。

当時のアメリカは大きな社会的混乱のなかにありました。１９６０年にアメリカの軍事介入で始まったベトナム戦争は15年間も続き、その間にアメリカ国内ではしだいに反戦運動が高まりをみせ、それが激しい黒人差別撤廃運動・公民権運動と重なり、社会全体が不安定な状態にありました。そのようななか、当時のジョンソン大統領は、黒人の子どものＩＱの低さは、主に貧困による教育環境の悪さが原因だと考え、就学前の２～５

歳の貧困家庭の子どもへの教育を補強するためのヘッド・スタート（head start）という補償教育プログラムを１９６５年に開始しました。つまり教育環境の改善による子どもの知的機能の上昇を目指したのです。

ところがジェンセンの１９６９年の論文は、「補償教育の試みは失敗した」という一文で始まっています。知能の約80％は遺伝によって決まるので、教育環境を改善しても多くは期待できないというのです。善意の教育の営みを否定しかねないこの発言は心理学界のみでなく、平等主義のうねりのなかにあった社会からも大きな反発をさそうことになりました。特にジェンセンは論文の後半で、黒人の知能は白人に比べて遺伝的に劣っていると強く主張し、すべての教育政策は甘い環境主義に立つのではなく、事実に基づいて現実的に行うべきだと主張しました。そしてこのような驚くべき主張が、黒人が長年被ってきたハンディキャップをなくそうとする努力が多方面で続けられてきたなかでなされたために問題視され、ジェンセンは激しい批判の矢面に立たされることになりました。その結果、彼の講義や講演は、当時活発だった反体制運動の学生運動家の攻撃の的になり、様々な妨害や嫌がらせを受け、個人的にボディガードを雇わなければならないほどの命の危険にさらされることになりました。

さらにその後、ジェンセンが知能の遺伝説を唱える重要な根拠としていたイギリスの心理学者・バートのデータが、下記のようにねつ造疑惑の対象になり、問題はさらに混迷を深めることになりました。

バートのデータに対する疑惑　バート卿（Sir Cyril L. Burt, 1883-1971）は、心理学者で初めてナイトの称号が授与されたイギリス心理学界の大御所でした。彼は早くから知能の個人差研究の元祖・ゴールトンに親しみ、オックスフォード大学ではゴールトンの信奉者のマクドゥーガル（William McDougall, 1871-1938）の指導を受けました。さらにすべての知的活動に反映される一般知能（〝g〟）を主張するスピアマン（Charles E. Spearman, 1863-1945）の影響を受け、１９１０年頃までには一般知能の遺伝性を信じるようになっていました。彼はその後、教育現場での教育心理学者、学校心理学者として活躍し、１９３２年にはスピアマンの後任としてロンドン大学の心理学教授に就任することになります。そして彼は、双生児法を用いた一般知能の遺伝に関する長年の研究に基づいて、知能の約80%は遺伝によって決定されるという結論を導き出しました。

一方、上記のジェンセンは、１９５７年から2年間、バートの高弟で、パーソナリティ研究で著名なアイゼンク（Hans J. Eysenck, 1916-1997）（図２‐７参照）のロンドン大学精神医学研究所に留学しました。ジェンセンはイギリス滞在中にバートの講演を聞き感銘を受けていますが、バートの論文に接したのは、後に知能の問題に関わるようになってからのことです。ジェンセンは、バートは「知能の研究に［量的遺伝学の］方法を適用することを唱導したもっとも優れた研究者」であり、氏の論文は、「個人差を研究する者の〝必読〟論文」であり、「［ＩＱに対する］［遺伝と環境の］各寄与度を推定する最も納得のいく試み」（以上引用、Fancher 1985, p. 195より。［ ］はFancherによる補足）と、バートの研究に最大の賛辞を贈り、彼の知能遺伝説の重要な根拠としました。

しかしそのバートの研究に対して、知能研究には全く門外漢であった北米の実験心理学者ケイミン（Leon J. Kamin, 1927-2017）が、データねつ造の疑惑を投げかけました（Kamin 1974）。優れた実験心理学者のケイミンはバートの論文を徹底的に検討し、「バート教授が残した数値は、現代科学の注目をあびるほどの価値はまったくない」（Kamin 1974：訳本 p. 69より）という結論に達します。知能の研究には門外漢の彼をこのような批判に駆り立てた背景には、彼が若いときから左翼思想に親しんでいたことが無関係でなかったかもしれません。

ケイミンが最初に疑問をもったのは次の事実です。バートは別々に育った一卵性双生児対に対して１９５５年、１９５８年、１９６６年に集団知能検査を施し、その間に双生児対の数を21対から53対にまで増やしています。ところが双生児対の数は年を追って増えているのにもかかわらず、一卵性双生児対の間の知能得点の相関係数は、すべて0.771と下3桁にいたるまで全く同じなのです（相関係数は−1～+1の範囲の値をとり、±1の値に近づくほど強い関係があることを示す）。ケイミンは、このようなことはこの種のデータでは絶対にあり得ないとデータの信憑性に強い疑念をもちます。そしてバートの研究を徹底的に調べなおした結果について、訳本で18頁にわたる批判を行いました。たとえば、同じ研究に基づいていながら論文によって矛盾したデータがみられるとか、ＩＱテスト名の記述や、テストの手続きの記述がないことや、相関係数は生の値でなく修正値が提示されており、またその修正手続きが曖昧なことなど、批判は多岐にわたっています。

　ケイミンが明らかにしたバートのデータ捏造疑惑は、１９７６年10月24日のサンデー・タイムズ紙が取り上げたことによってスキャンダル化し（図２－４参照）、さらには、バートの日記を含むすべての生前の資料を遺族から受け取ってハーンショウが書いた『バート伝』の出版によって決定的なものとなりました（Hearnshaw 1979）。ハーンショウが出した結論は、「バートの経験的遺伝研究は、極めて影響力の高かった双生児研究を含めて、すべてとは言わないまでも多くは、疑いもなく意図的に改ざんされていた」（Fancher 1985, p. 216より）でした。

　このようなバートのデータねつ造事件にもかかわらず、知能の遺伝とその人種差についてのジェンセンの立場は、アメリカのハーンスタインによって継承され（Herrnstein 1971）、１９９４年のマレーとの共同の大著『ベル型曲線（*The Bell Curve*）』は、再び大きな議論を引き起こします（Herrnstein & Murray 1994）。

Pioneer of IQ faked his research findings

Burt: influential

By Oliver Gillie
Medical Correspondent

THE MOST sensational charge of scientific fraud this century is being levelled against the late Sir Cyril Burt, father of British educational psychology. Leading scientists are convinced that Burt published false data and invented crucial facts to support his controversial theory that intelligence is largely inherited.

The accusation has far-reach- theories. The Sunday Times, following these leads, has tried to speak to Burt's collaborators and found that there are serious doubts whether they exist.

Kamin says: "The frequent arithmetical inconsistencies and mutally contradictory descriptions cast doubt upon the entire body of Burt's later work," And the Clarkes conclude: "Scientifically Burt's results are a fraud."

Of course, the accusations do

図２－４　「IQ 研究のパイオニア，研究事実を偽造」という見出しで，1976年10月24日のサンデー・タイムズに掲載された記事の一部

それではジェンセンやハーンスタインらが投げかけた問題について、今日の心理学はどう答えているでしょうか。それをみてみましょう。

知能の遺伝と知能の人種差問題のその後

知能の遺伝　この問題について、まず先に紹介したゴットフレドソン（Gottfredson 1994, 1997）から、「集団内差異の源と安定性」の見出しの下のいくつかの項目をみてみましょう。これらの意見も52人の心理学者の同意を得たものです。

・環境と遺伝の違いによって知能には個人差がある。遺伝率は（0から1の尺度の上で）0.4から0.8と推定される。したがって、個人間のＩＱの差を生み出す原因としては、環境よりも遺伝がはるかに大きな役割を演じている。……もしすべての人の環境を等しくすれば、残りのすべてのＩＱの差は必然的に遺伝の差に起源をもつことになるので、遺伝率は１００％に上昇する。

・ＩＱの遺伝性が極めて高いということは、ＩＱが環境の影響を受けないことを意味するものではない。個人は、固定した不変の知能水準をもって生まれるのではない（誰もそんなことは望まない）。しかし、ＩＱは児童期を通して次第に安定することは確かで、それ以後は一般にほとんど変化しない。

・環境はＩＱの差を生み出すのに重要であるが、どのように環境を操作すれば低いＩＱを永続的に上げることができるかについては、まだわれわれは知らない。近年の試みが有望かどうかは、まだかなり科学的争点となる問題である。

近年、行動遺伝学という領域が盛んになっていますが（コラム2－1参照）、行動遺伝学は、心理特性に対する遺伝と環境の寄与率を数量的に明らかにすることを目指しています。図２－５は双生児法に基づく知能に関する行動遺伝学の結果をまとめたものです。

まず図の一番上の同一環境で育った一卵性双生児間の知能の相関が0.86という事実は、一卵性双生児間の身長の相関が0.90、体重の相関が0.80という事実（安藤 2000, p. 50）や、同じ個人が二度知能テストを受けた場合の相関が0.87という事実（Plomin & DeFries 1980, p. 16）に照らすと、一卵性双生児同士の知能がいかに類似しているか、つまり遺伝の影響がいかに大きいかを示しています。さらに、遺伝の知能への影響は、同一環境で育った一卵性双生児間の知能の相関が、同じ環境で育った二卵性双生児間の知能の相関を上回っている事実にも明確に表れています（0.86>0.60）。

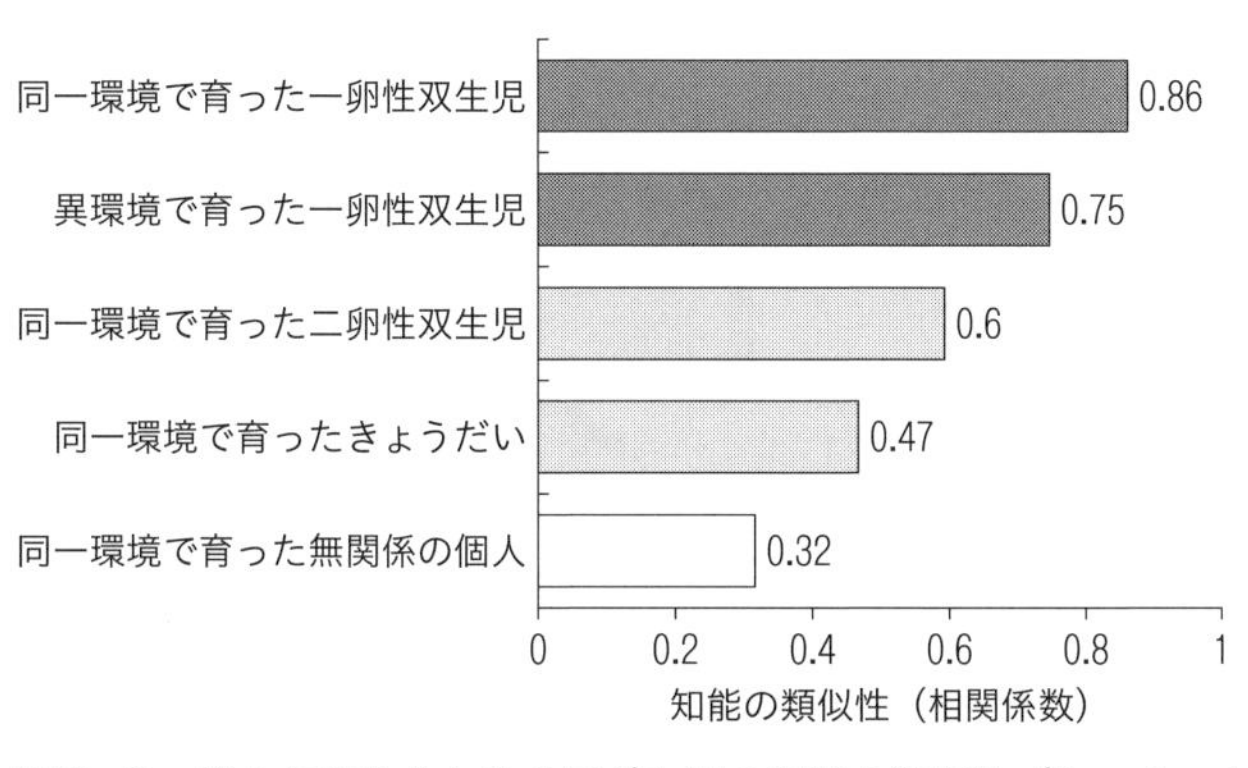

図２－５　様々な組み合わせの子ども間の知能の類似性（Bouchard 1983に基づく。ただし異環境で育った一卵性双生児の結果は，５つの研究をまとめたBouchard 1997に基づき作成）

注：図では遺伝的類似性が同じものを同じ濃さで表している。

他方、環境の知能への影響もこの図からみて取れます。たとえば同じ一卵性双生児であっても、異なる環境で育つと双生児間の類似性が0.75と、同一環境で育った場合の0.86よりも低くなる事実、また二卵性双生児間の相関がきょうだい間の相関よりも高い事実（0.6>0.47）、さらに赤の他人同士の知能に相関関係があるはずがないのに、同一環境で育った無関係の子ども（養親の実子と養子として引き取られた子ども）間の相関が0.32の事実などです。

なお近年の行動遺伝学では、コラム２－１に見られるように、いろいろな心理特性への遺伝および環境の寄与率を数値的に明らかにすることができます。図2-5に基づいて知能に対する遺伝の寄与率を計算すると52％で、残りの48％が環境の影響となります。このように近年の研究結果は環境の影響も認めていますが、知能の高い遺伝性の主張は今日でも誤りではありません。知能の遺伝規定性が高い事実は、後の図2-11にもはっきり表れています。ただジェンセンやバートの、知能の約80％は遺伝で決まるとする主張は過大というべきでしょう。

行動遺伝学と、遺伝と環境の寄与率を計算する方法

近年、行動遺伝学（behavioral genetics）が注目されています。「行動遺伝学とは、双生児や親子、きょうだいのような血のつながった人々、あるいは養子の親子やきょうだいのように遺伝的な関係はないが環境を共有するたくさんの人々の、心理的、行動的形質の類似性を、統計学的な方法によって遺伝的影響の姿を明らかにする学問」（安藤 2000, p. 45）であり、わが国でも優れた解説書があります（安藤 2000, 2011, 2014）。行動遺伝学は特に1990年代以降急速に発達しているようで、1987～1991年の5年間で200しかなかった双生児法による行動遺伝学の研究論文の数は、次の5年間には3倍、さらに次の5年間には4.5倍と増え、2002～2006年の5年間には6倍近くにまで増えています（Plomin et al. 2008, p. 4, Figure 1.1）。

行動遺伝学は、多量のデータが必要な統計的方法なので、例数がそれほど多くない双生児（わが国の場合、一卵性双生児は1000回の出産に対して3回程度）の事例を多く集めることは容易ではありませんが、近年世界各地で組織的なデータが蓄積されつつあり、先に示したように多くの成果が報告されています。なかでもミネソタ大学のふたご研究（Bouchard et al. 1990; Segal 2012）は有名ですが、わが国でも慶應義塾大学の安藤寿康を中心とした首都圏ふたごプロジェクトがあります。

本コラムでは、先に**図２－５**で紹介した双生児等の間の知能の類似性のデータをもとに、行動遺伝学に基づく知能への遺伝と環境の寄与率の算出の方法と、その背後にある考え方を紹介します。

1．一卵性双生児は遺伝子を１００％共有しているので、双生児間の類似性は１００％です。二卵性双生児は、きょうだいの場合と同様、共有する遺伝子の期待値は50％なので、両者の遺伝的類似性は50％です（安藤 2000, pp. 48-49）。

2．同一環境で育つ一卵性双生児と二卵性双生児に対する環境の影響は等しいことを前提にします。この等環境仮説は、事実に基づいて妥当なものと考えられています（安藤 2000, pp. 87-88）。

3．心的特性の個人差には遺伝要因と環境要因が関わっていますが、後者は、共有環境要因と非共有環境要因にわけられます。そして、それぞれの寄与率は次の４のように計算できます。

4．**図２－５**の、同一環境で育った一卵性双生児間の相関0.86、二卵性双生児間の相関0.6を例に、遺伝要因の寄与率をA、双生児の共有する環境の寄与率をCであらわして計算例を示すと次のようになります。ただしこの場合、知能に関わっていると仮定される多くの遺伝子の効果は一つひとつが加算されて全体として効果を発揮するという、相加的遺伝要因を想定しています。

まず同一環境で育った一卵性双生児の場合は、その類似性には遺伝要因と共有環境要因がすべて関わっているので、

①　0.86＝A＋C　　　　となります。

他方二卵性双生児の場合は、遺伝の寄与率は一卵性双生児の半分なので、

②　0.60＝0.5A＋C　　　　　　となります。

①と②から、連立方程式でAとCの値を求めますと、A＝0.52, C＝0.34となります。つまり知能に対する遺伝の寄与率は52％、共有環境の寄与率は34％となり、残りの14％は非共有環境の寄与率ということになります。なお非共有環境というのは、双生児のそれぞれが家庭外で独自に経験する環境のことです（安藤 2000, pp. 82-82）。

なお遺伝要因に関しては、非相加的遺伝要因というものの関与がありますが、これについては安藤（2000）の第3章を参照してください。

知能の人種差について　それでは、ジェンセンのもう一つの主張、白人と黒人の遺伝的知能差について、今日の心理学はどう答えているでしょうか。再びゴットフレドソン（Gottfredson 1994, 1997）をみてみましょう。

・どの人種・民族の成員も、そのＩＱはあらゆる水準に散らばっている。異なる集団のベル型曲線はかなり重なっているが、ＩＱ連続体上で多くの人が密集する中心点には集団差がある。ある集団（ユダヤ人と東アジア人）のベル型曲線の中心点は、白人のものよりも一般に高い。他の集団（黒人とヒスパニック）の分布の中心点は、非ヒスパニック白人のものよりもやや低い。

・白人のベル型曲線は、ほぼＩＱ１００を中心に分布する。アメリカの黒人のベル・カーブは85を中心に、そしてヒスパニックの様々な下位集団のベル型曲線は、白人と黒人のほぼ中間にくる。ユダヤ人と東アジア人のＩＱの中心が正確に１００以上のどこにあるかについての証拠は決定的ではない。

右の要約は、ＩＱ水準の人種差は認めていますが、それが遺伝によるものかどうかまでは明らかにしていません。そして、アメリカの白人と黒人の知能差については、それを遺伝によるとする立場もありますが（Rushton 2012; Murray 2006）、次のような環境説も説得力があります。つまり、黒人を取り巻く教育・社会経済的・文化的環境を改善すれば、いずれ白人と黒人の知能差はなくなるという主張です。実際の研究をみてみましょう。

たとえばディケンズらの研究（Dickens & Flynn 2006）では、１９７２年、１９８９年、２００２年に子ども用知能テスト（ＷＩＳＣ）を標準化するために得られた白人と黒人の子ども（6～16歳）のＩＱの結果を示していますが、白人の子どもの知能は１９７２年の102.3からほとんど変わっていないのに対して、黒人の知能は、１９７２年の86.4から２００２年には5.3ポイント上昇し91.7に達し、さらに２０１２年のニスベットらの「ＩＱの集団差は環境に原因があると考えると最もよく理解できる」と結論づけた論文（Nisbett et al. 2012）では、6.45ポイント上昇し、92.85に達しています。

またムーアの研究（Moore 1986）では、黒人の男女児46人が2歳のときに、23人は中流階層の黒人の家庭に、残る23人は中流階級の白人の家庭に養子として引き取られ成長し、7～10歳に達したときのＩＱを調べました。結果は、黒人家庭で育った子どもの平均ＩＱは103.6であったのに対して、白人家庭で育った子の平均は117.1で、両者の差は統計的に有意でした。つまり白人と黒人の知能差は、環境を改善すれば「かなり速やかに消失する」（Nisbett 2019, p. 214）という結論です。

このほかにも、アメリカの白人、ヒスパニック、アジア人の子どもの学力と、各人種の家庭の社会経済的状態の間には、密接な関係があることが示されています（Magnuson & Duncan, 2006, p. 366）。また人種問題に限らず、劣悪な生育環境を改善することが知能や学業成績の上昇をもたらすことは間違いないようです（Duyme et al. 1999; Scarr et al. 1993; van Ijzendoorn & Juffer 2005）。

このような問題をまとめ、ニスベットは２００９年に『頭のでき――決めるのは遺伝か環境か』（Nisbett 2009）というタイトルの本を著わし、その末尾に「黒人と白人のＩＱの違いは純粋に環境によるとする証拠」という、訳本で約30頁にわたる付録を掲載しています。

さらにこの問題に関連して、次のコラム２－２で紹介するような、ステレオタイプの脅威という心理現象があることにも注目するべきでしょう。

人種に対する固定観念の影響

人種はもちろん遺伝で決まります。しかし自分がある人種カテゴリーに属していることを意識するだけでテスト成績が影響を受けることがあるのです。たとえば長く人種差別が色濃く残っていたアメリカ社会において、いくら黒人が頑張ってもどうせ白人を追い越せないという思い込み、あるいは固定観念（ステレオタイプ）があれば、それによって成績が伸びないことも考えられます。本コラムではそれに関連して20数年前に行われたスティールとアロンソンの興味深い実験を紹介します（Steele & Aronson 1995; Steele 1997）。

実験参加者：アメリカのスタンフォード大学の男女学部生で、黒人、白人それぞれ22人。

課題：アメリカとカナダの大学院に進学する学生に課せられる、かなり難度の高いＧＲＥというテスト（言語版）が25分間与えられました。しかし実験参加者には、実験の目的は言語的な問題解決に含まれている心理的要因を理解するためであって、言語能力を調べるものだとは知らされていませんでした。

実験計画：すべての実験参加者には全く同じ課題が与えられましたが、白人と黒人それぞれの半数には、実験直前に記入が求められた用紙に、人種（white/black）の記入欄があり、残る半数には人種記入欄はありませんでした。

結果：テストの正答数による結果は図２－６に示されています。

図に見られるように、同じテストを行ったにもかかわらず、黒人参加者の成績は、２本の黒柱を比較して明らかなように、直前に自分の人種を意識させると、意識させなかった場合に比べて統計的に明らかに低くなっています。黒人と白人の成績差は、〈人種記入あり条件〉では有意でしたが、〈人種記入なし条件〉では有意ではありませんでした。つまり自分が黒人であることを意識するだけで、成績が低下しているのです。

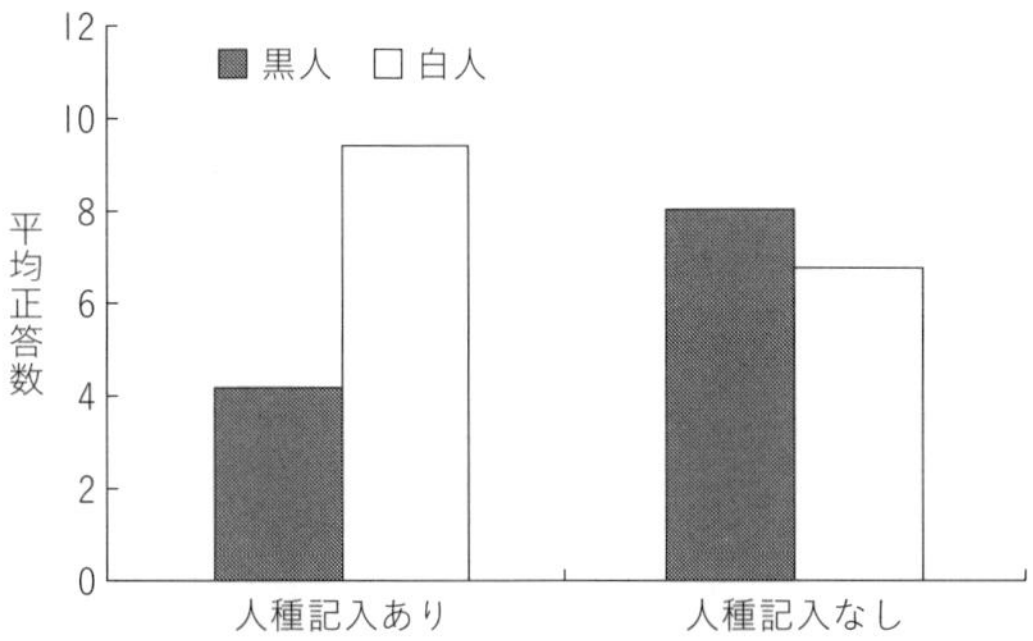

図２－６　言語能力テスト直前の人種名記入の有無がテスト成績に与える影響を人種別に示す（Steele & Aronson 1995より作成）

「何となく社会全体に漂っている、ある集団に対して抱かれている負の空気（air）に由来する脅威」のことを「ステレオタイプの脅威」（stereotype threat）といいますが、上の実験結果は、黒人は白人に比べて能力的に劣るという当時の社会に漂っていた固定観念から来る脅威を感じていたかどうかによって、テスト成績が顕著に異なることを示しています。

なおこれと同様の結果は、小学生を対象にした実験でも明らかにされています（McKown & Weinstein 2003）。

今日、平等社会の実現を目指して様々な努力がなされていますが、それでも、この種のステレオタイプの脅威はまだ私たちの身近に沢山あり、そのために男女格差、学校格差などが実際以上の差となって表れている可能性は十分にあります。われわれが「どうせ」とか「さすが」という言葉を使うときには十分注意しなければなりません。このようなステレオタイプの脅威があれば、たとえばスポーツの試合をする前にすでに強豪校に「負け」ているのです。

なおこの脅威の影響には集団対比効果があります。たとえば女子大や黒人だけの大学では、それぞれ対比する男子や白人がいないため、女性であることや黒人であることが目立たないので、ステレオタイプの脅威を感ずることがありません。そのために性や人種が混じっている大学の女子や黒人よりも成績がよくなるといいます（Harris 2009：訳本下巻、p. 128, pp. 148-150参照）。ステレオタイプの脅威という、いわば気持ちの持ちようひとつで、個人や集団のもつ潜在的な力が削がれているとすれば、残念な話ではありませんか。

2　性格と遺伝と環境

次に、パーソナリティの情意的側面・性格の遺伝―環境問題を取り上げましょう。

性格とは、時と場所を超えて比較的安定している行動傾向の個人差のことで、通常は知能とは別に取り上げられます。陽気な人、人見知りをする人、誠実な人などがあるように、性格にはいろいろな側面があります。それでは、一体どのような性格側面に着目すれば個人差の全体像を漏れなくうまく記述できるでしょうか。それには様々な立場があります。なおパーソナリティという言葉は、広義には知能を含む個人差を意味しますが、狭義には性格を意味します。

外向性と神経症的傾向

たとえば著名なパーソナリティ研究家のイギリスのアイゼンク（Hans J. Eysenck, 1916-1997：図2-7）は、人は外向的と内向的を両極とする外向性の軸と、それと直角に交わる情緒的安定的―不安定的を両極とする神経症的傾向の軸が形成する空間上でうまく記述できるという立場をとります。つまり社交的―非社交的、人好き―引っ込みがち、陽気―物静か、積極的―消極的などを両極とする外向性の軸と、情緒的安定―不安定、落ち着いている―神経質、楽天的―心配性、気分にむらがない―気分屋などを両極とする神経症的傾向の軸のそれぞれをX軸Y軸にする空間上のどこかの1点に個人は位置づけられ、それに知能を加えれば、個人差はほぼ把握できると主張します。

図2－8A、Bは、**図2－5**にならって外向性と神経症的傾向の双生児間の相関を示したものですが、これは5ヵ国で合計2万4千対の双生児をもちいて行われた研究結果（Loehlin 1992）をプローミン等がまとめた表に基づくものです（Plomin et al. 2008, p. 240）。

図２－７　アイゼンク（右）と筆者（1987年，関西学院大学のテニスコートにて）

注：アイゼンクと筆者はイギリス時代からのテニス仲間。日本行動療法学会の招待講演者として来日時。

外向性、神経症的傾向ともに、同一環境で育った一卵性双生児間の相関係数はそれぞれ0.51、0.46で、これらは**図2－5**の知能の場合の0.86よりも低いですが、ある程度の遺伝規定性が見られます。またこの0.51、0.46が、同一環境で育った二卵性双生児間のそれぞれの相関係数0.18、0.20を大きく上回っているところにも、両性格特性の遺伝規定性の高さがうかがえます。しかしコラム2－2でも述べたように、同一環境で育った二卵性双生児間の相関係数は、相加的遺伝の考えに立てば、同一環境

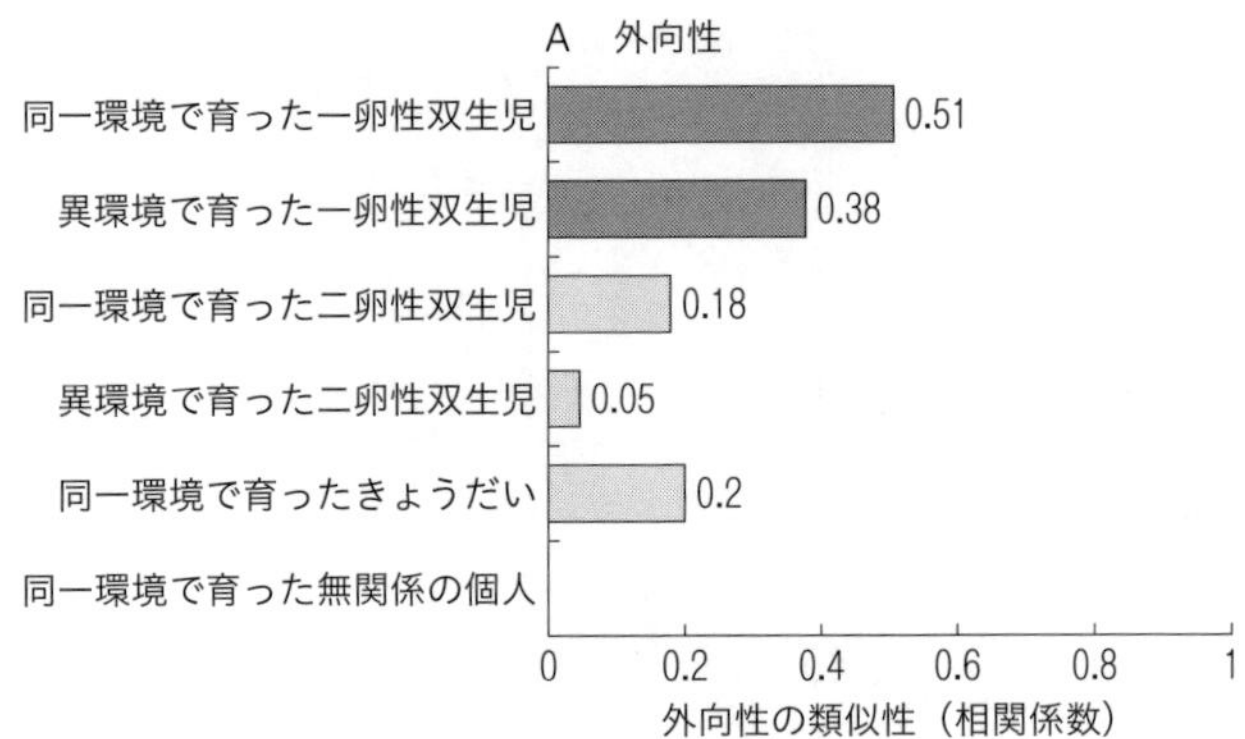

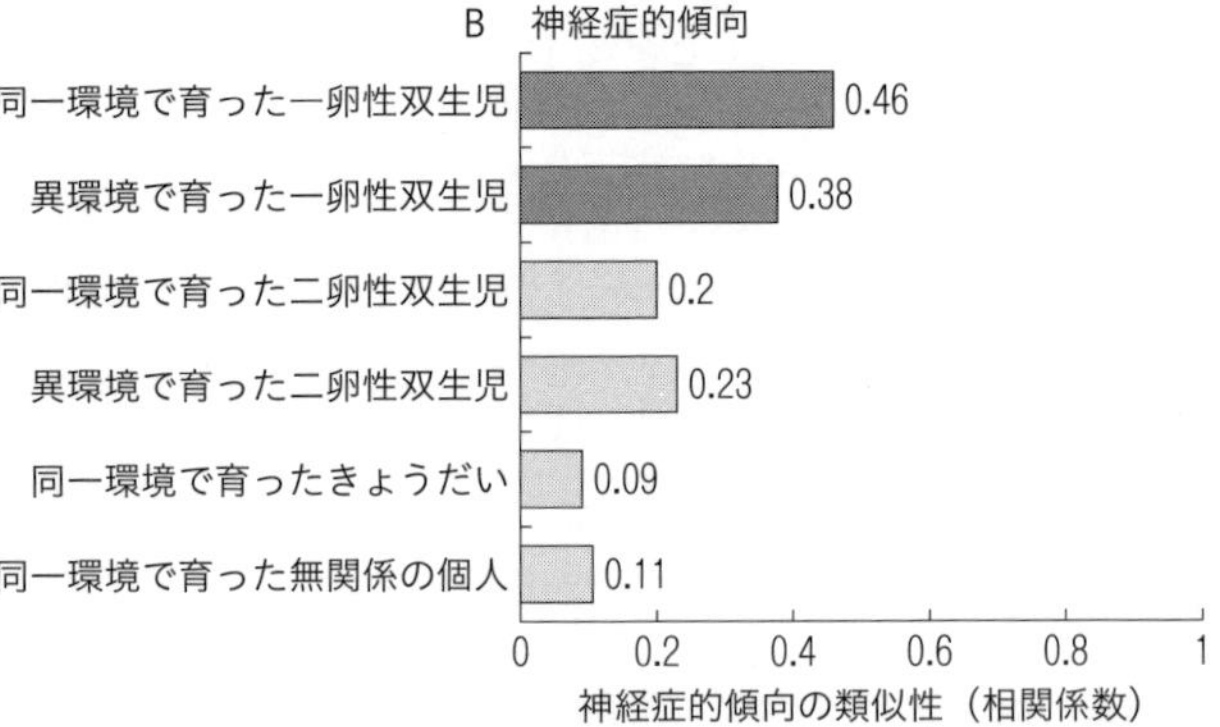

図２－８　様々な個人の組み合わせ間の外向性（A），神経症的傾向（B）の類似性（Loehlin 1992の結果を Plomin et al. 2008, p. 240がまとめた表に基づき作成）

で育った一卵性双生児間の相関係数の約半分になるはずなのに、これらの値はこの理論値よりも低くなっています。特に外向性の場合は0.18と理論値をはるかに下回っています。このことは、知能とは違って、性格特性には相加的遺伝の前提が当てはまらないことを物語っています。そしてこのような場合の遺伝と環境の寄与率は、コラム２－２で紹介した方法では計算できません。詳しくは安藤（2000, pp. 110-126; 2014, p. 6）を参考にしてください。

ビッグ・ファイブ

今日非常に幅広く用いられている性格検査に、性格は神経症的傾向（Neuroticism）、外向性（Extraversion）、開放性（Openness）、調和性（Agreeableness）、誠実性（Conscientiousness）の５因子からなるとするビッグ・ファイブ理論に基づく５因子性格検査があって、国際的にも幅広く用いられています（コラム２－３参照）。

５因子性格検査（Big Five）について

人間の性格は大きく5つの次元から成るという考えに基づいて開発された性格検査で、近年最も多くの研究者の同意が得られている世界中で幅広く用いられているテストです。5次元からなる尺度を、簡単に説明します。

N次元：情緒安定性（Neuroticism）次元（神経症的傾向とも呼ぶ）

この次元は、情緒不安定―情緒安定の次元で、一方の極（高得点者）はストレスや脅威に強く、情緒が安定しているタフな人に代表され、他方の極（低得点者）はストレスや脅威に敏感で、不安、恐怖、緊張、抑うつなどを感じやすい情緒不安定で神経質な人に代表されます。

E次元：外向性（Extraversion）次元

この次元は、内向性―外向性の次元で、一方の極（高得点者）は、活発で外界に対する関心が強く、刺激と興奮を求め、対人的には社交的、支配的、多弁な人に代表され、他方の極（低得点者）は、あまり活動的でなく物静かで、刺激や興奮を避ける傾向が強く、対人的には控えめで消極的な人に代表されます。

O次元：開放性（Openness）次元（知性とも呼ぶ）

この次元は現実に対する密着度の次元、現実的―遊戯的の次元で、一方の極（高得点者）は、心が大空に向かって開かれたような、現実離れした夢多き人、好奇心と遊び心が旺盛な夢想家に代表され、他方の極（低得点者）は、不確かなものを許容せず、確かなものを求める現実家、感傷に溺れることのない人、伝統や権威にしがみつく権威主義者、頑なに信念を変えない頑固者に代表されます。

A次元：調和性（Agreeableness）次元（協調性とも呼ぶ）

この次元は対人的な分離と愛着、愛想の良さの次元で、一方の極（高得点者）は、他者への愛着、信頼、共感性が強く、協調的、調和的で愛想の良い人に代表され、他方の極（低得点者）は、自己を他者から切り離し、自己の独自性を強調し、独立的行動をとろうとし、他者に対する無関心や冷淡を示す人に代表されます。

C次元：誠実性（Conscientiousness）次元（勤勉性とも呼ぶ）

この次元は自己統制の次元であり、一方の極（高得点者）は、自分をしっかりとコントロールし、はっきりとした自己意識・目標意識をもって計画的に誠実に事に当たる努力家、勤勉かつ能率的に仕事をこなす合理的に生きる人に代表され、他方の極（低得点者）は、自己自身を自然の一部とみなし、自然の秩序をあるがままに受け入れようとする人、仕事に対する義務感やこだわりがなく、縛られることなく自由に自然に生きる自由人に代表されます。

図２－９は、このビッグ・ファイブの各因子の遺伝率の一例を図示したものです。なお安藤（2014, p. 196, Table 7-1(a)）には、９つの研究結果が示されていますが、この図はそのなかの一つ、ローリン（Loehlin 1992）の研究に基づくものです。このような事実に基づいて、性格の遺伝率は一般に30～50％と言われています（安藤 2014, p. 197：Plomin et al. 2008, p. 241）。これはコラム２－２で見た知能の遺伝率よりも低いことは明らかです。

今一つ知能の場合と異なるのは、性格への環境の影響は、そのほとんどすべてが非共有的環境要因の影響であって、共有的環境の影響はゼロに近い点です（図２－10参照）。このことは、子どもの性格形成に親・家庭などの共有環境の影響がほとんどなく、家庭外の友人や仲間の非共有環境の影響が大きいということです。これは意外な事実と思われるかもしれませんが、これについては第３講の「子どもは仲間からどれほど影響を受けるのか？――「朱に交われば赤くなる」」を参考にしてください。

なお安藤（2011, p. 59, 表2; 2014, p. 130, 表5.1）には、様々な心理的・行動的特性に対する遺伝と環境の寄与率が、自らの首都圏ふたごプロジェクトの結果も含めて幅広く紹介されています。

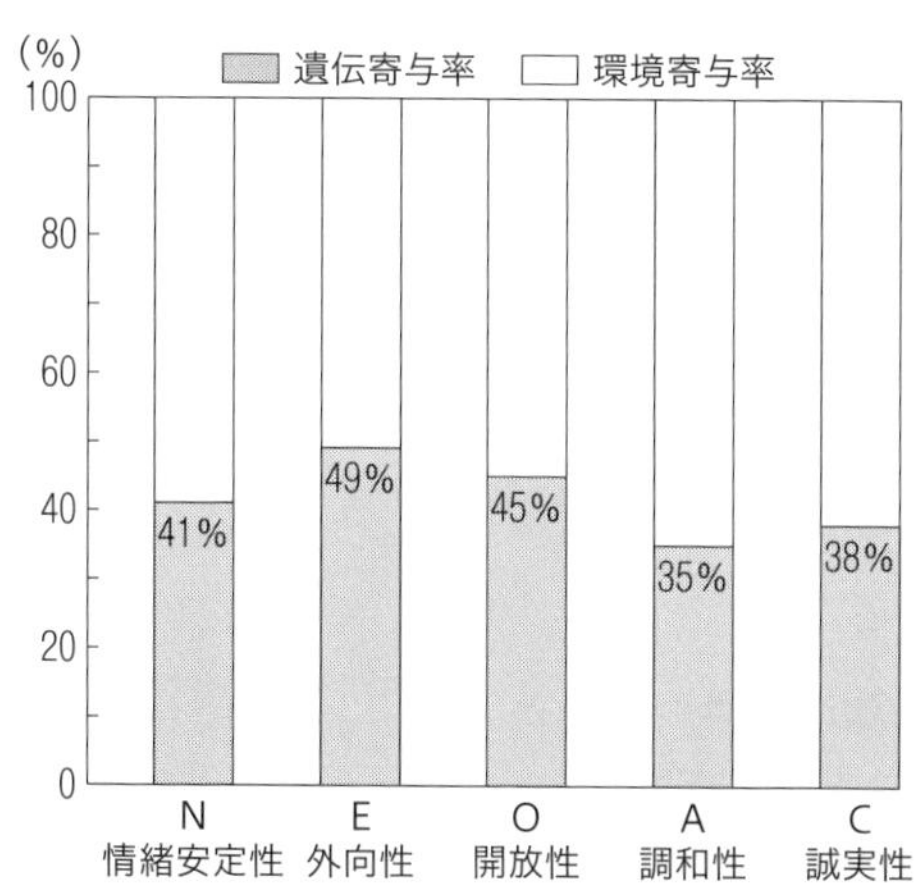

図２－９　ビッグ・ファイブの各特性別の遺伝率
（安藤 2014, p. 196, Table 7-1(a)に紹介のLoehlin, 1992の結果に基づき作成）

3　遺伝と環境はどのくらい知能と性格に影響するか

以上に述べた近年の行動遺伝学の成果に基づいて、知能と性格に対する遺伝と環境の寄与率を要約しますと**図2-10**のようになります。この図は、本講のタイトル親の特徴は子にどれほど受け継がれるのか？――「血は争えない」に、数値的にかなり明確な答えを提供しているように思います。すなわち「血」の影響は、知能において52％、性格において40％という答えになります。残りは環境の影響です。つまり「氏も育ちも」です。

図2-10　知能と性格への遺伝と環境の影響の寄与率（性格については，Plomin et al. 2008, p. 241に基づき作成）

ただ最後に、注意しなければならないことがいくつかあります。

第一は、この図に示されている遺伝と環境の寄与率は、あくまで多くの双生児対の比較から導きだされた統計的所産であって、この率がそのまま個々人に当てはまると考えてはなりません。第二は、遺伝的というと生まれながらにして決定されており、生涯固定されていると考えがちですが、決してそうではありません。常識的に考えると、人は生涯を通して様々な環境に出会い、多様な経験をするので、知能への遺伝の影響は、年齢と共になくならないまでも次第に小さくなり、代わって環境の影響が強くなるのではないかと考えられます。ところが養子法による**図2-11**に示した研究結果は、この常識とは相いれません。

図２-11は、３種類の親子間の一般知能の相関関係を、子どもが３歳と16歳の２時点で見たものです。３歳の時点ではいずれのタイプの親子の場合も親子の知能の相関関係はあまり違いません。しかし16歳になりますと、子どもの知能はますます実の親に似てくるのに対して（実線）、血のつながりのない親に育てられた養子との間の知能の類似性（破線）は低下しています。年齢が進むにつれて子どもの知能が育ての親ではなく実の親に似てくるこの事実は、知能の遺伝的規定性の強いことを示唆していますが、同時に遺伝の影響は生涯を通して変化することも示しています。また別の研究でも、３歳から15歳までの双生児対のＩＱの相関関係は、一卵性双生児対の場合には年齢進行とともに次第に高まるのに対して、二卵性双生児対の場合には次第に低下していることが示されています（Wilson 1983）。この事実も遺伝の効果が年齢進行とともに高まることを示しています。

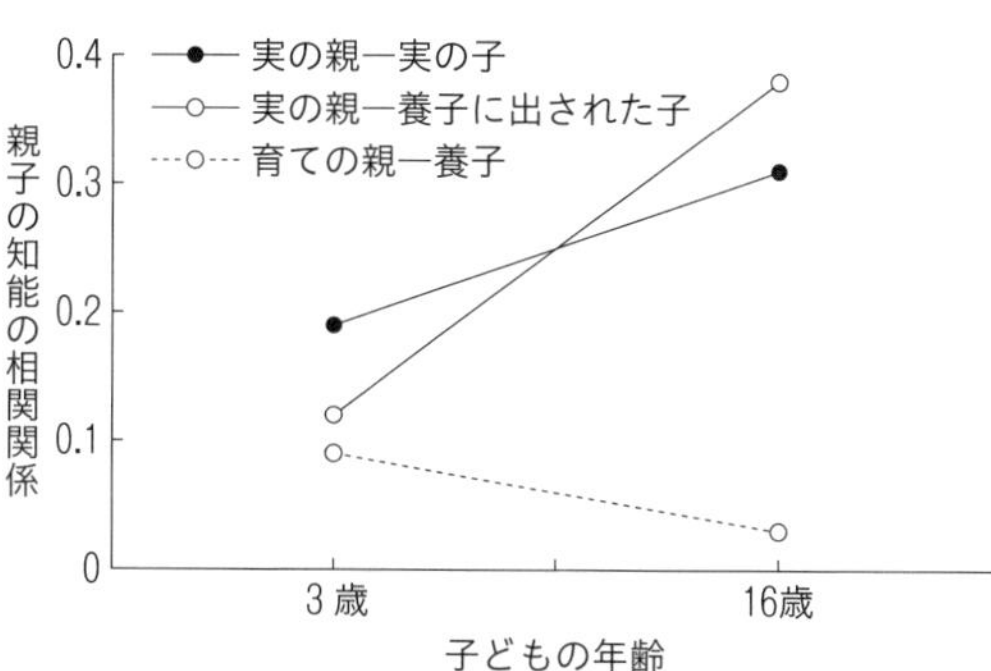

図２-11　３歳と16歳の時点で見た，３種類の親子の間の知能の相関関係（Plomin et al. 1997, Fig. 1 に基づき作成）

また安藤（2000）では、発達の過程で、これまで出会ったことのない新しい経験をすることによって新しい遺伝的資質が開花したり、増幅したりする場合や、遺伝と環境は決して独立ではなく、ある遺伝的資質が、ある環境にさらされる機会を高めたり、さらにはある遺伝的資質の持ち主が能動的にある種の環境を選ぶ場合があることを示しています。つまり心や行動への遺伝の影響は決して固定的ではなく、発達段階を通して環境と相互作用する動的な過程であることが紹介されているのです。このように考えますと、遺伝の影響は生涯を通して次第に強くなる図2-11に示した事実も、ある遺伝傾向をもった人間が長い時の流れのなかで自分にあった環境を選ぶことが多くなると考えれば、理解できなくはありません。

4 おわりに

「血は争えぬ」というように、親の特性が子に受け継がれることはよく知られています。本講では人の特性を、知能と性格に分け、それぞれに関して、遺伝と環境の及ぼす影響について近年の行動遺伝学を背景に講じました。その結果、第3節に要約したように、知能への遺伝の影響は52％、性格への遺伝の影響は40％となりました。残りが環境の影響ですが、知能の場合には家庭などの共有環境の影響が34％、友人・仲間などの家庭外の環境（非共有環境）の影響が14％でした。他方性格の場合は、環境の影響の60％はすべて非共有環境の影響でした。つまり性格形成に家庭環境は影響がないという事実です。この最後の事実は、心理学において遺伝―環境問題が従来 nature（天性）― nurture（養育）問題として取り上げられてきたことの妥当性を疑わせることになります。nurture は養育という訳語でも示唆されるように、親が子どもを食べさせ、育むというニュアンスが強いように思います。しかし性格には共有環境つまり家庭の影響はゼロに近いという事実をみますと、nature-nurture 問題＝遺伝―環境問題ではないように思います。

そこで第3講では、性格の規定因の半分以上を占める非共有環境の影響（図2-10参照）について、「朱に交われば赤くなる」のことわざと関連づけて考えることにします。

私たちはなぜ「見落とす」のか？

――「灯台下暗し」

知覚の心理学
小川洋和

【大辞林】灯台の真下が暗いように、身近なことがかえって気づきにくいことのたとえ。（三省堂）

捜し物がなかなか見つからなくてあきらめかけたときに、それまで何度も目にしたはずの目前のテーブルの上に置いてあることに気づく、といった経験は誰しもあるのではないでしょうか。あるいは自動車を運転していて交差点に入るときに、よくよく確認したはずなのに、横断しようとしている人がいることに直前で気づいて慌てて急ブレーキ、というようなヒヤッとする経験をお持ちの方もいるかもしれません。このような「見落とし」は、人間の心の働きである注意（attention）と深い関連があります。

私たちの脳は感覚器から入力された様々な情報を処理していますが、入力される情報の量は膨大であるため、そのすべてに対処することはできません。そこで、その時の行動や意志決定に必要な情報を優先的に選択し、それだけを処理するようなやりかたをしています。その情報を選択する心的機能が注意です。この注意による選択がうまくいかないときに様々な形で見落としが生じます。

非注意の見落とし

注意に関係する見落としのデモンストレーションとして、ダニエル・シモンズが作成した「見えないゴリラ」が非常に有名です。すでにご覧になったことがある方もいらっしゃるかもしれませんが、まだの方はこのまま読み進める前にYouTubeで「Invisible Gorilla」と検索して、ぜひご覧になってください。このデモでは、白いシャツと黒いシャツを着た2チームの人々がバスケットボールをパスし合っています。動画の最後に、白いシャツのチームが何回パスをしたかを回答するように求められるので、白いシャツの人に注意しながら観察することになります。動画が終わった後にパスの回数を答えるわけですが、実はこの動画にはトリックがあって、パスを回している最中にゴリラの着ぐるみが画面を横切っていきます（中央では胸を拳で叩く「ドラミング」まで行います）。このように説明されると、全員がゴリラに気づいてもおかしくないように感じると思いますが、実際には半数近い46％の参加者はゴリラの存在に気づきませんでした（Simons & Chabris 1999）。このような見落としを非注意の見落とし（inattentional blindness）とよびます。

変化の見落とし

別のタイプの見落としに、変化の見落とし（change blindness）があります。これは、一瞬視界がなにかに隠されたりすると、その隠される前後で大きな変化があってもそれに気づかないという見落としです。これについても有名なデモがありますので、ご存じない方はYouTubeで「person swap」「change blindness」で検索して、ご覧になってみてください。街なかで地図を広げている実験者（サクラ）が通行人を呼び止めて道を尋ねます。何も知らない通行人が道を説明しているうちに、なぜか大きな看板を持った人々が二人の間に割り込んで通っていきます。この割り込んだときに、それまで道を尋ねていたサクラが、看板に隠れていた別のサクラと入れ替わります。つまり、道を教えている通行人はそれまでとは別の人に道を教えることになるわけです。当然みな入れ替わったことに気づくと思うでしょうが、実際は15人の通行人のうちで変化に気づいたのは7名のみで、それ以外の人たちは、割り込みによって説明が中断する前と同じように道を教え続けました（Simons & Levin 1998）。

このような話を聞くと「単にちゃんと見ていないから見落としたり気づかなかったりしただけなのでは」といぶかしく思う人もいるかもしれません。しかし、手品のムービーを見ているときの眼球運動を調べた研究（Smith et al. 2012）では、トリック（コインのすり替え）に気づいた人と気づかない人の眼球運動を比べても、両者の間にはまったく違いがないことが示されています。つまり、その場所に注意深く目を留めていたとしても、見落としが起こるわけです。

これらの見落としは非常に興味深い現象ではありますが、それ以上に私たちの視知覚の特性を理解するうえで重要な手がかりとなります。たとえば、非注意の見落としは、注意による選択が私たちの意識的な気づきに決定的な役割を果たしていることを示しています。私たちは外の世界を一枚の写真のように頭の中で再構成して、それを眺めているかのように素朴に考えがちですが、そうではなく、いわば真っ暗闇の中で懐中電灯をあちこちに向けているようなもので、光（＝注意）が向けられたところだけ何があるかわかる（＝意識に上る）というのが、実際の視知覚のあり方に近いようです。また、変化の見落としは、私たちがその時見ている場面の詳細をほとんど記憶として保持していないことを示しています。外界に注意を向ければすぐにアクセスできる情報は、わざわざ面倒な処理をして脳内に保持しなくてもよいわけで、脳の限りある処理容量を効率的に使うためにあえてそのようなやり方で処理を行っていると考えられます。

第3講

子どもは仲間からどれほど影響を受けるのか？
――「朱に交われば赤くなる」

発達心理学、社会心理学

【名言・格言・ことわざ辞典】　交際する友の善悪によって、いずれにも感化される。良き友を選び、交際せよ、の意。（ミネルヴァ書房）

【広辞苑】　〔傳玄、太子少傳箴言「朱に近づく者は赤く、墨に近づく者は黒し」〕人は交わる友によって善悪いずれにも感化される。▽近年は多く悪い感化力についていう。（岩波書店）

はじめに

「孟母三遷」ともいうように、子どもの健全な成長のために、孟子の母は良い環境を求めて3度も引っ越しをしたといいます。今日の親も、良い教育環境を求めますし、思春期の子をもつ親は、自分の子どもが友人のせいで悪の道に踏み込まないかと心配が絶えません。また、良い友人に恵まれているわが子をみるとほっとします。

第2講でもみたように、人の性格（習慣的行動傾向）は、50～70％までは環境によって決まるといいます。しかもその環境の影響も、家族などとともに経験する共有環境の影響はなく、家庭外の非共有環境の影響がすべてでした（第2講、図2－10参照）。このことが意味するのは、人の発達過程で、仲間から受ける影響がきわめて大きいということです。

本講では、「朱に交われば赤くなる」ということわざのもとで、子どもの習慣的行動傾向に与える仲間の影響（peer influence）を取り上げます。

本講でも、このことわざについての実証的研究を紹介しますが、それに先立って、子どもの性格形成に「重要なのは親じゃない、重要なのは仲間だ」という考えを1995年に唱えて話題と反発を呼んだ、ハリスの「集団社会化理論」をまず紹介します。実証的研究は第2節以降で紹介します。

1　子どもの発達に関する集団社会化理論

発達の集団社会化理論（group socialization theory）

アメリカの心理学者ハリス（Judith R. Harris, 1938-2018）は、1995年に権威ある学術誌「心理学評論」（*Psychological Review*）に「子どもの環境はどこにあるのか？　発達の集団社会化理論」（Harris 1995）を著わし、それを背景に、1998年には *The Nurture Assumption*（子育て神話）を著わして話題を呼びました。この本は2009年には改訂版が出版され、わが国でも旧・新版ともに『子育ての大誤解――重要なのは親じゃない』というタイトルで2000年と2017年にそれぞれ邦訳出版されています。改訂版の邦訳は親しみやすい文庫本で上下2冊に収められています（ハヤカワ文庫、石田理恵訳）。

「子育て神話」というのは、子どもの発達に最も大きな影響を与えるのは親だという、一般にも専門的にも広く受け入れられてきた考えのことですが、彼女はこの一般常識を否定し、「重要なのは親じゃない、仲間である」と主張したので、多くの批判と反撥を呼びました（たとえばVandell 2000）。そこでまず、ハリスの発達の集団社会化理論（group socialization theory）の概要をみてみましょう。なお、彼女は一貫してパーソナリティという用語を用いていますが、ここではこれを訳書にならって性格という言葉で使います。

まずアメリカ心理学会編『ＡＰＡ心理学大辞典』の同理論の定義をみておきましょう。「子どもは本来仲間によって社会化され、親や教師の影響は子どもの仲間集団を通して少しずつ理解されると主張するパーソナリティ発達理論。この理論によれば、子どもは自分の親のようにではなく、むしろ仲間のように振る舞おうとする」。

集団社会化理論の概要　以下しばらく、ハリスの著書を参考にしながら彼女の理論の概略を辿ることにします。説明の根拠としている文章を、訳本からその都度引用します。

まず仲間集団（peer group）の定義ですが、家庭外にあって子どもが同一視する（つまり自らがそのメンバーであると認める）集団（カテゴリー）のことで、年齢、性別、人種、（青年期には）能力や興味のような社会的特徴を共有する仲間の集まりのことです。そして子どもたちはその仲間集団にふさわしい態度や行動や振る舞い方を身に着け（①）、その影響は子どもの性格を決定づけます（②）。

①「子どもたちは自分がある集団に属すると認識し、その集団の態度、行動、話し方、服装、身の飾り方を真似ることによって、ふさわしい行動とは何かを知る。子どもたちはたいてい、自動的に、そして自発的にこれを行う。彼等は仲間と同じようになりたいのだ。万が一奇妙な趣向が顔を出そうものなら、仲間たちはたちまちそれに反応し、その違いに対して制裁を加える。とりわけ学童たちは人と違うことをする子どもに対しては容赦しない。まさに「出る杭は打たれる」だ」（Harris 2009；訳本（上）、pp. 327-328）。

②「ある集団の一員としての自覚および集団における容認や拒絶は、永続的な痕跡を性格に残す」（Harris 2009；

訳本（上）、p. 330）。

彼女のこのような考えに大きな影響を与えたのは、第2講で述べた行動遺伝学の研究成果でした。すでにみたように、個人差は遺伝と環境（共有環境＋非共有環境）によって決まりますが、環境のなかで性格に影響を与えるのは共有環境（家庭、親）ではなく、ほとんどすべてが非共有環境（家庭外の仲間）だという事実を行動遺伝学は明らかにしています。彼女は、この事実を確認するために、行動遺伝学、進化心理学、発達心理学、社会心理学等々、多くの領域にまたがる膨大な量の文献を詳しく調べ、親の育児パターンが子どもの性格に影響する説得的な証拠はなく、多くの場合、親からの遺伝の影響が混在していること、親が同じように育てても子どもの性格は異なること、養子と養父母の性格特性の間には相関がないこと、子どもの性格は養育のタイプ（保育所―家庭、片親―両親、同性愛者の親―異性愛者の親、働く親―専業主婦（夫）の親）によって異ならないこと等の事実を紹介しています。

それでは親や家庭は、子どもの性格に影響を与えないのでしょうか。そうではありません。第一に子は親の遺伝的資質を継承します。第二に、子どもは家庭での学びの影響を受け、家庭内の行動が影響されます。第三に、親は住む環境を選ぶことによって、つまり子どもが関わる仲間集団を決定することを通して、子どもの習慣的行動傾向に間接的影響を与えます。そして最後に次のようないくつかの場合を考えています。

まず家庭で学んだことが仲間集団でも役立つ場合にはそれは仲間集団へももちこまれます（③）。

③「家庭で学んだものの中には、仲間集団にもちこまれて異質であると判断されてもなお、子どもがもちつづけるものもある。なぜなら、集団はある水準までしか同調を要求しないからだ」（Harris 2009；訳本（下）、p. 268）。

つまり仲間集団には必須とされるものと選択（オプション）のものがあるのです（④）。

④「もし家庭で獲得される知識や技術や意見が、仲間集団が考えるところの選択的なもの――同調を強いられない、

むしろ違っていることが称賛されるもの――の範囲におさまるものであれば、子どもはそれらをもちつづけることになるかもしれません。子どもたちの仲間集団のほとんどは、メンバーたちの異なる才能、趣味、政治的姿勢、そして目指している職業に関して寛容である。ピアノの弾き方を知っていることもは打たれるべき杭ではない」（Harris 2009; 訳本（下）、pp. 268-269）。

また家庭で学んだもののなかには仲間集団にもちこまれないものもあります（たとえば宗教）。そして、決して家庭で学ばないものもあります（⑤）。

⑤「家庭で学ばないものといえば、人前でのふさわしい行動や、自分がいかなる人間であるかということなどである。これらは仲間集団内で学ぶことなのだ」（Harris 2009; 訳本（下）、p. 269）。

たとえばアメリカの移民家庭の子どもが話す英語のアクセントについて、その親の英語は出身国のなまりがなかなか取れないのに、子は見事にネイティブと変わらないアクセントで英語を話すようになります（コラム３－１参照）。それが人前でのふさわしい行動だからなのです。

それでは子どもの個性はどうなるのでしょうか。子どもは仲間集団のなかで社会化を果たし、類似の行動傾向を身に着けますが、同時に各自が集団内でしかるべき地位（status）を占めることで、子どもは個性化も果たします（Harris 2006）。子どもは自分の行動に対する仲間の反応をみながら自らにふさわしい行動傾向を身に着け、自らの集団内での占め位置（地位）を獲得します。そしてたとえ一卵性双生児であっても、ある行動に対する周囲の偶然の反応の違いによって、その後の地位の違いが生ずる場合があるといいます。

在野の心理学者ハリス　ハリスは確かに大きな話題を投げかけました。彼女の著書に序文を寄せたスティーブン・ピンカーは「心理学史に転機をもたらした一冊として名を残す」と同書を高く評価しています。しかし彼女への注目度は、彼女の履歴のユニークさによってなお高まりました。

ハリスはハーバード大学大学院で心理学の修士号は取得しましたが、独創性と独立性に欠けるとして除籍され博士号は取得できず、その後はどこの大学にも所属しない一家庭主婦になり、かたわらで心理学のテキストの分担執筆などに携わるようになりました。そのような在野の彼女が1995年に書いた論文が評価され、1998年にはアメリカ心理学会のジョージ・ミラー賞を受賞したのです。皮肉なことに、このジョージ・ミラー（George Miller, 1920-2012）こそが、ハリスがハーバードを除籍になったときの心理学部長でした。この賞は心理学の異なる領域を巧みに統合したことを評価したものですが、このような広い視野は、どの大学にも所属せず、日常的な業績の積み上げにあくせくする必要がない、自由な立場にあったからこそ開けたのではないでしょうか。もちろん、彼女のただ事でない努力に支えられてですが。先に紹介した彼女の著書に引用されている文献数は776篇にも及びます。

仲間の影響の事例：ハリスの著書より

事例1　親の英語に影響されずネイティブ並の英語を話すようになる移民の子

「学生時代、私はマサチューセッツ州ケンブリッジで下宿をしていたが、大家さんはロシア人夫妻で三人の子どもたちとともに一階に住んでいた。夫妻はお互いに対しても、子どもたちに対してもロシア語で話した。彼らは英語がへたで、ロシア訛りが強かった。ところが5歳から9歳までの彼らの子どもたちはというと、まったく訛りのないきれいな、すなわち近所の子どもたちが話すボストン＝ケンブリッジ・アクセントの英語を話していた。外見も近所の子どもたちとそっくり。親の方はその洋服のせいなのか、身振り顔つきなのか、どこかに「外人くささ」が漂っていた。しかし子どもたちはまったく外国人には見えない。ごく普通のアメリカの子どもだった（Harris 2009; 訳本（上）、pp. 54-55）。

事例2　ニューヨークのスラム街から救出され立ち直ったラリー・アユソ少年

「……16歳のラリーはサウス・ブロンクスに住んでいた。バスケットボールのチームに入りたかったが、成績不振で入部が認められなかった。友人のうち三人は麻薬がらみの殺人事件に巻き込まれ、命を落とした。彼は高校を中退し、まさに犯罪まみれの生活……に足を踏み入れようとしていたその矢先に救われたのだ。彼を救ったのは、スラム街から子どもたちを連れだし、遠く離れた土地に転居させるプログラムだった。落ち着き先は、ニューメキシコ州の小さな町で、彼は中流階級の白人家族とともに暮らすことになった。二年後の彼は、成績もAとBばかりで、高校のバスケット・チームに所属し、一試合平均28点を稼ぎ、大学進学を目指していた。彼がサウス・ブロンクスの古巣を訪れたとき、友人たちは彼の服装に驚き、話し方がおかしいと言った。ラリーはもはや彼らのような話し方はしない。服装も違えば、振る舞い方も違う。話し方まで違うのだ」（Harris 2009; 訳本（下）、p. 59）。

2　仲間の影響を受けやすい青年期

次に具体的な実証的研究をみますが、まず、どの年齢層の子どもが仲間から大きな影響を受けるかをみておきましょう。注目するべき年齢層を明らかにするためです。

ガードナーらのリスキー・シフトの実験（2005）　人の行動は、集団のなかでは独りのときよりも大胆になる、リスキー・シフトという現象があります。これは、未成年者が仲間のなかで、禁じられている飲酒・喫煙

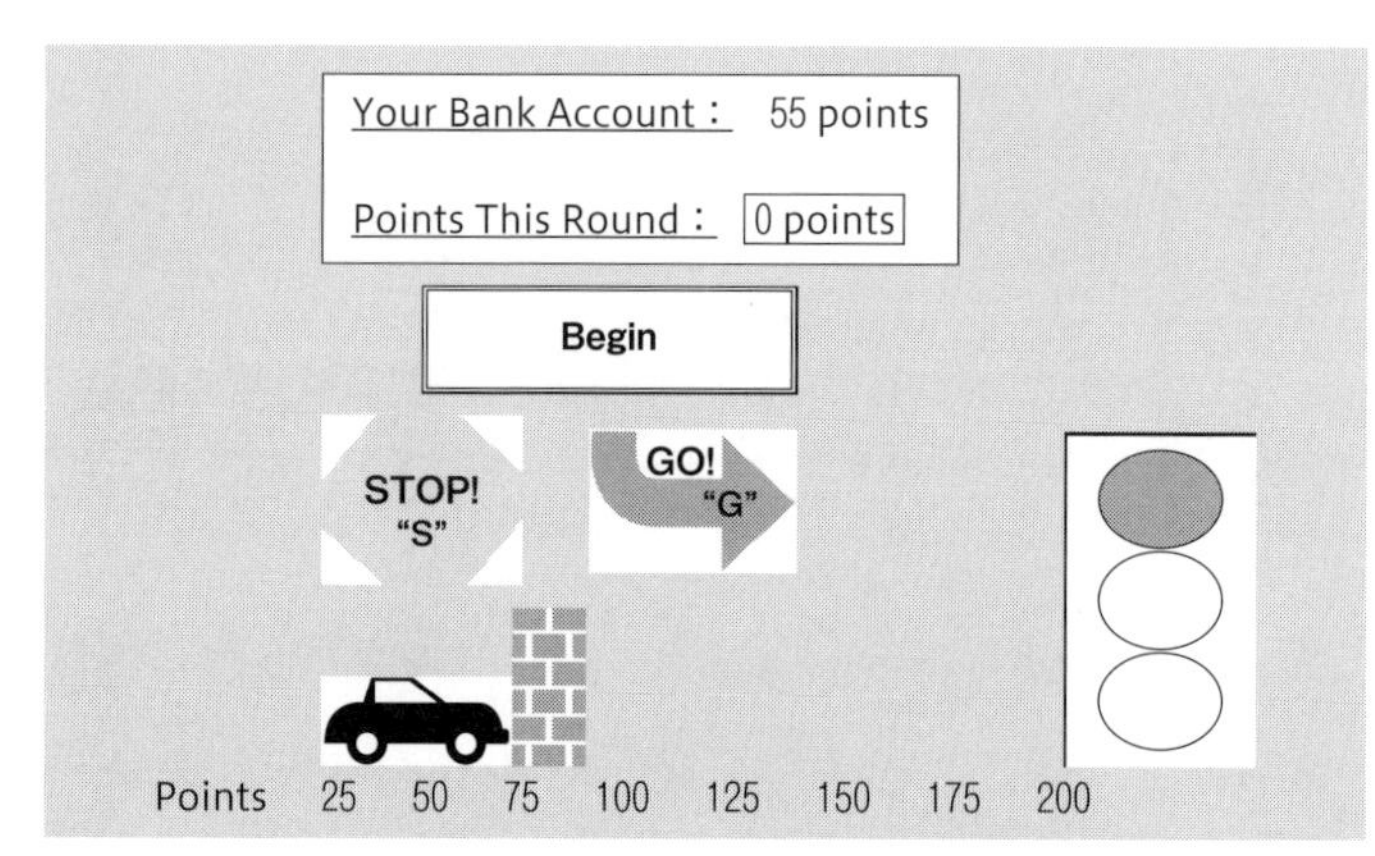

図3-1　実験に用いられたビデオ・ゲームのパソコン画面の一例（Gardner & Steinberg 2005をもとに作成）

というリスキーな行動に走ってしまう現象に通じるものがあります。ガードナーらの次の実験（Gardner & Steinberg 2005）はリスキー・シフトに関するものですが、仲間からの影響を受けやすい年齢層を明らかにしています。

実験参加者は、成人95人（男47人、女48人）、青年１０５人（男52人、女53人）、少年・少女１０６人（男52人、女54人）で、平均年齢はそれぞれ、〈成人群〉37歳、〈青年群〉19歳、〈少年・少女群〉は14歳でした。

実験は図3-1に示すようなビデオ・ゲームの形で行われました。課題では、パソコンの画面上を一定の速度で左から右に進む自動車（画面下）を、右端の信号が青から黄に変わった後、赤に変わるまでにボタンを押して車を止めることが求められました。しかし参加者には、ボタンを押すのをぎりぎりまで我慢して、赤に変わるまでにできるだけ前に車を進め、それによって得点（車の下にpointsと表示）を稼ぐことが求められました。

このような試行が15試行与えられましたが、各試行で車を前進させることによって獲得しつつある得点は、図のPoints This Roundの所にフィードバックされます。しかし欲張りすぎて信号が赤に変わってしまうと、この得点はゼロになり、同時に図のように車の前に障壁が現れ、前進が封じられます。なお図のYour Bank Accountの所には当該試行までに獲得した累積得点が示されますが、参加者にはこの得点をできるだけ上げるように求められました。なお毎試行、車が動き始めてから信号が黄色になるまでの時間も、黄色になってから赤に変わるまでの時間もバラバラで、その都度変化しました。また毎試行、車を停止させた後でも、まだ赤信号には変わらないと思えば、リスクはありますが再びボタンを押して車を再出発・前進させ、得点を上昇させるオプションもありました。

リスキーな意思決定の指標は、信号が黄色になってからボタンを押すまでの時間と、一旦車を止めた後の再出発の回数でしたが、結果の分析にあたっては、これらの2指標のそれぞれは標準得点化（偏差値化）され、その平均値をもって運転のリスク度の指標としました。

各年齢層の参加者は、〈個別条件〉と〈集団条件〉に二分されました。〈個別条件〉の参加者は、すべての試行を一人で行いました。他方、〈集団条件〉の参加者は、三人一組にされて3人が順番に実験に参加しましたが、1人が15試行終えるまでは他の2人はそれを横で見ていて、ターゲット参加者の判断に口をはさむことも許されました。ただ最終の意思決定をするのはターゲット参加者本人でした。

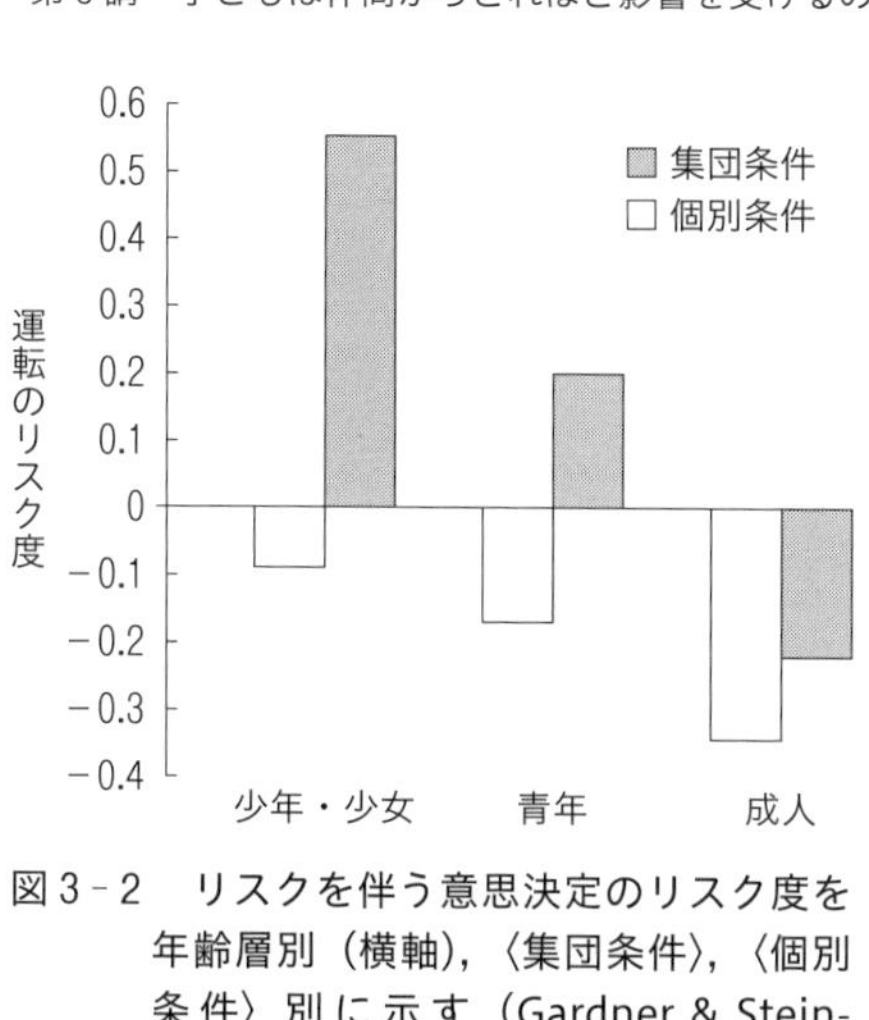

図3-2　リスクを伴う意思決定のリスク度を年齢層別（横軸），〈集団条件〉，〈個別条件〉別に示す（Gardner & Steinberg 2005より作成）

注：安全指向の選択ほど値が低い。

結果は図3-2にまとめられています。縦軸に示した運転のリスク度は、若年層ほど（図の左ほど）高く、またどの年齢層においても、白柱の〈個別条件〉よりも黒柱の〈集団条件〉で高く、仲間の存在がリスキーな行動を促すことがみられています。しかし仲間の影響は、平均年齢37歳の〈成人群〉や、同19歳の〈青年群〉に比べても、平均年齢14歳の〈少年・少女群〉において特に顕著なことが明らかです。

この事実は、反社会的行動の仲間への同調行動のピークが、3年生から12年生までの子どものなかでは9年生（15歳）にあることを示した古典的な研究事実とも一致しています（Berndt 1979）。また後の図3－8にも明らかに示されています。

それではなぜ青年は仲間に影響されてリスクの高い行動に走るのでしょうか。近年はその原因を、成長過程の青年の脳の構造と機能の特徴に求める傾向があるようです（Albert et al. 2013；Chein et al. 2011；Crone et al. 2012）（第5節の特徴5参照）。このような事実を背景に、本講では主に、青年期前期の中高生の年齢の子どもを対象とした研究に注目します。もっとも、行動といっても社会的に望ましい行動もあれば、望ましくない行動もあるわけですが、はじめに未成年の問題行動への仲間の影響をみることにします。

3　未成年者の喫煙行動への仲間の影響

子どもの問題行動といえば、喫煙、飲酒、薬物使用、非行などが考えられますが、本講では問題行動を未成年者の喫煙行動に絞ることにします。喫煙行動は、未成年者の好奇心、冒険心、仲間からの承認欲求等を手軽に満たす手段として注目されてきた身近な行動で、「初めて喫ったとき」が比較的はっきりしています。わが国でも1900（明治33）年に「未成年者喫煙禁止法」が制定されて以来、厚生省・厚生労働省は未成年の喫煙問題には大きな関心を寄せてきました。ただ、私の印象ですが、厚生労働省は未成年の喫煙が身体に与える悪影響には注目していますが、それに関連する未成年の心理・社会的な問題行動にはあまり関心を払っているようにはみえません。後に述べますように、未成年者の喫煙行動に関するわが国の研究は、残念ながら世界のなかでは存在感が薄いようです。

そこでアメリカの研究を一つ紹介します。図３－３は、アメリカの西海岸のカリフォルニア州とオレゴン州で５年間にまたがって行われた縦断的研究の結果です。ここで問題行動というのは、喫煙、マリファナ等の薬物に絡む問題行動、退学、性に絡む行動などのことで、７年生（13歳）時に喫煙傾向が高い子どもが12年生（18歳）になったときに、このような問題行動を多く示すことを、この研究は明らかにしています。つまり、子どもの喫煙はリスクの高い行動だということを物語っています。

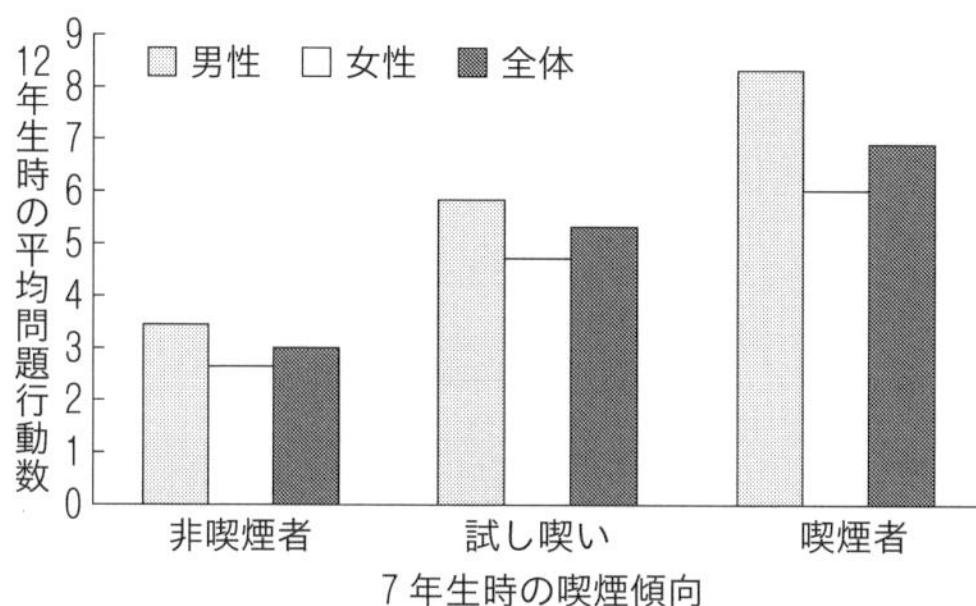

図３－３　７年生時の喫煙傾向と，12年生時の問題行動の関係を男女別に示す（Ellickson et al. 2001，Figure 1より作成）

また青少年がタバコに初めて手を染めるようになる最大の原因は仲間にあることは、広く指摘されています（たとえばArnett 2007; Kobus 2003; Simons-Morton 2010）。このようなわけで、ここではまず青年期前期の喫煙開始への仲間の影響に目を向けることにします。

子どもの喫煙行動の開始と維持に関する研究のメタ分析（2017）

２０１７年に、ペンシルヴァニア大学のリューら（Liu et al. 2017）は、青年期の子どもの喫煙の開始と継続（smoking initiation and continuation）に対する仲間の喫煙行動の影響を調べた研究について広範囲なメタ分析を行い、３つの結論を得ました。以下、同論文の概要を簡単に紹介します。なお、メタ分析とは、「分析の分析」のことで、すでに統計的分析がなされた別々の調査研究を多数集め、一段高い視点から比較検討、分析することです。

彼らはまず、青年の喫煙行動に対する仲間の影響に関して過去に公表された7274の文献を集め、それらをいくつかの基準（実証的研究であること、青年の喫煙行動の開始と維持と仲間の喫煙行動との関係に関する研究であること、縦断的研究であること、適切な統計処理が行われていること、対象とした子どもの平均年齢が10歳以下、18歳以上の研究は除外することなど）に照らして分析対象を75研究にまで絞り込みました。これらの研究は、1984年から2016年9月1日までに公にされたものであり、対象とされた青年は、16ヵ国、平均年齢14〜15歳でした。次にこれら75研究から237の効果量（仲間の喫煙が青年の喫煙に与えた影響・効果の大きさ）が算出され、次の3つの結論を得ました。ただ、ここでは問題を、未成年の喫煙の開始に重点をおくことにします。

結論の第一は、タバコを喫わなかった青年が喫煙を開始する傾向は、仲間に喫煙者をもつ場合には、喫煙者の仲間をもたない場合に比べて、平均すれば約2倍であること（平均オッズ比1.96）。第二は、喫煙者の仲間との関係が親しいほど、青年が喫煙を始める傾向が高いこと、さらに第三に、喫煙者の仲間が青年に与える影響は、個人主義の国に比べて集団主義の国において高いこと、などでした。

以下、この3つの結論を軸にして、これらの結論を支持する個別事例を紹介することにします。なお、ここで対象となった研究の60％超が公衆衛生と医学の専門家によるものであり、また日本の研究は含まれていませんでした。喫煙の影響は社会によるところも大きいでしょうが、仲間の影響に関する心理過程には共通するものがあると考え、以下では外国の研究を紹介します。

結論1：「仲間に喫煙者をもつ青年ほど喫煙を開始する傾向が強い」について

先のリューらのメタ分析には引用されていない横断的研究ですが、北欧で行われたわかりやすい事実を最初にみてみましょう。

ビョークヴィストらの研究　フィンランドのビョークヴィストら（Björkqvist et al. 2004）は、青年の喫煙行動と仲間の喫煙行動の関係について、次のような横断的研究を行いました。平均年齢14.1歳（範囲：12～16歳）の少年164人、少女157人を対象に、少年・少女自身、彼らの母親、父親、親友がどれほどしばしばタバコを吸うかを、「0．決して喫わない」から、「4．非常にしばしば喫う」にいたる5点尺度で評定させ、少年・少女の喫煙の程度と、母親、父親、親友の喫煙の程度の相関関係を求めました。

図3－4は、少年・少女の喫煙の頻度が、横軸に示した両親の喫煙、親友の喫煙の程度とどれほど相関しているかを示したものです。少年・少女の喫煙は母親の喫煙と有意な相関を示していましたが、父親の喫煙とは有意な相関関係はありませんでした。ただ、親友の喫煙との相関関係は両親の喫煙傾向よりも有意に高いことが明らかです。なお、この論文では同様の相関関係を飲酒についてもみていますが、グラフの形状は喫煙の場合と同様で、親友との相関関係が両親との相関関係をはるかに凌ぐものでした。

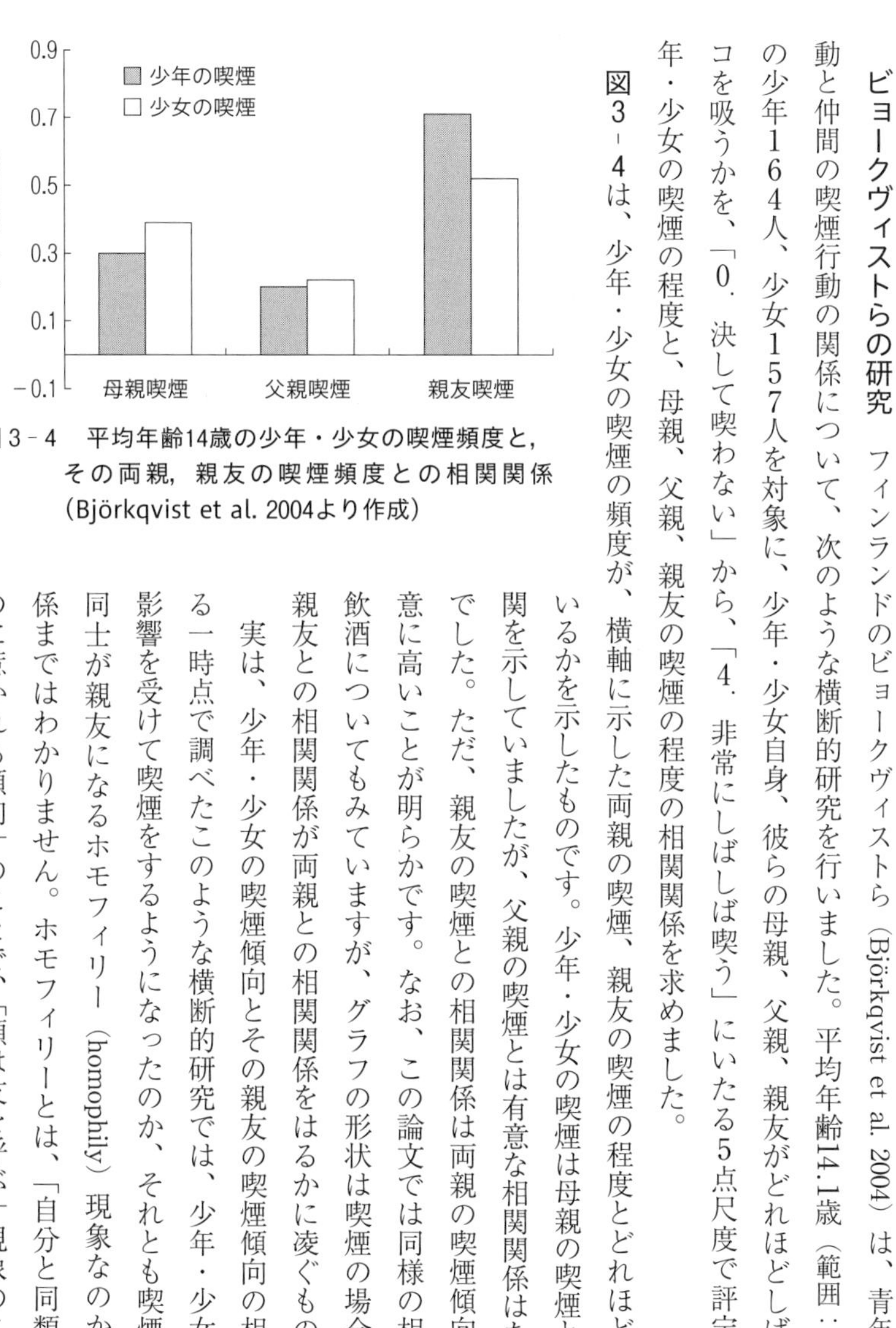

図3－4　平均年齢14歳の少年・少女の喫煙頻度と，その両親，親友の喫煙頻度との相関関係（Björkqvist et al. 2004より作成）

　実は、少年・少女の喫煙傾向とその親友の喫煙傾向の相関を、ある一時点で調べたこのような横断的研究では、少年・少女は友人の影響を受けて喫煙をするようになったのか、それとも喫煙をする者同士が親友になるホモフィリー（homophily）現象なのか、因果関係まではわかりません。ホモフィリーとは、「自分と同類、似たものに惹かれる傾向」のことで、「類は友を呼ぶ」現象のことです。

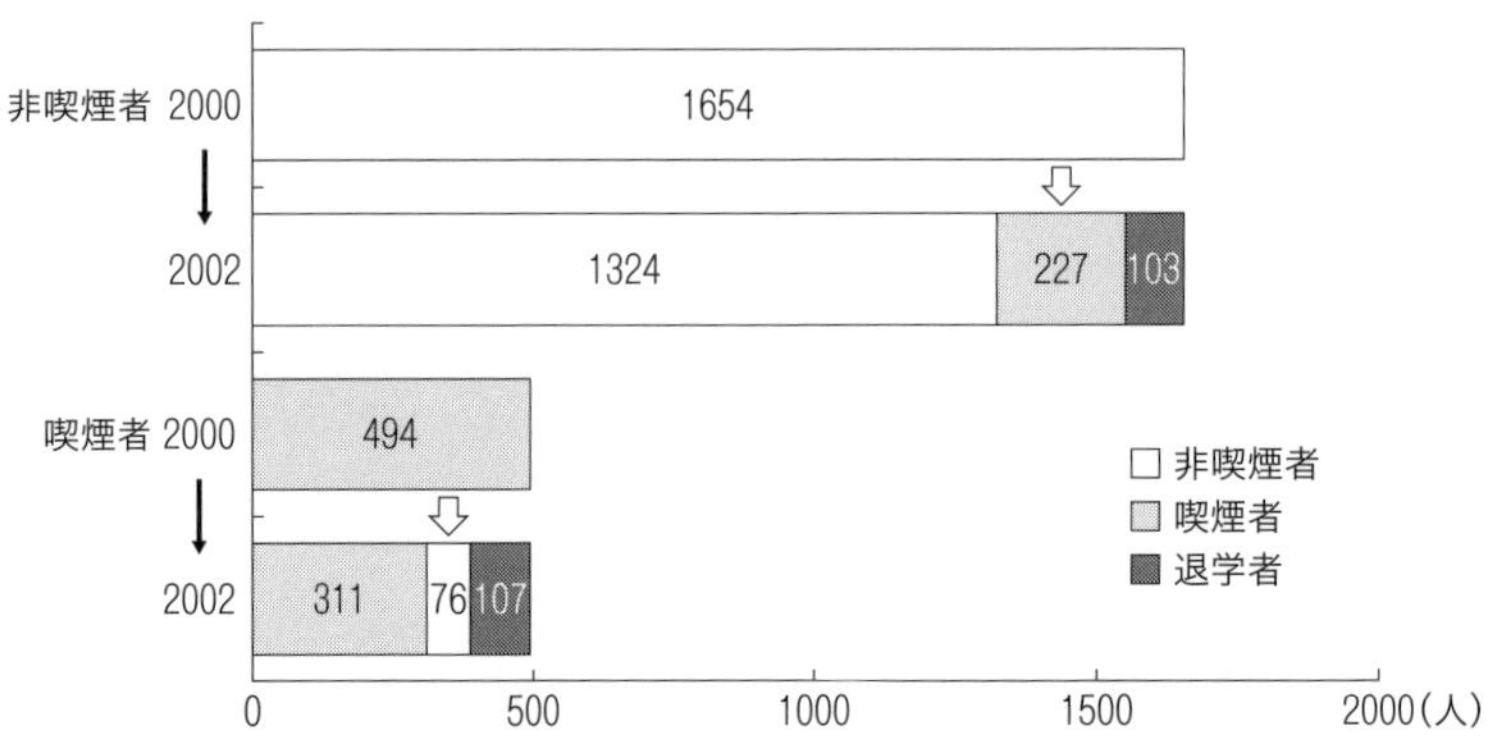

図３－５　調査の最初の年の2000年に非喫煙者だった者（一番上の白バー），喫煙者だった者（３番目のグレーのバー）が，2002年にそれぞれどのように変化したかを示す（Chang et al. 2006より作成）

注：白は非喫煙者，グレーは喫煙者，黒は退学者を示す。

先に紹介したメタ分析で、分析対象から横断的研究を省き、縦断的研究に絞ったのは、このような理由によるものでした。縦断的研究であれば、ある時点（T1）で喫煙する仲間と交わっていた非喫煙者が、交わっていなかった者に比べて、のちの時点（T2）で喫煙するようになるかどうかをみるので、T2での喫煙開始の原因を、それに先立つT1の事実に求めることができ、因果関係までが明らかになるからです。

そこで次に台湾で行われた縦断的研究をみてみましょう。

チャンらの研究　チャンら（Chang et al. 2006）は、台北市の職業高等学校の1年生（論文では10年生とあります）男女学生を対象に、質問紙法によって喫煙行動の3年間にわたる変化について、喫煙の開始に関わる因子、喫煙の停止に導く因子について幅広い縦断的研究を行いました。

図3－5は、ベースラインとなる、２０００年現在高校１年生の非喫煙者１６５４人（一番上の白バー）、喫煙者４９４人（3本目のグレーのバー）が、２００２年、つまり2年後の高校3年生のときに、それぞれどのようになったかを表しています。

本筋から外れますがまず注目してほしいのは、高校3年までに退学した者の割合が、高校1年時にタバコを喫っていた者では21.7％（107/494）であるのに対して、高校1年時にタバコを喫っていなかった者では6.2％（103/1654）であった事実です。これは、未成年者の喫煙が教育場面で看過できない問題であることを物語っています。なお、退学（ドロップアウト）自体、仲間間で伝染する行動であり、研究対象になっています（Dupéré et al. 2020）。

この研究で最も関心がもたれるのは、**図３－５**内の２つの白ぬき矢印で示した青年たちです。つまり高校１年時に喫煙していなかった者のなかの２２７人が、なぜ3年時までに喫煙するようになったのか、また高校１年時に喫煙していた４９４人中の76人が、どのような理由で3年時では喫煙を止めるようになったのかです。

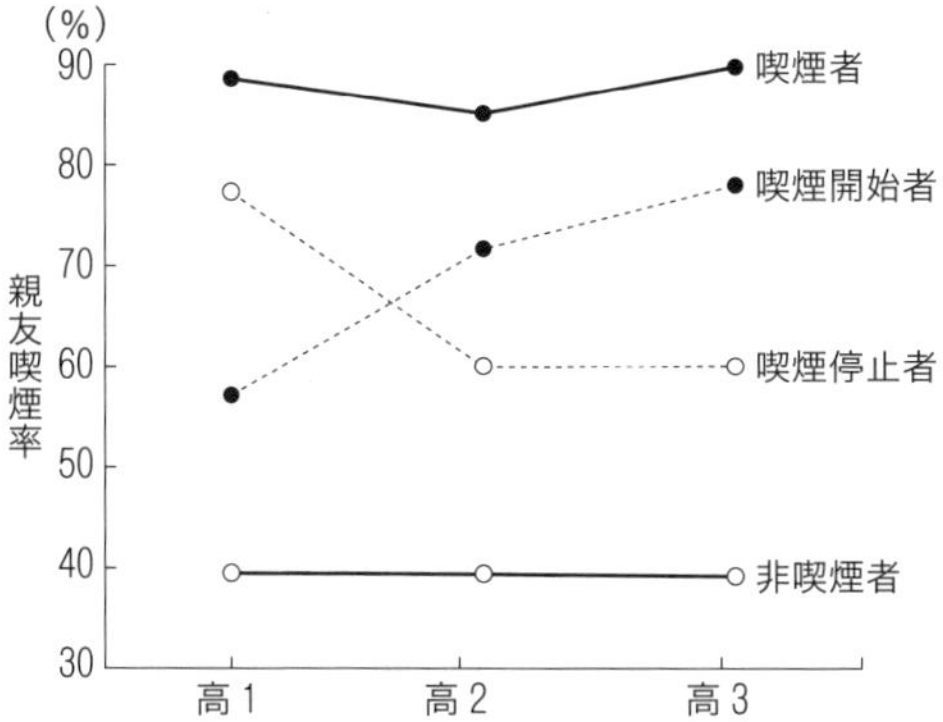

（％）
90
80
70
60
50
40
30
親友喫煙率
高１　高２　高３
喫煙者
喫煙開始者
喫煙停止者
非喫煙者

図３－６　高１から高３の３年間の，喫煙者，非喫煙者，喫煙開始者，喫煙停止者それぞれの親友の喫煙者率の変化を示す（Chang et al. 2006より作成）

実はこの研究は、喫煙に影響があると仮定される社会的要因11と、喫煙から青年を保護すると考えられる個人的要因10が、喫煙の開始と停止に与える影響を調べた大規模な研究なのですが、ここでは社会的要因のなかの仲間の影響に問題を絞ることにします。

まず**図３－６**をみてください。この図は、縦軸に親友の喫煙者率を示したものですが、最も上の実線の結果は、3年間を通して喫煙者であった者の親友が喫煙者であった率が3年間を通して高いこと、一番下の非喫煙者であり続けた者の親友の喫煙者率が3年間を通して低いことを示しています。また中央の交差している2本の曲線は、3年の間に喫煙し始めた喫煙開始者２２７人（黒丸点線）の親友の喫煙率が徐々に

表3－1　高校1年時の仲間の影響から，高校3年時までの喫煙開始が予測できる（Chang et al. 2006より作成）

高校1年時にタバコを喫わなかった者が，高校3年時までに喫煙を開始する傾向		有意性
喫煙者の親友をもっている者は，喫煙者の親友をもっていない者に比べて	5.86倍	○
仲間に喫煙者が多ければ，仲間に喫煙者が多くない場合に比べて	5.99倍	○
タバコをすすめる仲間がいれば，タバコをすすめる仲間がいない場合に比べて	11.38倍	○

上がり、逆に喫煙を停止した76人（白丸点線）の親友の喫煙率がしだいに下降していることも示しています。これらの事実は、すでに**図3－4**でみた青年の喫煙行動とその親友の喫煙行動が高い相関を示した事実と一致しています。ただこのグラフも年ごとにみれば横断的データであって、喫煙者の親友が影響を与えたのか、喫煙者同士が親しくなったのかはこの図からは明らかではありません。

それでは、どのようにすれば仲間の影響でタバコを喫い始めるようになったといえるのでしょうか。つまり、どのようにすれば仲間の影響（peer influence）と仲間の選択（peer selection）を分離できるのでしょうか。

この研究では、非喫煙者が高校3年時までに喫煙を始める傾向は、たとえば高校1年時に喫煙する親友をもつ者は、喫煙する親友をもたなかった者の何倍あるかを示すオッズ比を算出してこの疑問に答えています。結果は**表3－1**を上から順に辿ってもらえば自ずとわかってもらえると思います。なお同表の右から2つ目の列には、仲間が喫煙開始に及ぼす影響のオッズ比が、また最右欄にはそれぞれの比が有意であったことを○で示しています。

表3－1は高校3年時までの喫煙開始の原因となるリスク要因は、高校1年時に、親友に喫煙する者が多いこと（オッズ比5.86）、仲間に喫煙者の割合が多いこと（オッズ比5.99）、タバコをすすめる仲間が多いこと（オッズ比11.38）であることを示しています。なおこの研究では、両親の喫煙の影響のオッズ比は1.14で有意ではありませんでした（**図3－4**も参照）。また**表3－1**には記していませんが、この研究で

は、高校１年時に飲酒をしていた者ほど、高校３年時までに喫煙を開始する傾向が有意に高い（オッズ比7.91）ことも明らかにされており、これは喫煙と飲酒が高い相関関係にある他の研究結果とも一致しています（たとえば Mercken et al. 2007）。

チャンらの研究は、高校１年時の仲間の喫煙の影響によってタバコを喫い始める者が多いことを明らかにしましたが、同時に、高校１年時の親友に喫煙者が少ないほど、またタバコをすすめる仲間が少ないほど、喫煙者が非喫煙者に転ずる傾向が有意に高いことをも示しています。つまりこの研究は、悪い仲間は悪い影響を、良い仲間は良い影響を与えたことを示しているわけです。これは本講冒頭にみた「朱に交われば赤くなる」の辞書に示されている意味に一致しています。

しかし仲間の影響を受けやすい者には、喫煙行動に関して〝下地〟があるようです。たとえば高校１年時の非喫煙者のなかには、今は喫っていないが、かつてタバコを「試したことがある」という者がある程度含まれており、その割合は、非喫煙を続けた者では19.7％しかなかったのに対して、喫煙を（再）開始した者の場合は53.3％と高率でした。逆に高１時の喫煙者のうち、高１時に日常的喫煙者であった者は、喫煙を続けた者では47.9％でしたが、喫煙を止めた者では9.2％にすぎませんでした。つまり「試したことがある」者ほど仲間の影響を受けやすく、日常的喫煙者でなかった者ほど非喫煙者の影響を受けて喫煙を止める傾向にあるようです（なお、この研究では喫煙の誘惑から守る個人の力・反喫煙的態度・信念が重要であることを明らかにしています）。

なお最後に、第１節で紹介した、「重要なのは親じゃない、仲間である」と言い切ったハリス理論との関係に触れますと、チャンらは喫煙行動への仲間の影響の大きさを実証した後に、次のように述べています。「……家族は、喫煙の開始と停止に有意な影響を与えなかった。青年が若い大人へと成長するにつれて、仲間の影響は家族の影響よりも重要になる」（Chang et al. 2006, p. 1653）。

結論２：「喫煙者の仲間との関係が親しい青年ほど、喫煙を始める傾向は高い」について

先のリューら（Liu et al. 2017）のメタ分析の結果では、喫煙開始に関しては、喫煙する親友の影響の平均オッズ比は2.20、友人一般の喫煙の影響の平均オッズ比は1.78であり、この差は有意でした。つまりこの事実に基づいて、喫煙する仲間との関係が親しい青年ほど、喫煙を始める傾向は高いという標記の結論を得たのです。この親友の影響は古くから明らかにされてきた事実ですが（たとえばLevitt et al. 1970）、リューらの結論はあくまでいくつかの研究結果の平均値で、たとえば、先の表３－１に示したチャンらの結果では、親友の影響が友人一般の影響よりも特に強いわけではありません。

ただ親友の影響と仲間の影響を比較する場合に注意しなければならないことがあります。それは、影響を受ける本人とその親友は、大抵仲間集団のなかに組み込まれているため、親友の影響と仲間集団からの影響が分離しにくいことにあります。次の研究は、巧妙に親友の影響と仲間の影響を分離して、それぞれの影響を明らかにしている点で興味深いので紹介します（Urberg et al. 1997）。

このアメリカの研究は、６、８、10年生の男女生徒１０２８人に、学年開始の10月と、学年末の翌年５月に、それぞれ質問紙による調査を行った縦断的研究でした。詳細は省き結論だけを述べますと、親友の影響は、喫煙の開始、つまりかつて一度も喫煙したことのない青年が初めて試し喫いをすることには影響しますが、喫煙の常習化には影響を与えません。他方、仲間集団の影響は、喫煙の開始には影響がなく、喫煙の常習化に有意な影響がみられました。そして、喫煙の開始に親友の影響が大きい理由は、未成年の喫煙はそもそも違法なので、そのようなリスクのあることを初めて試みるのは、お互いよくわかり合っている親友と一緒のときでしょうが、他方タバコの常習化は、タバコに接する機会が多い仲間集団のなかで進行するのであろうと考察しています。つまりこの研究は、親友と仲間集団は、喫煙行動の異なる段階に影響することを明らかにしているので

す。なおこの研究でいう親友というのは、相互に親友であると認め合った者同士であり、仲間も同様に相互に仲間であることを認め合った者同士であって、いわゆる片思いにあたる一方的親友・仲間は含まれていません。

結論３：「喫煙者の仲間が青年に与える影響は、個人主義の国に比べて集団主義の国において高い」について

リューらのメタ分析の３つ目のこの結論について、著者たちは次のように述べています。「社会的影響の大きさは、相互依存的人間関係を重視し、個人の目標よりも集団の目標に重きを置く社会において大きいはずである。この点において、集団主義─個人主義指向が、非常に関わりの深い文化的次元となる。個人主義的集団は、個というものをユニークな実体と見なし、個の独立性に価値を置く。これに対して集団主義的集団は、個を集団内に組み込まれたものと見なし、集団内の調和を重んずる」（Liu et al. 2017, p. 1084）。その結果、個人主義の社会では、集団の規範よりも個人の決定が優先され、集団主義的社会では仲間への同調性が報いられる、としています。

そしてこの仮説を検証するために、ホフステードの集団主義尺度（Hofstede 2001; Hofstede et al. 2010）で測られた各国の集団主義度（０～１００）と、喫煙開始への仲間の影響の効果量の対応関係を明らかにしています。図３－７は、その結果を示していますが、集団主義の強い国ほど、喫煙行動の開始に対する仲間の影響が強いことが、右上がりの近似線で明らかでしょう。

以上、未成年者の喫煙行動を中心に、仲間の影響に関する研究を紹介しました。しかし青年期の仲間の影響の問題を喫煙行動だけで済ますわけにはいきません。最後の第５節で、青年期の仲間の影響に関する近年の研究の特徴をまとめましたが、その特徴の一つは、仲間が影響を与える行動の多様化なのです。今でも未成年者の喫煙・飲酒・非行などの問題行動における仲間の影響は大きな研究トピックですが、今日はそれにとどまら

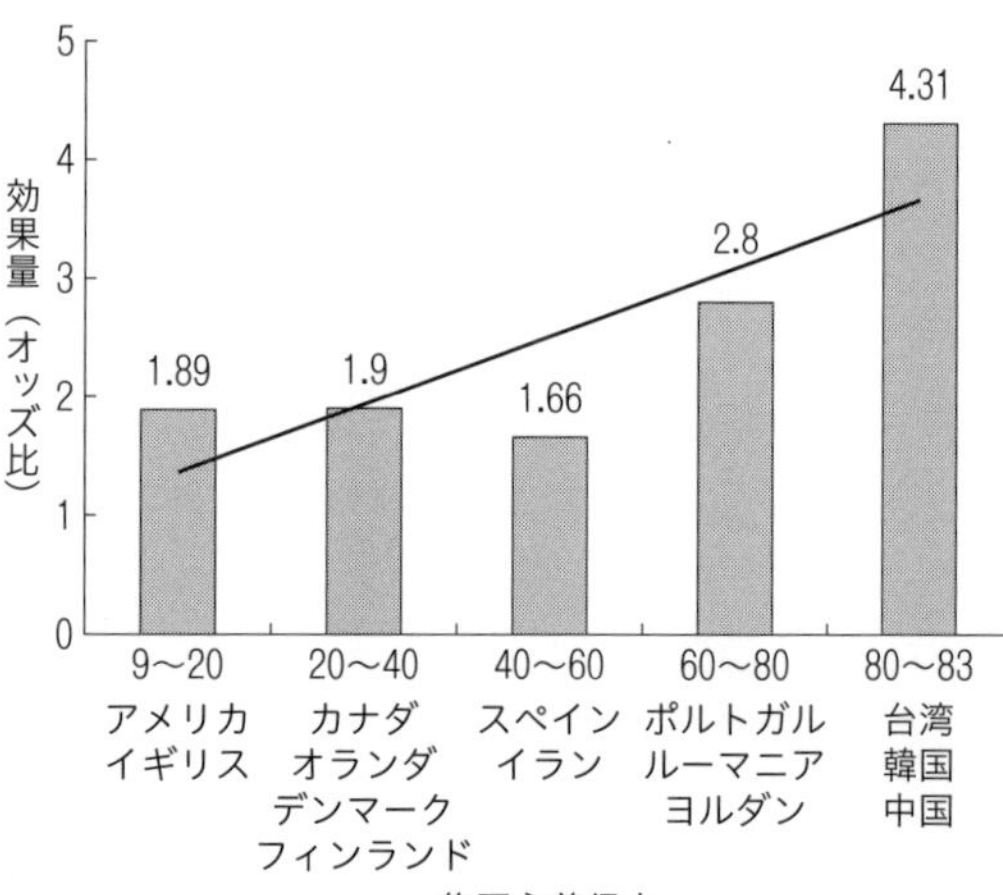

図3-7　喫煙者の仲間が青年に与える影響は，集団主義傾向の強い国ほど大きいことを示す（Liu et al. 2017より作成）

ず、問題とする行動の範囲が大きく広がりました。そして、仲間の影響は青年の健全な発達において適応的意味もあると考えられるようになりました。そこで次のパートでは、子どもの望ましい行動への仲間の影響を取り上げることにします。

ただその前に、望ましくない行動について、私の個人的疑問を一つ晴らしておきたいと思います。それは青年時代に暴走族などでずいぶん滅茶をした若者でも、成人期になると人が変わったように逸脱行動から卒業するのはなぜでしょうか。また、これまで仲間の影響（朱に交わることの効果）をみるために、似た仲間同士が惹きあうホモフィリー（仲間の選択）を、意図的に分離してきましたが、その両要因の影響は青年期を通して均一かという問題です。これらをくるめて、青年期の反社会的行動を一段高い視点からみてみたいと思います。

残る疑問：青年期から成人期にかけて

青年期とはそもそも何歳から何歳までなのでしょうか。これについては心理学でも必ずしも意見が定まっていません。子どもと大人をつなぐ時期、あるいは児童期と成人期に挟まれた期間で、不安的な時期であるという見方については一致のあるところでしょう。アメリカ心理学会の最近の辞典では10歳から19歳とありますし（VandenBos 2015）、わが国の最近の辞典には、「大まかに10代から20代半ばまで」とあります（子安ほか 2021）。そしてこの青年期を過ぎると成人期を迎え、人はおとなになります。図3-8は仲間の影響に対する抵抗力（resistance to peer influence）、つまり仲間からの圧力への抵抗力の年齢に伴う変化を示しています（Steinberg & Monahan 2007）。

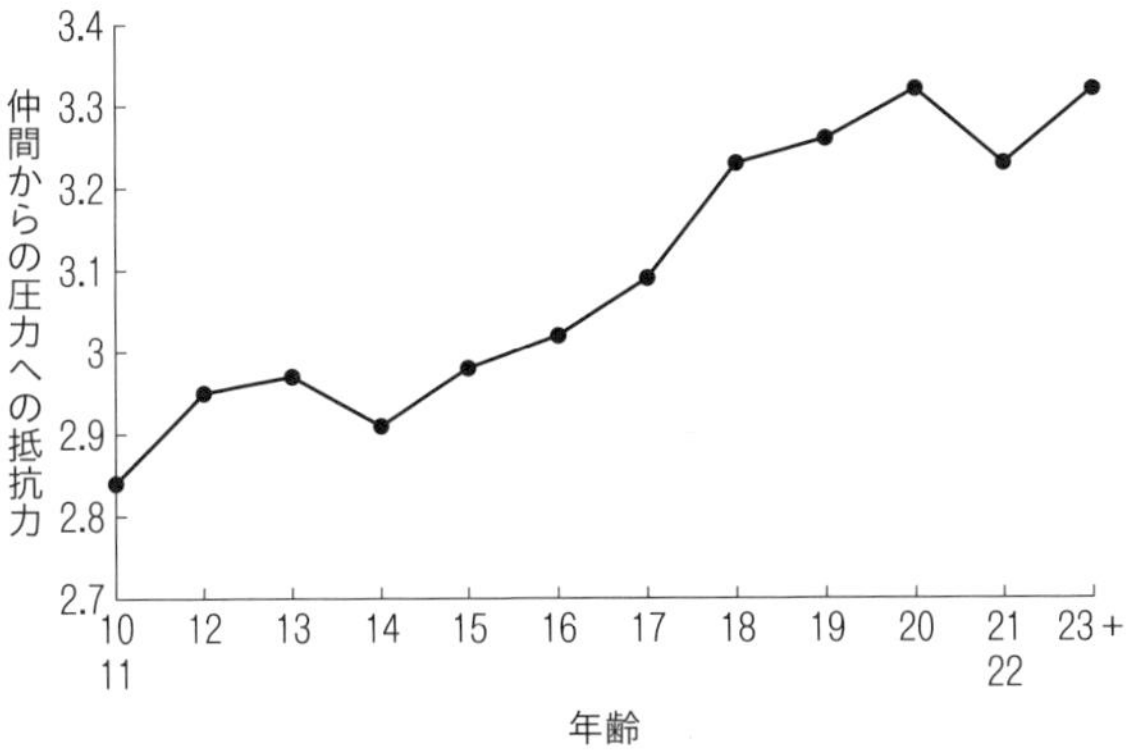

図3-8　仲間からの圧力に対する抵抗力の年齢に伴う変化
（Steinberg & Monahan 2007, Figure 1より作成）

この図をみると、仲間からの影響を非常に受けやすい14歳から18歳にいたるまでは、仲間からの圧力へ抵抗力は直線的に上昇していくことがわかります。そして成人期になると仲間からの影響をさらに受けにくくなることがわかります。なおこの図をみると、先の図3-2の平均年齢14歳の〈少年・少女群〉と、平均年齢19歳の〈青年群〉のリスキーな行動の結果の違いについても納得できます。

一般に青年期の非行や反社会的行動は集団で行われることが多いわけですが、仲間集団の青年の行動や態度の類似性は、すでに述べたように、似た者同士が惹かれ合い、群れるホモフィリー、つまり仲間の選択（peer selection）の要因と、同じ集団の仲間からの影響（peer influence）あるいは社会化（socialization）の要因の2つが絡んでいます。本講ではこれまで〈「朱に交われば赤くなる」＝仲間の影響〉というスタンスから、仲間の影響を仲間の選択から分離して考えてきました。しかしこれらを分離して考えることは、仲間集団を構成している青年たちの行動・態度が類似している現実からすれば不自然なことで、ここまでの研究では青年期を通してこれらの2要因の作用の仕方は均一かと問われると、それに答えることができません。

実は図3－8の事実を示した同じ研究者たちは、先の論文の2年後に、この疑問に答えています。そしてその論文は、14歳、15歳の時期には仲間の選択と仲間の影響が重要ですが、16歳から20歳の時期になると、仲間の影響だけが大きくなり、20歳を過ぎて仲間の影響への抵抗が強くなるにつれて、反社会的行動に対する仲間のインパクトは消失するとまとめています。そして大人になって「反社会的行動と縁を切る過程は、個人の社会的かつ情動的成熟にともなっておこる仲間との関係の標準的な変化と結びついていることを示唆している」(Monahan et al. 2009, p. 1520) と結んでいます。

4　子どもの望ましい行動への仲間の影響

近年、ポジティブ心理学の注目への影響もあってでしょうか、学業成績、ボランティア活動、愛他的行動など、青年の向社会的行動 (prosocial behavior) に対する仲間の影響に関する研究もみられるようになりました。ただこの種の行動は、喫煙や飲酒のように開始時期が明確な具体的行動ではなく、学業意欲、公共精神、愛他精神などを背景にした、喫煙などに比べて開始点がはっきりしない行動が多いように思います。しかし仲間から認められるために集団の規範に同調する行動という点では、反社会的行動も向社会的行動も共通するものがあるので、ここでは向社会的行動への仲間の影響に関する実験的研究と調査的研究を一つずつ紹介することにします。

ボランティア活動に対する仲間の影響（実験的研究）

ここで紹介する研究（Choukas-Bradley et al. 2015）は、アメリカ南部の8年生の男女生徒のボランティア活動に対する好意度（向社会度）が、同活動に好意的な仲間の態度によってどう影響されるか、またその影響力が、人気のある仲間と人気のない仲間の場合で異なるかどうかを明らかにしようとしたものです。ボランティア活動への好意度は、「コミュニティ・センターの活動を支える基金にするために、洗車の手伝いをする」など、3つの仮定的な活動にどれほど参加する気があるかが9段階で測定されましたが、その測定は実験操作前と実験操作後は質問紙によって、実験中はパソコン上でなされました。なお実験操作前（ベースライン）の9段階での評定値（向社会的得点）の平均は図3-9に見られるように約6.5でした。

次に参加者はパソコンを備えた〝おしゃべり部屋〟（chat room）で実験操作を受けましたが、実験の目的は、別室にいる同学年の同性3人の友人とインターネットを通してどのように意思を交し合えるかを調べることと知らされました。しかし実際には別室の友人というのはパソコン上でつくられたサクラ（e-confederate）であって、参加者に伝えられる情報は実験者が事前に作成したものでした。なお別室の架空の友人は、事前に調べられた同学年内での生徒の人気度調査で、参加者各人にとって高人気（人気＋好感度）の友人の場合と、低人気の場合があり、全参加者はこの2条件のいずれかにランダムに割り振られました。割り振られた人数は、男子の場合には〈高人気条件〉に70人、〈低人気条件〉に68人でした（なお、女子の場合には実験条件に多少の瑕疵（かし）があったので、以下の記述では男子の結果に限ります）。

実験の第一段階では、パソコン上に、実験前に質問紙で尋ねられた3種のボランティア活動への参加意思テストと同じものがパソコンの画面上に1つずつ表示され、それに対する反応が9段階で求められました。ただし自分が答える前に、友人1、友人2、友人3の評定が順次パソコン上に表示され、それらはいずれも、ベー

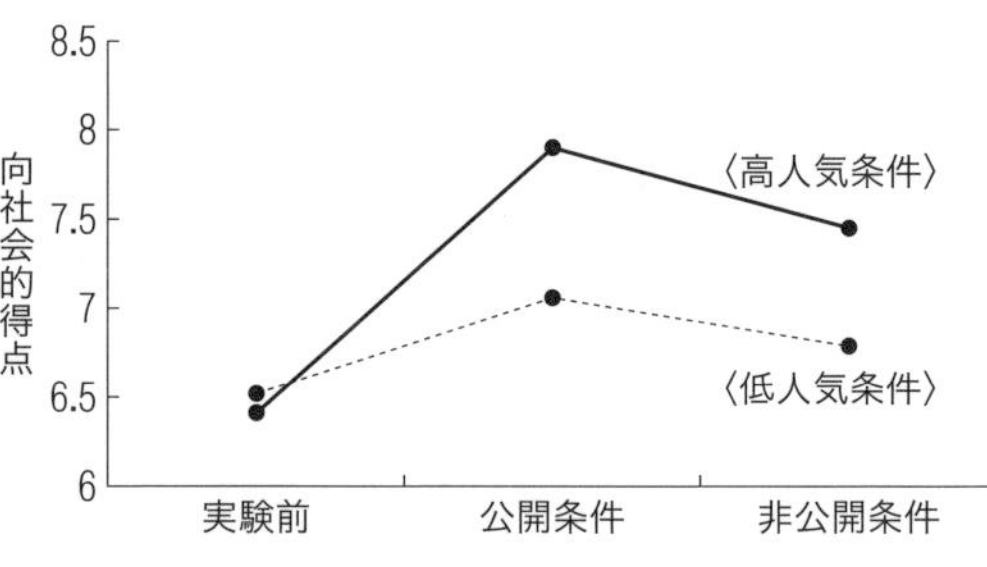

図3-9　高人気および低人気の友人が示すボランティア活動に対する好意度が，青年の向社会性に与える影響と，友人から受けた影響の内在化を示す（Choukas-Bradley et al. 2015より作成）

スラインの6.5を上回る好感度に操作されていました。参加者はこれらを順次見たうえで、最後に自分の反応を行いますが、その結果は3人の友人のパソコン上にフィードバックされると告げられました（〈公開条件〉）。

要するに、これらの3人の反応が本物であると信じている参加者が示す反応が、ボランティア活動に対して好意的な3人の友人の反応によって影響されるかどうか、またその影響の程度が、人気が高く好意をもっている友人の場合と、人気が低く特に好意をもっていない学友の場合で異なるかどうかをこの実験ではみようとしたのです。

さらに実験の最後の段階では、〈公開条件〉と同じように、友人の反応は参加者に知らされますが、参加者の反応は友人にはフィードバックされない〈非公開条件〉で行いました。もしここで友人の影響が持続するのであれば、友人たちが提供していると考えられる仲間集団の規範（norm）が、参加者の自らの規範として取り込まれ、内面化（internalization）されたと考えられました。

男子参加者の結果は図3-9に示されています。実験前のベースラインでは、2群の青年たちの向社会的態度には違いはみられていませんが、実験段階（〈公開条件〉）で、好意をもつ人気のある友人たちがボランティア活動に賛同する姿に接すると、それに同調するかのように青年たちの向社会的得点は上昇しており、人気のある友人から受ける影響は、人気のない友人から受ける量より有意に大きいものであることをこの図は示しています（黒丸実線＞黒丸破線）。また、高人気の友人から受けた影響は、友人たちがもはや自分の結果を見ていない状況〈〈非公開条件〉〉にも持ち越され、ベースラインよりも有意に高いレベルを維持していました。しかし〈低人気条件〉での〈非公開条件〉の得点はベースラインと有意な差はないレベルにまで落ちています。この事実は、好意をもっている友人たちが公開条件で示した規範が、青年自らの規範とし内在化され、取り込まれ、持続していることを示唆しています。

学業に対する姿勢や成績への親友の影響（調査的研究）

この問題に対する答えは、喫煙の場合ほど単純でないことは想像がつくでしょう。アメリカで行われた調査研究を一つみてみましょう（Altermatt & Pomerantz 2005）。

対象となったのは、相互に親友であることを認め合っている友人をもつ5、6、7年生の男女生徒485人（95％がヨーロッパ系アメリカ人）で、学年始めと6ヶ月後の学年末の2度、質問紙による調査が行われました。目的は、学年始めに調べられた子どもの学業成績、学業の重視度、その親友の成績（以上、独立変数）から、6ヶ月後の子どもの学業成績、学業への挑戦姿勢、自己評価あるいは自己ポジティブ観（以上、従属変数）がどれほど予測できるかをみることによって、学業への子どもの姿勢や成績に対する親友の影響を明らかにすることにありました。これらの変数は表3－2に要約されています。

まず独立変数側の学業の重視度は、子どもが学業能力で優れていることをどれほど重要視しているか、成績をどれほど大切に思っているかが質問紙で

表3－2　調査における3独立変数と3従属変数（Altermatt & Pomerantz 2005より作成）

独立変数（学期始め）	従属変数（学期末）
・学業成績	・自己ポジティブ観の変化
・学業成績重視度	・学業への挑戦意欲の変化
・親友の学業成績	・学業成績の変化

注：独立変数とは，その変数の変化の効果をみるために操作・指定する変数で，従属変数は，独立変数の変化の効果をその変化でみる変数のこと。

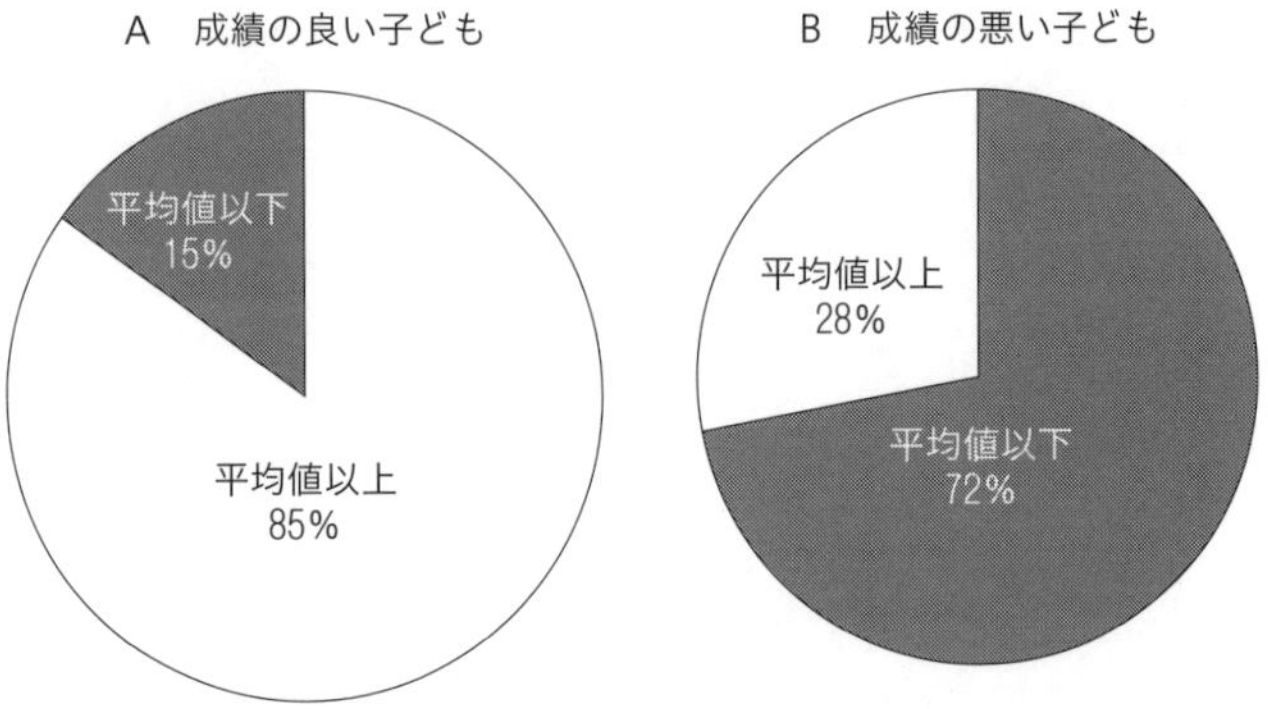

A　成績の良い子ども

平均値以下 15%

平均値以上 85%

B　成績の悪い子ども

平均値以上 28%

平均値以下 72%

図3-10　学業成績の良い子どもと，成績の悪い子どもの親友選択
（Altermatt & Pomerantz 2005より作成）

測られました。従属変数側の自己評価は自己ポジティブ観とも言うべきもので、自分の能力をどのように評価しているか、自尊心、物事を自己説明するときのポジティブ度（帰属スタイル）の3側面の評価の合成点で測定され、また学業への挑戦姿勢は、子どもの勉学への積極性・意欲が評価されました。学業成績は、13段階の学業評定を数値化したものです。

結果は単純ではありませんが、親友の影響を中心に紹介します。最初に私が抱いた素朴な疑問は、親友関係は学業成績が比較的似通った者同士で成立することが多いのではないか、成績がかけ離れた者同士の親友関係はどの程度あるのか、という疑問でした。そこで**図3-10**をみてください。確かに成績の良い子の親友は、85%が平均値以上の成績の子どもであり、成績の悪い子どもの親友は、72%が平均値以下の成績の子どもです。つまり「類は友を呼ぶ」現象がみられています。しかし成績の良い子どもでも15%は成績が平均値以下の者を親友に選んでおり、また成績の悪い子どもも、28%が平均値以上の成績の子どもを親友に選んでいます。なおここでの成績の良い子ども（76人）、悪い子ども（83人）というのは、全体の学業成績の平均値から、それぞれ1標準偏差以上、あるいは1標準偏差以下の生徒のことです。

階層的回帰分析という方法で従属変数への独立変数の影響を調べた結果を、友人の影響に重点をおいて以下に要約します。

学業成績　子どもの期末の学業成績は、親友の学業成績から予測できました。つまり、良い成績の親友をもつ子どもの成績の方が、悪い成績の親友をもつ子どもの成績よりも良い、という結果でした。

自己ポジティブ観　図3-11が示すように、成績の良い親友をもつことが自己ポジティブ観に与える影響は、成績の良い子どもの場合には、右上がりの黒丸実線が示すように、自己ポジティブ観を高める正の影響がありましたが、成績の悪い子どもの場合には、右下がりの白丸実線のように、影響は負でした。つまり、良い成績の親友をもつと、良い成績の子どもの自己評価は高まりますが、成績の悪い子どもの自己評価・自尊心は低下しています。

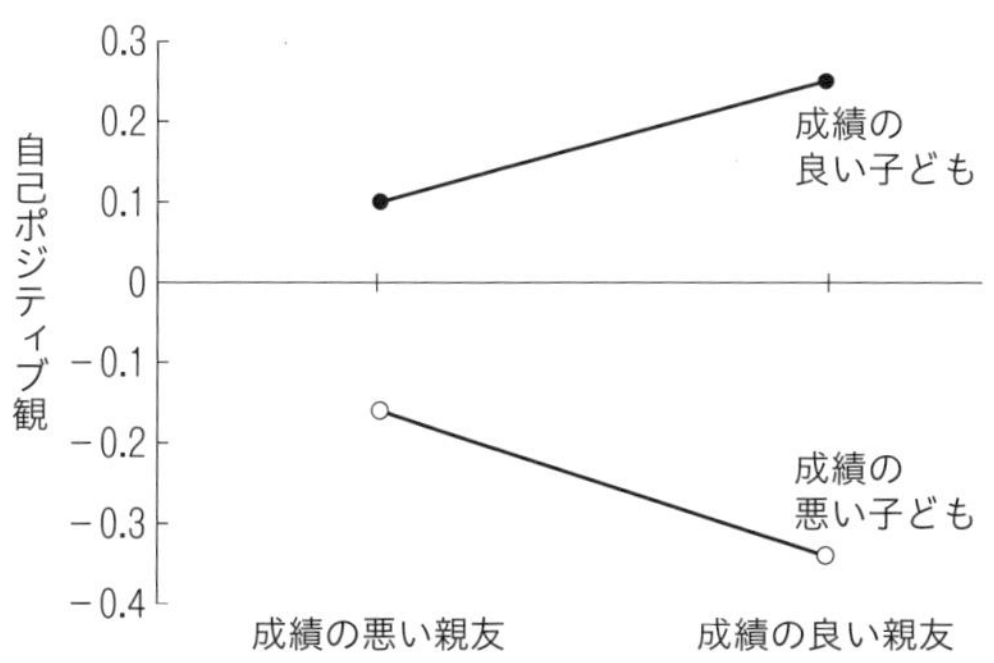

図3-11　成績の良い親友が自己ポジティブ観に与えた影響を，子どもの成績別に示す（Altermatt & Pomerantz 2005より作成）

学業への挑戦意欲　成績の良い親友をもつことの学業挑戦意欲（勉学意欲）への影響は、図3-12にまとめられていますが決して単純ではありません。成績の良い親友をもつことの効果が勉学意欲にポジティブに働くならば、同図の線はすべて右上がりになるはずですが、そうなっているのは1本のみです。まず白丸で示した成績の悪い子どもの結果に注目してください。実線が成績重視度の高い子どもで、点線が成績重視度の低い子どもですので、この場合は、成績重視度が高いことが、勉学意欲を全体として高めてはいるものの（白丸実線>白丸点線）、成績の良い親友をもつことは勉学意欲にほとんど影響していないか、グラフ上ではむしろその影響はネガティブです。次に黒丸で表した成績の良い子どもの結果をみてください。

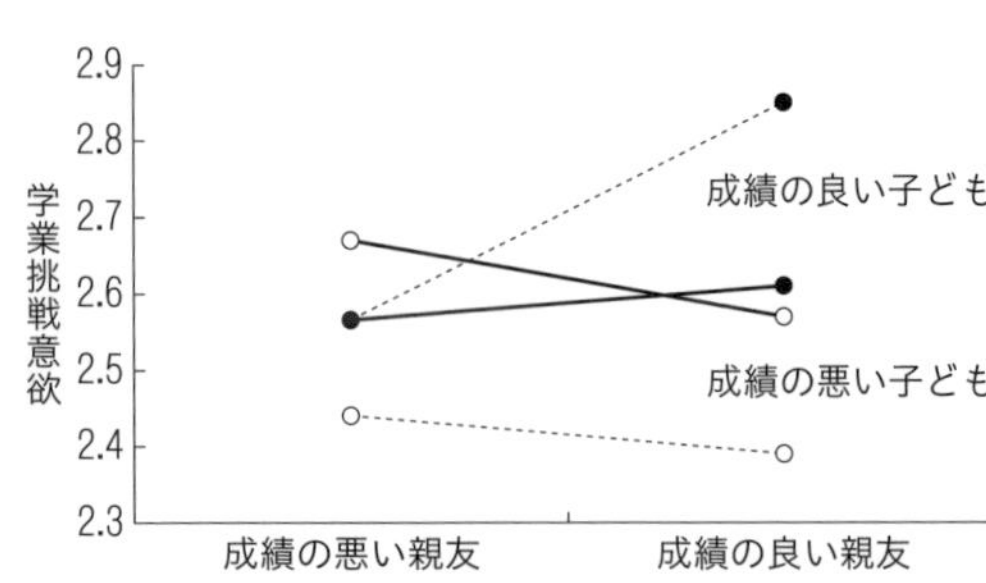

図3－12　親友の成績（横軸）が，子どもの学業挑戦意欲に与える影響を，成績の良い子ども（黒丸）と成績の悪い子ども（白丸）別に，また子どもの成績重視度の高（実線）低（点線）別に示す（Altermatt & Pomerantz 2005より作成）

この場合、成績重視度が勉学意欲を高めているとはいえず、実線は点線を下回っています。唯一成績重視度の低い子どもが成績の良い親友をもつことで勉学意欲が上がっているにとどまっています（黒丸点線）。

以上の事実を、喫煙行動に対する仲間の影響の事例と比較すると、人の自尊心が関わる学業に関連した行動や態度ははるかに複雑なことがわかります。つまり、成績の良い親友の影響は、全体としては子どもの成績を有意に上昇させるものの、成績の悪い子どもの自己ポジティブ観はそれと引き換えに損なわれますし（図3－11参照）、勉学意欲も一概に高められるわけではありません（図3－12参照）。つまり自尊心ややる気という観点からすれば、成績にあまり差がない者と付き合う方が幸せということになります。「鶏口となるも牛後となる無かれ」（大きな集団でどん尻に甘んじるより、小さな集団の長になる方がよい）ということわざが当てはまる現象といえるのではないでしょうか。

それでは、成績の悪い生徒は、この居心地の悪い〝牛後〟から脱し、〝鶏口〟になるために、学年末までに成績の良い親友との間柄を解消しようとしたのでしょうか。この研究では、少なくとも6ヶ月の間にはそのようなことは起こらず、成績の異なる者同士の友情は持続していました。そしてこの友情の持続は、良い成績の親友をもつことの成績維持面でのメリットが、成績差からくる劣等感を上回ったためだと考察されています。

5　おわりに

本講では、「朱に交われば赤くなる」ということわざをベースに、子どもは仲間からどれほど影響を受けるのかを問いました。この問いに対して、ハリスの理論と、いくつかの実証的研究例を紹介することで答えました。確かに「朱に交われば赤くなる」は妥当であることは証明できたと思います。ただ、青年期の仲間の影響の問題は、様々な側面をもつ大きな心理学上の問題です。そこで最後に、もう少し視野を広げるために、２０１１年のブレチワルドらの論文（Brechwald & Prinstein 2011）の要点を紹介し、結びに代えたいと思います。この論文は、21世紀初頭の約10年間の青年期の仲間の影響に関する諸研究の特徴を要領よくまとめたものです。

青年期の仲間の影響に関する近年の研究の５特徴

特徴１　仲間の影響を受ける行動の種類の拡大　従来の研究で注目された行動は、喫煙、飲酒、攻撃など、ほとんどが反社会的、あるいは健康リスクをかかえる問題行動でしたが、近年は、これらに加えて、向社会的で健全な行動を含む、多様な行動や態度への仲間の影響が取り上げられるようになりました。それに伴って、「仲間による社会化は、より幅広い発達心理学的および社会心理学的広がりの中で研究が必要な標準的な現象で、おそらく適応的現象ですらあることが明らかになりました。（少なくとも仲間集団の中で）受容され、望まれる行動を理解するために青年が仲間に依存することは、成人の価値観からの独立の成功と、健全な自己観の確立を反映しているようである」（Brechwald & Prinstein 2011, p. 167）。

特徴２　影響を与える仲間の性質の明確化と多様化　一概に仲間といっても、普通の友人もあれば親友もあります。同性・異性の仲間もあれば、恋仲の仲間もいるし、時にはきょうだいも含まれます。仲間がより大きな友人ネットワーク（派閥）の部分である場合もあります。また価値観の異なる複数のネットワークからの影響にさらされることもあります。近年の青年期の仲間の影響の研究は、影響を与える仲間の性質との関係がより重要視されるようになっています。

特徴3　仲間の影響のメカニズム　青年は、なぜ（why）、またどのようにして（how）仲間の影響を受け、仲間集団への社会化（socialization）を果たすのか。この領域の発展が最も顕著な10年だったとあります。発達心理学をベースに、それに学習心理学、社会心理学が加わり、仲間の影響で社会化が起こるメカニズムに関する研究が重要視されるようになりました。「仲間の影響のメカニズム」という共通のタイトルのもとで、次の4つのメカニズムが紹介されています。

・青年は、高い地位の仲間（人気のある仲間）の行動をしようとする。
・青年は、自らが価値を置き、自らが望む集団の社会的規範に一致した行動をしようとする。
・青年は、仲間によって強化される行動をしようとする。
・青年は、望ましい自己像に資する行動をすることで自ら満足する。

「要約すると、青年たちは社会的、情緒的なサポートの主たる泉源として、ますます仲間に投資するようになり、同時に、自己概念感の基礎として、仲間からのフィードバックと受容を用いるようになることを諸理論は示唆している」（Brechwald & Prinstein 2011, p. 169）。そして、青年たちは右の4種類の行動をとることで、仲間の行動に同調するというのです。

特徴4　仲間の影響の仲介体（moderators）　仲間の影響は何によって仲介されるのか、つまり、仲間の影響の被りやすさや弱点に影響を与える要因は何か。それがわかれば仲間からの負の影響を避けることができます。特徴3と同様、近年、この問題への関心は強まっていますが、これらの仲介体は「仲間の影響の仲介体」という共通のタイトルのもとで、次の4つの要因があげられています。

・影響を受ける青年の特性
・影響を与える仲間の特性
・影響を受ける者と与える者との関係の性質
・問題となる行動の種類

これらの要因によって仲間の影響は強くなったり弱くなったりします。

特徴5　行動遺伝学、神経科学、仲間の影響研究の統合　行動科学全般の近年の傾向を反映して、仲間の影響の理解に関連した生物学的要因への関心が高まっています。青年期には、仲間の影響への脳の感受性が高まる事実が、最近の技法で明らかにされています。また仲間の影響を受けやすい遺伝的傾向も明らかにされつつあります。つまり仲間の影響の受けやすさには生物的起源があることが近年の研究で明らかにされているのです。

最後に結論として以下のように記されています。「多くの社会科学の文献は……青年の仲間同士の交わりは、青年の態度と行動の発達に劇的な影響を持ちうることを明白に示してきた。仲間の影響の諸過程がどのように作用するのか、そしてこれらの諸過程を青年の幸せの向上のためにどのように変えることができるのか、あるいは生産的に用いることができるのかを調べることは、わくわくする経験的課題である」（Brechwald & Prinstein 2011, p. 175）。

カップルは似ているか？

——「割れ鍋に綴じ蓋」

社会心理学
中島定彦

【故事ことわざ辞典】似かよった者同士が夫婦になるもの。似た者夫婦。（再建社）

【名言・格言・ことわざ辞典】「江戸かるた」（日本）ワレナベは破損した鍋、トジブタは修繕した蓋のこと。諺は、至らないもの同士が夫婦になっているという意味である。（ミネルヴァ書房）

夫婦や恋人どうしは態度や性格がよく似ているように思えます。ことわざ・慣用句にもコラムタイトルのほかに、「鬼の女房に鬼神がなる」「夫婦は従兄弟ほど似る」「似た者夫婦」「似合う夫婦の鍋の蓋」「合うた釜に似寄った蓋」「ねじれ釜にねじれ蓋」「蓑のそばへ笠が寄る」などの表現があります。

人は自分と態度や性格が類似した人に魅力を感じます。これについては、米国の心理学者バーンによる大規模研究（Byrne 1971）以降、無数の調査があり、社会心理学の教科書では「対人魅力」を扱った箇所でまず真っ先に言及されるほどです。恋愛は相手の魅力に大いに依存しますから、自由恋愛による交際や結婚が主たる社会では、カップルの態度や性格は似ていることになります。また、「性格の不一致」を理由に離婚する夫婦が少なからずいることからも、態度や性格の類似性が夫婦円満にとって重要であることがわかります。態度や性格が類似しているほどカップル間の満足度が高いという調査結果は数多くあります（たとえば、Chi et al. 2013; Gaunt 2006; Gray & Coons 2017; Karney & Bradbury 1995; Mehrabian 1989; Luo 2009; Lutz-Zois et al. 2006; Nemechek & Olson 1999）。

夫婦や恋人どうしは性格だけでなく容姿も似ているといわれます。実際、様々な身体部位のサイズに夫婦間で類似性がみられます（Griffiths & Kunz 1973; Spuhler 1968）。また、米国（Hinsz 1989; Zajonc et al. 1987）、英国（Little et al. 2006）、ベネズエラ（Alvarez & Jaffe 2004）、ハンガリー（Bereczkei et al. 2002）、香港（Wong et al. 2018）、などの国々で、夫婦は顔が類似しているとの研究報告があります。日本では、中澤・泉井（2010）が大学生カップルについて顔の類似性を報告しており、特に目の横幅や目と口の距離、鼻の長さが似ていたそうです。

米国で行われたザイアンスらの研究では、結婚しておよそ25年目の夫婦の写真（老夫婦写真）と彼らが結婚1年目だったときの写真（若夫婦写真）が用いられています。大学生たちに、写真の中から最も顔の似た配偶者を選んでもらう課題では、老夫婦写真のほうが若夫婦写真よりも似ていると判定されました。この結果から、ザイアンスらは、年を経るごとに夫婦の顔が似てくると結論し、その理由として以下の4つをあげています。①食事が同じだから（高脂肪食による肥満傾向など）、②気候が同じだから（日焼けや温度などによる影響）、③循環作用が働くから（夫婦とも陽気だとますます陽気な顔になり、ともに陰気だとさらに陰気な顔になるなど）、④同じ体験をするから（共通の愉快な経験で柔和な顔になり、不愉快な経験で険しい顔になるなど）。このうち③や④では、互いの姿勢や表情を無意識に模倣するというカメレオン効果（Chartrand & Bargh 1999）が作用しているかもしれません。

ただし、英国の研究者らは、老夫婦でも若夫婦でも顔は同程度に似ていると報告しています（Hintz 1989）。この研究者らは、夫婦の顔が似ているのは、ふだん（鏡などで）見慣れた自分の顔と似た顔の人物を結婚相手に選んでいるからだと推理しています。つまり、馴染みのものを好む単純接触効果（Zajonc 2001）が作用しているというわけです。米国でも、性格は似てくるが、顔の類似度は老夫婦でも若夫婦でも同程度だとの報告（Little et al. 2006）や、性格の類似度も老夫婦でも若夫婦で変わらないとの報告（Humbad et al. 2010）があります。つまり、夫婦間で顔は似ていることは確かですが、結婚歴が長いと似てくるかどうかはまだ不明です。

以上のように、「割れ鍋に綴じ蓋」ということわざには科学的エビデンスがあります。もちろん、夫婦や恋人どうしの性格・態度や容姿が似ているというのは、「総じてそのような傾向がある」ということで、すべてのカップルで、すべての特徴がそうだというわけではありません。相手の足らぬところを補うこと（相補性）もペア関係では大事ですから、性格が正反対の夫婦もいるでしょう。結婚式で「美女と野獣」とからかわれるカップルもいますね。

第4講

遊びと子どもの発達の関係は？
――「よく学び、よく遊べ」

発達心理学

【名言・格言・ことわざ辞典】「勉強ばかりで遊ばないと子供を愚かにする」All work and no play makes Jack a dull boy. は英語の諺。諺は万国共通のものが多い。人生には学びも大切だが、遊びも大切だ。ゆとりのある人生を、の意。（ミネルヴァ書房）
【岩波ことわざ辞典】しっかり学習し、また存分に遊べということ。（後略）（岩波書店）

はじめに

人生の座右の銘を一つあげよと問われると、私は「よく学び、よく遊べ」と答えることが多くありました。学んでばかりではつまらないし、遊んでばかりいては身の破滅です。理想はユトリとメリハリでした。しかし根っからのアウトドア派なもので、青空のもとで体を動かさないとうずうずしてきます。誘惑に負けることが多く、なかなか理想どおりにはいきませんでした。

私の子ども時代は太平洋戦争中。貧しい時代でしたが、子どもが遊びまわる環境には恵まれていました。自然も豊かで遊び仲間も大勢いましたし、6人きょうだいと賑やかでした。今や世の中はすっかり変わり、豊かで便利にはなりましたが、それと引き換えに子どもの戸外遊びは影が薄くなり、遊びなき時代の弊害が唱えられるようになりました。

本講では、子どもの戸外遊びの減少、それに伴う体力・運動能力の低下と知力への影響、社会性への影響などを、エビデンスをもとにお話しします。ただ自発性と予測不可能性を特徴とする遊びに、他の講で紹介した研究のような実験操作を加えることは困難です。操作を加えたとたんに遊びでなくなってしまうからです。また遊びは本能ともいわれるので、動物にもみられます。この大きなテーマについての膨大な文献のなかから、私の興味と疑問の展開にまかせて、私の学びの一端をご紹介することにします。

まずは私自身が見てきた、ここ数十年のわが国の子どもを取り巻く環境の変化をコラムにまとめてみました。

最近約半世紀の日本社会の変化

日本経済は1955（昭和30）年から1970（昭和45）年にかけて世界に例をみない高度経済成長を果たし、1964年の新幹線開業、東京オリンピックを経て、1969年にはアメリカに次ぐ経済大国になりました。そしてそれに伴って日本人の生活には大きな変化が生じ、また子どもの遊びも大きく変化しました。

物質的豊かさ　物がない時代の子どもたちは、遊びたい一心で様々な工夫と努力をしました。野球のグローブなど簡単に手に入らない私たちの子ども時代には、厚地の布で自分でグローブをつくったものです。捕球ごとに詰め物の綿が縫い目からパッと飛び出た情景は未だに忘れられません。ところが豊かな時代になって、遊びも「つくる遊び」から「買う遊び」へと変質しました。糸巻と輪ゴムと割り箸とで〝戦車〟（図4－1参照）をつくらなくても、お金さえ出せば立派なおもちゃの戦車が手に入ります。プラモデル作成も設計

図４－１　糸巻き戦車

図どおりに組み立てれば出来上がります。豊かすぎると、無から有を生じさせ、代用品で間に合わせる想像力は育ちません。廃物利用という言葉が懐かしく思い出されます。

都市化と車社会　高度経済成長政策に伴って都市への人口の集中、宅地開発、車社会が進行しました。その結果、子どもは遊び回れる空き地を失い、道路の舗装化によって土の上でしかできない相撲、胴馬、ビー玉、くぎ打ち、泥んこ遊びなどがなくなりました。このような野外での集団遊びの空間の喪失によって、かつては異年齢層の子どもがともに遊ぶことで自然に身に着いた社会性や我慢が育まれる機会がなくなりました。また自然が遠くなり、清潔な人工物にのみ接することで、汚いことに耐えることができない「異常なまでのきれい好き」が台頭することにもなります。また昔は自宅の近所の道路でよく遊んだものですが、この遊住接近のお陰で、家から次々と遊び道具を持ち出して、飽きっぽい子どもは多様な遊びを暗くなるまで楽しむことができました。

管理社会・リスク回避社会　昔は、池や川や空き地は子どもたちの格好の遊び場でした。しかし管理責任が問われる時代になり、どこもここもみな立ち入り禁止になりました。夏には池や川で自由に泳ぐことができましたが、これはリスクと隣り合わせでもありました。川で溺れそうになった怖い経験をもつ者は私だけではないでしょう。また私たちの時代の小学生の筆箱には、鉛筆を削るため必ず「肥後の守（かみ）」というナイフが入っていました。痛い目や危険な目に遭う経験を通して身に着く知恵もあると思うのですが、今はそれらのリスクがすべて事前に回避されてしまっています。

核家族と少子化　都市化はまた核家族化や共働き家族を生み、さらに少子化による子どもの数の減少によって、親の目が子どもに届きすぎ、過干渉・過剰指示のために子どもの自由が奪われるようになりました。貧しく子沢山の苦しい時代には、親は生きることに精一杯で、子どもに目が届きかねました。そのようななか、兄姉が下の子の面倒をよくみ、子どもたちはのびのびと育ちました。危ないこと、悪いこともよくやりましたが、地域の年輩者の諭しや怒鳴りも子どもたちの成長にはありがたいことでした。

受験競争とテレビ　経済の高度成長と少子化は、子どもにかける教育費にゆとりをもたらし、高学歴社会の到来とともに受験競争は激化し、塾通いが定常化し、「学び」のために子どもたちの「遊び」は悪者扱いをされるようになりました。その結果、子どもたちの戸外での集団遊びの姿は見かけなくなり、子どもたちは端切れの時間を家のなかでテレビ、あるいはテレビ・ゲーム、コンピュータ・ゲームなどで楽しむようになりました。テレビは１９６５年頃から１９７０年頃に向けて、またテレビ・ゲームは１９８５年頃から１９９３年頃に向けて、いずれも急速に普及しました。さらに最近はスマホの影響も大きくなりました。

なおテレビの影響に関しては、子どもにも大人にも区別なく情報を提供するテレビの出現で「子ども期」が消失したというユニークな論も現れました（Postman 1982）。

「よく学び、よく遊べ」のルーツは、18世紀にイギリスで出版された伝承童謡マザー・グースの次の一節にあるといいます（奥津 1989, pp. 112-114）。

All work and no play makes Jack a dull boy,
All play and no work makes Jack a mere toy.
（勉強ばかりで遊ばないと、おもしろ味のない子になる
遊んでばかりで勉強しないと、ただのつまらない子になる。）

また、このことわざが日本に導入されたのは明治時代の『高等国語教科書』（1901）であり、その第12課に

「よく遊べよく勤めよ」があります（『岩波ことわざ辞典』）。さらに１９１１（明治44）年文部省編の尋常小学唱歌の２学年用には、「よく学びよく遊べ」と題する次の歌詞の歌が掲載されています。

１．机の前では一心に　何も思わずよく学べ。
　遊びながらの勉強は　時間を無駄にするばかり。
　学べ学べ一心に。　学べ学べ一心に。

２．課業が済んだら一心に　何も忘れてよく遊べ。
　ただ面白く遊ぶのが　元気をつけるよい薬。
　遊べ遊べ一心に。　遊べ遊べ一心に。

この唱歌は、１９３２（昭和７）年には不採用になっていますが、その5年後には日中戦争が始まっていますので、遊びは不謹慎とみられる時代になったのかもしれません。

なお図４－２は、１９２８（昭和３）年文部省発行の『尋常小学修身書巻1』に掲載された「ヨク　マナビ　ヨク　アソベ」です。

遊びといえば多くの人は、人間活動の本質は遊びとする人間観を唱え、名著『ホモ・ルーデンス』（「遊ぶ人」の意）（1938）を著わしたオランダのホイジンガ（Johan Huizinga, 1872-1945）や、フランスのロジェ・カイヨワ（Roger Caillois, 1913-1978）の『遊びと人間』（1958）を連想するかもしれません。また、美術に関心のある人なら、図４－３に示す16世紀のオランダの画家、ピーテル・ブリューゲル（父）の「子供の遊戯」（1560）を思い出す人もいるでしょう。この４６０年も前の絵には91種類の遊びがあるといいますが（森 1989）、私の子ども時代に遊んだものもかなりあります。

このように、遊びは古くから子どもの生活そのものでした。ところがその遊びが今日危機に瀕しています。

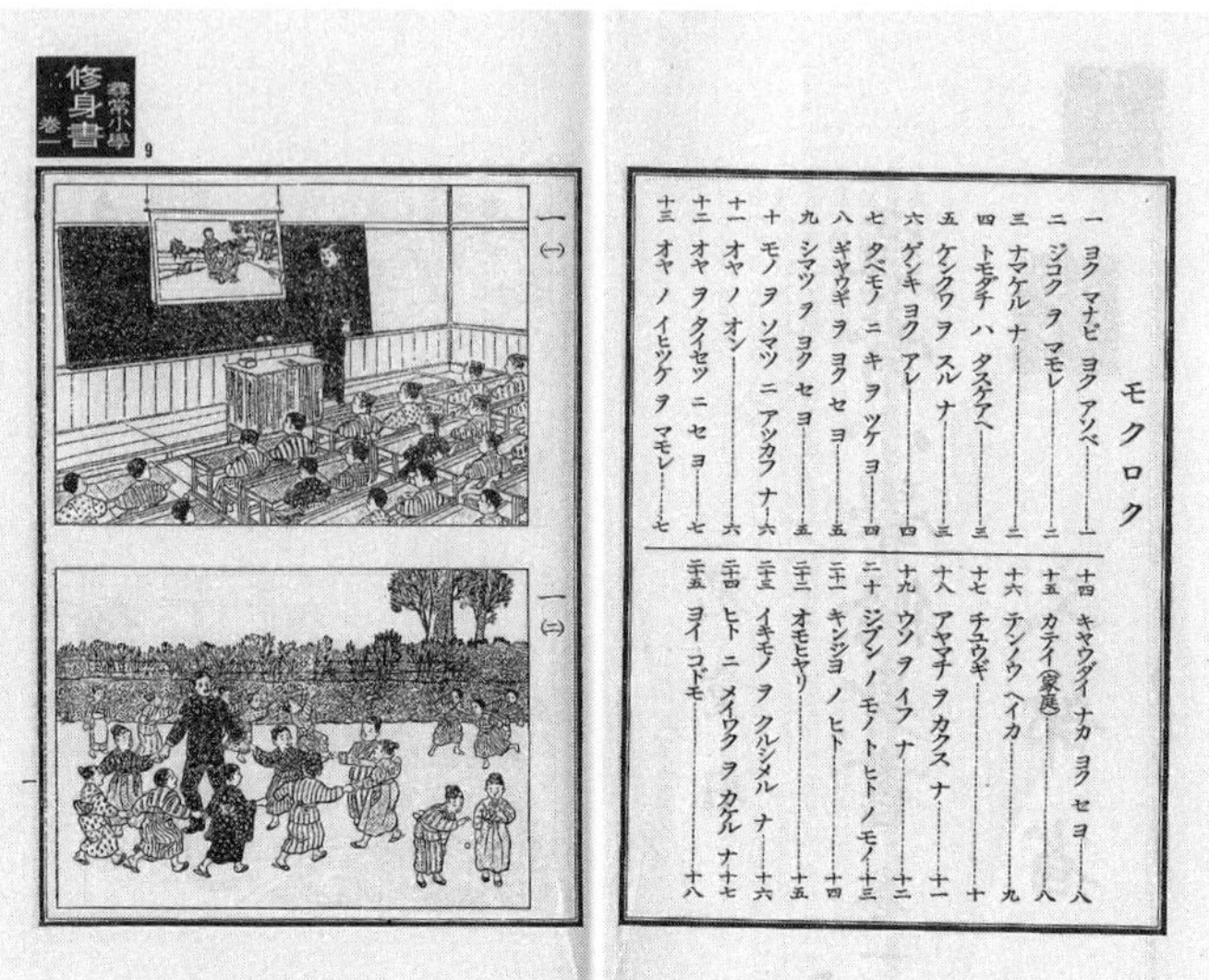
尋常小學 修身書 巻一

9

一 (一)

一 (二)

モクロク

図４－２　1928（昭和３）年文部省発行『尋常小学修身書巻１』に掲載された「ヨク　マナビ　ヨク　アソベ」

注：遊びの輪に先生が混じっている姿が気になる。

図４－３　ピーテル・ブリューゲル（父）による「子供の遊戯」（1560）（森 1989より）

そしてそれを招いたのは、コラム４－１にみたように、今日の豊かさと、それに伴う社会の変化なのです。近年、それを憂いた書物が引用文献の＊に示すように国内外で数多く出版されています。それらに共通する主張は、子どもは戸外での仲間との自由な遊びを通して、将来必要になる社会的能力、問題解決力、創造的思考力、安全のためのスキルなどの様々な知恵を身に着けるのだから、戸外での遊び時間の減少は、今日の深刻な社会問題だということです。

これが近年、学術的にも捨て置けない問題になってきたことは、２００８年にはアメリカで遊びに関する学術専門誌 *American Journal of Play* が、さらに２０１２年には、遊びに関する国際専門誌 *International Journal of Play* の刊行が始まったことにも表れています。

本講では原則として、遊び、それも全身運動を伴う仲間との交流を伴う遊びに重点をおいて、子どもの成長と遊びの関係についての実証的な心理学的研究にテーマを絞り、限られた範囲でこの大きな問題に挑戦することにします。

1　遊びに関する基礎知識

通常、私たちは誕生後、普通の環境で普通に育ち大人になります。実は遊びもこの〝普通〟の重要な一部なのですが、遊びが人の成長に与える影響を知ろうとすれば、比較のためにこの普通を壊してその結果を調べる必要があります。しかし人を対象にしてこのようなことは許されません。そこでまず、遊びの欠如がどれほど正常な発達を阻害するかを示した動物研究を簡単に紹介しましょう。

遊びの重要性を示す動物研究

サルの実験　アメリカの心理学者のハーロー（Harry Harlow, 1905-1981）は、1950年代後半から1960年代にかけて、子ザルの成長への母親の影響、仲間の子ザルとの遊びの影響について実験を行いました（Harlow & Harlow 1962, 1969）。生後2週間から、栄養状態を確保して子ザルを4匹一緒に遊戯室で仲間と自由に遊べる環境で育てると、母親が居なくても長期的には正常に育つことが明らかにされました。つまり、複数の正常な仲間との遊びがあれば「親が無くても子は育つ」のです。逆に、実母のもとで育っても、複数の仲間の子ザルと遊ぶ機会が8ヶ月以上奪われると、子ザルは正常には育たず、その社会性は著しく損なわれてしまいます（今田 2015, pp. 51-55参照）。

このように、子ザルの正常な成長にとって大切なのは、母ザルの存在よりも、複数の仲間の子ザルと交流し、全身を使う遊びを通して彼らから様々なフィードバックを受けることでした。なおこの事実は、最近のオランダの研究でも確認されています（Kempes et al. 2008）。

ネズミ（ラット）の実験　大勢の仲間と一緒に育つことが脳の発達にとって大切なことを示したローゼンツヴァイクらのネズミの古典的実験も有名です（Rosenzweig et al. 1972）。準備された環境は、〝貧弱な環境〟（poor environment）、〝豊かな環境〟（enriched environment）、〝普通の環境〟の3種類であり、その3条件に、同じ母親から生まれた子どもを均等に配置し、成体になるまでの生後25～105日の80日間、水、餌を十分に与えて飼育しました。〝貧弱な環境〟では、1匹だけで飼育され他のネズミと交わる機会が奪われました。〝豊かな環境〟では12匹の仲間のネズミと一緒に、毎日取り換えられる遊具のある広い飼育環境で育てられました。また、その中間の〝普通の環境〟は3匹飼いで、1匹飼い同様、遊具はありませんでした。

その後、ネズミの脳の発達の状態を解剖して調べたところ、〈豊かな環境条件〉が〈貧弱な環境条件〉に比べて脳はよく発達していました。１９６０〜６９年の間にローゼンツヴァイクらが行った16実験の結果をまとめますと、知的機能をつかさどる大脳皮質部分の重さが、皮質以外の部分の重さに対して占める比率は、〈豊かな環境条件〉が〈貧弱な環境条件〉に比べてほぼ一貫して高く、平均して約５％上回っていました。しかし〝豊かな環境〟であっても、自然に近い野外の環境で１ヶ月育てられたネズミに比べると、脳の発達は劣っていました。また、〝豊かな環境〟の遊具は常に取り替えられ新しいもので、学習の要素が含まれていることが大切なことも示されました（Rosenzweig et al. 1978; Bennett et al. 1979）。

その後のファン・デン・ベルクらのネズミの実験（van den Berg et al. 1999）でも、いわゆる格闘遊び（ラフ・アンド・タンブル・プレイ）が最もよく起こる時期（離乳直後の４〜５週齢の時期）に孤立飼育すると、その後集団飼育をしてもネズミの社会的行動の異常は回復しないことが明らかにされています（Einon et al. 1978も参照）。

これらの過去の研究は、遊びが必要な時期に、新奇な遊具のある環境で、複数の仲間との遊びを通しての交流（playful exchange）ができないと、社会的行動を含むネズミの正常な発達は期待できないことを示しています（Pellis 2006; Pellis & Pellis 2007なども参照）。

このように遊びは、動物が正常に育つために欠かすことのできない、それ自体を目的にして行われる重要な活動であり、次にみるように〝内発的に動機づけられた行動〟と呼ばれるようになりました。

遊ぶことは動物の基本的動機である

人を含む動物が生きるために満たされなければならない動機を基本的動機といいます。飢え、渇き、性、睡眠（休息）、呼吸、排泄、苦痛の除去、適温維持などの生存に欠かせない身体的基礎をもつ基本的動機は、そのどれか一つでも満たされなければ私たちは生きていけませんし、種の存続もできません。しかし先の動物研究が示すように、これらの動機がすべて満たされたとしても、動物は正常に成長するとは限りません。この事実は、身体的基礎をもつ生物的動機以外にも、身体的基礎をもたない基本的動機があることを示唆しています。

実は１９５０年代になって、動物は無刺激・無感覚状態・無運動には耐えられず、それが長く続くと異常が生じることがわかり、身体的基礎をもたない基本的動機として生活体の内部から自発する内発的動機（intrinsic motive）が提唱されるようになりました。これには、刺激やその変化を求める動機（感性動機、好奇動機）、手で何かを操作したり、跳んだり跳ねたり体を動かそうとする動機（操作動機）、頭を使おうとする動機（認知動機）が含まれています。これらは要するに、体の諸器官（感覚器官、筋肉器官、思考器官）を用いることに報酬が内在している（intrinsic）動機のことです。人の赤ん坊がガラガラを振って遊ぶのも、手を動かせば音が鳴るのがただ面白いからであって、感性、操作、好奇の諸動機によって動機づけられた行動といえるでしょう。

このようにみますと、まさに遊びはこれらの内発的動機を満たしていることがわかります。

2　戸外遊び時間の減少と子どもの体力・運動能力の低下

戸外遊び時間と室内遊び時間の経年変化

コラム４－１でみたような近年の社会の変化が遊びに与えた影響は、データにも明確に表れています。たとえば図４－４は、１９５５年からの日本の子どもの戸外遊び時間と室内遊び時間について行われたいくつかの調査結果をまとめたものですが、約35年の間に子どもの戸外遊び時間が確実に減少し、代わって室内遊び時間が増加しています（仙田 1992）。

戸外遊び時間の減少は日本のみでなく世界的な傾向でもあります。図４－５は，世界の16ヵ国の１～12歳の子をもつ母親２４００人が報告した，種類別の子どもの活動時間の割合です（Singer et al. 2009）。ここには，子どもの生活に占めるテレビの存在が大きいことも示されています。興味深いのは，テレビ視聴時間の割合は，後進国ほど高い事実です。先進国（フランス，イギリス，アイルランド，ポルトガル，アメリカ）60％，新興国（アルゼンチン，ブラジル，中国，インド，トルコ，南アフリカ）76％，発展途上国（インドネシア，モロッコ，パキスタン，タイ，ベトナム）78％であり，最低はアメリカの46％，最高はベトナムの91％でした。アメリカの子

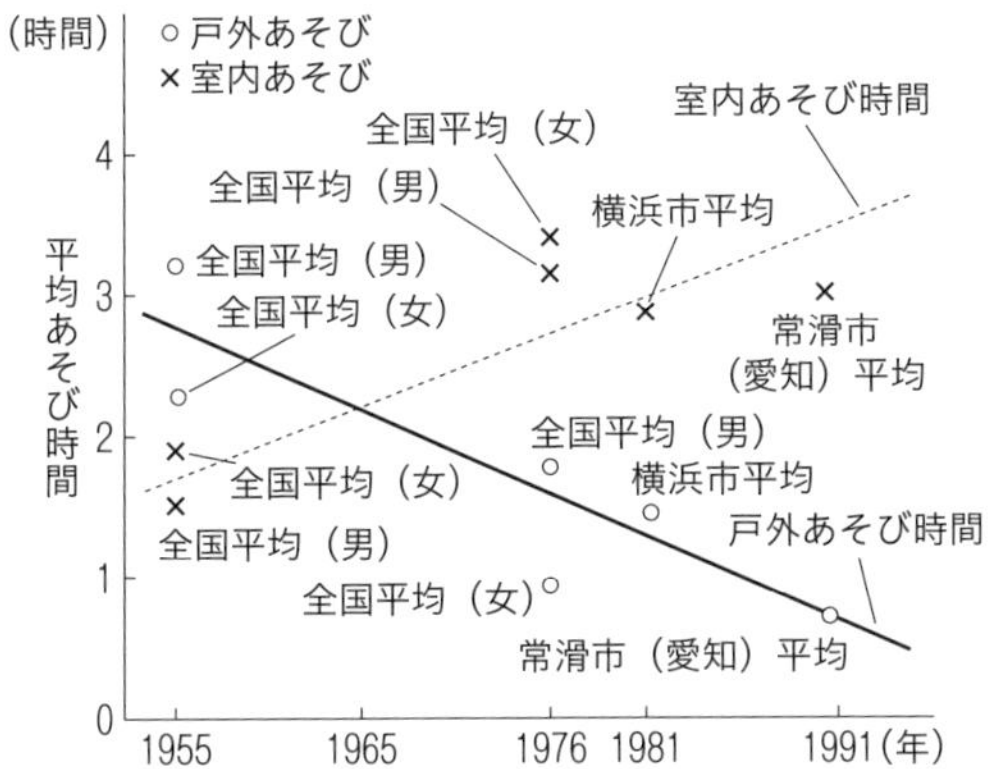

図４－４　戸外あそび時間と室内遊び時間の経年変化（仙田 1992, p. 169より作成）

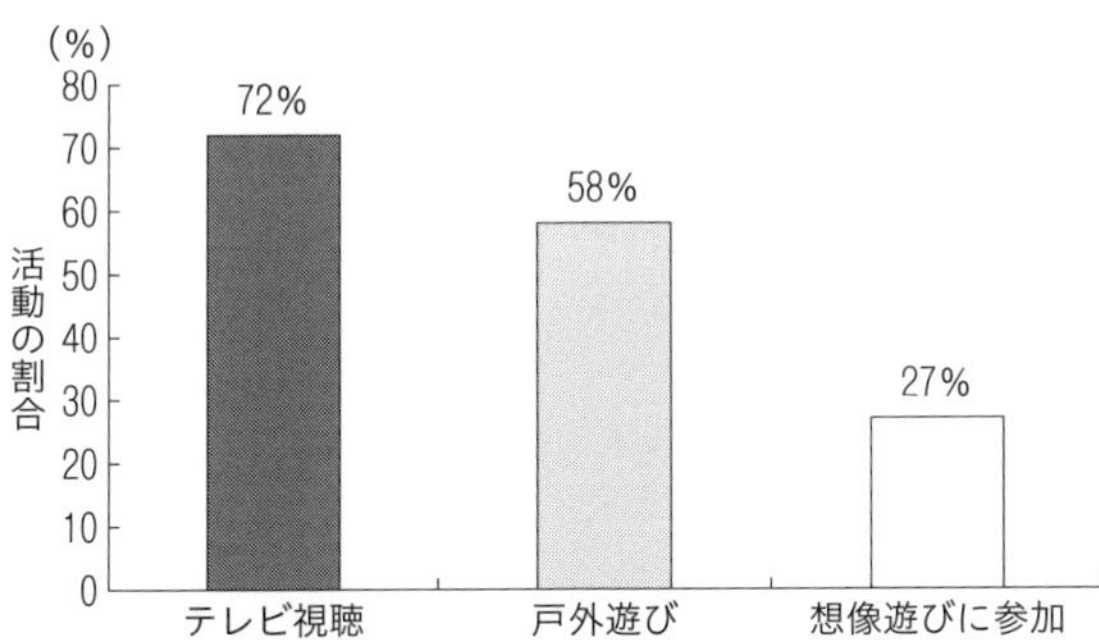

図４－５　世界16ヵ国の母親によって報告された子どもの活動別時間の割合（Singer et al. 2009より作成）

注：就学児については学校の活動は除く。

どもの低視聴率は、テレビ以外にたくさん面白いことがあるためだとされています。

またアメリカの母親を対象にクレメンツが行った調査（Clements 2004）でも、毎日戸外で遊んだ割合は、母親自身の子ども時代には70％であったのが、自分の子どもの代になると30％に減じており、その大きな原因はテレビやコンピュータ、犯罪の増加に伴う社会の安全性の低下となっています。クレメンツの研究から20年近く経った今日、インターネットやゲームなどの影響は、さらに大きくなっているでしょう。

子どもの体力・運動能力の低下

おそらく戸外遊びの低下を含む近年の生活様式の変化の影響でしょう、子どもの体力・運動能力が近年低下しています。

図４－６は文部（科学）省が昭和39（１９６４）年以来継続的に行っている子どもの体力・運動能力調査のなかから16歳の男女を選び、１９６４年の結果を１００％とした相対値で体力・運動能力の年次変化を示したものです。１９７０年代後半から子どもの体力・運動能力が低下しつづけている姿がみえます。なお体力・運動能力の指標としては、［握力＋50ｍ走＋持久走（男１５００ｍ、女１０００ｍ）＋ハンドボール投げ］を選び、その合計が用いられています。

また、世界の27カ国、２５０万人の６～19歳児の１９５８年の走力を基準にした体力・運動能力の年次推移を示したデータもありますが、それでも１９７０年代以降の体力の低下が顕著にみられます（Tomkins & Olds 2007）。

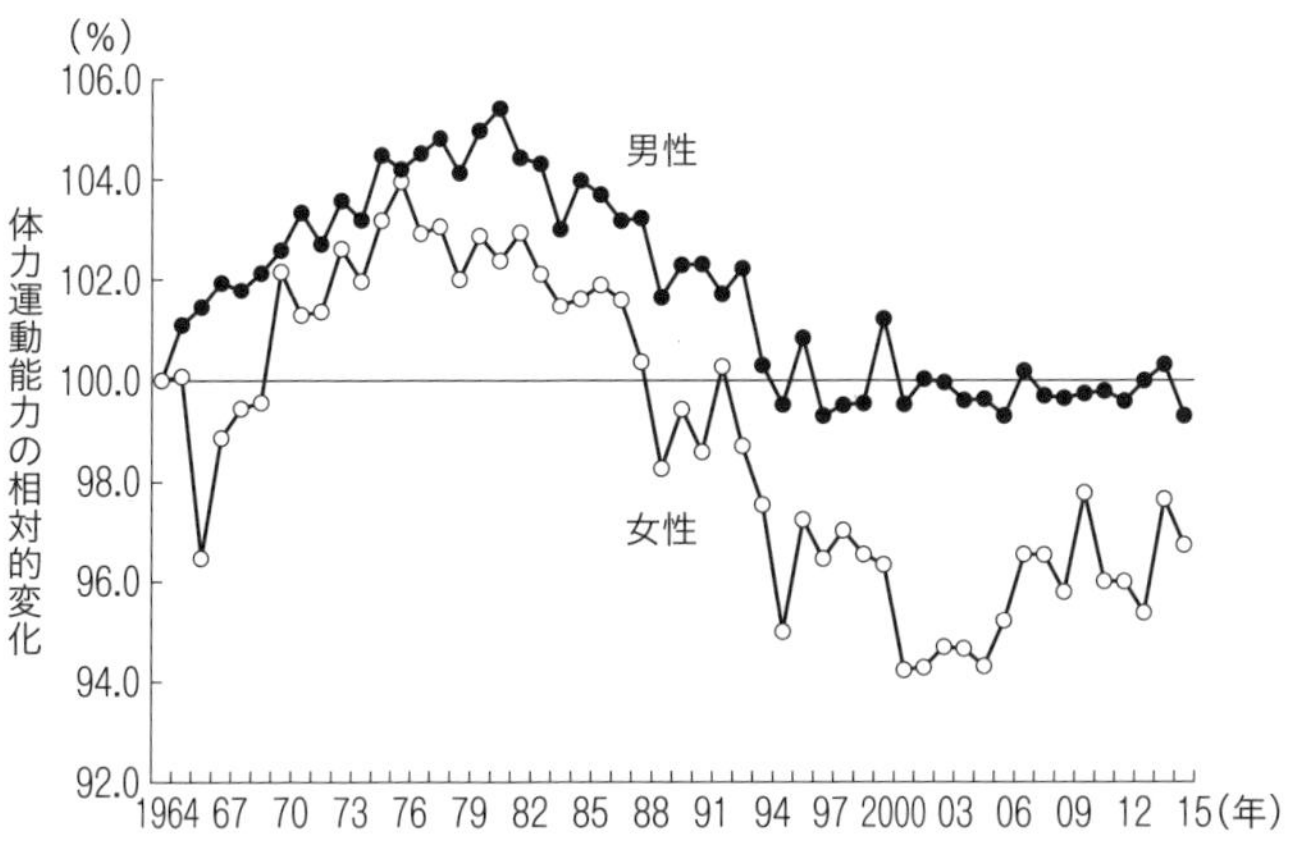

図４－６　文部（科学）省が継続的に行っている体力・運動能力調査の16歳児の結果（文部科学省スポーツ庁スポーツ課提供の数値データに基づき作成）

注：なお２つの走力のデータは［長い時間＝能力低］となるよう換算。

遊びの定義

ここで次に移る前に、遊びを定義しておきます。

一概に遊びといっても、戸外遊び、室内遊び、激しい動きを伴う遊び、おとなしい遊び、ごっこ遊び、喧嘩遊び、一人遊び、集団遊びなど、その形態は多様です。この道の権威の一人であるスミスは、遊びを身体的活動遊び（physical activity play）、物を用いた遊び（object play）、ごっこ遊び（pretend play）に大別しています（Smith 2005）。

しかしすべてに共通している特徴は、「遊びとは、それ自体を目的とした、面白さや楽しさを追求する自発的活動」であることでしょう。もう少し詳しく、グレー（Gray 2011）があげた「遊び」の5条件をみてみましょう。

1．自己選択性と自己指導性：好きに始め、好きに止めることができ、遊び方もいつでも自由に変えられること。つまり全く子どもの自発性に委ねられた活動であること。

2．内発的に動機づけられていること：外部の報酬を求めるのではなく、遊び自体が目的であること。

3．活動に構造を与える心的規則によって導かれていること：構造は子ども自身によって（大人によってではなく）与えられるので、そこには創造性が生まれる。

4．想像的であること：ある意味で現実からかけ離れていること。

5．生き生きとして積極的な、比較的ストレスのない心の状態で行われること。

以下、遊びのもついろいろな特徴と子どもの発達の関係について、主に戸外遊びに重点をおいて実証的研究を紹介しますが、まず先の図4-6で示された近年の子どもの体力・運動能力の低下が、子どもの認知能力や学業成績などの心的機能にどのような影響を与えるかについてみることにします。ただ遊びも発達も、その下に実に多様な要素を含む、いわば傘概念（umbrella concept）なので、遊びのどの要素が発達のどの要素に影響を与えるかの特定化はきわめて困難です。専門的には多くの議論が残るでしょうが、私の疑問に答えてくれる研究を選んで以下展開します。

3　体力・運動能力と認知能力・学業成績の関係

ハーパラらの調査研究（2014）

これは、小学1年生（6歳）時の運動能力と、1～3年生（6～8歳）時の子どもの学業スキルの関係を調べることを目的として、フィンランドで行われた縦断的な調査研究です（Haapala et al. 2014）。

課題：運動能力のテストには、走行課題（5mの距離を目標点で折り返し出発点に戻る課題を5往復。所要時間が指標）、バランス・テスト（30秒間の閉眼片足立ち。足着き数と開眼数の合計が誤数）、手の器用さ課題（箱の一方の端にある積み木を一つずつ、他方の端に利き手および非利き手で移動させる課題。一定時間内に移動させた積み木の個数が指標）が用いられました。学業スキルは、読みの滑らかさ（音韻的に似た4語のなかから、その横に示された絵があらわす語を素速く読みとる課題を80セット。2分間の正答数）、読解力（30秒間短文を読み、文中の事実、因果関係、解釈、結論について12の選択肢のなかから選ぶ。正答数0～12が指標）、計算スキル（3分間の足し算・引き算課題。正答数が指標）の3種で評価されました。

結果：図４－７は、１年生のときの運動能力（3つの運動能力テストの合成）によって１６７名の生徒を能力の高さで、高・中・低の３レベルに分け、1～3年時の計算スキルの結果を示したものです。読みとりの素速さ、読解力も、このグラフの形状と同様でした。すなわちこれらの能力は、当然いずれも学年進行に伴って上昇していますが、どの学年でも、運動能力の高い者ほど学業スキルは有意に優れていました。

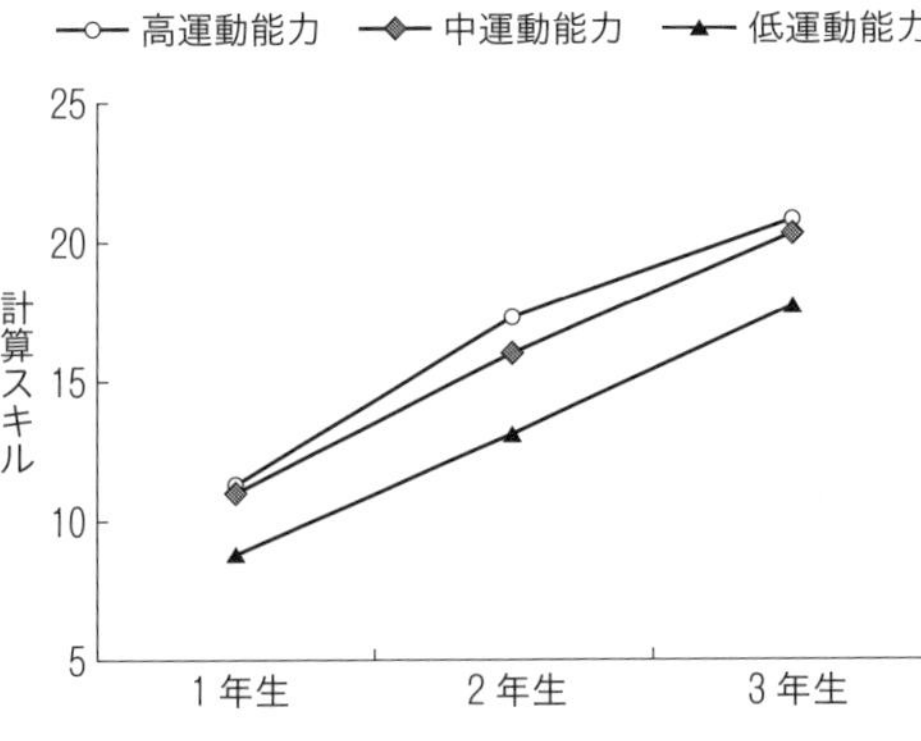

図４－７　１年生のときの３種の運動能力テストの合成成績によって全生徒を３分し，それぞれの１～３年の計算スキルの結果を示す（Haapala et al. 2014, Figure 2に基づき作成）

このほかにも、運動能力と学業成績の関係を示した研究は多くありますが、このような調査研究では、運動能力の向上が学業成績の上昇の原因になっているかどうか、また学業を支える認知能力への運動能力の影響までは明らかにされていません。次の実験的研究はそれらの疑問に答えてくれています。

紙上敬太らの実験的研究（2011）

課題：紙上ら（Kamijo et al. 2011）は、7～9歳のアメリカの子どもをランダムに2群に分け、〈実験群〉には毎日

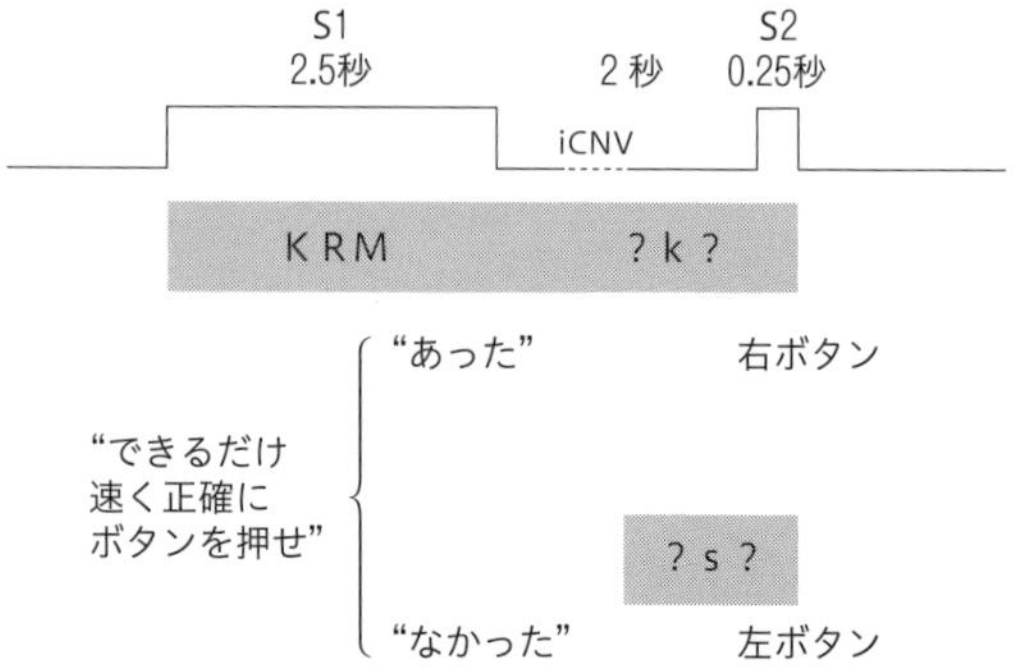

放課後2時間、心肺持久力増進のための激しい運動、筋力訓練、ドリブルなどの運動スキルの訓練で運動力強化を行い、〈統制群〉には何も行いませんでした。150日後（1年間の授業日数は170日）、体力テストと、認知力（作業記憶課題）テストを行いました。認知課題は、図4-8に図示したように、直前に呈示された1、3、5文字の大文字アルファベット（S1）のなかにあった文字のいずれかが、2秒後に呈示される1文字の小文字アルファベット（S2）と一致するかどうか、直前のS1を覚えておいて答える作業記憶課題でした。

なお、最終的に用いられたのは36人でしたが、実験前の知能水準その他の心理特性において、〈実験群〉（20人、うち女性11人）と〈統制群〉（16人、うち女性8人）の間には差はありませんでした。

結果：運動力強化訓練の有無がまず体力の向上に与えた効果は図4-9Aに示すとおりです。体力強化の効果が〈実験群〉において顕著です。体力は、徐々に負荷を重くするウォーキングマシンで限界まで歩かせ、心拍、呼吸、持久力、酸素消費量などを総合した値でした。他方、認知課題の成績の結果は図4-9Bに示していますが、作業成績は〈実験群〉においては著しく向上していますが、〈統制群〉にはそのような向上は認められていません。

この結果は、運動力強化訓練が、体力、認知力の向上の原因になっていることを明確に示しています。

実は、この実験では、知的作業の座といわれる脳の前頭葉の脳波も測定され、特に認知課題中の随伴性陰性変動（CNV）に注目しています。CNVは予期反応の指標とされますが、特にS1停止後の500msから

図4-8　S1が3文字の場合の認知課題の手続きの説明図（Kamijo et al. 2011の記述に基づき作図）

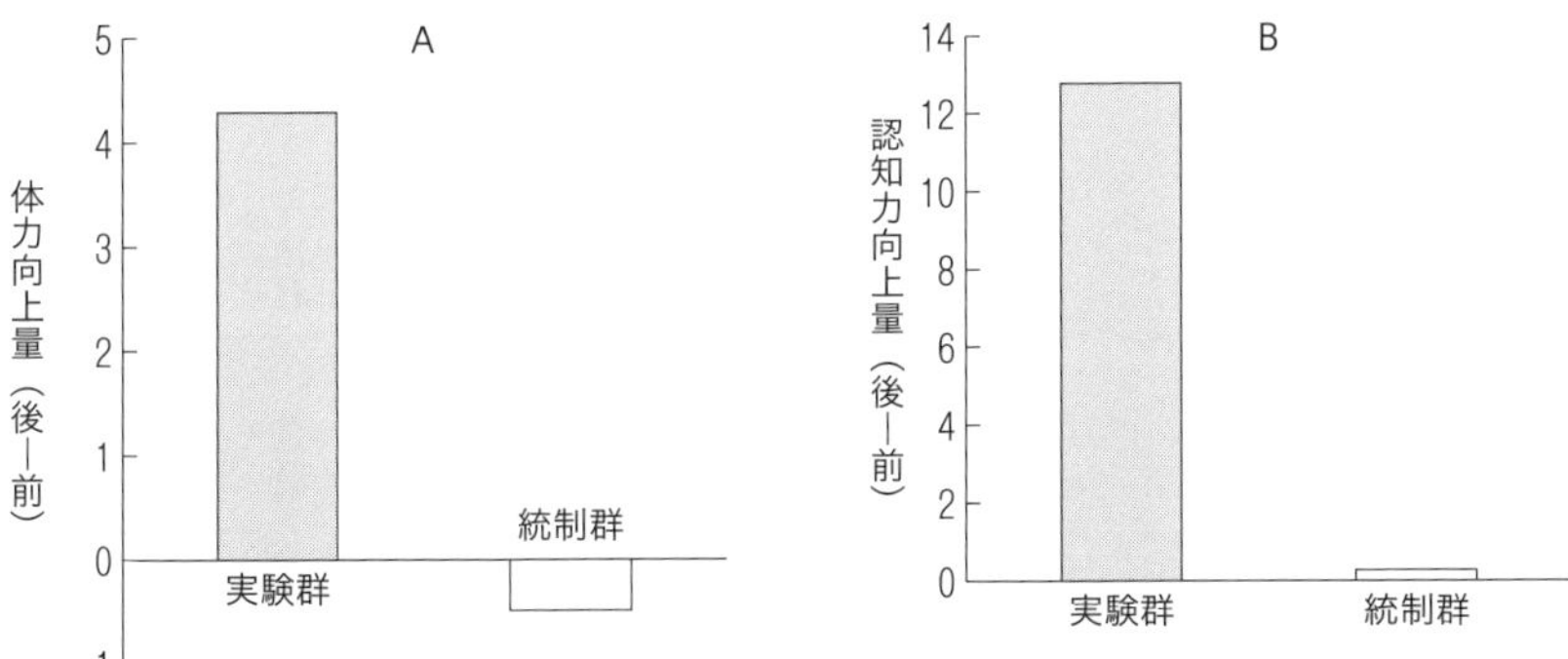

図４−９　(A) 訓練期間前後の体力差による，〈実験群〉と〈統制群〉の体力向上量，
(B) 訓練期前後の認知力の差による，〈実験群〉と〈統制群〉の認知力向上量
(Kamijo et al. 2011，Figure1 および Table 2より作成)

注：ただし，S1が３文字の場合の認知課題。

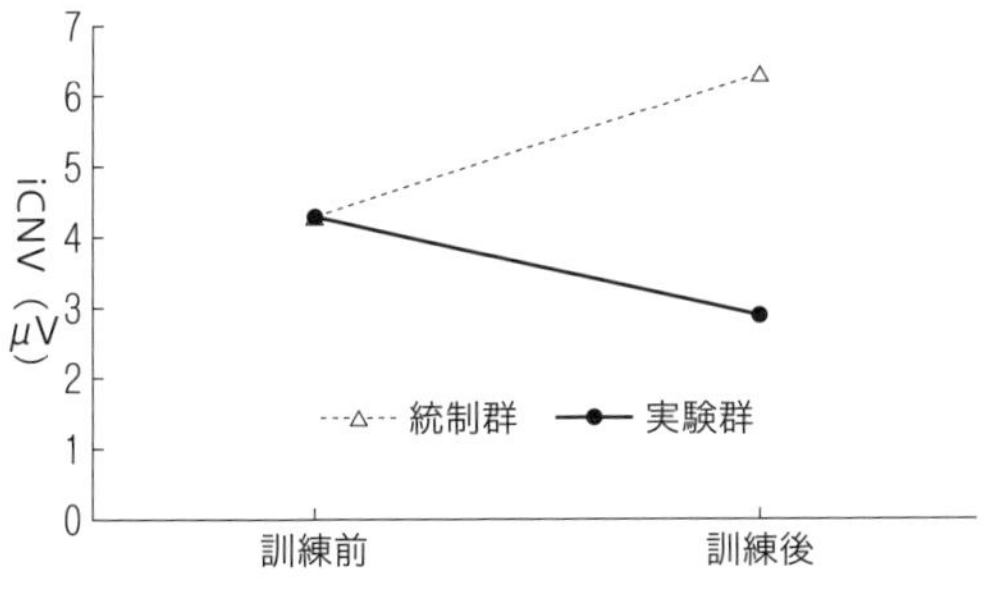

図４−10　認知課題中の脳波 iCNV の活動（Kamijo et al. 2011, Figure 4(a)に基づき作成）

1000 ms のCNV（図４−８のS1とS2の間の点線部分）は iCNV と呼ばれ、課題に関連した情報を積極的に維持しようとする努力を反映しており、マイナス値が高いほどこの努力が活発であることを意味しています。図４−10は、運動強化訓練前後の〈実験群〉と、〈統制群〉の iCNV 結果を示しています。訓練前には、両群間に差はありませんが、運動強化訓練を受けた〈実験群〉の訓練後の iCNV は、マイナス方向への変位（グラフ上では下方向への変位）が顕著です。なお iCNV は、通常、認知機能が発達した大人でのみみられるものですので、これは認知発達の指標といわれています。

このように運動強化訓練を受けた〈実験群〉は、同訓練を受けなかった〈統制群〉に比べて、S1を積極的に記憶しておこうと努力していることが脳の活動に表れています。これは、図4－9Bにみられた〈実験群〉の記憶作業における好成績が、運動強化による脳の認知機能の発達によるものであることを示しています。

運動機能と認知能力の関係を扱った以上の諸事実に関連して、次の引用が参考になります。「神経心理学的観点からすれば、運動発達と認知発達の間の密な関係は、小脳と前頭葉の同時活性化によって媒介されている。小脳は複雑かつ協調的運動にとって重要であり、前頭葉は、実行機能のような高次な認知機能にとって決定的に重要である」（Westendorp et al. 2014, p. 414）。なお実行機能については次の研究で説明します。

4　遊びと子どもの心的発達の関係

前の第3節で紹介した研究は、幼少時に体力・運動能力を鍛えると脳の発達が促進され、認知能力や学業スキルが向上することを示しました。しかしこれだけでは、戸外遊びの重要な要素である運動の効果を明らかにしただけで、本講の中心テーマである、遊びと子どもの発達の関係という観点からすれば十分とはいえません。次に紹介するペッツェラの研究は、自然の戸外遊びに含まれているできるだけ多くの要素を体育の授業に取り込み、それらの効果を、運動能力、学力、認知能力以外の側面にも広げて幅広くみようとしたものです。

ペッツェラの実験的研究：遊びの要素を含む体育授業の効果（2016）

この研究（Pesce et al. 2016）は、イタリア北西部のアルバという町の、8つの小学校に通う900人を超える5～10歳の子どもを対象に6ヶ月の期間をかけて行われた大規模なフィールド実験です。目的の第一は、体力向上のための通常の体育の授業に、遊びの要素を付け加えることが、子どもの実行機能（executive function）の発達を促進するかどうかを調べること，そして第二に，この効果は週末の自発的な戸外遊びの習慣によって増強されるかどうかを明らかにすることでした。なお実行機能とは，周囲からの誘惑を意識的に排除し，目標に向けて注意を集中させ，行動を制御し，目標を成し遂げる能力のことで，制止，認知の柔軟さ，注意，作業記憶，計画，問題解決などの諸過程を含むといわれるもので，この能力は，子どもにとって知能指数ＩＱよりも大切な能力ともいわれています。

対象児はいずれも週1回1時間の体育の授業を受けましたが，約半数の生徒は〈伝統的体育授業群〉に配置され，指導要綱どおり授業を普段の先生の指導のもとで受けました。残る約半数の〈〝豊富な〟体育授業（〝enriched〟physical education）群〉の子どもは，特別な専門教育を受けた先生と，その指導を受けた普段の先生によって指導されましたが，2つの群の運動量は同じになるように配慮されていました。

〝豊富な〟体育授業のプログラムは，各年齢に適した各6週間ずつ続く4つの教育モジュールから成っていました。これらは共通して，子どもたちが自然に行う戸外遊びの諸要素を含んでいて，解決に創意・工夫，我慢などが必要で，楽しい運動的な探索が求められるような問題解決課題で，全体として身体的健康，運動協調，認知，生活スキルの向上を目指すものでした。たとえば「鬼ごっこ」などは，激しい走り，環境の状況に応じた体の各部の協調，判断力，鬼と追われる役の2役の演じ分けなど，多様な能力が求められます。図4‐11は，伝統的な体育授業と，〝豊富な〟体育授業の特徴を対比させるために私がまとめたものですが，伝統的授業では，教育の内容はすべて先生によって決められるのに対して，〝豊富な〟体育授業では，できるだけ生徒を参加させ，生徒自身に問題の解決を求めるもので，遊びに含まれる要素が数多く組み込まれていました。

研究は広範囲で多岐にわたるため，ここでは結果が明確なものに絞って紹介します。

図4‐12Ａ，Ｂ，Ｃは，両群の6ヶ月の訓練期前後の3種類の運動協調力の結果を示していますが，いずれ

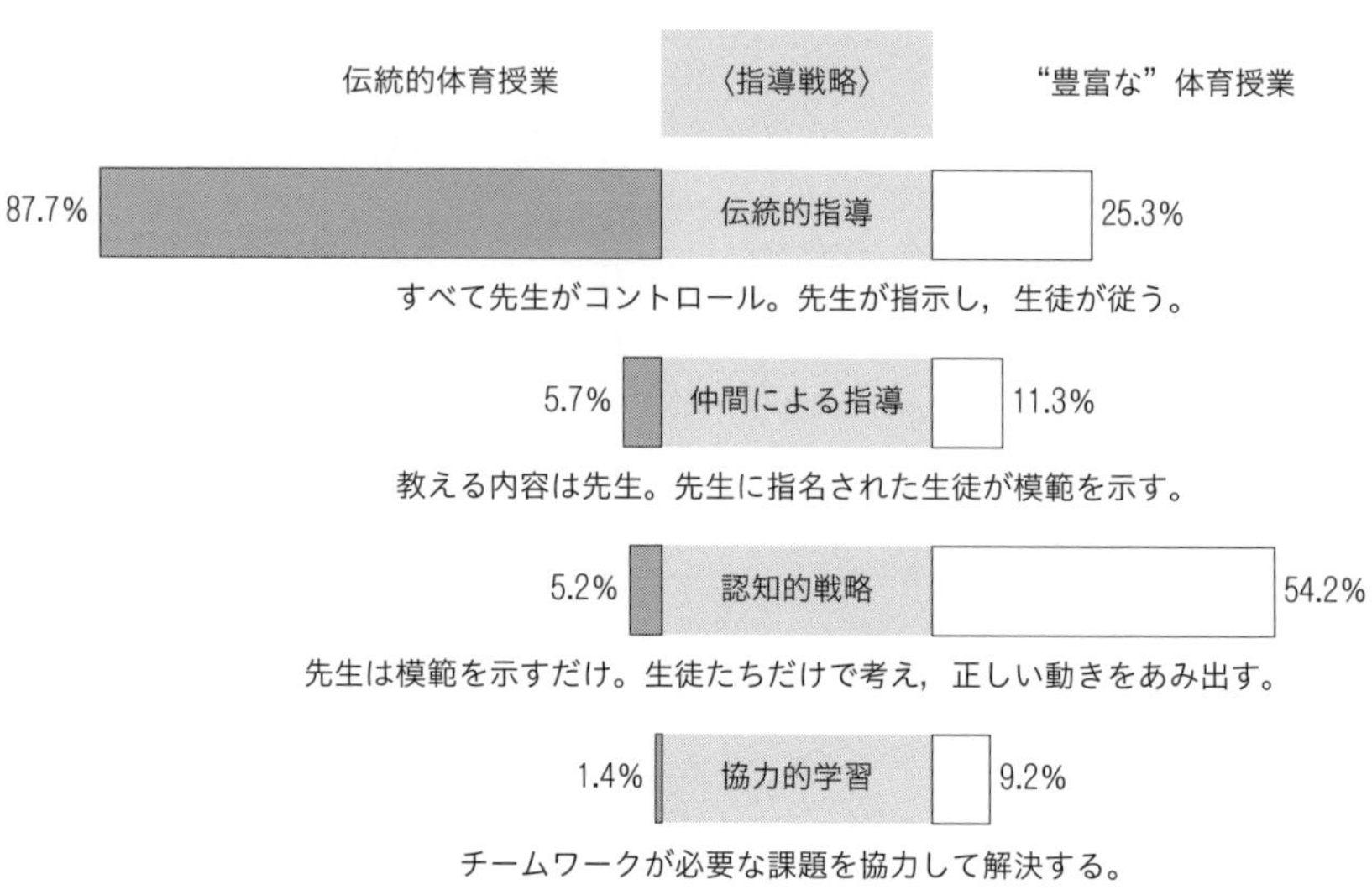

図４－11　伝統的体育授業と“豊富な”体育授業の特徴比較（Pesce et al. 2016）

注：左右への柱の長さは，各要素が含まれている割合である。

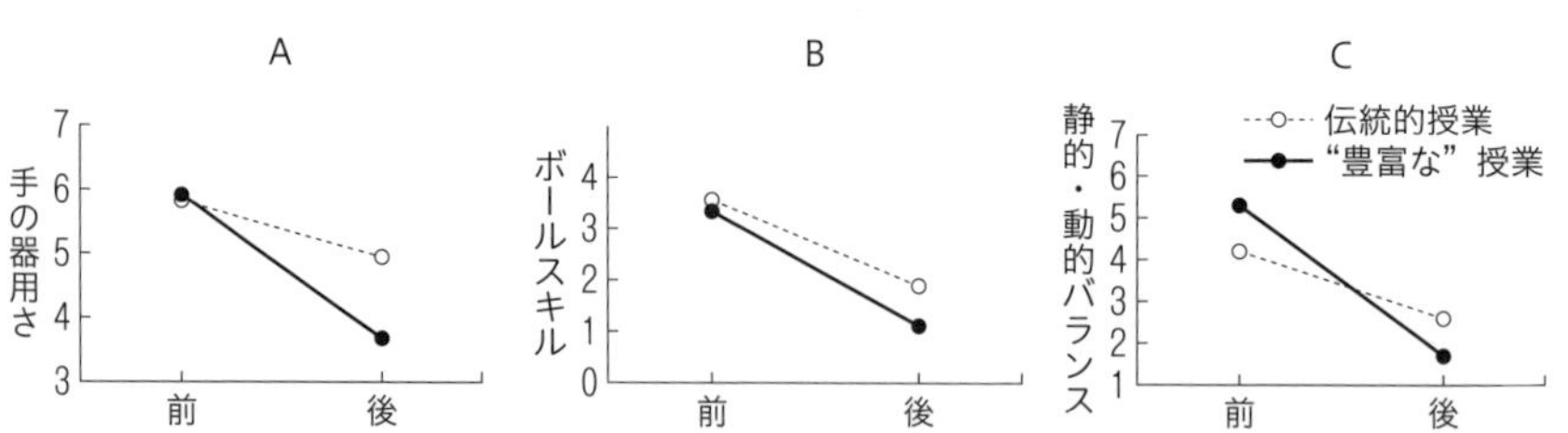

図４－12　２種の体育授業を６ヶ月受けた前後の運動協調力を示す。いずれも協調力の改善は数値の減少によってあらわされている（Pesce et al. 2016より作成）

のパネルでも小さい値ほど運動協調力が高いことを意味しています。これをみますと、６ヶ月の授業実施後の運動協調力は、手の器用さ（A）、ボールスキル（B）、バランス（C）のいずれにおいても〝豊富な〟体育授業が伝統的授業に有意に勝っていました。

他方、実行機能は、制止力、作業記憶、注意の３側面が測定されましたが、このうちで授業の種類の効果は、作業記憶と注意にはみられず、制止力においてのみ顕著でした。したがってここでは、制止力に関連する課題と指標のみを説明します。

制止力を調べるために用いられた課題は、1.5秒間隔のビートに合わせて、１～10の数字をできるだけランダムに10分間発生・発声しつづけるRNG課題と呼ばれる課題でした。なおこの場合の制止力というのは、われわれが通常もっている順唱・逆唱の習慣を抑えて、ランダムに数字を発生できる力のことで、ランダム性の指標としてはTPI、Adj、Runsの３種類が用いられました。たとえば逆転を意味するTPIは、子どもが９、７、２、５、６、８……と答えたとすると、２と５の間で逆唱が順唱に逆転しているので、これが多いと制止力は高いことになります。Adjとは、隣接した数字を唱える習慣のことで、たとえば７、８と４、３のような連続数字の発生が多いと制止力は低いことになります。Runsとは、連続数字群の長さのことで、１、２、３、４、のランは４であり、９、８、７のランは３です。ランが長いことは制止力が低いことを意味しています。

図４-13は、これらの３種類の指標を合計して求めた制止力の両群の結果を示しています。〝豊富な〟体育授業は伝統的な体育授業に比

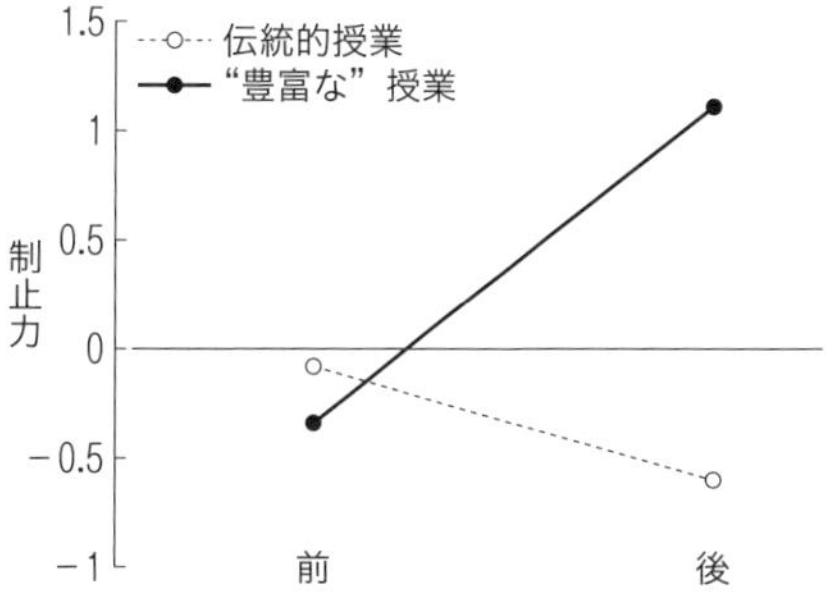

図４-13　２種の体育授業を６ヶ月受けた前後の制止力課題の結果（Pesce et al. 2016より作成）

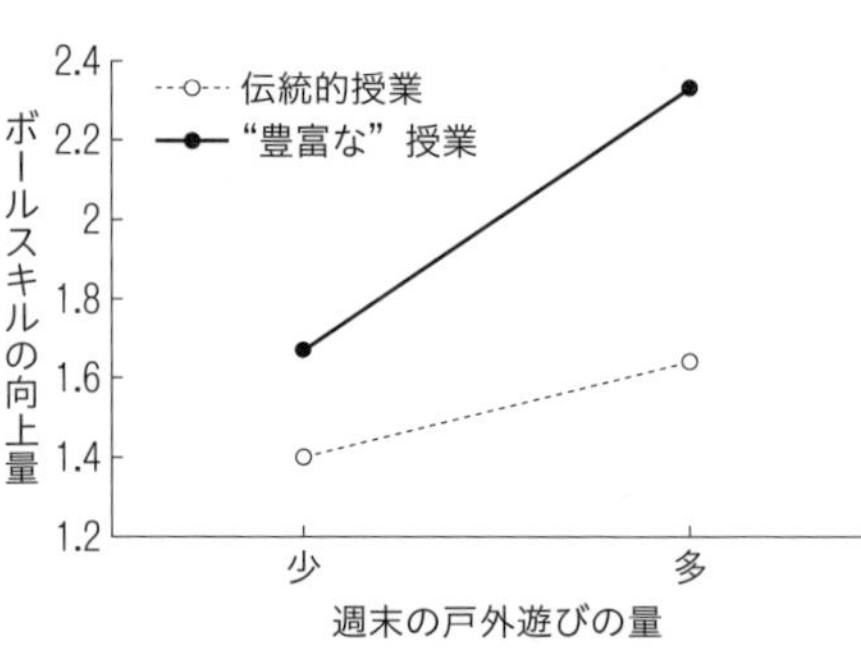

図4-14　子どもの週末の自発的戸外遊びの多さと，2種の授業のボールスキルの向上との関係を示す（Pesce et al. 2016より作成）

べて、顕著に制止力を向上させていることが見て取れます。

この実験の第二の目的は、〝豊富な〟体育授業の効果が、週末の自発的な戸外遊びによって増強されるのではないかという仮説を検証することにありました。自発的戸外遊びの程度は、母親による週末の子どもの観察結果に基づいて評定され、その結果によって、自発的戸外遊びの少ない子どもと、多い子どもに二分して結果をみました。

図4-14は、6ヶ月の授業前後のボールスキルの違いを向上量で示していますが、いずれの条件でも授業後にはボールスキルは向上していますが、〝豊富な〟体育授業を伝統的体育授業と比べると、その効果は週末に戸外遊びを多く行う子どもにおいて特に顕著にみられています。週末の戸外遊びの少ない子では、ボールスキルの向上量は授業法によって有意に違いませんでしたが、遊びの多い子では、右の黒丸と白丸の大きな差が示すように、〝豊富な〟体育授業を受けた子どもは伝統的授業を受けた子どもを有意に上回っていました。

他方、自発的遊びの実行機能への影響に関して、ペッツェらは特殊な因果分析法を用いて確かめていますが、その結果をこれまでの結果も含めてまとめますと、以下の2点に要約できます。

1. 〝豊富な〟体育授業の効果は、ボールスキルの向上を介してのみ制止力の向上に寄与した。
2. 〝豊富な〟体育授業のボールスキルの向上を通しての制止力への影響は、自発的戸外遊びの多い子どもにおいてのみ認められた。

以上のペッツェらの研究は、自然の遊びでなく、仕組まれた遊び（deliberate play）であっても、遊びの要素を体育授業に組み込むことによって運動協調力を向上させましたが、そのなかのボールスキルのみが、その向上を通して制止力の向上をもたらしたこと、しかしその向上促進効果も自由な遊び（free play）によって支えられた場合にのみ発揮されることを明らかにしました。ペッツェらも、「自発的な遊びの習慣は、仕組まれた遊びから受けた刺激が子どもの心の中に根を下ろすための自然の地盤を提供しているようである」（Pesce et al. 2016, p. 16）と述べています。なお、ボールスキルは学習障害児の問題解決能力を向上させる事実が、オランダの研究でも示されています（Westendorp et al. 2014）。

先のペッツェらの研究は、遊びの要素が多く含まれているとはいえ、まだ「仕組まれた遊び」であって、本物の「自由な遊び」ではありません。先に述べた遊びの定義に照らせば、自由な遊びの特徴は「自発性」と「予測不可能性」にあることを考えますと、遊びを実験的に操作すること自体が論理矛盾であり、それを試みたとたんに遊びは本物の遊びでなくなってしまいます。そのような難しい問題があるため、自由遊びが発達に与える効果に関する実験的研究は多いとはいえません。次にその数少ない研究のなかからホワイトブレッドらの研究（Whitebread et al. 2009）を紹介しますが、これは今まで紹介した諸実験のように、グラフで結果を示し得るようなクリアなものではありません。また遊びも、運動を伴う戸外遊びではなく、室内での「ごっこ遊び」です。

ホワイトブレッドらの研究：自発性の重要性（2009）

この研究論文の理解のためには少し前置きが必要になります。

ホワイトブレッドら（Whitebread et al. 2009）は、そもそも子どもは遊びのなかで何を学習しているのかという問いかけからこの論文を始めています。心理学における学習研究は、古くは条件反応のような行動の学習や、知識の獲得、あるいはスキルの学習などが中心でしたが、近年の学習研究は、今直面している課題にうまく合うように知識や行動を選び、調整し、計画し、モニターし、評価するような、つまり個々の行動や知識よりも一段高いレベルの高次な認知機能（メタ認知）の獲得に焦点が移ってきました。そしてホワイトブレッドらは、人の長い幼児期において遊びを通して身に着ける大切なものは、個々の知識、行動、スキルというよりも、何に着目し、どう計画を立て、どのように問題を解けばよいのかというような高次の認知スキル、あるいは思考の柔軟性であり、これによって自己を制御（self-regulation）（自分で自分を俯瞰し監督する）できるようになるという考えに立っています。

著者たちは論文のなかで、長年鉄のカーテンのなかにあり、また37歳の若さで亡くなったために長く注目されていなかった夭折のロシアの心理学者ヴィゴツキー（Lev S. Vygotsky, 1896-1934）の理論を重要視し、遊びの果たす2つの役割に言及しています。第一に、ヴィゴツキーは、子どもは常に自分の身の丈にあった目標を立てるので、子どもは自発的に始めた遊びをしている間は、自らの学習を完全に自分のコントロール下においていることになります。したがって子どもは遊びを通して、自らの学習の自己制御感、自己コントロール感を発達させると考えます。第二に、遊び（特にごっこ遊び）は、人にとって大切な象徴的表象過程が開拓される最初の媒体だと考えています。象徴的表象というのは、あるものを別のもので代表させる過程ですから、人をイマ・ココの現実から解放し、想像の世界に生きることを可能にするので、大人への第一歩となります。たとえばごっこ遊びでは、子どもの想像力によって石ころがお金になったり、棒切れが刀になるように、現実にない物を別のもので代表させています。したがって子どもは遊びを通して培われるこのような初歩の象徴的表象過程という知的武器をもっていれば、後の問題解決、創造的活動を展開することができるし、逆にそれがないと、問題解決の力や創造性が損なわれることになるといいます。またごっこ遊びの今一つの特徴は独り言ですが、子どもは独り言によって自分の考えていることを言葉で表すことを学び、またそれによって自分の活動をコントロールすることを学習します。

これだけの予備知識をもって、ホワイトブレッドらが行った実験を２つみてみましょう。

実験１：実験協力者は、イギリスの私立小学校の１、２年生（５～７歳）の35人で、ＩＱの平均が１３１という非常に優秀な子どもたちでした。これは遊びの効果は、能力の高い子には効果的でないという一般の考えにあえて逆らっての選択でした。

図４－15　Storysacks という物語セットの一例

注：物語に用いられた絵本と，物語に登場するキャラクター（ぬいぐるみ）などが袋詰めされている。

実験課題では、まず子どもたちは10～15人のグループで、各年齢に適した絵本の話を３つ読んで聞かされました。その後に子どもたちは、遊び、教示、統制の３群に分けられ、それぞれの条件に10分間おかれました。〈遊び群〉の子どもたちは５人一組で10分間、第一段階で聞いた物語中に出てきたキャラクターのぬいぐるみ（図４-15参照）で自由に遊ぶことが許され、大人は一切介入しませんでした。〈教示群〉の子どもは、先生が子どもたちと10分間、キャラクターのぬいぐるみを用いて、どのような新しい物語が考えられるかなどについて話し合いましたが、子どもたちはぬいぐるみに触ることは許されませんでした。〈統制群〉の子どもたちは、名前付きのキャラクターのぬいぐるみの写真をみせられるだけで、先生はそれ以上何もしませんでした。

そして最後に子どもたちは、聞いた話とは異なる内容の話を、先に聞いた物語のなかに出てきたキャラクターを1つあるいは複数使って創作し、文章および口頭で報告させられました。

結果は、①物語を書くのに要した時間（長さ）、②物語に含まれている語数（多さ）、③（同年齢の教育水準に照らしての）物語の質（高さ）、④元の物語との重複度（少なさ）によって分析されました。なお括弧内は、たとえば①物語を書くのに要した時間は、長い方が物語の創造性は高い、あるいは④元の物語との重複度は、少ないほど物語の創造性が高いということを意味しています。結果を要約しますと、〈教示群〉が書いた内容は〈統制群〉に比べて多様でしたが、先に先生と話し合った内容を再生する傾向が強く、創造性がなく、物語の質も低く、物語書きに費やした時間は3群間で最短でした。それに対して〈遊び群〉の子どもが書いた物語は多様であったのみならず、内容的にいろいろな創意工夫がみられ、新奇性があり、物語の質も3群間で最高で、高い創造性を示しました。なお物語を記述させた後に口頭で語らせた場合には、〈遊び群〉の子どもたちは他の2群に比べて自信をもって物語ったのみでなく、担当教師の観察によると、普段のクラスでの活動に比べても自信に満ちていたといいます。著者たちは、たった10分の自由遊びが、書く物語の創造性と、口頭での語りの自信を高めた事実が教育の場でもつ意味あいを強調しています（Whitebread et al. 2015）。

実験2：実験2では、〈遊び条件〉と〈教示条件〉に配置された3～4歳児が、後の課題で創造性に違いをみせるかどうかを確かめました。用いられた課題は、マグネット・ピースを用いた拡散（開放）課題と収斂（閉鎖）課題といわれるもので、閉鎖課題は一種のはめ絵のような課題で、絵の欠けたところに正しいピースをはめ込む課題で、正解は一つしかありませんでした。開放課題は、いろんな色や形をしたピースを自由に用いて好きな形を造形する課題で、決まった正解があるわけではありませんでした。

16名の幼児は、まず〈遊び群〉と〈教示群〉に2分割され、前者は、マグネット・ピースで自由に5分間遊ぶことが許され、後者は、実験者と一緒に形や色の同じピースをマッチさせる練習をしました。次に閉鎖課題あるいは開放課題が与えられましたが、閉鎖課題では、正しくはめたピースの数と所要時間が、開放課題では絵を完成させるまでの時間、独創性、用いたピースの数などが測られました。また両課題とも子どもの課題への熱中度も測定されました。

結果は次の4点にまとめることができます。

1. 開放課題では、〈遊び群〉は〈教示群〉よりも長く課題に取り組み、
2. 開放課題での独創性は、〈遊び群〉が〈教示群〉に勝り、
3. 開放課題での熱中度も、〈遊び群〉が〈教示群〉より高く、
4. 閉鎖課題の正答数は、〈教示群〉が〈遊び群〉に勝っていました。

つまり、〈遊び群〉では、正解が一つと決まっていない自由な開放課題で、課題に長く熱中し、作品の質も高かったわけです。

著者たちは以上の研究から、「これは小さな研究に過ぎないが、遊びの経験は、明らかに高次のメタ認知（注：120頁参照）や自己制御が必要な、努力を伴う問題解決や創造的課題に向けて子どもを準備させるのに特に効果的であった」（Whitebread et al. 2009, p. 50）と述べています。

なお、遊びのような自発性を特徴とする行動に報酬を与えるなど、大人が介入すると、自発性が損なわれ、子どものヤル気を失わせるアンダーマイニング現象が実験心理学の世界では知られています。これについては第8講で詳しくお話しします。好きでやっているものに報酬が与えられると、遊びが仕事になってしまうのです。

5　遊びと子どもの社会的能力の関係

これまでは、遊びと子どもの知的活動の関係に注目してきましたが、最後に遊びと子どもの社会的適応能力の関係に注目します。

動物の仔が激しくじゃれ合い、取っ組み合い、時には噛みつきあって遊んでいる姿は、身近な子イヌや子ネコでも、テレビでもお馴染みです。これは格闘遊び（ラフ・アンド・タンブル・プレイ、rough-and-tumble play）、あるいは喧嘩遊び（play fighting）と呼ばれ、成長してから必要になる様々な能力の下地になると考えられることが多い現象です。動物の格闘遊びの意味についても、またそれと人の子の遊びとの関連についても議論があるようですが、格闘遊びは人間の子どもの身体活動遊びの一つのタイプとみなされており（Smith et al. 2005）、子どもの社会的能力（social competence）の発達との関係が近年注目されています（Flanders et al. 2013; Fry 2005）。そこで次に新しい研究とはいえませんが、ペレグリーニの研究を紹介します。

ペレグリーニの研究（1988）

子どもの格闘遊びは、相撲のような取っ組み合い・摑み合い、レスリングのような転げまわり、追っかけたり追われたり、押したり押されたりするような激しい行動のことで、喧嘩に似ていますがあくまで遊びです。本物の喧嘩と違って、仲良し同士がお互い手加減をしながら行う均しく楽しみあう〝50：50法則〟が支配する遊びで、勝ち負けがあるわけではなく、役割交替があります。あるイギリスの研究によりますと、この種の遊びは、7～11歳の子どもの校庭での遊びの約10％を占め、7歳頃をピークとして、特に男の子によくみられる遊びだといいます（Humphreys & Smith 1987）。

ひとつ間違えると本物の喧嘩になるリスクをはらんでいるこの格闘遊びがうまくできるためには、ある程度の社会的能力が求められます。ですからこれができる子は仲間に好感をもたれるでしょうし、それができない子の好感度は低いと考えられます。この仮説に立ってペレグリーニ（Pellegrini 1988）はアメリカの小学校低学年児（就学前児〜4年生）の休み時間の運動場での行動を長期にわたって観察し、5秒刻みで喧嘩遊び、攻撃行動、ルールのある遊びなどを記録し、それぞれの生起頻度、ある行動から他の行動への移行確率などを、好感をもたれている子どもと好感をもたれていない子ども別に算出し、同時に社会的能力との関係を調べました。

まず喧嘩遊びの頻度を好感度別にみますと、好感度の高い子は8.6%、低い子は7.6%と、あまり違いませんでした。しかし喧嘩遊びから攻撃行動への移行率は、好感度の高い子がわずか0.1%であったのに対して、低好感度の子どもの場合は28%と高率でした。次に社会的能力を、喧嘩遊びからルールのあるゲームへ移行した頻度でみますと、高好感度児の頻度は低好感度児の約2倍（273：135）でした。

さらに社会的能力を、困難な社会的場面で子どもが思いつく問題解決策の数で測った場合、それと喧嘩遊びの頻度との相関関係は、高好感度児の場合にのみ正の有意な関係が認められました（r=.56）。つまり喧嘩遊びが多い子ほど、困った場面の解決策を数多く柔軟に提案できたわけです。

次に社会的能力と、担当教師が下した各児童の反社会性評定との相関関係をみたところ、低好感度児においては喧嘩遊びの頻度が高いほど反社会的傾向が強かったのに対して（r=.47）、高好感度児では喧嘩遊びが多い子ほど反社会的でないという逆相関がみられました（r=-.30）。

ペレグリーニは後の研究（Pellegrini 1991）で先の事実を再度確認し、さらに喧嘩遊びから、高好感度児の1年後の社会的能力を予測できることも明らかにしています。

なお、格闘遊びと社会的能力の関係についての議論はスミス（Smith 1989）や最近のフランダースら（Flanders et al. 2013）の論文に詳しく取り上げられています。また日本でも『脳をきたえる「じゃれつき遊び」』（正木ほか 2004）という書物も出版されています。

父親との格闘遊び

実は子どもたちが格闘遊びを経験するのは仲間同士が最初ではありません。それに先立って親子間の家庭内での格闘遊びがあります。子をもつ父親であれば、畳の上で子どもと取っ組み合って遊んだ覚えがあるでしょう。これが格闘遊びです。そして、父親の育児参加が進む今日、父親と子どもの間の格闘遊びのあり方が、子どもの攻撃性の制御能力に影響を及ぼす事実が注目されるようになっています（Flanders et al. 2013；Paquette 2004, pp. 208-211）。そこで最後に、父子間の格闘遊びの意味に注目することにします。

カナダのフランダースら（Flanders et al. 2009）は、親子の格闘遊びが最も多く起こるといわれる2歳から6歳（平均3.8歳）の子ども（男43人、女42人）と、その父親の85組を対象に、子どもの攻撃性と父子の格闘遊びの頻度との関係、またこれと、父親による遊びの支配度との関係を明らかにしようとしました。彼らは、父子が格闘遊びをしているときに、遊びの主導権を父子のどちらにどの程度あるかを、各家庭で父子が遊び道具のない部屋で自然に遊んでいる姿を7分間記録・観察し、10秒単位で父親が遊びをコントロールしている程度（支配度）を5段階で評定しました。また父親に対しては質問紙によって、子どもとどれほどよく遊ぶか、格闘遊び（喧嘩遊び）をどれほどするかを、それぞれ5段階評定させ、同時に過去2年間を振り返って、子どもの身体的な攻撃性（他人を蹴飛ばす、他人を殴る、突き飛ばすなど）の程度を3段階で評定させました。

77組の有効データの結果を要約しますと、①格闘遊びは、父―男児間で父―女児間よりも有意に多く起こりました。②子どもの攻撃性に関わる要因としては、次の３つが有意でした。第一に、父親が子どもと遊ぶ時間が長いほど子どもの攻撃性が有意に低いこと、第二に、父親が遊びの主導権をもち、遊びをコントロールしている程度が高いほど、子どもの攻撃性が有意に低いこと、第三に、格闘遊びの頻度と父親の遊びの支配度の間には有意な交互作用効果があったこと。つまり父親の遊びの支配度が高い場合には、高い頻度の格闘遊びは子どもの攻撃性の低さに結びついていましたが、父親が子どもに甘く、子どもが遊びを好きに支配しているほど、高頻度の格闘遊びは子どもの高い攻撃性と結びつくことが明らかにされました。この関係は**図４－16**に見て取れるでしょう。ここには、父親の遊びの支配度が中程度の場合も含まれていますが、中支配の場合には格闘遊びの頻度（横軸）と子どもの攻撃性（縦軸）には関係がみられていません。

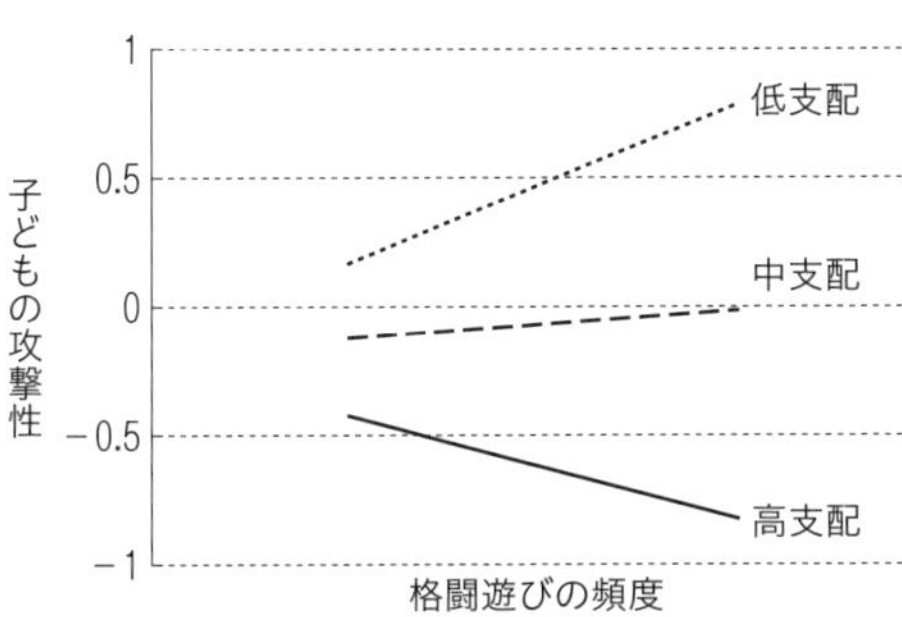

図４－16　父親による遊びの支配度の違いによって，格闘遊びの頻度と子どもの攻撃性の関係が異なることを示す（Flanders et al. 2009, Fig. 1に基づき作成）

このように、就学前の子どもと父親の関係のあり方が、子どもの攻撃性の制御能力に影響し、子どもの社会性の発達に影響する可能性をフランダースらは明らかにしました。つまり本来楽しいはずの格闘遊びが、子どもの度を超えた激しい行動で壊されないように父親がしっかりコントロールできることの重要性を、このデータは示唆しています。

フランダースらはさらに後の研究（Flanders et al. 2010）で、先の研究で対象になった子どものうち34人（男児19人、女児15人）を用いて、父親による子どもの遊びのコントロールが５年後（子どもの平均年齢8.4歳）の子どもの攻撃性にどう影響したか、さらに、攻撃性に加えて子どもの情動制御力にも注目しました。なお子どもの情動制御力のデータは、子どもが場面にどれほど適当な情動表出をしているか、他人にどれほど共感的か、自分の情動をどれほど的確に把握しているかなどが含まれ、それらについて尋ねた情動制御チェックリストに対する父親の回答に基づいて関連性をみました。

5年後の結果の要点をまとめたものが図4-17と図4-18です。ただ、子どもの攻撃性は年齢とともに自然に低下するので、2時点での比較にあたっては、その点が考慮されています。

図4-17、4-18にみられるように、就学前に子どもの遊びを十分にコントロールできていない父親の子の場合（低支配）は、父子の格闘遊びが高頻度で起こるほど（横軸）、5年後の子どもの攻撃性が高く、また情動制御力が低い結果でした。しかし遊びを父親が支配できていた場合（高支配）には、格闘遊びの頻度が高くて

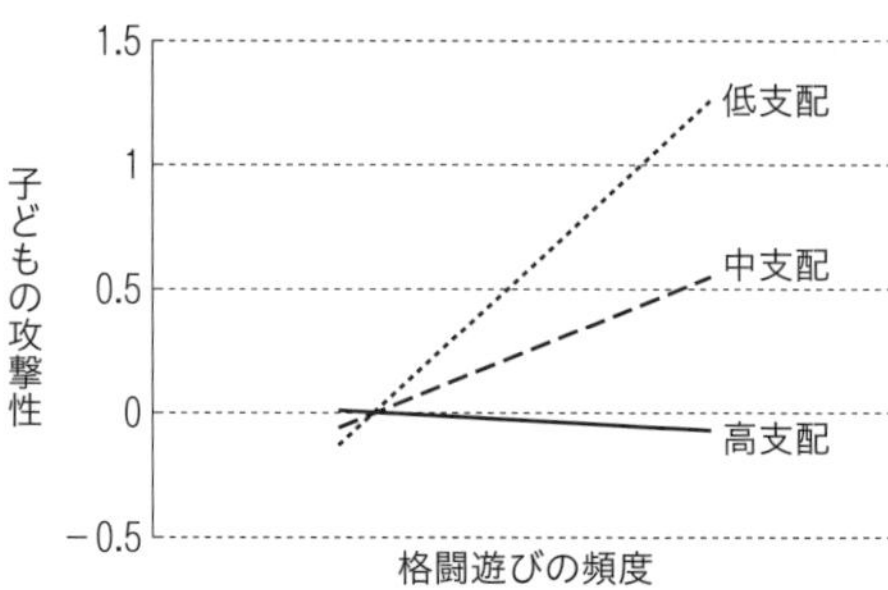

図4-17　就学前児の父子格闘遊びの頻度と5年後の子どもの身体的攻撃性の関係は，父親による遊びの支配度によって異なることを示す（Flanders et al. 2010, Fig. 1に基づき作成）

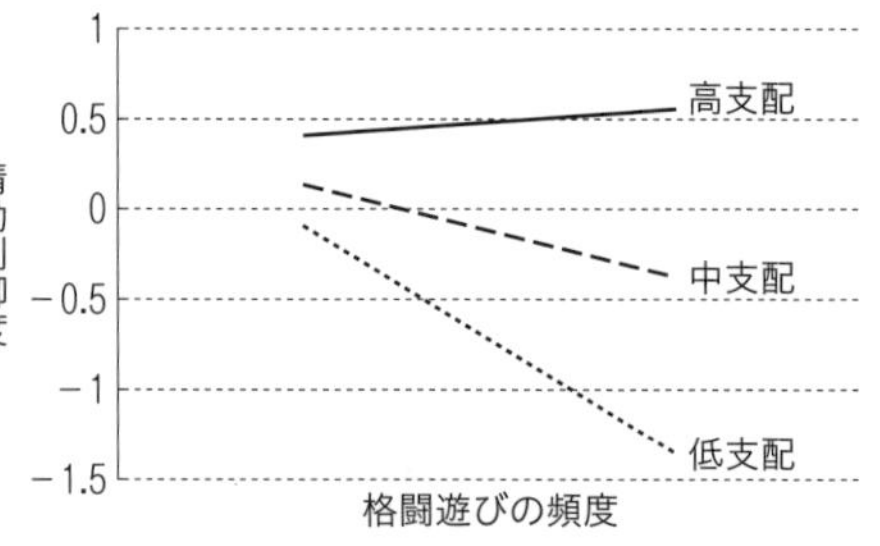

図4-18　就学前児の父子格闘遊びの頻度と5年後の子どもの情動制御力の関係は，父親による遊びの支配度によって異なることを示す（Flanders et al. 2010, Fig. 2に基づき作成）

も、５年後の子どもの攻撃行動と情動制御力は、５年前と同様、望ましい水準のものでした。

このようにフランダースらの研究は、就学前の父子の格闘遊びのあり方が、子どもの将来の心理社会的適応に影響を及ぼすことを明らかにしています。

6　おわりに

本講では、「よく学び、よく遊べ」のことわざのもと、子どもの成長にとっての「遊び」の重要性について、多方面からの研究に基づいて検討しました。私たち社会的動物は、生まれながらにして感覚器官、運動器官、思考器官などを、仲間と交わりながら自発的に動かす（＝遊び）ことで健全性が保てる存在です。ですから遊びはいわば本能なのです。しかし近年、「遊びなき時代の危機」が叫ばれています。世界的に子どもの戸外遊びの時間が減少し、それが体力・運動能力の低下を招き、ひいては認知能力や学力の低下を招くことが示されました。一方体育の授業に遊びの要素を多く取り込み、それが自発的遊びによって支えられるほど、自己制御力のような実行機能が向上する事実も示されました。さらに「ごっこ遊び」のような身体運動を伴わない遊びによっても、子どもに創造性が向上することや、逆に激しい取っ組み合いのような「喧嘩遊び」が社会的能力の発達を促す事実も見ました。しかし遊びの特徴は、自発性と予測不可能性にあるために、遊びに実験的操作を加えたとたんに、遊びは遊びでなくなるという難しさがあります。遊びに関する研究の近年の重要性は、２００８年にはアメリカで、２０１２年にはイギリスで遊びに関する２つの学術専門誌が発刊されるようになったことにも表れています。

動機づけは強ければよいか？
──「過ぎたるは猶及ばざるが如し」

動機づけの心理学・行動心理学

中島定彦

【故事俗信ことわざ大辞典（第2版）】度が過ぎたものは、足りないものと同様によくない。不十分なのも困るが、過剰なものには弊害があり、物事にはほどよさが大切である。（小学館）

「万事中庸」（Moderation in all things）というように、何ごとにも「適度」というものがあります。食べないと死んでしまいますが、食べすぎは身体によくありません。薬も飲みすぎると毒です。無口な友人は会話相手に適しませんが、一方的におしゃべりな友人にも困ります。親切も度を過ぎるとお節介です。

さて、動機づけについてはどうでしょう。米国の新行動主義心理学者ハル（Clark L. Hull, 1884-1952）は、行動の強さはおもに習慣（habit, H）の強さと動機づけ（drive, D）の強さの掛け算（H×D）で決まるとしました（Hull 1943）。つまり、習慣（習得した知識や技術）が同じなら、動機づけが強ければ強いほど行動成績はよい、ということです。たとえば、セールスマンのやる気は契約数に好影響を及ぼすでしょうし、ボクサーは戦意が高いほど勝利をおさめやすいでしょう。しかし、動機づけについても「過ぎたるは猶及ばざるが如し」はあてはまります。スポーツの試合や、発表会での楽器演奏、筆記試験などでは、動機づけが強すぎて過度に興奮したり、緊張が高くなると、失敗しやすくなります。興奮や緊張は神経系の覚醒ですから、興奮や緊張の程度は覚醒のレベルとして表現できます（Hebb 1955）。**表1**は、様々なスポーツ競技について、最もよい成績を生む覚醒のレベル（最適覚醒水準、optimal arousal level）を示したものです。

この表から、繊細な技能を必要とする競技ほど最適覚醒水準は低いことがうかがえます。スポーツに限らず、複雑で困難な課題ほど最適覚醒水準は低いものです。これを発見者の名前からヤーキズ＝ダッドソンの法則（Yerkes-Dodson's law）といいます。実は、この法則はマウスの学習実験（Yerkes & Dodson 1908）で発見されたものです。マウスには暗がりを好む生得的傾向があって、暗い場所と明るい場所のどちらかを選ばせると暗い場所を選びます。しかし、暗い場所で電撃が与えられると、そのうち明るい場所を選ぶようになります。この学習は明暗の違いが大きいほど容易でした（少ない訓練回数で学習基準に達しました）。これは常識的にもわかる話です。さらに彼らは、電

表１　スポーツ競技の最適覚醒水準（Oxendine 1970より作成）

覚醒水準	スポーツ競技
5	アメフト（ブロック，タックル），背筋力・握力テスト，200ｍ走，400ｍ走，腹筋運動，腕立て伏せ，懸垂，重量挙げ
4	走り幅跳び，100ｍ走，長距離走，砲丸投げ，競泳，レスリング，柔道
3	バスケットボール，ボクシング，走り高跳び，体操，サッカー
2	野球（投手，打者），飛び込み競技，フェンシング，アメフト（クォーターバック），テニス
1	アーチェリー，ボウリング，バスケットボール（フリースロー），アメフト（フィールドゴール），ゴルフ（パット，ショートアイアン），フィギュア（規定演技）

撃の強度をいろいろと変えて、その影響を調べています。それによると、明暗の違いが大きい低難度課題では、用いた電撃強度の範囲内では強度が大きいほど好成績でしたが、中難度課題では中程度の電撃強度（彼らの装置で３１５）で最も成績がよいという結果でした。高難度課題で最適の電撃強度はさらに低く１９５でした。電撃が喚起する動機づけの強さを覚醒水準とみれば、課題が困難なほど最適覚醒水準は低いといえます。

ヤーキズ＝ダッドソンの法則は、動機づけと成績に関する一般法則として、多くの心理学教科書において逆U字型曲線のグラフ（横軸は動機づけの強さ、縦軸は成績）で紹介されています。しかし、汎用性が高い（様々な場面に適用できる）ため無節操に使われすぎているとの指摘もあります（Teigen 1994）。また、適度な動機づけがあるほうがよいという主張が労働現場に導入されることで、職場ストレスを増やす原因になってきたとの批判もあります（Corbett 2015）。この法則の適用についても、「過ぎたるは猶及ばざるが如し」だといえます。

第5講

心は体にどれほど影響力をもつか？

——「鰯の頭も信心から」

【故事俗信ことわざ大辞典（第二版）】鰯の頭のように他人からみるとつまらないものでも、これを信仰する人にとっては大切なもので、信心しだいで不思議な力も持つ。（小学館）

【岩波ことわざ辞典】（1）どんな粗末でつまらないものでも、信心の対象となればありがたく思われること。（2）信仰心のためにつまらないものを頑固に信じる人を揶揄する意。（岩波書店）

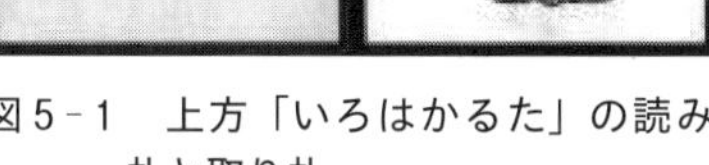

図5-1　上方「いろはかるた」の読み札と取り札

注：昔，節分の夜に鰯の頭を柊の枝に刺して門口に飾っておくと，邪鬼を追い払うといわれたことからできた言葉。

はじめに

私の大学院時代のことです。某研究室の助手のM氏が、ある日私たちの動物実験室に訪ねてきました。「風邪を引いた」と元気がありません。そこで、実験用白ネズミの固形飼料の錠剤を「これよく効くよ」と言って〝処方〟したところ、彼はそれを信じて飲んだようで、翌日「あれ、よう効いた」とお礼にやって来ました。

このように、効くはずがない物や処置が効果を発揮する現象を、プ

A

B

図5－2　(A) ルルドの洞窟と訪問者, (B)「ルルドの泉」の水を入れたお土産品（AはCarrel 1973の訳本から。Bは筆者撮影）

ラシーボ効果（placebo effect）といいます。母親が痛がる子どもの痛部に手を置いて、「痛いの、痛いの、飛んで行け！」とおまじないをすると、子どもがケロリと機嫌をなおすのもプラシーボ効果でしょう。本講は、「鰯の頭も信心から」（図5－1）のことわざのもとで、このプラシーボ効果というきわめて心理的な現象を問題にします。

まず、よく知られた「ルルドの泉の奇跡」の紹介をしましょう。1858年のことです。フランスの南西部、スペインとの国境に近いルルドという村に住む貧しい少女が、村はずれの洞窟で聖母マリアを見たということから話が始まりました。この14歳のベルナデッド・スビルーが、聖母マリアの言葉にしたがって洞窟の土を手で掘ると、そこから泉が湧き出し、その泉には病気を癒す力があるという評判が広がりました（図5－2A、B参照）。そしてここに、多くの巡礼者が集まるようになり、今日では毎年500万人が世界各地からルルドを訪れるようになりました。1862年以来、この泉で病気が治ったと自己申告した人は6700人にのぼり（広瀬 2001）、その結果、ルルドという小村のホテルの数は、フランスではパリ、ニースに次ぐということです。

カトリック教会は、ルルドの奇跡が神の恩寵によるものであることを示し、にせものを排除するために、厳しい科学的検査を行った結果、

１９６０年から２０００年までの40年間に正式に奇跡と認定されたのはわずか４人に絞られました（広瀬 2001, pp. 191-192）。しかし、４人とはいえ、信仰の力で病が克服されたことが科学によって証明されたことになります。

1　プラシーボ効果の基礎知識

プラシーボ効果に関する具体的実証的研究をみる前に、まずプラシーボ効果に関する基礎知識をまとめておきます。

1．『日本語大辞典』（講談社）には、「プラシーボ［placebo］《ラテン語で、あなたをなぐさめてあげます、の意》治療や試験に用いるが、薬理活性のない物質。気休めの薬。偽薬。プラセボ。」とあります。しかし実際には、物質や薬に限らず、施す処置によって、プラシーボ薬、プラシーボ注射、プラシーボ手術、そして気休めの言葉や態度がプラシーボの働きをもつ場合もあります。

2．「溺れる者は藁をも摑む」というように、病気や痛みなどに苦しむ者は、どんなものにでもすがろうとするのが常です。したがって太古の昔から、この苦痛に応えて祈祷、呪術、科学的根拠のない薬物や手術など、様々な民間療法が近代的医学の誕生以前にあり、定着してきました。そしてこの定着してきた事実そのものがプラシーボ効果の証明ともいえます。こう考えますと、近代医学の治療のなかにもプラシーボ効果が含まれていても不思議はありません。「一般に行われている現代の医療のうち、効果があると科学的に立証できるのは20％にすぎない」という記述すらみられます（Brown, 1998、訳本 p. 36）

3．したがって今日プラシーボ効果は次のように定義されています。「プラシーボ効果とは、処置が有効であるという期待から生ずる、測定可能な心理的、生物的、行動的変化のことである」（Geers ほか 2018, p. 4）。この定義であれば、実薬（実処理）に伴うプラシーボ効果も含めることができます。

4．プラシーボ効果に関わる古い記述はすでに16世紀にみられます。たとえばフランスの哲学者モンテーニュは、その『随想録』（1580）のなかで、「人はいつもあらかじめ心の用意を求めるのだ。何のために医師たちはあのように、すぐにも治してやるような嘘をつき、前もって患者たちの信頼を得ようとするのかというと、それは想像の力によって彼らの煎じ薬の無効を補強するために他ならない」と述べています。また17世紀のフランスの剣術家、作家、哲学者、理学者といわれるシラノ・ド・ベルジュラックも「……想像力には病気を治す力がある。薬も、想像力がないと役に立たん。だから医者を選ばんといかん。……」という言葉を残しています。（以上、広瀬 2001, pp. 143-144より）

5．科学の世界でプラシーボ効果が取り上げられるようになったのは１９５０年代に入ってからのことです。この時代になって、薬の効果を確かめるために、薬効が期待される試験薬（実薬）と、外見は試験薬と見分けがつかない薬効のない不活性物質（たとえば小麦粉や砂糖）を含むプラシーボ（偽薬）を比較する臨床試験が数多く行われるようになりました。それに伴って効果があるはずがないプラシーボにも効果があるという不思議に直面することになり、これが科学者の関心を掻き立てるようになりました。この動きに火をつけた画期的な論文が、１９５５年のアメリカのビーチャーによる「強力なプラシーボ（Powerful placebo）」でした（Beecher 1955）。論文の趣旨は、約三分の一の患者がプラシーボでよくなるというものです。

6．しかし効果がないはずの薬や処置を、効果があるかのように施すことは、患者や実験参加者をだますことになるので、それに伴う倫理的問題は避けられません。一方、一切副作用がない処置に効果があるならば、理屈のうえではこれほど望ましいことはありません。根拠に基づいたエビデンス・ベースの医療と十分な説明を行うインフォームド・コンセントが求められる今日、悩ましい問題といえるでしょう。

7．プラシーボを問題にするときに、医師の診断の対象となる身体的異常 disease（疾病）と、患者が感じる illness（気分が悪いこと、あるいは疾病に伴う苦痛）を区別することが大切だといわれます。そしてプラシーボに効果があるとしても、それは疾病に伴う心理面にのみ効果が現れるのか、身体の異常にも変化をもたらすのか。これには後に事実でもって答えます。

8．今日、プラシーボ効果を認めない立場や、あったとしてもわずかであるという立場もあり、科学的医学の立場から、プラシーボ効果を厄介な、うさんくさい現象とみる人もいます（たとえば、Hróbjartsson & Gøtzsche 2001）。しかし全体的傾向としては、今日ではプラシーボ効果は無視できない重要な事実とみる傾向が勝っていると思います（Benedetti 2014; Brown 2015：Darragh et al. 2015、序論：Geers et al. 2018：広瀬 2001、第6章）。

9．このプラシーボ効果を肯定する傾向を反映するかのように、679人のアメリカの内科医とリューマチ専門医を対象に行った2007年の調査によりますと（Tilburt et al. 2008）、約半数の医師（46～58％）が日常的にプラシーボを用いており、またプラシーボの使用は倫理的に許されると考えています。さらに、この傾向はデンマーク、イスラエル、イギリス、スウェーデン、ニュージーランドでも同様だとしています。このようにみますと、プラシーボ効果は近代医学の敵とはいえず、科学的研究の対象とするべき無視できない事実というべきでしょう。

2　医師の言葉・態度のもつプラシーボ効果

影響力の大きい医師の言葉・態度

私たちが普段お世話になる医師のタイプはいろいろです。患者の話を親身になってよく聞いてくれる優しい医師に出会うとほっとしますし、逆にパソコンの画面ばかりみて患者の顔を見ようともしない医師とは心が通いません。患者の権利が重視される今日、大事な決定を患者に丸投げするような姿勢に接すると責任回避でないかと不信感が生まれ、医師の善意が伝わらないこともあります。このように医師の言葉や態度が患者の気持ちに大きな影響を与えることは多くの人が経験することでしょう。次に示す例は、医師の言葉や態度によって患者の病状が大きな影響を受けることを示しています。

トーマスの研究　イギリスの医師トーマス（Thomas 1987）は、特にこれといった身体異常がないのに体の痛みや違和感（不定愁訴）を訴える男女患者２００人を対象に、半数に対しては、医師は肯定的態度で臨み、残る半数に対しては拒否的態度で臨みました。〈肯定的態度条件〉では、医師はしっかりと診断結果を伝えたうえで、「きっと数日中に良くなるでしょう」と確信をもって受け合いましたが、〈拒否的態度条件〉では、「いろいろ調べましたが、原因がはっきりしません」と煮え切らない態度で臨みました。

すべての患者には2週間後に質問紙が配布され症状改善率が調べられましたが、症状が改善したと回答した患者の割合は、〈肯定的態度条件〉では64％でしたが、〈拒否的態度条件〉では39％にすぎませんでした。また診察直後に医師への満足度が7段階で尋ねられましたが、最高段階の医師満足度率は、〈肯定的態度条件〉では67％、〈拒否的態度条件〉では40％にすぎませんでした。なおこの実験では、プラシーボ薬処置の有無の効果や男女差も調べられましたが、その効果はいずれも意味あるものではありませんでした。

要するにこの研究は、医師の患者に接する態度や言葉によって、症状の改善率は大きく影響を受けることを示しています。各自の経験に照らせば、ある程度理解できる事実ではないでしょうか。

カプチャックらの研究　次のアメリカの研究（Kaptchuk et al. 2008）は、過敏性腸症候群の症状をもつ患者への医師の接し方の違いの影響を調べたものです。この病気は、炎症や、潰瘍といった器質的疾患が認められないにもかかわらず、下痢、便秘、腹痛とそれに関係する便通異常が持続する機能性消化管疾患です。

まず重度の過敏性腸症候群を示す２３０人を、処置を受けない〈待機リスト群〉（77人）、プラシーボ鍼治療を受けますが簡単な説明しか受けない〈説明最少群〉（71人）、プラシーボ鍼治療を丁寧な説明とともに受ける〈説明増強群〉（82人）の3群にランダムに分割しました。

プラシーボ鍼治療を受ける2群は、週に2回各20分間、3週間にわたって、実際には鍼の挿入はありませんが、本物の鍼治療と区別がつかない感覚を起こすダミーの鍼が腕、脚、腹などツボを外した8箇所に取り付けられ、〝治療〟を受けました。しかし〈説明最少群〉は、最初の5分間にごく簡単な説明しか受けなかったのに対して、〈説明増強群〉は、治療者は45分間にわたって患者に温かく、友好的に、共感をもって接し、処置について丁寧に説明し、患者の質問にも答えました。〈待機リスト群〉は3週間にわたって何の処置も受けませんでした。

(%)
70
60
50
40
30
20
10
0
28%
44%
62%
待機リスト群
説明最少群
説明増強群

図５－３　３つの群の処置３週間後の症状軽減率
（Kaptchuk et al. 2008より作成）

図５－３は、３週間後に「あなたの症状は適切に軽減されました

か」という質問に「はい」と答えた人の割合を示していますが、すべての組み合わせの間で有意差がみられました。このように治療者と患者間のコミュニケーションが濃密なほど、症状が有意に改善されましたが、放っておいても28％の患者に症状の改善があるので、医師の患者への説明の効果は、44％、62％からこの値を差し引かなければなりません。

以上の2つの研究が示すように、実質的な処置を何も施していないにもかかわらず、患者に良くなるだろうという期待感をもたせる医師の言葉や態度が症状の改善をもたらしました。そしてその期待感は、医師や看護師が患者の病気に本気で向き合ってくれていると患者が信じたときに生まれるようです。医師が「歩くプラシーボ（walking placebo）」といわれる所以でしょう。

3　プラシーボ効果の検出方法とその適用例

次に、実薬と偽薬、本物の手術とプラシーボ手術など、実処理と偽処理の比較におけるプラシーボ効果についての実証的研究例をみることにします。ただその前に、プラシーボ効果の検出法について、コラム5-1にまとめておきましたので参考にしてください。

プラシーボ効果の検出法

私たちが病気に罹り、医師のお世話になり、回復するまでには、表5-1の行Aに示すように、「医師の処置の実質的効果（X）」＋「処置に対する患者の期待（Y）」＋「単なる時間経過に伴う自己治癒力による改善（Z）」の3つの要素が含まれています。

表5-1　プラシーボ効果を検出するための伝統的方法

		X	Y	Z	
		処置（投薬，注射，手術等）の実質的効果	処置の効果に対する期待の効果	時間経過の効果	
A	通常の病気の処置	●	●	●	Z　X　Y
B	プラシーボ処置	○	●	●	Z　Y
C	処置を受けない	○	○	●	Z

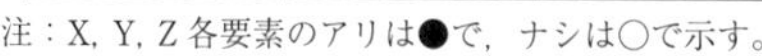

注：X, Y, Z 各要素のアリは●で，ナシは○で示す。

それぞれの要素に仮定される効果の大きさが右端の四角の面積で示されています。行Bは、患者が、実質的効果が期待されない偽の処置（プラシーボ処置）を医師から受けた場合ですので、AとBの結果に違いがあれば、それは処置の実質的効果Xの表れといえます。行Cは、何の処置も受けないで同じ時間放置された条件なので、BとCの差がプラシーボ効果の量Yということになります。先に示した**図5-3**の〈待機リスト群〉の結果には、時間薬ともいうべき行Cの効果Zが示されています。

表5-1に示された方法は、新薬（実薬）の効果をプラシーボ（偽薬）効果と区別するためにもよく用いられてきた方法ですが、この方法を用いるときは、通常、二重盲検法（double blind method）という方法が用いられます。二重盲検法とは「実験者と実験参加者のいずれもが実験の目的、操作、遂行される処置を知らない状態で行う実験手続き」（『APA心理学辞典』）のことですから、実験結果に実薬と偽薬の違い以外の要因が入り込みようがありません。

これ以外にもプラシーボ効果を検出する新しい方法があります（**表5-2**参照）。ここでは実質的効果Xが期待される処置は、A、Bともに与えられていますが、Aでは処置は通常医師によってなさ

表5-2　プラシーボ効果を検出するための新しい方法

		X	Y	Z	
		処置（投薬，注射，手術等）の実質的効果	処置の効果に対する期待の効果	時間経過の効果	
A	情報あり（open）	●	●	●	Z X Y
B	情報なし（hidden）	●	○	●	Z X

注：X, Y, Z 各要素のアリは●で，ナシは○で示す。

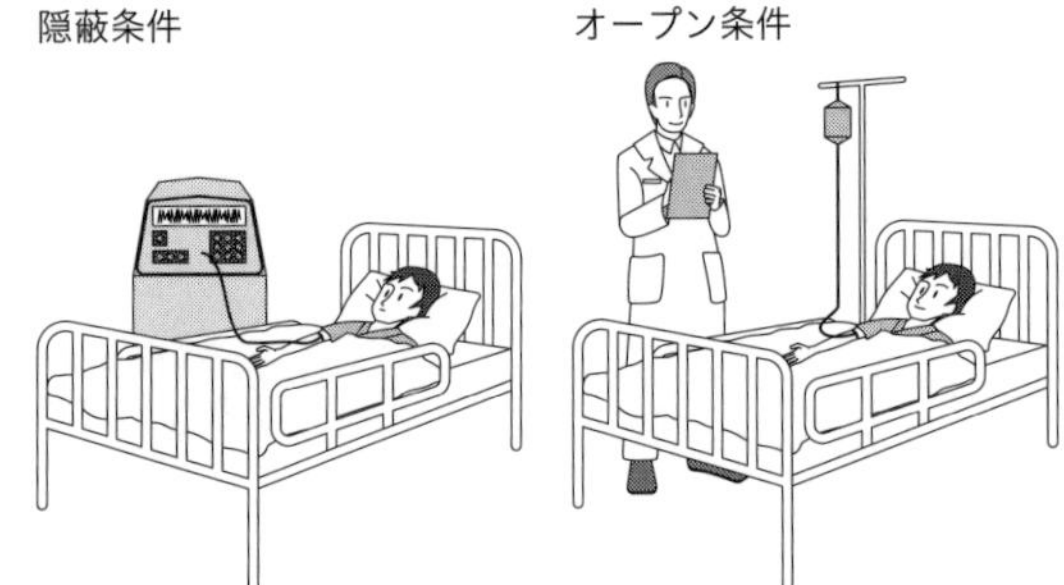

図5-4　オープン条件と隠蔽条件の違いを示す（参考：Enck et al. 2013）

れますし、情報はすべてオープンなので、患者は処置に対する期待をもつことができます。しかしBでは、たとえば薬はすべて機械で自動的に注入されるために、患者はどのような処置をいつ受けているか全く気づきません（**図5-4**参照）。したがって患者は処置に対する期待（Y）のもちようがないので、A、B両条件の効果の差は、表の右端に示されているように、プラシーボ効果ということになります。

この処置隠蔽法ともいうべき方法の利点は、患者に対して偽りがないので倫理的問題を伴わないことと、**表5-2**の右端にみられるように、A、Bともに処置に伴う時間経過を経験しているので、この2条件の比較のみでプラシーボ効果が検出できることです。

伝統的方法によるプラシーボ効果の検討

ここではまず、手術という大胆な方法を用いた伝統的方法によるプラシーボ効果の研究を紹介します。

関節炎に対するプラシーボ手術に関するモーズリーの研究　アメリカ、テキサス州ヒューストンの医師モーズリーは、ひざの関節炎の患者に通常行われている関節鏡を用いた手術の効果に疑問を抱きました。その手術は痛みを軽減させる生理的根拠が明らかでないからです。そこで彼は、小規模な予備研究（Moseley et al. 1996）の後、大規模な研究を行って、同手術の効果を確かめました（Moseley et al. 2002）。

まず１８０人の関節炎患者を、〈病巣除去洗浄群〉（59人）、〈洗浄群〉（61人）、〈プラシーボ群〉（60人）の３群に分けました。〈病巣除去洗浄群〉は、関節鏡下の手術によって病巣を取り除き、関節内を洗浄する通常の処置を受け、〈洗浄群〉は手術によって関節内の洗浄のみを受けました。〈プラシーボ群〉には、手術によって皮膚に傷はつけられましたが病巣除去も洗浄も行われませんでした。手術はすべて１人の外科医によって、手術の直前に渡された封筒内の指示にしたがって行われ、患者は、処置前、処置中、処置後を通して、誰ひとり自分が配置された条件を知りませんでした。

１００点を満点とするひざの痛みの主観的自己評価では、処置前は3群ともに約63という痛みの水準でしたが、各処置の1年後には、〈病巣除去洗浄群〉では51.7、〈洗浄群〉では54.8、〈プラシーボ群〉では48.9と、いずれも痛みの軽減を報告しましたが、３群間には統計的に有意な差は認められませんでした。また30メートルを歩行するのに要した時間や、階段の昇降に要した時間で調べた客観的な身体機能の得点においても、３群間の差は認められませんでした。

つまりモーズリーによると、当時、アメリカで毎年65万件以上行われていたごく一般的な関節炎の手術は、プラシーボ手術の結果と差があるとはいえなかったのです。ただ、効かないことがわかっているのに、患者の皮膚に傷をつけるプラシーボ手術に伴う倫理的問題が気になります。この点は、モーズリーが勤務する病院の倫理委員会が、彼の研究を価値あるものと認め、思い切った決断をしたことで可能になりました。また研究対象となった患者は、効かないはずのプラシーボ条件に自分が三分の一の確率で配置されるかもしれないことを承知のうえで研究に協力していました。実は44%の患者は、このことを知って研究に協力することを拒んだので、今回の結果は、研究に協力することを承諾した、処置に期待する度合いが並はずれて高い56%の患者の特性が影響している可能性は残ります。

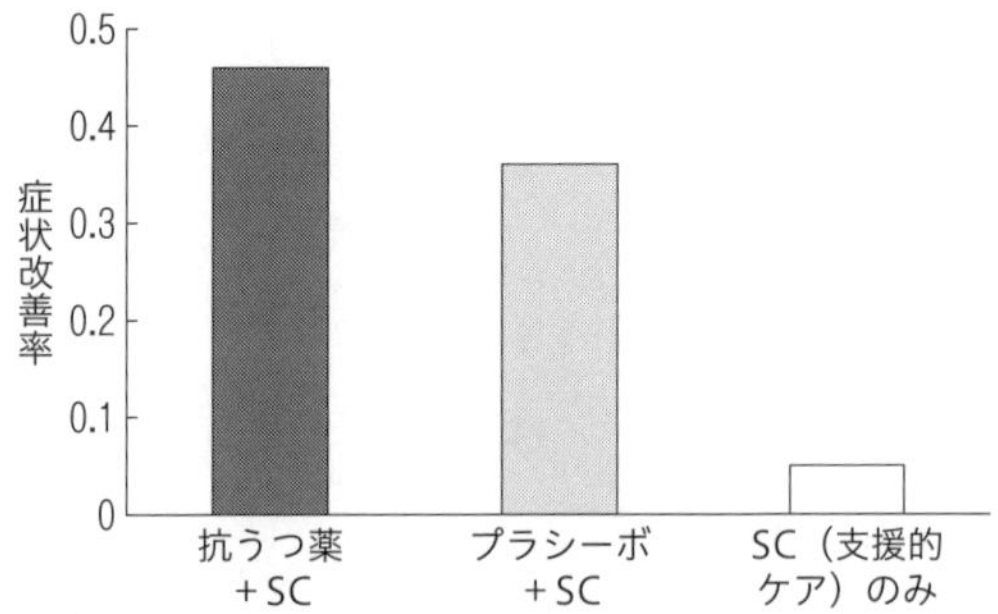

図5－5　支援的ケア（SC）のみ，抗うつ薬＋SC，プラシーボ＋SCのうつ症状改善率。改善率は，処置後のHRSDの値を分子に，ベースラインのHRSDの値を分母とした比に基づく（Leuchter et al. 2014, Table 2に基づき作図）。

うつ病の治療におけるプラシーボ効果　うつ病に対するプラシーボ効果はよく話題になります。次に紹介する、２０１４年にカリフォルニア大学ロスアンゼルス校の精神医学者グループが行った研究（Leuchter et al. 2014）は、抗うつ薬のプラシーボ効果に関する二重盲検法による研究です。対象は大うつ障害（major depressive disorder）の患者88人でしたが、すべての患者が8週間にわたって丁寧な支援的ケア（ＳＣ）を受けました。すなわち、治療スタッフは患者との交流を密にし、治療連携（therapeutic alliance）による信頼関係の構築につとめました。条件は3条件で、支援的ケアのみを受ける条件、これに加えて、抗うつ薬（実薬）の錠剤が処方される条件、プラシーボ錠剤が処方される条件でした。うつ状態の判定はハミルトン式うつ評定尺度（ＨＲＳＤ）によって行われました。

図５－５は、８週間にわたる治療で変化した症状改善率を示しています。統計的検定の結果、２つの錠剤投与条件は支援ケアのみの条件より有意に高い症状改善がみられましたが、２つの錠剤投与条件、つまり〈抗うつ薬条件〉と〈プラシーボ条件〉の改善率間には有意な差は認められませんでした。このように本実験の結果は、抗うつ薬の有効性を明らかにしておらず、また支援的ケアによる患者―治療スタッフ間の信頼関係のみでは症状改善は起こらないことも明らかにしています。

なお、うつ病（depression）は、痛み（pain）とパーキンソン病（Parkinson's disease）と並んで、特にプラシーボ効果が大きく現れる疾病といわれています（Colloca et al. 2004：de la Fuente-Fernández 2006）。また、抗うつ薬の効果については、次のコラム５－２にみられるように様々な問題があります。

うつ病と抗うつ薬を巡って

うつ（depression）とは、気分低下、日常活動への興味の喪失、楽しくなれないなどを特徴とする気分障害のことですが、わが国の厚生労働省の患者調査によりますと、うつ病患者（気分障害者）の数は、１９９６年には43.3万人であったのが、21世紀に入ると増え続け、20年後の２０１６年には111.6万人と3倍近くになりました。これには、過労による自殺が大きな社会問題となり、それまであまり正面から取り上げられることのなかった、うつの問題が、ある意味で日常化、あるいはアメリカ社会の状態に近づいたことによるようです（Watters 2010：第4章）。そのアメリカでは２０１１年現在、数ある薬のなかで、抗うつ薬は最も多く処方されている薬剤群であり、処方薬剤トップ10のなかの６つまでが抗うつ薬であり、非常に多くの人が服用する普及度の高い薬なのです（Lindsley 2012）。
しかし抗うつ薬の効果に関しては、特に1998年に、抗うつ薬とプラシーボの効果を比較した19研究を精選して行ったカーシュらによるメタ分析（Kirsch & Sapirstein 1998）によって、抗うつ薬の効果のうちの75％がプラシーボ効果によることが報告されて以来、科学誌（Martin 1999）だけでなく、*Newsweek* や *New York Times* のような一般向けの雑誌や新聞でも大きな話題となり、それに製薬会社によるデータ捏造事件などもからみ、議論が絶えない問題になりました（Kirsch et al. 2008; Fountoulakis & Möller 2011）。
わが国における、うつと抗うつ薬を巡る問題は、ジャーナリストの巧みな文体で文化間比較を展開した「メガマーケット化する日本のうつ病」（Watters 2010、第4章）に、興味深く書かれています。

新しい方法によるプラシーボ効果の検討

次にコラム5－1に紹介した処置隠蔽法によってプラシーボ効果を検出した研究を紹介します（コラム5－1参照）。この方法は、虚偽のない信頼できるよい方法だと私は思いますので、少し重点的に紹介します。

イタリアのベネデッティを中心とした研究　ここでは、プラシーボ効果の研究で、世界でも最先端の実験室をもつと評されるイタリアのトリノ医科大学の生理学者・神経科学者のベネデッティのグループの研究のなかから、上の処置隠蔽法を用いて行われた研究を中心にいくつか紹介します（Benedetti et al. 2003）。

モルヒネ（鎮痛薬）の注入と中止の効果　開胸手術を受けた平均年齢約64歳の男女患者42人が術後に受けた鎮痛薬モルヒネの効果が調べられました。患者は全身麻酔から回復後、静脈系を通してモルヒネが10分間にわたって注入されましたが、〈オープン条件〉の21人は**図5－4**のように、ベッド脇の医師から、注入されるのは強力な鎮痛効果をもつ薬なので痛みは治まるはずだとの説明を受けてモルヒネが注入されました。一方、

〈隠蔽条件〉の21人は、モルヒネの注入がコンピュータ制御で医師の居ない部屋で自動的に行われましたので、患者はいつ何が処置されたか、何の知識もない状態で注入を受けました。

患者は０～10の11段階からなる痛みの主観的尺度上（０：「まったく痛みなし」、10：「耐え難い痛み」）で、自分が感じる痛みを定期的に報告しましたが、その結果が２条件別に**図５‐６**に示されています。図から明らかなように、モルヒネが医師によって注入された〈オープン条件〉では、主観的痛みは注入直後から急激に低下していますが、患者が何も知らない〈隠蔽条件〉では、感じる痛みの低下が緩慢です。どちらの曲線にもモルヒネの実質的薬効は反映されているので、黒丸実線には、この効果に加えて薬への期待感によるプラシーボ効果が反映されていることになります。

なお、開胸手術を受けた別の平均約63歳の男女36人に対しては、術後48時間にわたるモルヒネ投与の後、モルヒネ注入が中止され、その効果が検討されましたが、この中止も〈オープン条件〉（18人）、〈隠蔽条件〉（18人）で行われました。つまり〈オープン条件〉では、医師によってモルヒネ注入の中止が告げられましたが、〈隠蔽条件〉では何の情報も与えられないでモルヒネの注入が中止されました。ただ両条件とも、もし痛み止めが必要な場合には鎮痛薬を請求するように伝えました。その結果は**図５‐７**に示されています。**図５‐７**にみられるように、モルヒネが中止されたことを知っていた〈オープン条件〉では、痛みは時間とともに高まっていますが、モルヒネ中止を知らなかった〈隠蔽条件〉では、まるでモルヒネ注入が続いているかのような低い痛みの状態に長くとどまっています。

以上、**図５‐６**と**図５‐７**は、モルヒネの鎮痛効果の出現と消失がきわめて心理的なものであることを明白に物語っています。

ジアゼパム（抗不安薬）の注入と中止の効果　さらにベネデッティらは、開胸手術後、高い不安を訴える男女患者30人（平均年齢約53歳）に対して、今度は抗不安薬のジアゼパムを注入することによる不安鎮静効果を、〈オープン条件〉（15人）と〈隠蔽条件〉（15人）で確かめました。ジアゼパムは10分間にわたって静脈に注入されましたが図5-8Aは両群のベースラインと2時間後の状態不安の水準を示しています。この場合も、〈オープン条件〉ではジアゼパムの不安鎮静効果は顕著ですが、ジアゼパムの注入が知らされなかった〈隠蔽条件〉ではその効果はみられていません。

ベネデッティらはさらに、同様の開胸手術後48時間にわたってジアゼパムの処置を受け続けていた男女患者

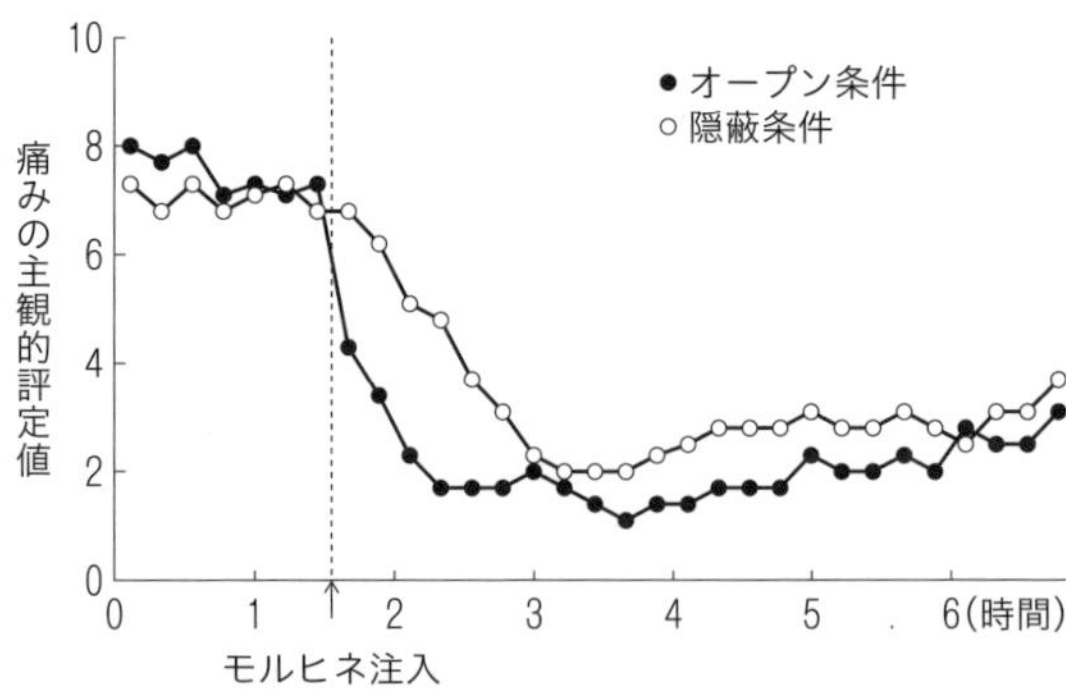

図5-6　開胸手術後の痛み緩和のためのモルヒネ注入を，〈オープン条件〉と〈隠蔽条件〉で行った場合の痛みの主観的評定値の時間経過に伴う変化を示す（Colloca et al. 2004, Figure2に基づき作図）

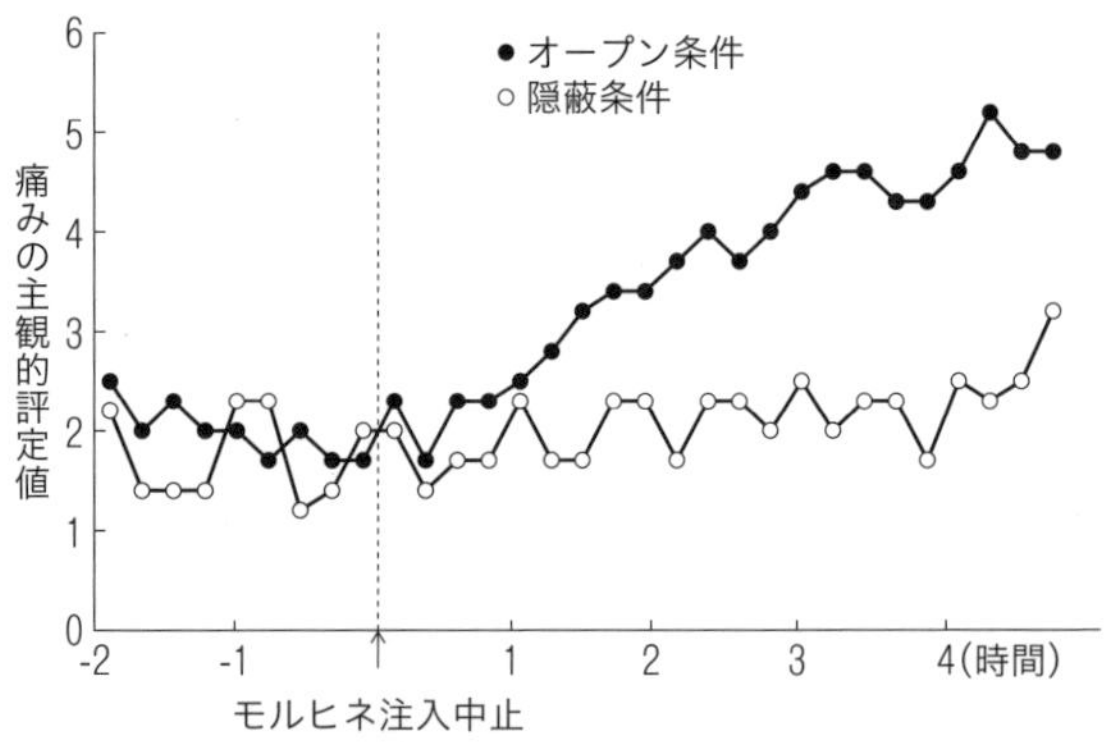

図5-7　モルヒネ注入中止を，〈オープン条件〉と〈隠蔽条件〉で行った場合の，時間経過に伴う痛みの主観的評定値の変化を示す（Colloca et al. 2004, Figure 2に基づき作図）

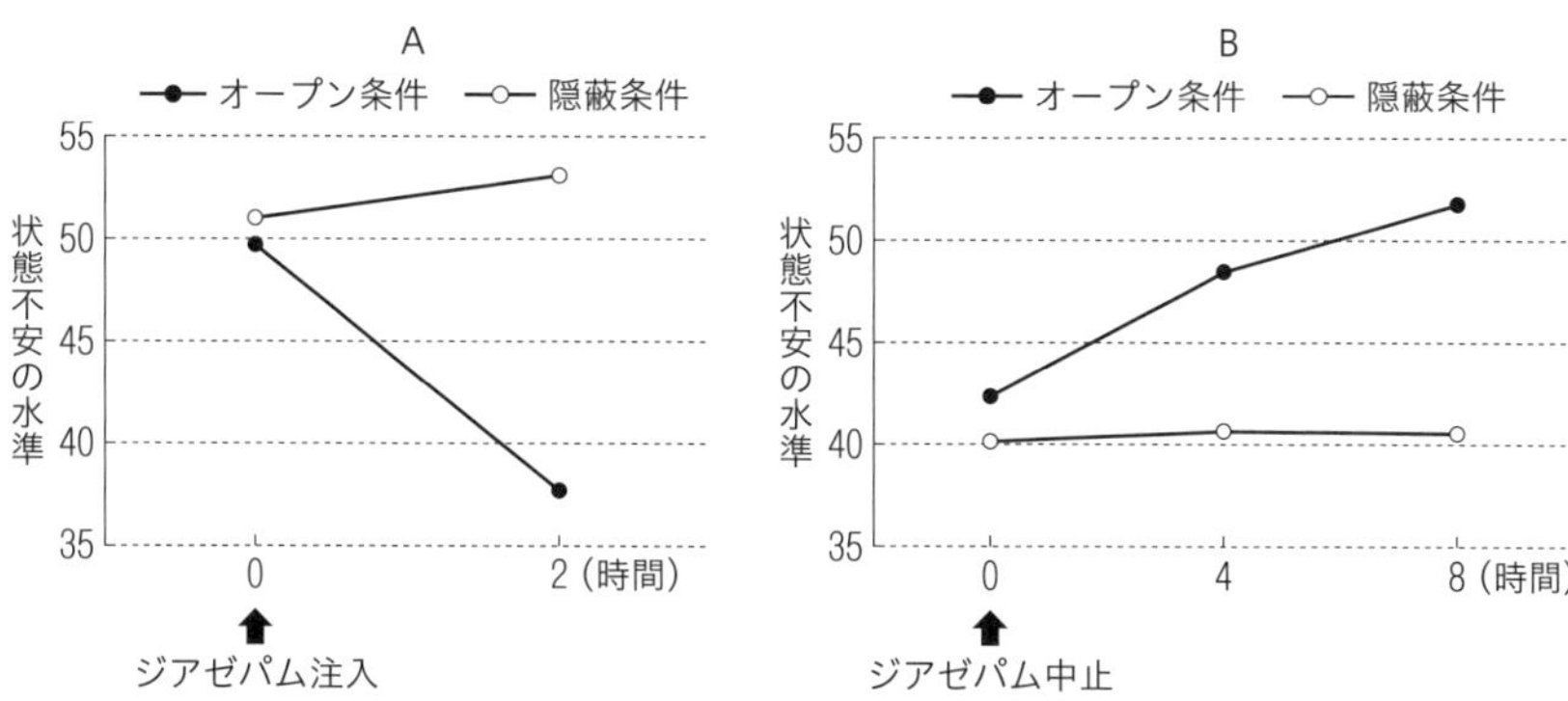

図5-8　（A）手術後に高い不安を示す患者に対する抗不安薬ジアゼパム注入を，〈オープン条件〉と〈隠蔽条件〉で行った2時間後の不安への影響を示す。（B）ジアゼパム注入中止を，〈オープン条件〉と〈隠蔽条件〉で行った4，8時間後の不安への影響を示す（Benedetti et al. 2003より作成）

32人（平均年齢54.3歳）を対象にジアゼパムを中止し、その中止が不安に与える効果を、〈オープン条件〉と〈隠蔽条件〉で調べています。結果は**図5-8B**に示されていますが、抗不安薬のジアゼパムが中止されたことを知った〈オープン条件〉では不安はしだいに上昇していますが、〈隠蔽条件〉では不安水準は変化していません。

図5-8A、Bを合わせて考えますと、〈オープン条件〉でジアゼパムの注入を知ると不安は低下し、注入中止を知ると不安は上昇しました。しかしジアゼパムの注入、中止のことをまったく知らない〈隠蔽条件〉では、ジアゼパムの不安に対する効果はいずれの条件においてもゼロに近いものでした。つまり、この実験に関する限り、ジアゼパムの実質的薬効はまったくなく、その効果はほとんどすべてプラシーボ効果という結論になります。

ちなみに、モルヒネ注入中止の情報によって痛みが増強した**図5-7**の現象、またジアゼパム注入中止の情報提供が不安を上昇させた**図5-8B**の現象は、有益な結果をもたらすプラシーボ効果とは逆のマイナスのプラシーボ効果ともいえる有害な現象で、これはノーシーボ効果（nocebo effects）と呼ばれます。つまり効果がないはずの処置が有益な効果をもたらす現象がプラシーボ現象、効果がないはずの処置が有害な効果をもたらす現象がノーシーボ現象なのです。たとえばモルヒネやジアゼパムの注入中止の情報がなければ痛みや不安は安定したままであるのに、中止によるリスクを知ると、望ましくない効果が表れているのです。

4　プラシーボ効果は客観的指標にも現れる

これまで紹介した研究では、モーズレーの研究（Moseley et al. 1996, 2002）の一部を除くすべてにおいて、プラシーボ効果は患者あるいは実験協力者の主観的報告（症状改善度、痛み、不安）によって明らかにされたものでした。それではプラシーボ効果は客観的に観察できる身体面にも現れるのでしょうか。さらにはガンのような疾病の肉体的症状にもプラシーボは影響をもつのでしょうか。

パーキンソン病におけるプラシーボ効果

先にも述べたように、今日プラシーボ効果が特に大きく現れるとされているのは、痛み（pain）、うつ（depression）、パーキンソン病といわれています（Colloca et al. 2004；de la Fuente-Fernández 2006）。そして前二者は、ほとんどが主観的報告によるものですが、パーキンソン病の場合には、処置に伴う運動能力の改善という客観的に測定可能なプラシーボ効果であり、次にそれをみることにします。なおパーキンソン病とは「四肢や身体のふるえ・硬直などを特徴とする神経系の難病。前屈姿勢で小刻みな独特の歩行を示す。大脳での神経伝達物質ドーパミンの減少によるといわれる。高年齢層に多い。イギリスの病理学者パーキンソンが明らかにした。Parkinson's disease」と『日本語大辞典』（講談社）にはあります。

そこで次に、パーキンソン病の運動機能へのプラシーボ効果をみることにしましょう。

視床下核への深部脳内刺激とプラシーボ効果　ベネデッティら（Benedetti et al. 2003）は、脳の視床下核という部位への電気刺激がパーキンソン病の運動機能を改善するという仮説を、〈オープン条件〉と〈隠蔽条件〉で検討しました。対象となったのは、平均病歴約13年、平均年齢約61歳の特発性パーキンソン病の男女患者10名で、光の点灯に対して右人差し指を、どれだけ速く求められた方向に動かせるかが運動機能の指標でした。各患者は2日間にわたって、〈オープン条件〉で1日、〈隠蔽条件〉で1日テストされましたが、両条件を受ける順序は患者間でランダムに変えられました。まず〈オープン・下降条件〉では、視床下核への電気刺激は、通常の最適刺激強度の20％にまで下げるので、運動機能は低下するでしょうと患者に知らされ、〈オープン・上昇条件〉では、電気刺激は40％から１００％に上げられるので、運動機能は正常に戻るでしょうと知らされました。他方、〈隠蔽条件〉においては、これらの電気刺激の下降、上昇に関する情報は一切与えられず、患者も刺激変化に気づいた者は誰もいませんでした。このような条件で、指の運動の速さが上昇条件では10分後、下降条件では30分後15回ずつ測定されましたが、その結果の平均が図５‐９Ａ、Ｂに示されています。

視床下核への電気刺激の下降は、図５‐９Ａにみられるように両条件とも運動機能の低下をもたらしましたが、30分後の運動速度は〈オープン条件〉が〈隠蔽条件〉を有意に下回っています。つまり刺激強度の低下によって運動機能が落ちることを予想した場合には、電気刺激の低下の実質的効果に負のプラシーボ効果（ノーシーボ効果）が加わっていることが明らかになったのです。また電気刺激強度を40％から１００％に戻された図５‐９Ｂの場合にも、10分後の運動能力は、刺激強度の上昇を知っていた〈オープン条件〉が、その知識のない〈隠蔽条件〉を有意に上回っており、ここでも刺激増強の実質効果に期待が加わったプラシーボ効果がみ

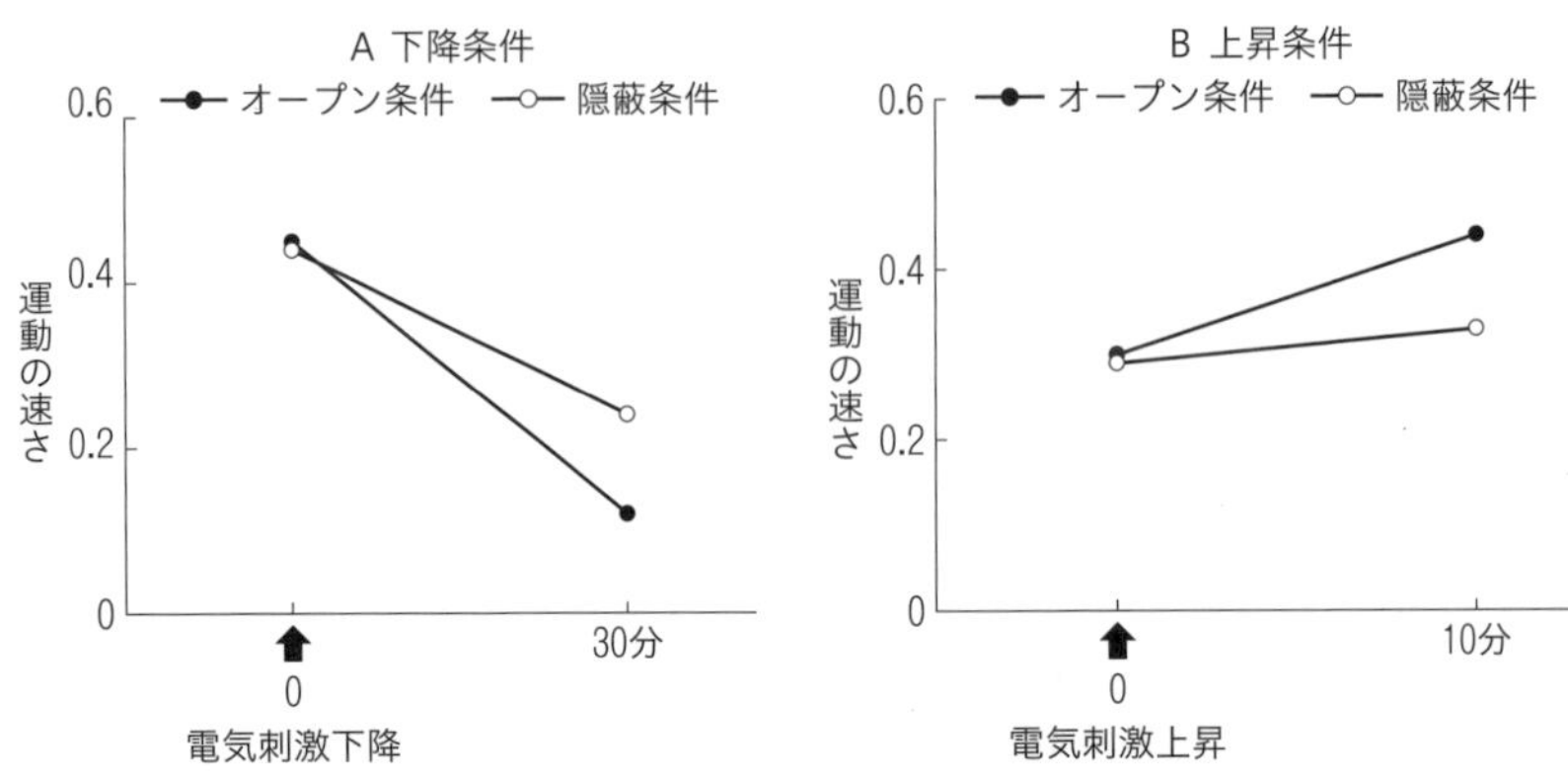

図5－9　パーキンソン病患者への視床下核への電気刺激強度の下降（A）と上昇（B）を〈オープン条件〉および〈隠蔽条件〉で行った場合の，指を動かす速度（m/s）に与える影響（Benedetti et al. 2003, p. 2322に基づき作成）

られています。

胎児のドーパミン神経組織移植によるプラシーボ効果　パーキンソン病の治療法には、先の深部脳内刺激の方法のほかに、神経伝達物質ドーパミン分泌を促す薬物による治療法や、以下に述べるドーパミン神経組織移植法などがあり、いずれの方法においても客観的指標によるプラシーボ効果がみられています (de la Fuente-Fernández 2006; 三輪 2009)。

たとえば二重盲検法による伝統的方法によるものですが、デンバー大学のマクレーら (McRae et al. 2004) は、7年以上の病歴をもつ30人の重度のパーキンソン病患者を対象に、前頭部の頭蓋の左右にそれぞれドリルで2つずつ穴を開ける手術を施し、〈実移植群〉にはヒトの胎児のドーパミン作動性神経組織を、脳内に挿入した針を通して脳の被殻といわれる部分へ移植し、〈偽移植群〉(プラシーボ群) には見せかけの手術のみでドーパミン組織の移植は行いませんでした。専門の医療スタッフによる運動症状改善の評定によりますと、実際に受けた処置の違いは両群には認められませんでしたが、患者の知覚 (つまり、患者自身がどちらの処置を受けたと思ったか) による処置の違いの差は顕著に見出されました。ある日常生活活動尺度 (0%〜

100％：高得点ほど正常）によりますと、実際に受けた処置の違いによる差はなかったにもかかわらず、知覚された処置の違いでは、移植されたと思った患者群では63％、プラシーボ処置を受けたと思った患者群では46％の改善がみられ、両者の差は有意でした。その他、ＵＰＤＲＳ（統合パーキンソン病評定尺度）における各運動指標でも、この知覚差による2群間には有意な差が認められました。

専門スタッフの行動評定によるこの研究の結果は、まず実移植処置がプラシーボ処置と変わらなかったという点で、パーキンソン病におけるプラシーボ現象が消極的にではありますが証明され、さらに施された処置の知覚の差（期待の差）が、行動改善に明白に反映された点で、パーキンソン病治療におけるプラシーボ効果を積極的に証明した、ということになるでしょう。ただ、解釈上の問題として残るのは、患者は症状が良くなったから移植処置を受けたと思い込むようになり、その知覚が医療スタッフによる評定に反映された可能性は残ります。またそのような思い込み（知覚）をする患者ほど症状改善が得られやすいとも考えられます。

ガンなど重篤な肉体的疾病とプラシーボ効果

以上、プラシーボ効果は心理面のみでなく、身体面にも現れることが示されました。それではガンのような肉体的症状にもプラシーボ効果は現れるのでしょうか。この点に関して広瀬は「ガンやウイルス感染症のような疾患に対しては効果が明らかでない場合が多く……」（広瀬 2001, pp. 145-146）と述べています。そしてこの記述は、シュベッツォフら（Chvetzoff & Tannock 2003）のメタ分析の結果と一致しています。彼らは1966年から2000年までに英語で出版された膨大な数のがん患者の治療に関する論文のなかから、彼らの定める基準に適う質の高い論文のみを選び出しメタ分析し、ガン患者に対するプラシーボで、痛みや食欲の改善は起こりますが、ガンの肉体的症状の改善はもたらされないと結論しています。

このように科学の世界では、ガンに対するプラシーボ効果は検出しにくいようですが、個別事例をみれば、強い信仰心、処置の効果に対する強い期待、病と闘う強い意志が重篤な肉体的病やガンを克服した事例は報告されています。そこで最後に、これらの特殊事例をみてみましょう。

リンパ腫末期ガン患者ライトの事例　これは１９５７年に、投影法学会の会長に就任した心理学者ブルーノ・クロッパー（ロールシャッハ・テストの権威）が、友人のウェスト医師から聞いた話として紹介したライト氏の事例です（Klopfer 1957）。

カリフォルニアのウェスト医師の病院に、ある時、リンパ腫末期ガンのライトという患者が入院してきました。彼にはオレンジ大の腫瘍が首、わきの下、鼠蹊(そけい)部、胸、腹など体中にできていて、余命数日と宣言されました。ところが当時、新開発されたクレビオゼンというガンの治療薬の効果がアメリカのいくつかの指定病院で臨床試験されることになり、この病院も指定病院の一つになりました。そのニュースをどこからか聞いたライトは、この新薬が自分のガンの治療に効果があると確信し、自分にその薬を試してくれるよう申し出ます。臨床試験に参加できる患者は、予想余命が3ヶ月以上という条件があり、ライトはその条件を充たしていませんでしたが、患者の強い希望で、ウェスト医師はライトにこの薬をある金曜日に注射しました。ところが驚いたことに、次の月曜日の朝の回診時にみると、ライトはベッドから離れ、看護師とお喋りをするほど元気になっていたのです。しかしライトと同じように新薬の注射を受けた他の患者にはそのような変化はみられていませんでした。さらに驚いたことに、数日のうちにライトの腫瘍はまるで「ストーブの上の雪玉のように」溶け、もとの大きさの半分になり、さらに週3回の注射を続けると10日後には、ガンの症状は消え、彼は「死の床」から解放されて退院し、自家用飛行機を操縦するまでに元気になりました。

ところがライトはその数週間後、この新薬の臨床試験を行ったすべての病院で、この薬の効果はみられなかったという記事を読んで、新薬の効果を疑い始め、うつ状態になり、２ヶ月ほどの間にガンが勢いを取り戻し、入院時に逆戻りしたような状態で再入院することになりました。

それをみたウェスト医師は、ほかに打つべき手がないなか、患者をもうひと頑張りさせるために一芝居打ちました。「そんな記事は信ずるな、明日到着する薬は、前回の２倍も効果のある薬なので、その到着を待て」とウェスト医師が告げると、彼の目は期待感でらんらんと輝き、ほとんど恍惚状態になったといいます。それを確認したうえで、ウェスト医師は２倍効力があると告げた新薬の注射を開始しましたが、実際に注射したのは単なる水でした。しかしこの処置の効果は第一回目よりもさらに劇的で、ライトの腫瘍は瞬く間に溶けてなくなり、再び元気に退院することができました。

しかし２ヶ月後、今度はアメリカ薬理学会が公式の報告として、クレビオゼンは効果がなかったという臨床試験の最終報告を出し、それを読んだライトは数日後再入院し、希望を失った彼は入院からたった２日後に亡くなりました。

クロッパーによるライト氏の事例の紹介は以上ですが、この事例の信憑性に関しては、次節でコラムを寄稿してくださった渡邊正孝氏をはじめ、疑問視する研究者も多いようです（たとえば、https://www.yekize.org/the-curious-case-of-mr-wright/）。私も信じがたい点が多々ありますが、著名な心理学者が権威ある学術誌に掲載した有名な事例ですので紹介しました。

ルルドの泉の奇跡　次に紹介するのは、信仰が重篤な身体的な病を治した事例としてよく知られています。さらにそれを有名にしたのは、１９１２年に生理学・医学ノーベル賞を受賞した著名なフランスの外科医、解剖学者、生物学者、アレクシー・カレル（Alexis Carrel 1873-1944）の著書、『ルルドへの旅』（Carrel 1973）でした（図５－10参照）。

図5-10　カレル著の『ルルドへの旅』の原本内表紙と邦訳書

カレルは、まだ若い30歳にも満たない1902年に、医師として、冒頭に紹介したルルドへの巡礼団に志願・随行し、奇跡を目の当たりにしたのです。では彼は何を見たのでしょうか。巡礼団のなかに、重篤な結核性腹膜炎のためにモルヒネで痛みを抑えながら参加していたマリー・フェランという女性がいました。ルルドへの列車のなかで彼女の容体は悪化し、車中で人事不省に陥り、ルルドに着くや病院に収容されました。しかしどうしても泉に行きたいというので何とか連れて行き、腫れた腹部に泉の水を数滴ふりかけてもらい、洞窟の前の担架に横たわり神父の説教を聞いていました。すると突然彼女の顔色が良くなり、目は輝き、恍惚状態で洞窟の方を見ているうちに、腹部の腫れも収まり、一杯のミルクを飲み干すまでになりました。その日の夕方、カレルはマリーのもとを訪れると、彼女は輝く目をしてベッドに座り、「先生、私は完全に治りました」と言い、診断すると異常はすっかり消え去っていたといいます。

5　プラシーボ効果はどのように説明されるか？

以上、プラシーボ効果に関する事実のいくつかを紹介しました。残る問題は、これらの事実をどのように説明するか、つまりプラシーボ効果に関する理論です。

条件づけ説と期待説

条件づけ説　この説はプラシーボ効果にパブロフの研究（いわゆるパブロフのイヌ）で有名な条件反射の考えを適用したものです。この実験でイヌは、①音を聞き、②餌を食べ、③ヨダレを流す経験を何度か繰り返すうちに、①音を聞いただけで、③ヨダレを流すようになりました。梅干しを見ただけで、私たちが思わずヨダレを流すのと同じ現象です。この事実は古くは、①音―②餌―③ヨダレという一連の経験の繰り返しによって、機械的・自動的に、①音と③ヨダレの間に形成される連合の結果と考えられました。

これをプラシーボ効果の事実に適用しますと、①病室で、白衣を着て注射器を手にした医者から②鎮痛注射を受けた結果、③痛みが治まった経験を何度か繰り返すと、①を見ただけで、③の痛みが治まるようになるという条件反射が成立するという説明です。条件づけ説を適用した具体的な実験例については、次項のシェーファーら（Schafer et al. 2015）の実験を見てください。

期待説　この説は、プラシーボ効果は、薬や処置の効果に対する期待によって生ずるとする分かりやすい説で、これまで見たプラシーボ効果は例外なくこの考えで説明がつきます。少し余談ですが、近年の条件づけについての考え方も、１９６０年代頃の認知主義の台頭によって、期待説とあまり変わらなくなったのです。つまりパブロフのイヌは、①音、②餌、③ヨダレの反復経験によって、①音から②餌を期待するようになり、その証拠として③ヨダレを流すと考えられるようになったのです。

期待説は今日有力な説には違いないのですが、私には２つの疑問が残ります。一つは、プラシーボ効果という事実に、単に期待というレッテルを貼っただけで説明と言えるのでしょうか。「命名による説明（explanation by naming）は本当の説明ではない」とよく言いますが、まさにそれが当てはまるように思えてなりません。第二は、これによって先に述べた古典的な条件づけ説の出番はなくなり、否定されてしまうのでしょうか

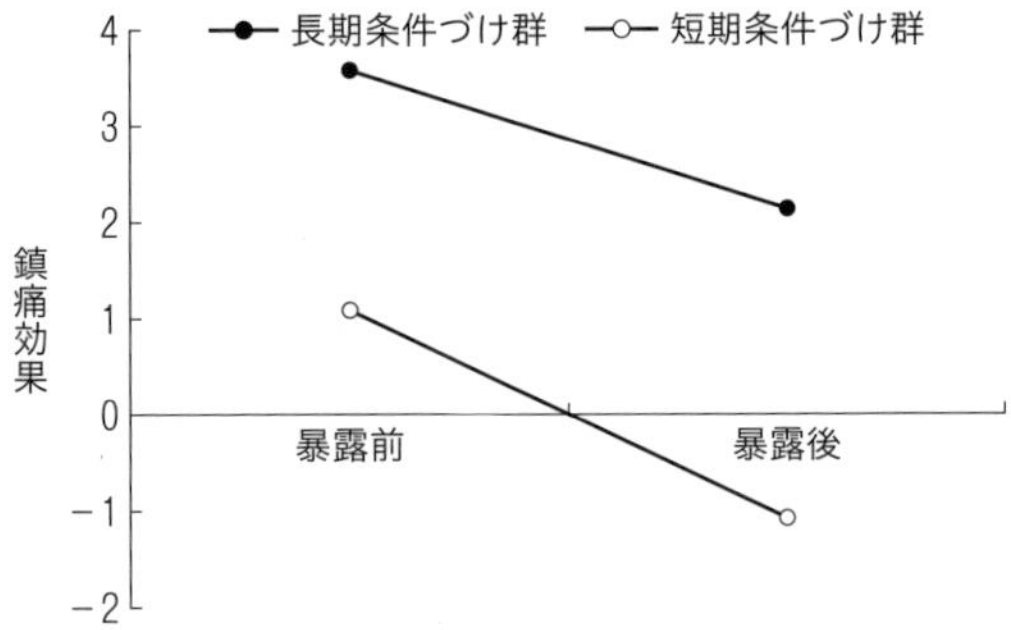

図5-11　条件づけの長さとプラシーボ鎮痛の関係，およびプラシーボであることを暴露する前後の鎮痛効果の変化（Schafer et al. 2015のグラフからの読み取りに基づき作成）

注：なお鎮痛効果は，青クリームのもとでの痛みの主観的評定値から白クリームのもとでの痛み評定値を引いた値をもとに表現している。

という疑問です。

まず第二の疑問に関連したアメリカのシェーファーら（Schafer et al. 2015）の実験を紹介しましょう。彼らは40人の実験参加者に、実際には鎮痛効果のない青白2種類のクリームを用いて、条件づけによるプラシーボ効果を形成しました。まず全員に対して、白クリームは鎮痛効果がないことを明らかにしたうえで、白クリームを塗布した場所には強い痛みの熱刺激を与え、他方青クリームは強力な鎮痛効果があると偽って告げ、青クリームを塗布した場所には弱い痛みの熱刺激を与えました。このような〈白クリーム―強痛刺激〉、〈青クリーム―弱痛刺激〉の対試行を続けると、弱痛刺激と対にされる青クリームは条件づけによりプラシーボ性の鎮痛効果を獲得すると仮定されました。なお全実験参加者は長期条件づけ群と短期条件づけ群に分割され、長期条件づけ群では4日間にわたって白青クリーム試行がそれぞれ56回与えられましたが、短期条件づけ群ではたった1日、各対8試行ずつ与えられただけでした。

このような条件づけ試行に引き続いて、青白両クリームをそれぞれ塗布後に、いずれに対しても中程度の痛み刺激が与えられ、それに対する主観的痛みを報告させるテスト期に入りました。しかしテスト期の半ばで、青色のクリームには実際には鎮痛効果はなく、白クリームを着色したものにすぎないことを暴露し、実験参加者は皆それを信じました。図5-11は、両群の暴露前後の鎮痛効果を群別に示しています。

図５－11から明らかなことは、プラシーボ性鎮痛の大きさは、条件づけが長いほど顕著であること（暴露前）、また暴露によって短期条件づけ群では鎮痛効果は消えているが、長期条件づけ群では残っていること（暴露後）です。特に強調されるべきことは、暴露前にはクリームの鎮痛効果に対する期待は両群ともに高かったのが、暴露によってその期待を失わせたにもかかわらず、長期条件づけ群の効果が消えていない点です。つまり、強固な連合学習の効果は、プラシーボ効果がないと分かった後（期待消滅後）も、消えることがなかったのです。これは、シェーファーらの論文のタイトルにもあるように、「条件づけられたプラシーボ性鎮痛は、実験参加者がプラシーボであることを知っていても持続する」ことを示しており、プラシーボ効果は期待説のみでは説明しきれず、先に紹介した古典的条件づけ説も否定しきれないことを示しています。

では次に、薬や処置の効果に対する期待によってプラシーボ効果が生じるとする説明は、この効果に期待というレッテルを貼っただけで、あまりにも常識的で十分な説明にはなっていないのではないかという、第一の疑問をとりあげましょう。期待が強力な説明になるためには、期待の正体を明らかにし、それを「見える化」すればよいはずです。

期待説の補強：期待に伴う脳内の生理的変化

ドーパミン説（プラシーボ—報酬モデル）　前節でも述べたように、パーキンソン病は大脳での神経伝達物質ドーパミンの減少による病気だといわれています。つまりパーキンソン病は、脳の中心部の中脳にある黒質といわれる部分のドーパミン作動性神経組織（以下、ドーパミン神経）が脱落してなくなるため、身体の運動を調節している神経に命令を送るドーパミンが不足するために発症すると考えられています。ドーパミン神経は脳の中の線条体と呼ばれる場所にドーパミンを供給する役割があるのですが、パーキンソン病に対するプラシーボ効果は、この線条体の背側および腹側部のドーパミンの放出によって媒介されていることが明らかにされています。そして腹側線条体は、報酬の処理（何か良いことが起こるだろうという期待）にも関係しているため、「腹側線条体のドーパミンの放出は、パーキンソン病に限らず、他の病気においてもプラシーボ効果を媒介している可能性」（de la Fuente-Fernández et al. 2006, p. 415）が主張されるようになりました。そしてこの主張をもとに、プラシーボ効果に関する統合モデルとしてプラシーボ—報酬モデル（placebo-reward model）が提唱されるようになったのです（de la Fuente-Fernández et al. 2001, 2002, 2006）。

それでは、プラシーボ処置によってドーパミン放出を促すものは何でしょうか？　それが症状改善に対する期待（expectation）というのです。この考えが成り立つためには、症状改善の期待は報酬の期待と同等でなければなりません。そして報酬の働きには腹側線条体におけるドーパミンの放出が関わっていることがわかっているため、プラシーボ処置による症状改善への期待によって、腹側線条体のドーパミン放出が確認されなければならないことになります。それがＰＥＴ検査（陽電子放射断層撮影）を用いた研究で証明されているのです。

したがって症状改善に対する期待があれば、パーキンソン病のみでなく、痛みやうつにおけるプラシーボ効果も同じメカニズムで生じている可能性があり、それはドゥ・ラ・フエンテ・フェルナンデスらの研究事実によって裏づけられているのです。さらにプラシーボは、大脳皮質の報酬期待に関係する部位を活性化することも明らかにされているので、プラシーボ反応の認知過程に関わっていることも示唆されています。

少し難しかったかもしれませんが、プラシーボ効果に関する生理学説には、このドーパミン説と、もう一つのオピオイド説がよく知られています。この説に関しては、公益財団法人東京都医学総合研究所に長くおられた渡邊正孝氏に協力いただいたコラム５‐３を参考にしてください。

プラシーボ効果に関するオピオイド説

ドーパミン説と並んでプラシーボ効果の説明として有力なのがオピオイド説です。オピオイドとは、中枢神経や末梢神経に存在する特異的受容体と結合して、モルヒネに似た作用を示す物質の総称のことですが、そのオピオイドの代表的なものとしてエンドルフィン（endorphin）があります。エンドルフィンはドーパミンと同様の神経伝達物質の一つですが、鎮痛、静穏、多幸感など、麻薬のモルヒネと似た働きをします。マラソンなどで長時間走り続けると気分が高揚してくる作用「ランナーズハイ」が知られていますが、これは、エンドルフィンの分泌によるものと考えられています。

このエンドルフィンの鎮痛効果を遮断する物質にナロキソン（naloxone）がありますが、このナロキソンを、モルヒネを鎮痛剤として用いているときに投与すると鎮痛効果がなくなってしまうことが知られています。面白いことに、このナロキソンはプラシーボで起こっている鎮痛効果をも遮断してしまうのです。

古典的研究ですが、たとえばカリフォルニア大学のレヴィンら（Levine et al. 1978）は、親知らずを抜く手術を受けた患者に、痛み止めだと称してプラシーボを投与しました。プラシーボに反応して痛みを感じない、あるいは痛みが軽減された人にナロキソンを投与しますと痛みはぶり返しましたが、もともとプラシーボに反応せず、痛みを訴えた人ではナロキソン投与によって痛みの変化は報告されませんでした。ここで、プラシーボに反応した人々の痛みが増したのはなぜでしょうか。それはナロキソンが鎮痛作用を阻害したためですが、この事実は、プラシーボによって鎮痛作用をもつエンドルフィンが放出されていたことの証拠にほかなりません。

時代は下って、ズビエタらの研究（Zubieta et al. 2005）では、プラシーボ性の鎮痛効果が表れるときには、脳内のオピオイド放出が増すことがＰＥＴ（体中の細胞の働きを画像としてとらえる装置）を用いて明らかにされています。こうした研究からプラシーボ投与による「心理的」な「期待」は、神経伝達物質の放出という「物質」的な変化をもたらすことが明らかにされるようになったのです。

（渡邊正孝）

プラシーボ効果による脳内活動と実薬による脳内活動　先に述べたＰＥＴと並んで、脳内の活動を視覚的に見る方法としてfMRI（機能的核磁気共鳴画像法）がよく用いられます。ウェージャーら（Wager et al. 2004）は、この脳機能イメージングの方法によって、実際の鎮痛薬によって生じる脳の活動の変化と同じことが、期待によって生じるプラシーボ性の鎮痛においても起こっている事実を確かめ、期待の生理的背景を明らかにしました。

先に述べた期待に伴う脳内活動を調べる研究に基づいて、「プラシーボ効果の神経科学」（Wager et al. 2018）という領域が展開されているようであり、近年研究の数が急速に増えていることは、図5-12からもうかがえます。

6　おわりに

以上、「鰯の頭も信心から」ということわざのもとで、プラシーボ効果に関する事実と説明をみてきました。紙幅の関係で本書では省略せざるを得なかったトピックが多くありますが、全体を通して言えることは、プラシーボ効果は、もはや今日、決して怪しげな現象ではなく、科学的研究に値する本物の現象だということです。

冒頭の図５-１の「いろはかるた」の絵のように、効くと信じ期待をもてば、「鰯の頭」ですらご利益をもたらすことは、今日否定できないということです。そしてこの結論を強固にしているのが、近年の脳科学の進歩に伴って、プラシーボ効果を生み出す原因とみられる「期待」が「見える化」されたことにあります。

そこで最後に図５-12をみてください。この図は、心理学関係の研究文献データベースであるAPA PsycArticles, APA PsycInfo, Psychology and Behavioral Sciences Collection の３種を同時に利用して一括検索をした結果です。いずれも、まず検索領域を論文の抄録（ABabstract）とし、検索語を〝placebo〟と〝placebo〟and〝brain〟の２種類として１９９０年から２０１９年までの30年間を５年刻みで検索しました。次に、各検索語の１９９０～１９９４年の５年間の文献数は、〝placebo〟は３１８０、〝placebo〟and〝brain〟は90でしたが、それらのそれぞれを基準にして、その後の各５年間の文献数の倍率を算出し、図示したものが図５-12です。黒丸で表した〝placebo〟のみを検索語とした場合の１９９０～１９９４年の文献数に対する２０１０～２０１４年、２０１５～２０１９年の倍率は約３倍であるのに対して、〝placebo〟and〝brain〟を検索語とした場合、つまり脳への言及のあるプラシーボ関係の文献数は、１９９０～１９９４年に比べて２０１０～２０１４年、２０１５～２０１９年では13倍近くに伸びていることが明らかです。そして、図には現れてはいませんが、この倍

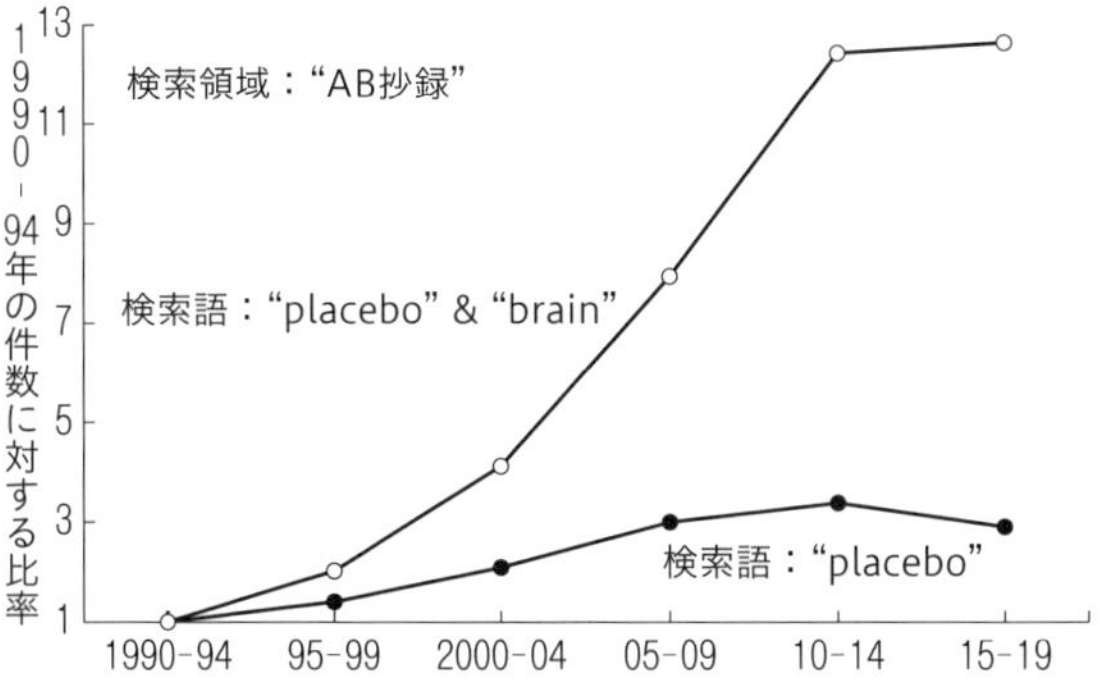

図５-12　“placebo”と“placebo”&“brain”を検索語とし，論文抄録を検索領域とした場合の文献検索結果にもとづき，1990-1994年を基準にした，その後の各５年間の検索語ごとの検索件数の倍率を示す。（2020年８月７日現在，協力者：成田健一）

率は、"brain"のみを検索語とした場合のそれぞれの期間の倍率、7.90と7.32を大きく上回っているので、脳に関連づけたプラシーボ研究の増加が、近年の脳関係の研究増のみを反映したものでないことを物語っています。そして、このような近年の傾向は、すでにコラム5-3とその前後の記述にも表れています。

近年の技術の進歩に伴って、これまで主観的報告が多かったプラシーボ効果も、脳内の活動として「見る」ことができるようになり、この領域の研究は大きく前進したといえるでしょう。

火を涼しく感じることができるのか？
──「心頭を滅却すれば火もまた涼し」

健康心理学、感情心理学

有光興記

【広辞苑】無念無想の境地に至れば火さえ涼しく感じられる。どんな苦難に遇っても、心の持ちようで苦痛を感じないでいられる、の意。（岩波書店）

戦国時代は戦に負ければ死という厳しい世の中でした。戦いをしたいわけでない人たちも、理不尽な理由で死んでいく時代でもありました。武田信玄に縁のある禅僧も例外ではなく、織田信長に敵対していた武将を匿（かくま）ったため焼き討ちにあい、他の僧侶たちと「心頭を滅却すれば火もまた涼し」という辞世を残して亡くなっていきました。元々は、唐の杜荀鶴（とじゅんかく）の詩が元になっており、暑い寒いといった感覚、すなわち私たちの経験する困難は、心を無にすれば難なくやり過ごすことができる、耐えることができるという意味になります。標記の『広辞苑』の定義は、このような解説後になされています。

無念無想、心を無にすることは、仏教、とりわけ禅宗の教えとして広まっていると思います。禅宗では座禅を行いますが、初心者は足が痛い、眠たいなど、雑念が浮かんだりして心を無にすることが難しいことが多いでしょう。無念無想は、お寺で何年も修行してようやく至る悟りの境地のように思えます。

近年、心理学では心を無にした状態、仏教の専門用語でいうと「正念（しょうねん）」に関する研究が行われるようになってきました。正念を英語にするとマインドフルネス（mindfulness）です。マインドフルネスとは、たった今生じている感覚や感情・思考を、良い悪いなどと判断するのではなく、ありのままに受け入れる状態のことです。代表的なマインドフルネスのトレーニングの一つに、呼吸から生じてくる身体感覚を受け入れることを繰り返す瞑想法（呼吸の瞑想）があります。そうしたトレーニングを行うことで心身の健康を増進させることが科学的に証明されています。

そうした研究のなかで、瞑想のトレーニングを行うことで、熱さや冷たさからくる痛みに耐えられるようになることを示す実験があります。この実験では、腕に35度から49度の熱刺激を何度も与えて、その際にただ休んでもらう〈休憩条件〉と、呼吸に注意を向けてもらう〈呼吸注意条件〉の2つを経験してもらい、痛みの強さと不快感を評定してもらいました。40度程度の熱刺激は、やけどなどはしない温度ですが、多くの人がそれなりに熱いと感じる温度

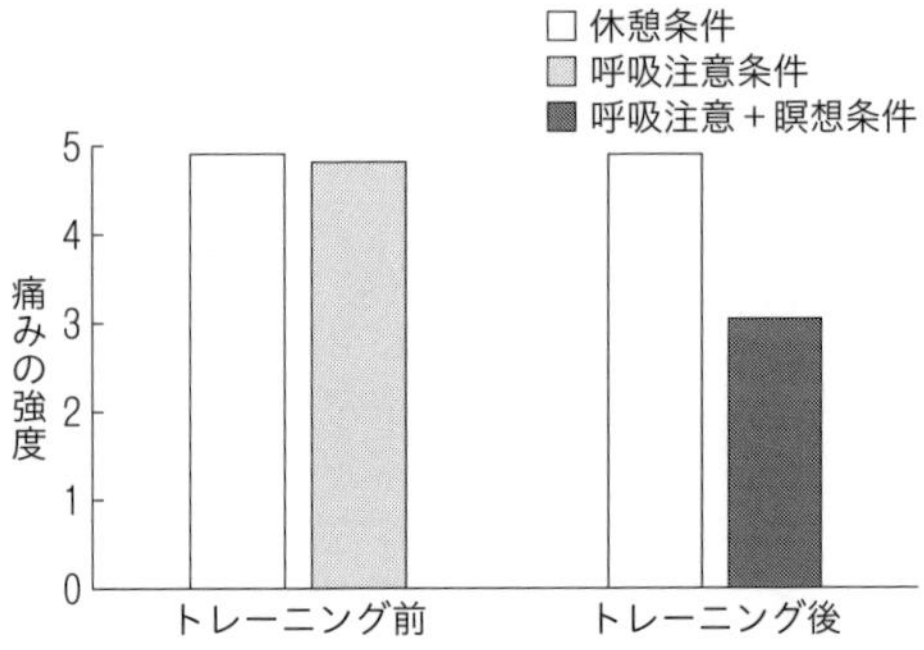

□ 休憩条件
□ 呼吸注意条件
■ 呼吸注意＋瞑想条件

痛みの強度

トレーニング前　トレーニング後

図1　瞑想トレーニング前後の熱刺激に対する痛みの変化（Zeidan et al. 2011より作成）

でしょう。**図1**の左側の2本の柱は、痛みの強さの感じ方に関する結果ですが、この最初の課題では、〈休憩条件〉と〈呼吸注意条件〉で痛みの感じ方に違いはありませんでした。

その後、マインドフルネス瞑想のトレーニングを4日間、毎日20分間行いました。最後に、〈休憩条件〉と、呼吸の瞑想を行ってもらう〈呼吸注意＋瞑想条件〉を行い、痛みの程度や不快感をトレーニングの前後で比較しました。再び**図1**をご覧ください。右半分のトレーニング後では〈休憩条件〉よりも、〈呼吸注意＋瞑想条件〉で痛みの程度が低下したことがわかります。なお不快感を指標とした結果も痛みの結果と同様でした。この研究からは、熱刺激に対する痛みや不快感が、マインドフルネス瞑想のトレーニングを行ったあとの〈呼吸注意＋瞑想条件〉で低減されることが明らかになりました。すなわち、涼しく、とまではいかないと思いますが、同じ熱さでもマインドフルネス（＝心を無にする）によって痛いとか、不快に思わなくなったわけです。

心頭滅却は一見難しいようですが、10分程度の瞑想を続けることでその境地に近づくことができそうです。仏教伝来の智慧に感謝しつつ、取り組んでみてはいかがでしょうか。

マインドフルネス瞑想に関心がある方は、以下のサイトが参考になります。https://csr.keio.ac.jp/instruction/
（慶應義塾大学ストレス研究センター）

第6講

目立ちすぎるとなぜ嫌われるのか？
――「出る杭は打たれる」

社会心理学、文化心理学

【故事俗信ことわざ大辞典（第二版）】　優れた才覚をあらわす者は、とかく妬まれ、妨げを受ける。転じて、出過ぎたふるまいをすると憎まれる。（小学館）

【名言・格言・ことわざ辞典】「高い木にはよく風が当たる」に似た諺。他より頭角をあらわすものは、それだけ、厳しい批判や嫉妬があるという喩え。（ミネルヴァ書房）

【日本語大辞典】　出る釘は打たれる。①すぐれている人は、とかく憎まれる。Envy is the companion of honor. ②でしゃばるとやっつけられる。Go farther and fare worse.（講談社）

はじめに

ことわざは人類の叡智の結晶とよくいわれます。したがって国や文化の違いを超えて、すべての人間に共通の行動傾向や生き方の知恵が表現されているものが多いことは間違いありません。

しかしことわざは社会の産物でもあります。したがって住む社会が異なれば、また同じ社会でも時代が変われば、社会がそこに住む人間に求める生き方の知恵も異なってくると考えられます。その結果、ことわざに文

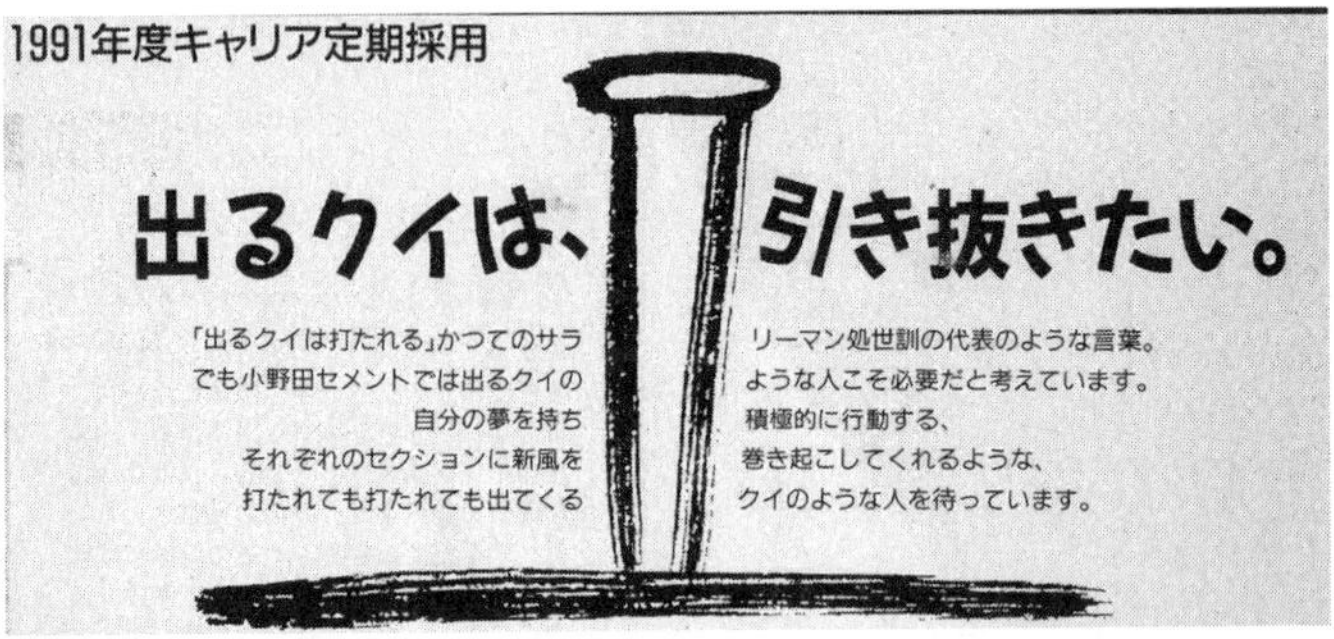

図６－１　「出る杭は打たれる」を否定した1991年度の小野田セメント（現・太平洋セメント）の広告

化差、時代差があっても不思議ではありません。

たとえば図６－１をみてください。これは１９９１年のある新聞に掲載されたわが国の某社の人材募集広告です。「出る杭は打たれる」を否定し、もはや謙遜は美徳でないといっています。自分の意見をもち、それを積極的に主張できる人材をわが社は求めているという意味の広告です。グローバル化した今日の日本社会には古来のことわざはもはや通用しないというのです。また２０１２（平成24）年から文部科学省主催で開催されている全国の学生を対象にした研究発表イベント「サイエンス・インカレ」のキーワードも「ＤＥＲＵＫＵＩ」であり、それは賞の名称にも使われています。

実はアメリカには、「出る杭は打たれる」と正反対のことわざがあります。The squeaky wheel gets the grease. あるいは The squeaky wheel gets more oil. です。「軋み音を立てる車輪ほど油を注してもらえる」という意味のこのことわざは、自己主張を奨励しています。黙っていてはダメ。自分の意見をもち、それを大いに主張しなさい。それが自分を生かす術だといっているのです。

本講では、「出る杭は打たれる」のエビデンスを、これと正反対のことわざが定着している北米の諸事実と対比させながら、文化とことわざの関係をみることにします。

1　自己抑制・自己主張と文化

2つのことわざのルーツ

冒頭に掲げた小学館の『故事俗信ことわざ大辞典』には、「出る杭は打たれる」の説明後に、このことわざの起源についても書かれています。それによりますと、「出る杭」という表現はすでに１６４１年の『北条五代記』のなかに当時の俗言としてあったとあります。また、「雉も鳴かずば打たれまい」、「長い物には巻かれろ」も、その起源はそれぞれ18世紀、17世紀にあるようで、日本社会にあっては、自己を抑制する生活の知恵は古くからあったようです。

もっとも「出る杭」のような自己抑制をすすめることわざは、冒頭の『日本語大辞典』にもあるように英語にもないわけではありません。Go farther and fare worse.（でしゃばるとやっつけられる）のような、出る杭に伴うリスクや自制を促すことわざは英語圏にもあったようです。またロシアの文豪トルストイも、「謙遜な人は人に好かれ、我々は人に好かれたい。それなのにどうして謙遜な人になろうと努力しないのだろう」という言葉を残しているといいます。

しかし控え目なだけでは生きていけなくなったのが、どうやら19世紀後半のアメリカだったようです。ある説によりますと、The squeaky wheel gets the grease. のルーツは、アメリカのユーモア小説家、ジョッシュ・ビリングス（Josh Billings, 1818-1885）の「The kicker」（反抗者、文句言い）という詩（1870）にあるようで、この詩にはこうあります。

I hate to be a kicker,
I always long for peace,
But the wheel that does the squeaking,
Is the one that gets the grease.

私は逆らうのは嫌いだ
私はいつも平和を望む
でも軋み音を立てる車輪だけが
油を注してもらえる車輪なのだ。

アメリカは1861-1865年の南北戦争を境に、のどかな農本主義から厳しい産業主義に転じ、拝金主義、個人主義、自由奔放経済、風紀の低下、泥棒貴族の台頭など、動揺と不安と混乱の競争社会を迎えるようになりましたが、そのような時代にあって、平和を愛する者であってもうっかりすると取り残されるので、否応なしに自己を強く押し出さなければ生きていけない社会になったのではないでしょうか。そのような気持ちが右の詩には表れているように思います。言ったもの勝ち、黙っていると損をすると。

別の言葉で言いますと、社会の進歩の段階が、家族、村落などの親密な愛情と了解で結びついていた共同社会（ゲマインシャフト）の段階にあったときには、人類共通の心理を反映した出過ぎる言動を戒め、和を大切にすることわざが洋の東西を問わず重んぜられましたが、社会が進展し、大都市のような利害や打算に基づく利益社会（ゲゼルシャフト）が生まれることによって、その社会に適応するために新しい知恵が必要となり、その結果、新しいことわざが誕生したのではないでしょうか。こう考えますと、一足先にゲゼルシャフト化したアメリカで生まれたことわざが、「出る杭」を長年戒めてきた社会・日本でも、図6-1の広告のように、約1世紀遅れで注目されるようになった事実も理解できるように思うのですが。

伝統的日本社会で好まれない自己提示のスタイル

オリンピックの金メダリストの勝利インタビュー　次の２つの勝利インタビューをみてください（Markus et al. 2006）。

ミスティ・ハイマン（米、２０００年オリンピック、２００ｍバタフライ金メダリスト）：「ただ私は集中しつづけた。今度こそ、私が出来ることを世界に見せつける時だった。それが出来て嬉しい。私は、ライバルのスージー・オニールに勝てると心の底から信じてきた。この一週間自信が揺らぐこともあったが敢えてそれに耐え続けた。しかし最後には、〝いや、今夜こそ私の夜だ〟と自分に言い聞かせた」。

高橋尚子（日、２０００年オリンピック、女子マラソン金メダリスト）：「世界最高のコーチ、世界最高のマネージャー、そして私を支えてくださったすべての人たち、これらがすべて合わさった結果が金メダルなのです。ですから、これは私一人で手に入れたものではありません」。

他者に対する自分の提示の仕方のことを自己提示（self-presentation）といいますが、右の二人のコメントには対照的な自己提示の姿がみられます。あくまで自分の力を信じてそれを前面に押し出す自己高揚（self-enhancement）的な自己提示をするアメリカ人、それに対して、自分の力を全面に押し出すのを控え、支えてくれた周囲の人たちの力に感謝する自己卑下（self-depreciation）的な自己提示をする日本人の姿です。良い成果をあげた日本のアスリートのインタビューのコメントには、例外なく「……のお陰」と周囲への感謝が含まれています。これを忘れて自分の手柄ばかりを並べたてる人は、わが国ではあまり評判はよくありません。

実は右のコメントを引用した論文（Markus et al. 2006）の後半では、架空のオリンピック選手のメディアへの紹介の仕方に対する好みも調べられています。アメリカの学生は、選手個人のユニークでポジティブな情報の報道を好みましたが、日本の学生は、選手の背景情報（どんなコーチやチームに支えられ、どんな気持ちで苦労してきたかなど）の報道をアメリカの学生よりもはるかに好むことが示されています。

日本の小学生が嫌う自己提示　それでは、自己高揚的自己提示を好まない日本人のこのような傾向は何歳頃から芽生えるのでしょうか。次に紹介する吉田ら（1982）の研究は児童の自己提示の発達に関する研究ですが、そのなかから特に本論に関係の深い部分を紹介してこの問いに答えます。

実験に参加したのは小学校2、3、5年生の男女児童258名でした。参加者はコラム6－1に示すようなポジティブあるいはネガティブな経験後に、そこに登場する主人公（自己提示者）が、仲間に自己高揚的な自己提示を行った場合（1.3.）と、逆に自己卑下的な自己提示を行った場合（2.4.）の文章をまず読むように求められました。その後、各参加者が主人公に対してどれほど好感をもったか、5段階で回答させました。コラムの例にみられるように、自己高揚的提示は、あくまで自分を強く押し出す自己提示ですし、自己卑下的提示は、文字どおり自己卑下した謙虚な自己提示です。

自己高揚的自己提示と自己卑下的自己提示

下記のものは、吉田ら（1982）の実験で用いられた質問例です。実際にはすべて仮名表記でしたが、読みやすいように漢字を交えました。

ポジティブな経験後の自己高揚的提示の例

1．やす子さんは体育の時間に、皆の前で「鉄棒が上手いね」と褒められました。やす子さんは皆の前で「だって私、体育は何でも得意だもの」と言いました。皆は、やす子さんのことをどう思うでしょうか？（ア）から（オ）の中から1つ選んで○で囲んでください。

（ア）すごく　いい人だと　思う。（評価点5）
（イ）ちょっと　いい人だと　思う。（〃4）
（ウ）普通くらいの　人だと　思う。（〃3）
（エ）ちょっと　悪い人だと　思う。（〃2）
（オ）すごく　悪い人だと　思う。（〃1）

（以下、2．3．4．の5つの選択肢はすべて1のものと同じ）

ポジティブな経験後の自己卑下的提示の例

2．せつ子さんは体育の時間に、皆の前で「鉄棒が上手いね」と褒められました。せつ子さんは皆の前で「そんなことないわ」と言いました。皆は、せつ子さんのことをどう思うでしょうか？（ア）から（オ）の中から1つ選んで○で囲んでください。

ネガティブな経験後の自己高揚的提示の例

3．るみ子さんは、運動会のリレーで追い越されてしまいました。だから、るみ子さんの組は1番にはなれませんでした。るみ子さんは皆の前で「いつもだったら追い越されないのに」と言いました。皆は、るみ子さんのことをどう思うでしょうか？（ア）から（オ）の中から1つ選んで○で囲んでください。

ネガティブな経験後の自己卑下的提示の例

4．よし江さんは、運動会のリレーで追い越されてしまいました。だから、よし江さんの組は1番にはなれませんでした。よし江さんは皆の前で「私が遅いから負けたのよ」と言いました。皆は、よし江さんのことをどう思うでしょうか？（ア）から（オ）の中から1つ選んで○で囲んでください。

（資料提供は吉田寿夫氏のご好意による）

これと類似するいくつかの質問に対する児童の回答を、自己卑下的提示、自己高揚的提示別に、それぞれに対する好感度を評点化し、その平均値を求め、参加児童がそれぞれの自己提示者をどれほど「いい人」だと思うかを学年別に示したのが図6－2です。

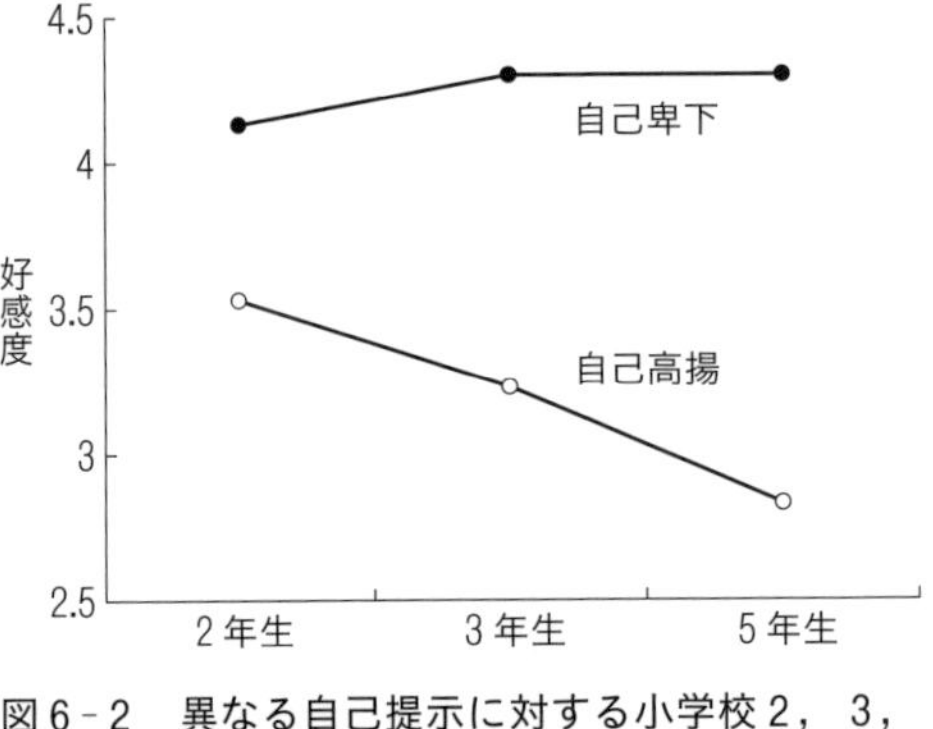

図6－2　異なる自己提示に対する小学校2，3，5年児童が示した好感度（吉田ほか 1982に基づき作成）

注：評価点の範囲は1～5。

図から明らかなように、日本の子どもは小学2年生のときから、自己高揚的な自己提示を行う人物に好感をもたず、謙虚な自己提示をする人物の方を「いい人」だと感じています。またこの傾向は学年進行とともに強くなり、「出る杭」を避ける日本成人の傾向に近づいていくことが示唆されています。そして内外の研究者は、この日本の小学生の自己卑下的自己提示への好みの起源は、日本の幼稚園における協調性重視教育にあると指摘しています（Hendry 1986; Lewis 1984, p. 190; 佐藤 2001）。**図6－3**は東京都内の幼稚園児の自己抑制、自己主張の変化を調べた佐藤ら（1999）による縦断的研究の結果ですが、ここには日本の幼稚園児において自己抑制が自己主張よりも強い傾向と、自己抑制傾向が3年間の保育期間に漸増している事実がみてとれます。

なおヘイマンらは（Heyman et al. 2011）、日米の7～11歳の児童を対象にした研究で、日本の子どもは、公の場で謙虚さを欠く自己提示に対して批判的であることを示し、吉田ら（1982）の事実を再確認しました。さらに彼らは、アメリカの子どもにはこの謙虚さがみられないことを見出し、自己提示の日米差は早くも子ども時代に現れていることも明らかにしています。

2　「出る杭は打たれる」のルーツ：東西で異なる自己観

それでは先に示したような、好まれる自己提示のあり方の文化差のルーツはどこにあるのでしょうか。近年の文化心理学の研究結果は、そのルーツはわが国と西欧の文化のそれぞれに固有の自己観（文化的自己観）にあるとしています。以下、自己観の東西差を3つの観点からみてみましょう。

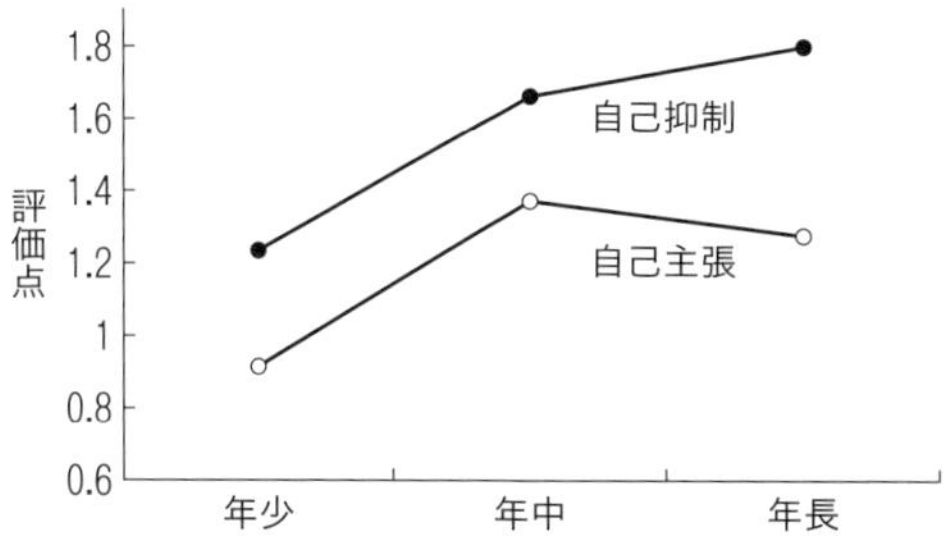

独立的自己観 vs 協調的自己観

西欧と日本とでは好まれる自己観が対照的だといいます（たとえば Markus & Kitayama 1991, Markus & Kitayama 2010）。西欧（特に北米）では独立的自己観が好まれ、わが国（しばしば東アジアを含む）では協調的自己観が好まれるといわれています。

図6-3　日本の幼稚園児の自己抑制，自己主張傾向の経年変化（佐藤 2001, p. 164より引用作成）

表6－1　独立性・協調性尺度（高田 1999）

質問項目

1．他者が自分をどう思っているかを気にする。
2．他者が自分の考えを何と思おうと気にしない。
3．他者の視線が気になる。
4．周囲と異なっても自分の信じるところを守り通す。
5．どう感じるかは他者や状況によって変わる。
6．所属集団の仲間との意見の対立を避ける。
7．自分の意見をいつもはっきり言う。
8．意見が対立したとき，相手の意見を受け入れる。
9．いつも自信をもって発言し，行動している。
10．相手や状況で態度や行動を変える。

評定尺度（7段階評価）

ぴったりあてはまる（7）―あてはまる（6）―ややあてはまる（5）―どちらともいえない（4）―あまりあてはまらない（3）―あてはまらない（2）―全くあてはまらない（1）

なお上の10項目中，独立性を表す項目は，2．4．7．9．の4項目，ほかは協調性項目。

独立的自己観（independent construal of the self）では、他者から独立した個、自分の独自性を表現する個が重んぜられます。そして自分の独自性を確認し、それをポジティブに押し出すためには、自分の欠点は見せず、自分の良い所を強調しようとする自己高揚的自己提示が好まれます。これは特に北米において顕著であり、これが「軋み音」となって現れる素地となります。

他方、協調的自己観（interdependent construal of the self）では、自分が他者との関係において成り立っているという認識に立っているので、他者との関係性が重要視され、その結果、関係をないがしろにするような自己の優位性の表明が避けられ、協調性が重んぜられます。特に日本人が好む自己観であり、これが「出る杭」になることを避ける傾向の下地になっていると考えられます。

この自己観の違いを反映した事実を、調査的研究、自然行動、実験的研究の3つの側面からみてみましょう。

自己観の東西差に関する調査的研究　次の高田（1999）の研究は、質問紙を用いて青年の自己観の国際比較を行ったものです。この研究では、自己の独立性を測る10項目と、協調性を測る10項目からなる自己観尺度を開発し、日本やカナダを含む4

か国の青年の独立性と協調性を測定しました。表6-1にその質問紙の短縮版を示していますが、これによってこの尺度の性質がわかるでしょう。評定は7段階で行われました。

図6-4に示す結果は、日本人男女学生（597人）とカナダ人男女学生（161人）の協調性、独立性それぞれについて示していますが、日本人は独立性よりも協調性が高く、カナダ人は逆に、協調性よりも独立性が高いことが明らかです。また独立性（黒柱）を比べますとカナダ人は日本人より高く、協調性（白柱）では、日本人がカナダ人より高い結果でした。これらの差はいずれも統計的に意味のある差でした。

しかしこのような調査的研究には難点があります。それは回答者が社会的見栄のために答えを偽る可能性を排除するのが難しいことです。特に記名回答の場合、評定者に対していい恰好をする傾向、すなわち「偽装された謙虚さ」（feigned modesty）（Heine et al. 2000）が現れたとすれば、質問紙の結果は信用できません。そこで文化差の指標として、次に人々が自然に行っている行動に目を向けてみましょう。

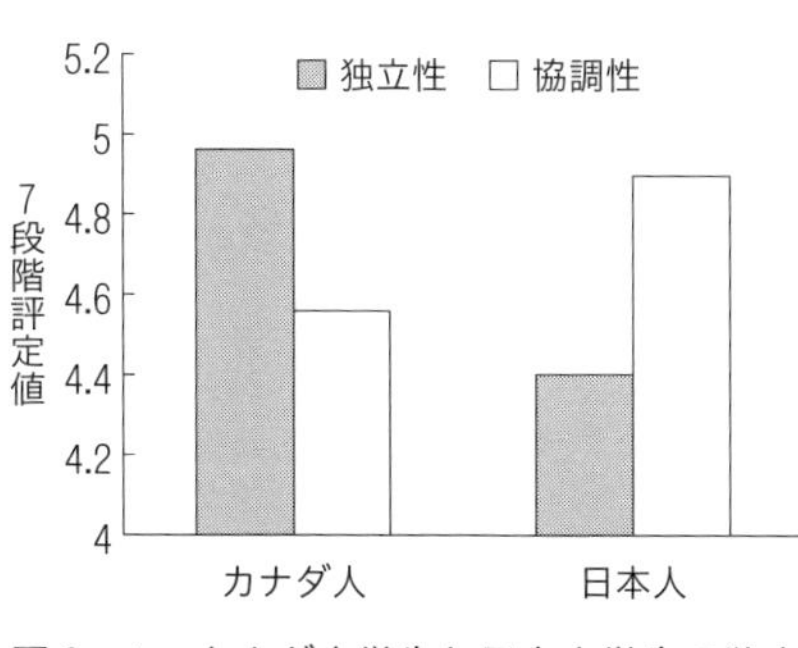

図6-4　カナダ人学生と日本人学生の独立性評価点と協調性評価点（高田 1999, Table 6に基づき作成）

自然の行動に現れた自己観の東西差　東京渋谷のスクランブル交差点が、外国人観光客の人気スポットの一つであることはよく知られています。信号が赤から青に変わると、人々は四方から思い思いの方向に横断を始めますが、決して衝突することなく何百人もの人が一斉にスムーズに身をかわしながら横断します。この光景は外国人にとっては奇跡であり驚異であることがインターネットの外国人のコメントからうかがえます。私たち日本人はごく自然に無意識に行っている行動が外国人にとって驚きなのは、人口密度の高いわが国の都会生活のなかで鍛えられた面もあるでしょうが、日本人に小さいときから刷り込まれ、習慣化された協調的自己観も下地にあるのではないでしょうか。

また日本人は日常生活のなかで、無意識にすぐに謝る傾向が強いといわれていますが、それは『謝らないアメリカ人、すぐ謝る日本人』（高木 1996）や、『すぐ謝る日本人、絶対謝らない中国人』（金 2012）のような書籍名にも反映されています。自分の非をすぐに認める自己卑下的日本人と、自分の非を簡単には認めない西欧人の違いが自己観の違いに原因があることに着目して、ハイネら（Heine et al. 2000）は、「偽装された謙虚さ」を排除して次のような実験的研究を行っています。

自己観の東西差に関する実験的研究　先にみた独立的自己観では、自分の独自の特徴を周囲に積極的に表現しつづけてこそ自分は生きると考えるので、自分の成功の情報は歓迎しますが、失敗の情報や、他に比べて劣っているというネガティブな情報は好まれません。自己否定につながるためです。それに対して協調的自己観では、他者との良い関係性の維持が重要視されるため、他者への印象を良くするために改めなければならない自分の欠点に敏感でなければなりません。そのために自己改善（self-improvement）につながる他者からの欠点の指摘や失敗の情報、他者に対して劣っている点の情報を容易に受け入れます。そしてそれが表現としては、自己卑下的、自己批判的な態度になると考えられます。図6－5はこの考えを要約しています。

このような考えに基づいて、ハイネら（Heine et al. 2000）は実験的研究を行いました。カナダ人学生と日本人学生が失敗を経験したと思ったときに、どれほどその失敗を容易に認めるか（自己批判的態度の指標）を実験的に調べた研究です。実験の第1段階では、新式の知能テストと装って行い、パソコンの画面上の図形の数を

図6－5　自己観と不利情報の否定と受容

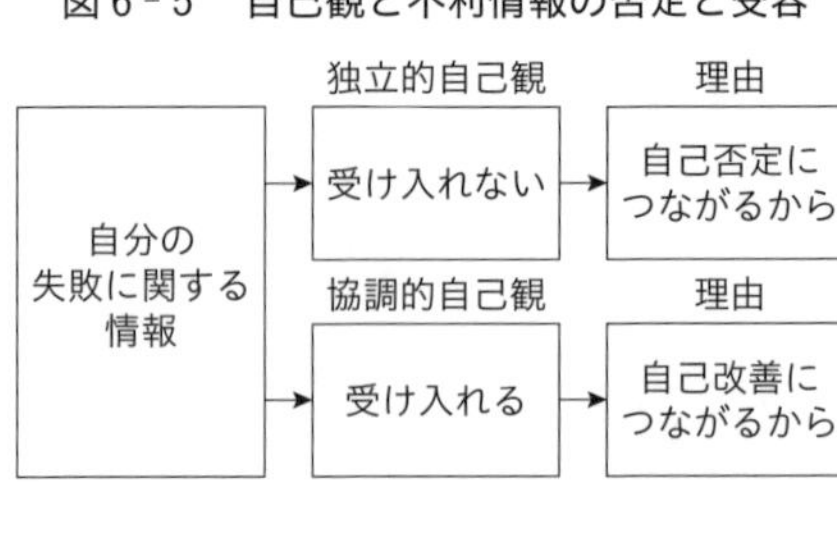

素早く正確に判断する課題が施されました。たとえば、画面上に○図形が7つと☆図形が9つランダムに散りばめられていて、両方の図形の数の違いをできるだけ速く報告するように求められる課題だと思ってください。

実験の第2段階は、不確かさのなかでの判断課題であり、どれほど少ない情報に基づいて正しい判断（仮想の相手に対して自分が勝ったか負けたか）ができるかがテストされました。判断で求められたのは、毎試行パソコン上に提示される各自の第1段階でのテストの各質問の成績と、同時に画面上に提示される同じ大学の学生の平均成績を順次比較し、自分か平均学生か、そのどちらが全体として優位だったか（勝ったか）劣位だったか（負けたか）、判断のための情報を十分に得たと思ったら報告する（試行を打ち切る）ことでした。全実験参加者は優位条件と劣位条件にランダムに二分され、優位条件では毎回提示される成績対（参加者と平均学生の成績の対）が、全体として参加者が勝つように、劣位条件では逆に参加者が負けるように仕組まれていました。しかし、毎試行の成績対の差は微妙でなかなか判断が難しいように巧に工夫されていました。実験参加者は最初の5試行は単に成績対を見守るように求められ、その後、最大20試行を限度に判断がつくまで試行は続けられました。

結果は、2つのデータに絞って示します。第一は、2種類の誤り率の比較です。誤りの一つは、優位条件に配置されているのに自分は負けたと判断する弱気な誤り、もう一つは、劣位条件におかれているのに自分は勝ったと判断する強気の誤りで、図6-6はこの結果をカナダ人、日本人別に示しています。

カナダ人は、負けているのに勝ったと判断した強気の誤りが多く、日本人は逆に、勝っているのに負けたとする弱気の誤りが多い傾向がみられます。ここにカナダ人の自己高揚的姿勢と、日本人の自己批判的あるいは自己卑下的態度がうかがえます。

同様の傾向は、図6-7にも表れています。ここでは、勝ち負けの判断にいたるまでに要した試行回数（判

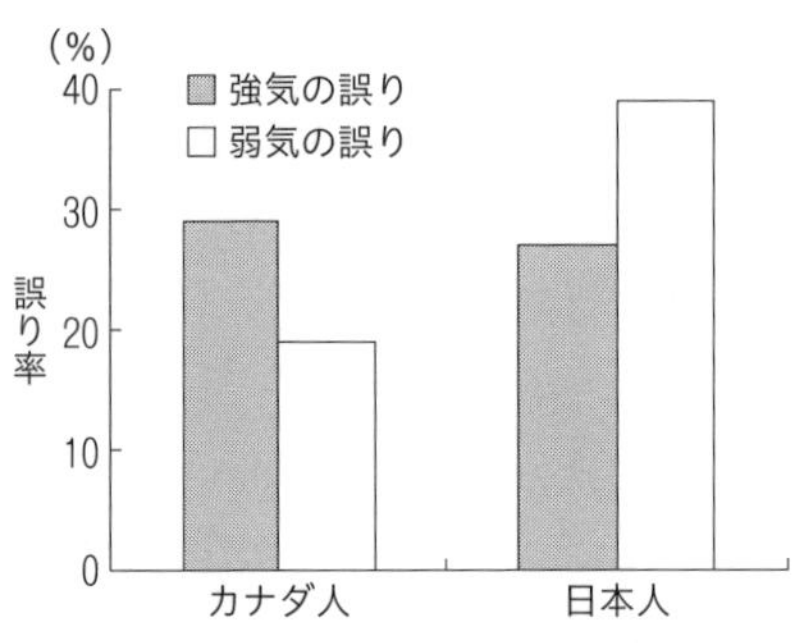

図6-6　カナダ人学生，日本人学生別に強気の誤り（黒柱）と弱気の誤りの率（白柱）を示す（Heine et al. 2000, p. 74に基づき作成）

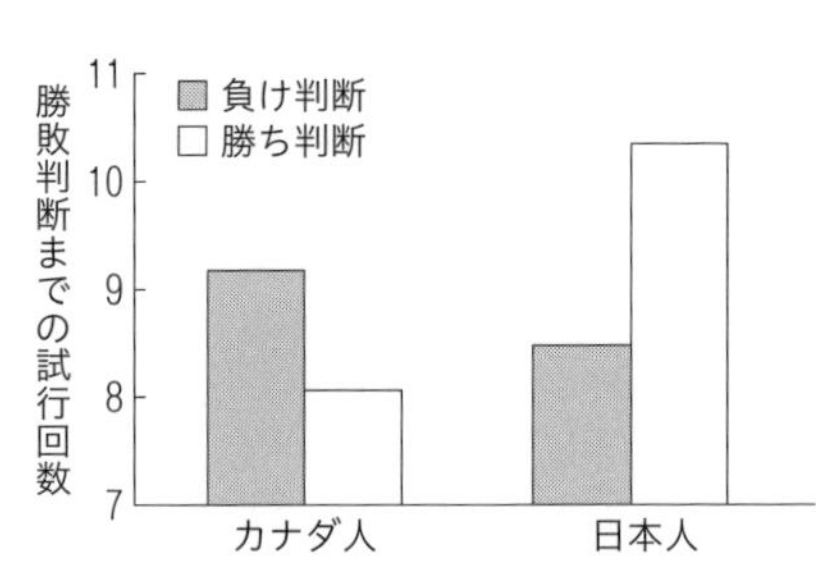

図6-7　日本人学生とカナダ人学生の勝ち負けの判断にいたるまでに要した試行回数（Heine et al. 2000, Table1 に基づき作成）

断までの逡巡の指標）が示されていますが、日本人は負けの判断には比較的簡単に達しますが、勝ちの判断はなかなか下しません。逆にカナダ人は、勝ちの判断には早くに達しますが、負けはなかなか認めようとしていません。

このような「偽装された謙虚さ」を排除して、実験参加者の態度が知らないうちに反映される実験的方法を用いた最近の他の研究でも、日本人はアメリカ人に比べて独立性が低く、協調性が高いことが示されています（Kitayama et al. 2009; Park et al. 2016）。そして、独立性が低く協調性が高い傾向が「出る杭」になることを避ける行動の基礎、独立性が高く協調性が低い傾向が「軋み音」を立てる行動の下地にあると考えられます。

個人主義的人間観 vs 社会中心的人間観

質問紙の上に日本語で

「私は誰？　私は＿＿＿＿＿です」

あるいは英語で、

「Who am I?　I am ＿＿＿＿＿.」

と書かれた行が、それぞれ20行印刷されているとしましょう。その空欄に書かれた内容の日米比較から、日米の自己観の違いを明らかにしようとしたのがカズンズ（Cousins 1989）の研究です。なおこの研究では、これまでの独立的自己観、協調的自己観にほぼ対応するものとして、個人主義的人間観（individualistic concept of the person）と、社会中心的人間観（sociocentric concept of the person）という表現が用いられています。個人主義的人間観では、人間を事態・場面から切り離された心理的属性体と考えて、事態の特殊性を超えた個々の行動の通事態的規則性（事態を超えて持続する抽象的な個人内部の属性）を追求します（例：私は誠実です、私は正直です）。これに対して社会中心的人間観（ほぼ集団主義的自己観に当たる）では、人をその関係性と相互性のなかに位置づけ、そのような相互性が経験される具体的な社会的文脈のなかでの自分に注目します（例：私は体育会の学生です、私は看護師です）。日本語の「自分」という語は、「自らの社会のなかでの分担（one's share）」を意味するといわれていますが、この人間観がよく表れています。

カズンズの研究（Cousins 1989）で、１５９人の日本人学生と、１１１人のアメリカ人学生に、このＴＳＴ（Twenty Statements Test：20答法）の日本語版と英語版を行わせた結果は、一定のコーディング法で分類されました。まず事態から独立した純粋に個人の心理的属性（pure psychological attributes）（例：正直、誠実、楽天的等々）に言及した割合を日米学生別に示したのが図６‐８Ａです。これに対して、社会的身分（例：学生、バレリーナ等）や、その他の抽象度の低い個人の特徴を表現したカテゴリー（例：身長、一過的な好み「私は動物が好き」、希望「私は○○がしたい」、日常の活動「私はよく水泳をする」）への言及の割合を合計したのが図６‐８Ｂです。

この事実は、「私」の定義の仕方の日米差を明確に示しており、アメリカ人の個人主義的人間観と、日本人の社会中心的人間観がよく表れています。なおこの事実は、やはり日米学生を対象とした最近の研究（Park et al. 2016）でも確認されています。

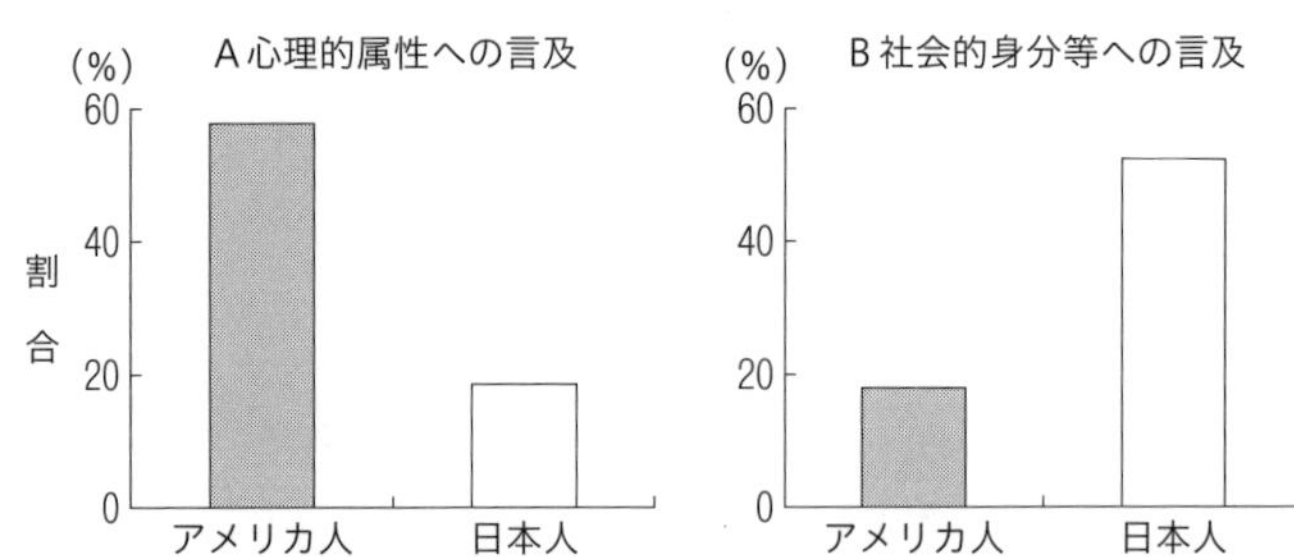

図6－8　「私は誰？」に対する回答のなかに含まれていた，純粋に抽象的心理的属性への言及の割合（A），社会的身分，その他の抽象度の低い自分の特徴に言及した割合の合計（B）（Cousins 1989に基づき作成）

注：Bのうち，社会的身分（例：「私は○○大学の学生です」）への言及のみの割合は，アメリカ9.3%，日本27.4%であった。

ただこのようなデータをみると、「日本人は抽象的思考ができないのではないか」という疑問が残ります。その疑問に答えるために、カズンズは同じ論文のなかで、次のような仮説のもとにこの疑問に答えようとしています。〝日本人学生は決して抽象的思考ができないのではない。ただ具体的場面から切り離された自分について考える習慣がない日本人にとっては、この質問は不自然ではないか。したがって「私は誰？」の質問をするときも、頭に「家庭における」、「学校における」、「親しい友人と一緒のときの」と、場面を限定して問うた方が日本人にとっては自然で、考えるゆとりが生まれるのではないか〟という仮説です。逆に、具体的場面から切り離された自分を考えることが自然なアメリカ人においては、Who am I at school？（学校における私は誰？）というような場面限定はかえって不自然で、その結果、本当の自分が失われてしまうと考えました。

　実験のデータはその仮説を確認し、抽象的心理的属性への言及の割合は、日本人の場合、場面を限定しない図6－8Aでは18.6%であったのが、場面を限定すると41.2%となり、逆にアメリカ人の場合には、同図で57.8と高かったのが25.7%と低下し、日本人の41.2%を下回りました。つまり日本人は、自分の姿を想像しやすい自然な場面では、抽象的思考ができるという結果なのです。

いずれにしても、人を社会的文脈のなかに位置づけてみる社会中心的人間観は、「出る杭」になることを避ける行動の基礎になるでしょうし、また事態から切り離された人間の通事態的持続的特性を重んずる個人主義的人間観は、取り巻く環境がどうあろうとも、「軋み音」を立ててでも自分の意見を貫こうとする行動へと導くことが予想されます。

インサイド・アウト的見方vsアウトサイド・イン的見方

ここで紹介するコーエンら（Cohen & Gunz 2002）の研究は、人が世界をみる見方には、インサイド・アウト的見方（当事者的見方）と、アウトサイド・イン的見方（第三者的見方）があると考えました。そして人間関係が重んぜられる東洋人は、自分が注意の的になっている時には人目を意識するので、その世界の見方は、外側（アウトサイド）から、つまり第三者の視点から自分（インサイド）を含む世界をみるアウトサイド・インだと考えました。これに対して独立した個が重んぜられる北米的な世界の見方は、注意の的になっていようが、なっていまいが、自分の内側（インサイド）にあるものを中心に外側（アウトサイド）の世界をみる見方、つまり当事者の視点からフィールドを見渡すように世界をみるインサイド・アウトの世界観だとしました。次の実験は、コーエンらがこの仮説を確認するために行った記憶の実験です。

実験は、欧州系カナダ人大学生117人と、アジア生まれのカナダの東洋人大学生78人を対象に、彼らが思い出す記憶の内容から世界の見方に違いがあるかどうかを調べました。参加学生は、「事故に巻き込まれている場面」、「人前でプレゼンテーションをしている場面」など、自分が注意の的になっている場面5つ、「テレビでニュース番組を見ている場面」、「健康のためにランニングをしている場面」、「集団活動をしている場面」など、自分が注意の的になっていない場面5つについて、各自の記憶のなかから具体的な出来事を思い出すことが求められました。次にそれぞれの場面について思い出した各自の具体的記憶がどれほど当事者的視点のものか、どれほど第三者的視点のものかを、［当事者的視点の記憶―第三者的視点の記憶］を両極とする連続体のうえで、自らで10段階評定させました。たとえば、「人前でプレゼンテーションをしている場面」のような注意の的になっている場面について、人目を意識しすぎてあがってしまっている場面を思い出したとすれば、連続体上での評価は人目を意識した［第三者的視点の記憶］の極に近くなるでしょう。しかし、もし思い出した記憶が、どうすれば仲間にわかりやすく説明できるだろうかを懸命に努力している自分の姿であれば、評定は［当事者的視点の記憶］に近くなるでしょう。

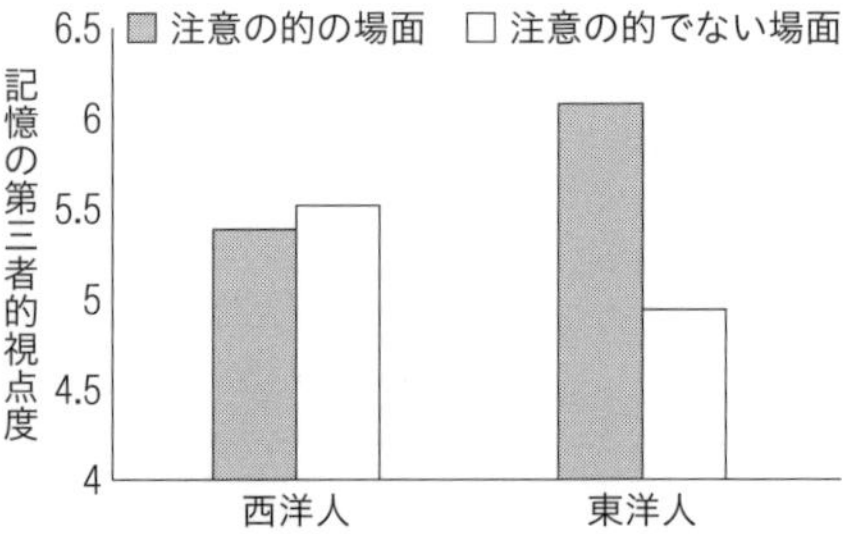

図6－9　自分が注意の的になっている場面と，注意の的でない場面における記憶の視点の平均評定値を，西洋人，東洋人別に示す（Cohen & Gunz 2002, Table 1に基づき作成）

注：高い値ほど第三者的視点。

結果は図6－9に示すとおり、西洋人は場面の違いによって記憶の視点に違いはなく、これは先行研究（Nigro & Neisser 1983）を再確認するものでした。それに対して東洋人の場合は、自分が注意の的になっている場面と注意の的になっていない場合の記憶の第三者的視点度は非常に異なり、注意の的になっている場面での記憶は人目を意識した第三者的視点の記憶であったのに対して、注意の的でない場面での記憶の第三者的視点度は低い結果となりました。

人から注目されていようがされていまいが、思い出す記憶の内容の第三者的視点度が変わらない西洋人の事実は、場面によって影響を受けない「私」、あるいは独立した自己が記憶の主体であることを示唆しているわけで、これはこれまでの展開から予想されたことでした。また、自分が注意の的になっている場合の東洋人の記憶の結果が、人目を意識した第三者的視点のものになったのも仮説どおりでした。

実はコーエンらは、先の記憶の実験に引き続き知覚の実験も行っています。結論だけを述べますと、西洋人は自分が悲しんでいると、相手の表情にも同じ〝悲しみ〟を読み取ろうとする（これを自己中心的投影といいます）のに対して、東洋人は、自分が悲しんでいると、相手の表情に、自分の悲しみを慰め・補う〝同情〟を読み取る（これを補情動的投影、あるいは関係的投影といいます）ことを明らかにしました。自己中心的投影はインサイド・アウトの見方を、補情動的投影はアウトサイド・インの知覚を意味しています。

以上、日本の自己抑制的なことわざ「出る杭は打たれる」と、北米の自己主張的なことわざ「軋み音を立てる車輪ほど油を注してもらえる」が、東西で異なる自己観にルーツがあることを、3つの立場の研究から明らかにしました。これはこれでよく理解できるのですが、気になる点が3つあります。

一つは、自己観が東西で異なるのであれば、他者観にも東西差があるのではないか、そして、これが東西において異なることわざにも反映されていないかという疑問です。2つ目は、「出る杭」になることを恐れて、自己抑制的自己表現、つまり自己卑下ばかりする日本人の自尊心はどうなるのかという疑問です。これらの疑問には、次講「旅の恥は掻き捨て」で取り上げます。

3つ目の疑問は、少し専門的な難しい疑問になりますので、後のコラム6－2で取り上げることにします。そしてこの第3の疑問に関連するのが、次に紹介する社会適応理論です。

3　社会適応理論からみた「出る杭」

社会適応理論の考え方

社会心理学は、社会のなかの人間行動の普遍的法則を追求する心理学の一分野です。社会心理学者・山岸は、文化による心の働きや行動の違いを、おかれた社会的現実のなかで生存してゆかねばならない個人の適応過程としてとらえるべきだと考えて、社会適応理論を提唱しました（Hashimoto & Yamagishi 2013, 2016; Yamagishi & Suzuki 2009）。たとえば、個は他者との関係においてのみ意味があるという集団主義社会の現実に直面すると、人は自分の生存と繁栄の資源を自らに関わりの深い他者から獲得しなければならないので、その社会的現実に相応しい適応方略が必要になります。そしてその方略の一つは、親しい他者と仲良く調和してやっていかねばならない協調性と思いやりだというのです。この調和追求性（harmony-seeking）の側面は、これまで文化心理学者によって、自己観との関係で集団主義社会あるいは相互協調的社会の特徴として強調されてきました。

しかしこの調和追求性は、集団主義社会の現実に適応するために必要な一つの条件ですが十分条件ではありません。今一つ大切な条件は、拒絶回避性（rejection avoidance）です。つまり、もしそのような社会的現実のなかで親しい他者に嫌われ、見捨てられれば、その人の生存と繁栄のための源泉をすべて失ってしまうことになるので、他者から嫌われないこと、拒絶されないことが非常に大切になります。この拒絶回避は集団主義社会にうまく適応し、嵌まり込むために必要な方略で、この側面は、従来の文化心理学では協調的自己観の核心的な要素とはされてこなかったと、山岸らは主張します。

日本には古来「村八分」という制裁があります。つまり村全体が、ある村人とのつきあいを断つ私的制裁のことですが、これは拒絶回避の恐怖のうえに成り立っている強力な罰です。本講との関係でいいますと、もし集団主義社会あるいは相互協調的社会にこの2側面があるのであれば、「出る杭は打たれる」はどちらの側面との関わりが深いのでしょうか。ある程度予想がつくでしょう。

他方、独立的自己観をもつ個人で形成されている個人主義社会への現実適応について、山岸はどのように考えているのでしょうか。従来の文化心理学では、個を、他者から切り離された独立した独自な存在として考えてきました（自己独自性、distinctiveness of the self）。それでは個が独自性をもつだけで、個人主義社会で自分の存在と繁栄のための資源を十分に得ることができるでしょうか。確かに個人主義社会では、個の利益を守るための法システムが発達していますから、自分の利益は最終的には法律が守ってくれます。つまり法律が自分の存在を守ってくれる外的資源であり、自己責任においてこの外的資源を選ぶことができます。この面では集団主義社会より進んでいるといえるでしょう。

しかし、人々の絆がそれほど強くないといわれる個人主義社会であっても、個人はその社会に適応し、自らを成功に導くためには、他者と交流し関係を拡大させなければなりません。そのためには、望ましい交流パートナーを選び、また選ばれることが重要になります。そしてそのような状態を作り出すためには、交流する相手を見極める力をもつことと同時に、独自の個を首尾一貫して伝え、相手からの信用を勝ち取り、安心して付き合ってもらえるだけの予測可能な自己をアピールする力がなければなりません。このような適応力のことを山岸らは自己表現性（self-expression）といい、自己独自性と並んで個人主義社会に適応するために必要な武器、あるいは個の側面と考えました。

そこで山岸らは、自らの適応理論に基づいて、これまでの相互協調性を調和追求性と拒絶回避性に、また自己独立性を自己独自性と自己表現性に分離し、これらの4構成要素、あるいは自己観の4側面を測定できる尺

表6-2　4側面自己観尺度と日米学生への適用（Hashimoto & Yamagishi 2016より作成）

相互協調性の2つの側面，すなわち調和追求性と拒絶回避性と，自己独立性の2側面，すなわち自己独自性と自己表現性を測定する4側面自己観尺度は，それぞれの尺度が5項目ずつで構成されています。実際に用いられる質問紙では，これらの4尺度，合計20項目の順番はランダムに配置されます。回答はすべて，1．まったく当てはまらない，から，4．どちらとも言えない，を経て，7．非常によく当てはまる，の7段階評定で行われます。

調和追求性尺度（Harmony－seeking Scale）
・私は，他の人の感情を尊重するように努めます。
・私は，他の人との調和の維持を大切にします。
・私は，たとえそれが私の得にならなくても，他の人の助けになれば幸せを感じます。
・私は，他の人と協力したとき良い気分になります。
・私は，物事を考えるとき，いつも他の人の立場に立とうと努めます。

拒絶回避尺度（Rejection－avoidance Scale）
・私は，他の人が私のことをどう思っているか気になります。
・私は，人々が私を見つめているのではないかと不安を覚えます。
・私は，私と他の人の関係がどんなものか，私の地位に比べて彼らの地位がどうなのか，よく気になります。
・私はしばしば，他の人が私のことが嫌いにならないように行動します。
・私は時々，他の人がどう思うかが非常に気になって，私が本当にしたいことをしません。

自己独自性尺度（Distinctiveness of the Self Scale）
・私は，他の人とは違う生き方をしたいと思います。
・私は，他の人とは違うことを好みます。
・私は，他の人にコントロールされないで，私自身の生き方をしたいと思います。
・たとえ自分のしたいことを諦めなければならないにせよ，私は人の助けは借りません。
・私は通常，決定は自分ひとりで行います。

自己表現性尺度（Self－expression Scale）
・私はいつも，私の意見を率直に表現します。
・私は，人の感情を傷つけないように遠回しの言い方をするよりは，私の本当に考えていることをはっきりと言います。
・私は，人と話す時には，直接かつ率直に話すことを好みます。
・私はいつも，私の立場を明確にします。
・私はいつも，自分自身の意見を持つように努力します。

度を、慎重なステップを踏んで作成しました（Hashimoto & Yamagishi 2016）。個々の項目をみていただくと、前の項で説明したことが、より具体的にわかっていただけると思います（表６－２参照）。

日米学生への尺度の適用　独立性の高い文化の典型としてアメリカを、協調性の高い文化の典型として日本を選び、両国の学生（アメリカ人112人、日本人118人）に、先の４側面自己観尺度を実施しました（Hashimoto & Yamagishi 2016）。なおアメリカ人学生には、日本語版を英訳したものが施行されました。山岸らの予測は、両国の違いは、拒絶回避性と自己表現性尺度に現れ、調和追求性と自己独自性尺度には現れないだろうというものでした。結果は図６－10に示されています。

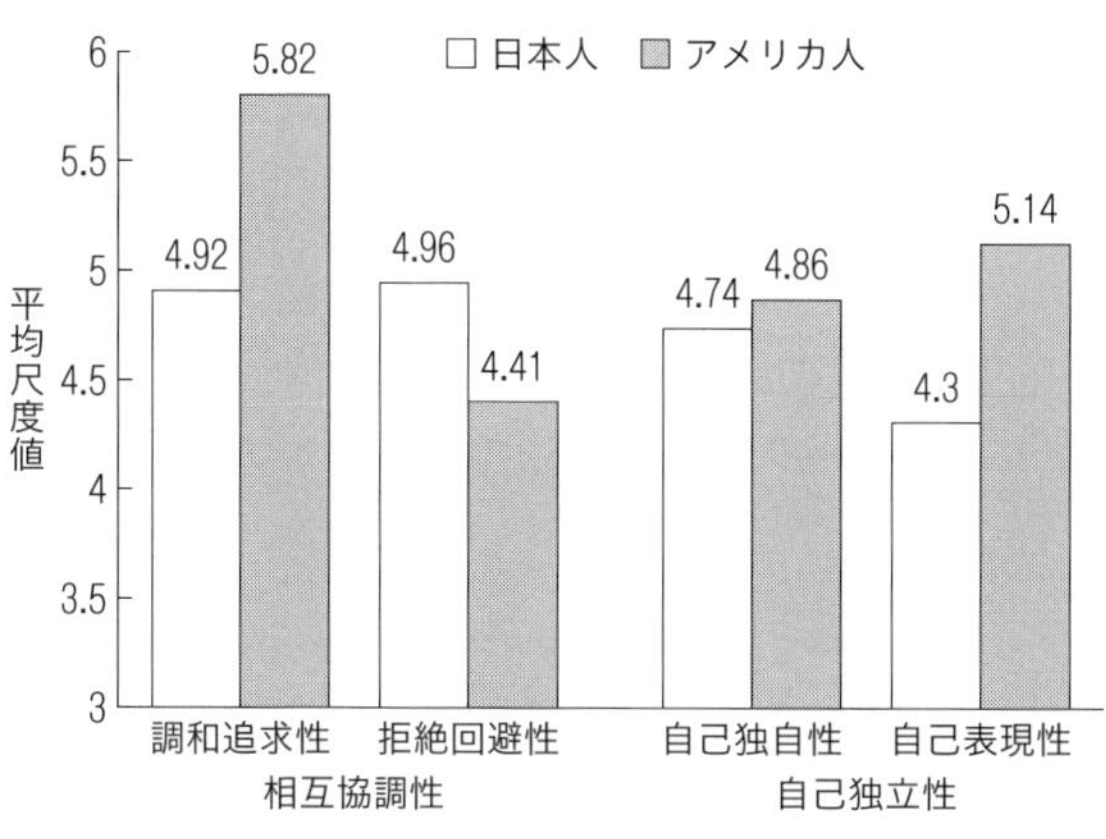

図６－10　４側面自己観尺度の日米学生への適用結果
（Hashimoto & Yamagishi 2016より作成）

最初に右側の自己独立性に目を向けますと、予想どおり、アメリカ人は日本人に比べて自己表現性で有意に高い結果ですが、自己独自性においては違いがありません。つまり、個人主義社会において単に独自であることには適応的意味はありませんが、その独自性をいかにアピールできるか、つまり自己表現力の高さに適応的意味があるという結果です。

次に左側の相互協調性に目を向けますと、拒絶回避性においては予想どおり、日本人はアメリカ人に比べて有意に高い結果になりました。つまり、集団主義社会では、仲間に拒絶されれば自己が成り立たないので適応的意味があるのです。拒絶されれば「村八分」だからです。

ところが、調和追求性については当初の予想に反して、アメリカ人が日本人を有意に上回っていました。山岸らは、人類は協力的共生によって進化してきたので、調和追求性は個人主義の社会であっても相互協調的社会であっても変わらないだろうと予想していました。ところが結果は、調和追求性はアメリカ人が日本人をはるかに上回っていたのです。これについていくつかの可能性が論じられていますが、その一つは、アメリカ人のキリスト教を背景にした道徳性、つまり普遍的隣人愛の教えの影響の可能性です（Noguchi 2007）。もう一つは、集団の仲間と協調性を保つことによって人間関係の安定性が保証されている日本人に比べて、多様な背景をもつ人が暮らすアメリカ社会に適応するためには、新しい他者との強い調和的結合の機会を求め続けなければならず、その姿がこの事実に反映されている可能性が指摘されています。実は、この一見常識とは矛盾する考えは、後にアメリカ社会の高い関係流動性（relational mobility）を強調した、文化差への社会生態学的アプローチ（socioecological approach）へと発展しています（Kito et al. 2017）。これについては、次講の第3節を参考にしてください。

このように山岸の理論をみてきますと、「出る杭は打たれる」は、日本の伝統社会に生きた人間の拒絶性回避、つまり相互協調的社会のなかで突出することに伴う社会的制裁への恐れから生まれたものであって、日本社会がもつ調和性追求を背景にして生まれたものではないことが明らかです。また、北米生まれの「軋み音を立てる車輪ほど油を注してもらえる」の背景は、北米人の強い自己表現性にルーツがあるのであって、自己独自性を背景にしたものではないことがわかります。

さらに一段高いところに立って山岸の社会適応理論と文化心理学との関係をみますと、山岸理論では、東洋でも西洋でも人は自分のおかれた環境のなかから、自分の生存と繁栄のための資源を獲得し、環境に適応するために精一杯の努力をするという行動法則は同じだと考えます。つまりこの法則には文化差はないのです。ただ東洋と西洋とでは、人々が直面する社会的現実が異なるので、適応の表現型が異なり、それが東洋と西洋とで正反対の意味のことわざが生活の知恵として生まれたルーツだというのです。つまり人の行動の法則には、一般に文化心理学が前提にしていると考えられている文化特殊性はないという立場なのです。この点が次のコラム６－２に関わってきます。

一般心理学と文化心理学

心理学は長年、人の心や行動についての普遍的法則を追求してきました。しかし文化によって自己観が違い、そのために人の心と行動の法則には文化特殊性がある、つまり人の心と行動の法則に人類普遍性がないとすると、この事実を従来の心理学とどう折り合いをつけるかという疑問が生まれます。心と行動の文化特殊性に着目して始まったのが近年の文化心理学（cultural psychology）と理解していますが、他方科学には、できるだけ少ない説明原理で多様な現象が説明できる方がよいという「思考節約の原理」があります。余分な説明を切り落とすという意味で、14世紀の哲学者・神学者のオッカムが多用したので「オッカムの剃刀（かみそり）」とも言われてきました。先の山岸の理論は、あくまで人間の行動の基本法則は同じなのですが、直面する社会的現実によって表現としての行動に違いがあるとするものですから、行動の法則の文化特殊性を認めない立場といえるでしょう。

しかし次の講でもみるように、近年の文化心理学は普遍性追求の姿勢が強くなっているようにみえます。たとえば、自己観の文化的相違にしても、それが生まれる普遍的要因を探る方向に向かっているように感じられます（第4節参照）。そして、山岸のような立場に対して文化心理学の立場からは、「社会的現実」を歴史の所産として実践されている文化的慣習としてとらえるべきであって、目の前の環境と行動の均衡維持の観点のみからみるべきではないとの主張がなされています（北山 2010）。本書コラム執筆者で文化心理学者の一言英文氏によると、この観点からは、近年、個人内にあって、行動が持続するメカニズムを文化的慣習（学習による神経構造の刈り込み）から探る文化神経科学という、社会心理学と神経科学の共同作業を生むにいたっています。

4　東西で異なる文化的自己観の源

本講では、東西に正反対のことわざがある事実を、主に東西文化で異なる自己観や、直面する社会的現実の違いから考えてきましたが、そもそもこの文化差がどうして生まれたかについては触れませんでした。東西で異なる文化差と社会的現実の違いが、どのように生まれるべくして生まれたのか。この疑問に対してはこれまでにいくつかの考えがありました。

和辻とイザヤ・ベンダサン

古くは哲学者・和辻哲郎（1889-1960）が、昭和2年に留学した際の、日本からアジア経由でヨーロッパにいたる長い船旅の体験を背景に著した名著『風土――人間学的考察』（和辻 1935）で展開した哲学的考察があります。和辻は世界を3つの風土型に分け、それぞれの風土型に対応して3つの性格型が生まれたと考えました。しかし、この興味深い先駆的な考えは、副題にもあるように、あくまで哲学的な人間学的考察ですのでここではこれ以上は述べません。

時代が下って１９７１年、イザヤ・ベンダサン（山本七平）が『日本人とユダヤ人』（ベンダサン 1971）を著わし一時話題を呼びました。彼は日本人の集団主義の原因を、稲作には気象条件的に厳しい東アジアの北端に位置する日本の稲作スタイルに求めました。つまり厳しい気象的風土的制約に打ち勝ってよい収穫を得るためには、人々は和を尊び、「右向け右」で一斉に右を向く、調和のとれた行動をしなければ生存がおぼつかない、そのために、キャンペーン型農耕システム（campaign-style agricultural system）と彼が呼ぶ農耕スタイルが生まれたとします。そして、長年この一斉行動で訓練され、一斉行動を乱す者を許容しない文化が、日本人の集団主義を生んだとしています。

なお、わが国で最初に〝憲法〟という名のつくものは聖徳太子の十七条憲法（６０７年発布）といわれていますが、その第一条は「和をもって尊しとなす」と、「和」でもって始まっています。ここに「協調・親睦の気持ちをもって話し合う」ことの大切さが強調され、最終の第十七条でもこれが繰り返されています。この発布までに、すでに千年以上の水田稲作の歴史があったことを思うと、十七条憲法ができた頃の精神と稲作は無関係とはいえないのではないでしょうか。

私と日本人論

少し私の昔話をさせてください。１９７０年代の半ば頃だったと思うのですが、国際プログラムに熱心な

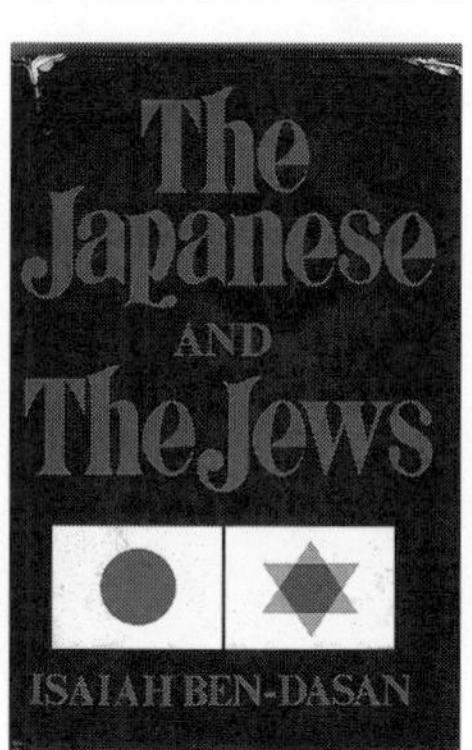

図6－11　和辻哲郎『風土』（1935/1962）とイザヤ・ベンダサン『日本人とユダヤ人』（1971/1972）の英訳本

ある外国語大学から、海外からの交換留学生のために、英語で「日本人の心理」の講義を担当してくれという依頼がありました。私は本来ガチガチの実験心理学者でしたので、心理学者とはいえ専門外とお断りしました。しかし先方は諦めず、何度も何度も電話があり、その都度お断りをしていたのですが、ある時、私が不在のときに、妻が電話に出て、「私が引き受けさせます」と勝手に承諾してしまったのです。もちろん私は大パニックです。しかしもう後へは引けない状態になっていたので、それからは死に物狂いでした。若かったのですね、夏の暑いなかよく頑張ったと思います。そして何とか秋学期に間に合い、講義を始めることになりました。始めてみると、実験心理学者らしい、事実をベースにした「原因―結果」の視点が強いクリアな講義が留学生には受けたのでしょうか、結構人気の講義になり、結局、公務で忙しくなるまでの十数年、2つの大学でJapanese psychologyを講義することになりました。

図6－11は、当時私が参考にした、和辻とベンダサンの英訳本の表紙です。懐かしいのでまだ処分もせずに手元においています。性格に影響を与える決定因として、「風土」と「生業」を性格の決定因（determinant）の可能性として取り上げたときに参考にした書物です。今、ベンダサンの本を開きますと、“there is not a minute to waste”という所に赤線があることに気がつきました。これは、厳しい気象条件のなかで稲

作に従事する日本のお百姓さんたちのことを、「一分たりとて、無駄にする時間はない」と表現している箇所です。忘れがたいフレーズで、英語でもしっかり頭に残っていました。キャンペーン型農耕システムのルーツとなっている表現の一つです。

実は、妻が私にことわりもなく強硬手段に出たのは、ネズミ相手に実験室にばかりこもっている私の〝狭さ〟を打破して、もっと視野の広い人間になってほしいと思ったからとのことでした。そして今は妻には心から感謝しています。この講義を経験したことが、後の私の大学人・教育者としての人生、また国際心理学界での活動にどれほど役立ったことか。

このように私は期せずして今でいう文化心理学のはしりに関わることになったのです。このほか、私が文化差というものに関心をもった背景には、若い頃のアメリカとイギリスへの2度の留学にくわえ、私自身が若い頃、結構「出る杭」だったことも関係があるかもしれません。

右記の和辻、ベンダサンによる2冊の名著は、**図6-11**のように、それぞれ1962年と1972年に英訳されていることからも、そこで展開されている考えが国際的な関心を呼んだものと考えられます。しかしこれら2冊の書物は、いずれも科学的エビデンスに基づくものではありません。ところが今日では、風土とそこに住まう人間の生業と、その結果として生まれる集団的性格について実証的文化心理学的研究が、社会生態学（social ecology）の名のもとでなされるようになっています（Oishi & Graham 2010; Kito et al. 2017）。最後にそのいくつかを紹介します。

近年の実証的文化心理学的研究

たとえば、これまでもしばしば引用してきた北山も共著者に名を連ねる論文（Telhelm et al. 2014）では、中国北部の麦作農業地帯出身者と同南部の水田稲作農業地帯出身者を比較し、前者は独立的、後者は協調的であることを示し、その違いが、麦作農業に比較しての水田稲作農耕の厳しさ、それ故に必要となる協力体制に由来するとしています。

また同じく北山も共著者であるウスクルの論文（Uskul et al. 2008）はさらに興味深いものです。ウスクルは、トルコの東端、黒海に面するリゼで農業と漁業を生業にする14ヶ村の農民と漁師、そこから150キロ東の山岳地帯アルトウィンで、山羊、羊、牛などの牧畜（herding）に携わる10ヶ村の遊牧民を対象に、住民の認知傾向についての実験的研究を行いました。この研究が特に興味深いのは、同じ国のほぼ同じ地域に住み、同じ言葉を話す同一人種のなかで、性別、年齢、教育歴、婚姻状態、世帯年収が同程度の者を対象に、従事する経済活動のみが異なる男女を対象に注意深く行われた実験的研究であることです。

彼らは次のような仮説を立てました。農民と漁師の社会は、密接に結びついた人間関係のなかで、お互い助け合いながら生きなければならない相互協調的社会なので、そのような社会システムのなかで培われるのは全体的思考様式（holistic mode of thought）だと考えられます。なぜなら、そのような社会で生きる個人は、幅広い様々な社会的手がかりに敏感でなければならず、それが物的世界をみるときの全体的見方に反映されるというのです。つまり相互協調的社会では、大きくフィールド全体に目配りする認知傾向が必要だとしています。

他方遊牧民は、人々の間の協力はさほど必要とせず、物事を自己決定し、自律性が高く、農業のように土地に縛られず、社会的役割に拘束されない独立的個人からなる社会システムを作り上げていると考えられます。そしてそのような社会システムで培われるのは分析的思考様式（analytic mode of thought）だといいます。なぜなら、そのような社会では、他人のことをあまり気に掛けることなく周りの事物に目を向けることができるので、事物の属性や、属性の共通性からルールを見出しカテゴリー化するなどの分析的な思考様式が生まれる

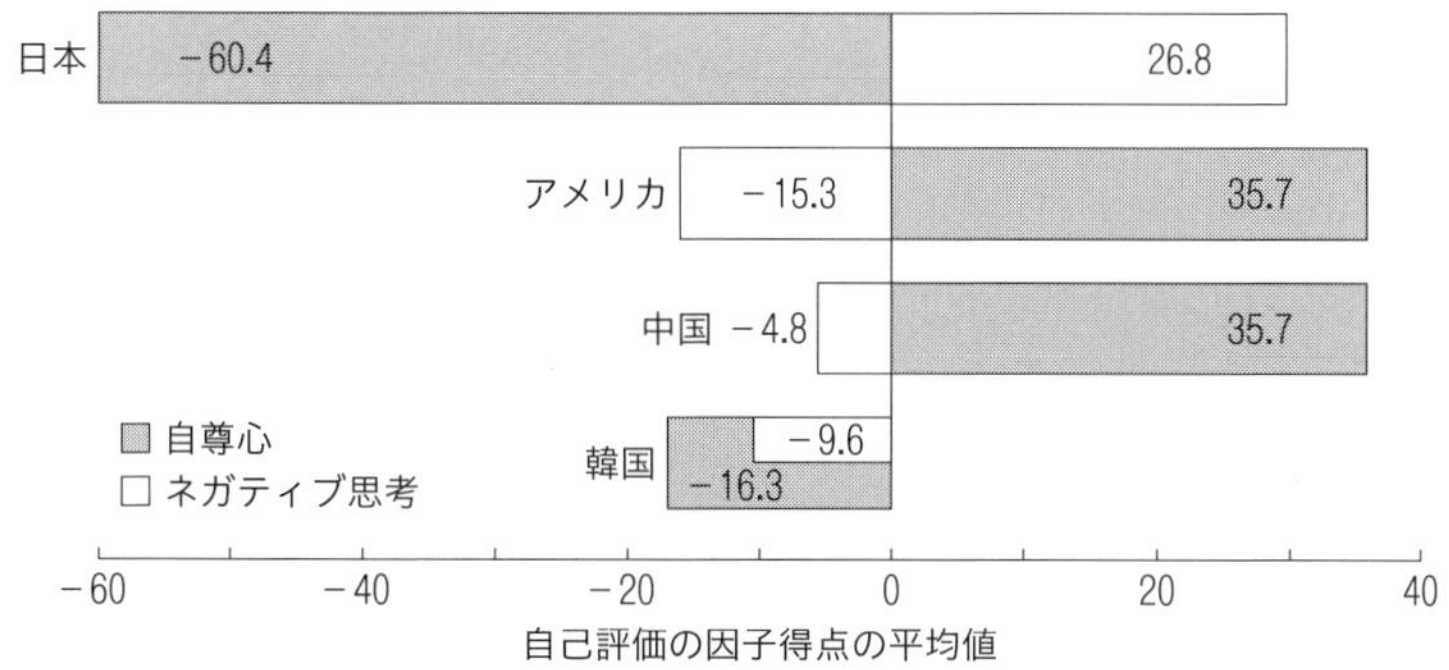

図6-12　日米中韓4ヵ国の高校生の自尊心とネガティブ思考（国立青少年教育振興機構 2015）

からだといいます。

個々の実験への言及は控えますが、結論だけを言いますと、彼らは3種類の実験課題を用いて、風土的・地理的条件のなかで生まれた異なる生業（生存経済活動）が、異なる集団的性格を生み出していることを実験的に証明したのです。

5　おわりに

本講の前半では、日本の自己抑制的なことわざ「出る杭は打たれる」と、アメリカの自己主張的なことわざ「軋み音を立てる車輪ほど油を注してもらえる」が、それぞれ日本人を含む東アジア人と、アメリカ人やカナダ人といった北米人で異なる自己観にルーツがあることを中心にみてきました。しかしその過程で私が疑問に思ったのは、いくつかの研究で東アジア人が一括して北米人と比較されていることでした。つまり同じ東アジア人でも、中国人と日本人とでは随分違うところがあるのではないかという素朴な疑問でした。そこで最後に「東アジア人の中の日本人」を問題にしたいと思います。

図6-12は、国立青少年教育振興機構が2015年に行った「高校生の生活と意識に関する調査報告書――日本・米国・中国・韓国の比

較」のなかから、自分自身をどれほどポジティブあるいはネガティブにみているかを調査した結果の一部です。

図では、日本人の際立って低い自尊感情が、マイナス方向への長い灰色の柱で、また際立って高いネガティブ思考が、プラス方向への長い白柱で表されています。対極にあるのがアメリカと中国で、高い自尊心がプラス方向への長い灰色柱で、低いネガティブ思考が、マイナス方向への白柱で表されています。そして日本と多少類似の傾向がみられるのが韓国です。その他の調査結果をみても、同じ東アジア人でも日韓の類似性は高く、中国はかなり異なるようです。たとえば、2019年の同機構の調査でも、「私は他の人々に劣らず価値ある人間である」に対して「よく当てはまる」と答えたのは、低い方から順に、日本12.4%、韓国33.9%、米国46.1%、中国50.9%でした（国立青少年教育振興機構 2019）。さらに山口らの研究（Yamaguchi et al. 2007）でも、アメリカ人と中国人の高い自尊心と、日本人の低い自尊心が明らかにされています。

なお自尊心については、次講の第4節も参考にしてください。

人間愛こそ恐怖の解毒剤？

——「恐怖は常に無知から生まれる」

社会心理学
有光興記

これは、アメリカの思想家、作家、詩人のエマソン（Ralph Waldo Emerson, 1803-1882）の名言です。1837年にハーバード大学で行われた「アメリカの学者」と題した演説から名言として引用されています。原文は、「Fear always springs from ignorance」です。エマソンは、当時の学問の多くがヨーロッパの受け売りで、これからのアメリカの学者は自分の能力を信じ、独創的な研究を行うべきと主張しました。そうした趣旨の講演のなかで、学者であるならば、危険が迫っているのに目を逸らしていては恐怖が悪化する、だから自由かつ勇敢に研究に打ち込むべしと述べたのです（『エマソン論文集（上）』、岩波文庫、一九七二年より）。

学者に限らず、私たちが目をそらしている問題の一つに、他者への偏見があります。私たちは生きるために、自分にとって有利な仲間を優遇し、良く知らない人や異なる特徴をもつ人たちを恐れ外敵とみなし排斥する傾向があります。歴史的に人種差別や性差別、障害者差別は例に事欠かないですし、近年もアメリカで「black lives matter」という黒人差別に対する社会運動があったばかりです。無知から恐怖、恐怖から偏見が生じるのなら知識を深めればよいと思えます。そうした考えから、人種差別に対抗するために様々な教育や啓もう活動が行われてきました。ですが、現在も差別偏見の事例が絶えないことを考えると、もっと有効な方法がないのかと思えてきます。そこで、慈悲の瞑想（loving-kindness meditation）を用いて偏見解消を目指した実験研究をご紹介したいと思います（Kang et al. 2014）。

慈悲の瞑想は、自分や他者に何度も思いやりの気持ちを向け、その共通性に気づく瞑想法です。瞑想中は、自分や親しい人、さらに嫌いな人や集団も含めて特定の対象をイメージして、「○○さん（自分自身）が幸せでありますように」と心の中で何度も願い、沸き起こってくる温かい感情に気づくようにします。さらに、親しい人に対する慈しみの気持ちを、これまで考えるのも嫌だった人や苦手な人にまで広げて、その人たちも自分と同じで時には間違ったことをしてしまう一人の人間であることに気づき、嫌悪や憎しみでなく慈しみの気持ちを向ける練習をします。

実験研究に話を戻すと、慈悲の瞑想を行う〈慈悲の瞑想条件〉では、1週間に一度、グループで瞑想を行わせ、さらに個別に1回20分、週当たり5日間の瞑想を6週間にわたって行ってもらいました。対照条件としては、6週間瞑想はせずにいる〈待機条件〉と、1週間に一度グループで慈悲の瞑想について調べ発表し討議する〈ディスカッション条件〉の2つが設けられました。偏見の指標としては、黒人に対する人種偏見、ホームレスのような貧者に対する偏見、の2つについて直接質問する顕在的指標のほかに、潜在連合テスト（implicit association test: IAT）（第7講第4節も参照）による潜在的指標の2つが用意され、6週間の前後で実施されました。IATでは、連合学習の課題を用いて黒人またはホームレスに対して気づかないでもっている潜在的な悪いイメージがスコア化されました。

さて、実験の結果ですが、人種、貧富の顕在的指標はどの群でも6週間で変化がありませんでした。一方、潜在的指標に関しては、人種、貧富ともに3つのグループの中で〈慈悲の瞑想条件〉でのみスコアが減少しました。**図1**は人種に対する潜在的な偏見の強さ（Dスコア）の変化を示しています。

すなわち、自分や他者に何度も思いやりの気持ちを向けることで偏見が解消されたのです。一方、〈ディスカッション条件〉に効果がなかったことから、知識を増やし頭で考えて発表することは偏見の低減に有益でない可能性が考えられます。この結果は、知識（knowledge）ではなく人間の本質を知ること、すなわち智慧（wisdom）をもつことの重要性を示しています。エマソンは「人間に対する畏れ、人間に寄せる愛こそ、いっさいをとりまく防壁、喜びの花輪でなければなりません」とも述べましたが、心理学の研究からも人間愛が偏見のような毒から私たちを守ってくれるといえるでしょう。

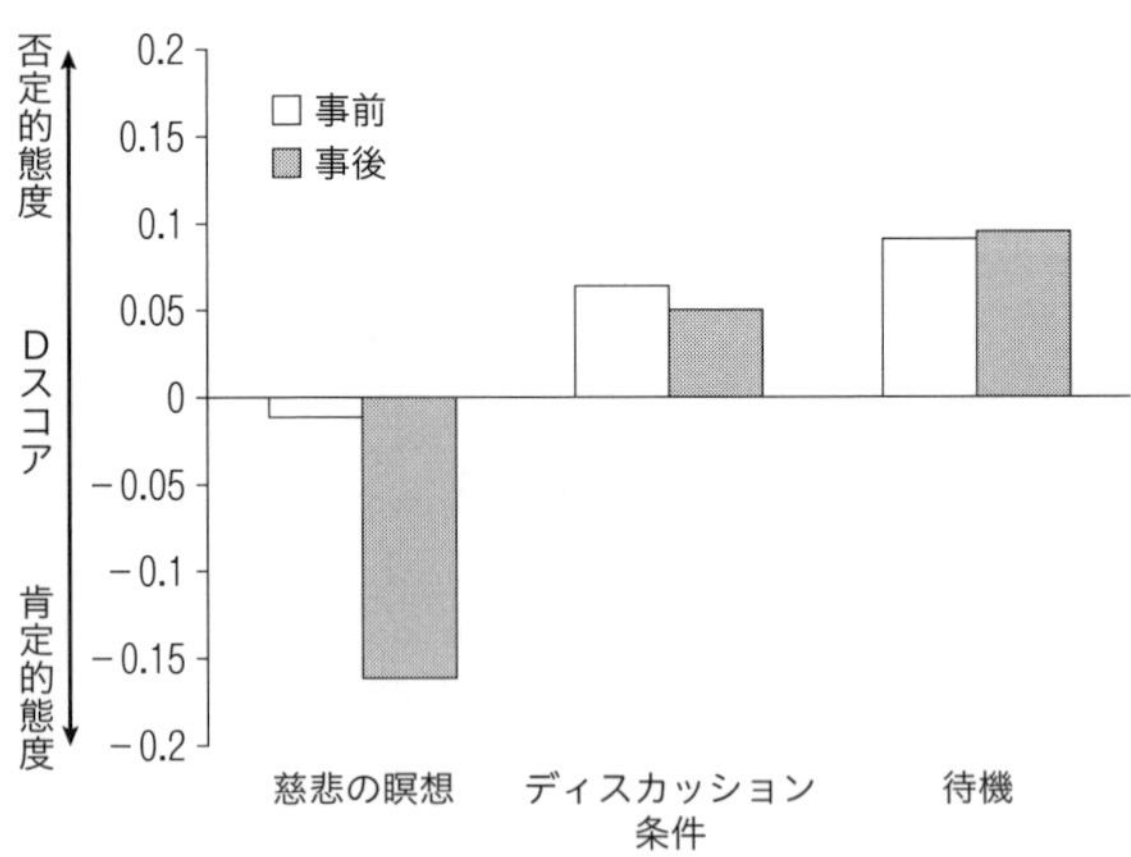

図1　各条件における人種IATの結果（Kang et al. 2014より作成）

注：Dスコアは，全体の平均値が0で，プラスの値の場合に黒人への偏見が強いことを意味する。

第7講

なぜ人目が気にならないと恥さらしなことをするのか？

――「旅の恥は掻き捨て」

社会心理学、文化心理学

【名言・格言・ことわざ辞典】旅先では、知人もいないし、長く滞在もしないので、恥もその場限りで済む、意。解放感も加わり、普段なら、やりそうもない恥さらしのことも平気でやるようなことをいう。（ミネルヴァ書房）

はじめに

本講も前講に引き続いて、わが国に特徴的なことわざを取り上げます。前講の「出る杭は打たれる」では、協調的社会に生きる日本人の自己抑制を奨励する自己観が背景にあることをみました。しかし自己観には東西差があり、北米にはこれと正反対の自己主張を奨励することわざがあるのもみました。しかし自己観に東西差があるならば、他者観にも東西差があってもおかしくないのではないでしょうか。

自己を取り巻く他者の世界を日本人はどうみているのでしょうか。それは西欧人の他者観とは異なるものなのでしょうか。実は私は兼ねてから、「旅の恥は掻き捨て」は日本人の他者観をよく反映していることわざではないか、そしてこれは西欧にはないのではないかと思っていました。日本人は「出る杭」になるのを恐れる一方で、「杭」になることが一向に気にならない世界ももっているのではないか。「旅の恥は掻き捨て」はその表れではないかと思っているのです。そこで本講の前半では「旅の恥は掻き捨て」に関わる諸問題を取り上げます。

そして後半では、本来、前講の「出る杭」で取り扱うべきであった日本人の自尊心の問題を取り上げます。「出る杭」になることを恐れて自己抑制・自己卑下ばかりしていて、私たちは自尊心を保つことができるのでしょうか。後半ではこの疑問に挑戦します。

1　日本人は他者の世界をどうみているのか？

コーエンらの研究（2002）

図7－1を覚えている人もおられるでしょう。前講の図6－9（Cohen & Gunz 2002）と同じものです。コーエンらは、人が世界をみる見方には、インサイド・アウト的見方（当事者的見方）と、アウトサイド・イン的見方（第三者的見方）があると考えました。少し復習しておきましょう。

アウトサイド・イン的見方は、人間関係が重視される東洋人の見方で、自分が注意の的になっているときには人目を意識するので、その世界の見方は、第三者の視点（アウトサイド）から、自分（インサイド）を含む世界をみるアウトサイド・インだと考えました。これに対して、独立した個が重んぜられる北米人の見方は、注意の的になっていようが、なっていまいが、自分（インサイド）中心に外側（アウトサイド）の世界をみるインサイド・アウトの世界観だとしました。

そして、欧州系カナダ人学生と東洋系カナダ人学生が、自分が注意の的になっている場面と、そうでない場面について思い出す出来事について、「第三者的（アウトサイド的）視点度」を測った結果が図7－1だったのです。

結果は予想どおり、東洋人学生は、図にみられるように、自分が注意の的になっている場合には、高い黒柱が示すように、人目を意識したアウトサイド・イン的、つまり第三者的視点の見方が強いものでしたが、自分が注意の的になっていない場合には、第三者的視点度は低く、人目を意識していません（低い白柱）。他方、欧州系学生が世界をみる視点は、左側の2本の柱が示すように、自分が注意の的になっていようが、なっていまいが、思い出す記憶の第三者的視点度はともに低く変わらず、いつも世界を自分中心にみていることが示されました。

実はこのグラフには、元論文では注目されていない興味深い事実がみられます。それは、「左の白柱」＞「右の白柱」の事実です。つまり東洋人の自分が注意の的になっていないときの第三者的視点度の白柱は、西洋人の白柱に比べると、統計的に有意差があるほど低いものだったのです。これは、東洋人は、自分が注目されていないと、仮に周囲に人がいたとしても、いないと同然の無視できる存在であることを示唆しているのではないでしょうか。そしてこれはまさに「旅の恥は掻き捨て」を思わせる事実であり、日本人が赤の他人をどうみているかに関わる現象ではないかと思うのです。

この第1節では、日本人の行動が、人目を意識する場合と人目を意識しない場合とで反対の行動をとること、つまり日本人は、状況によって非常に恥に敏感になる場合と、恥知らずになる場合

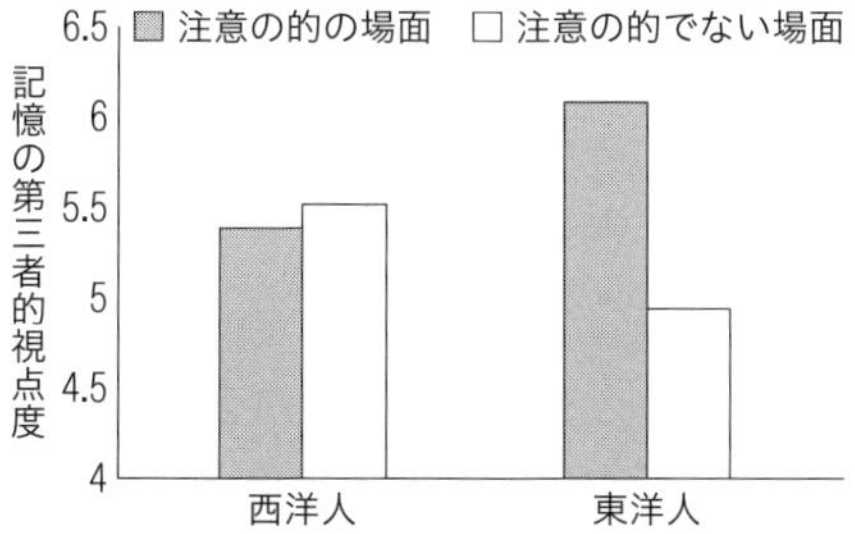

■ 注意の的の場面　□ 注意の的でない場面
記憶の第三者的視点度
6.5
6
5.5
5
4.5
4
西洋人
東洋人

図７－１　自分が注意の的になっている場面と，注意の的でない場面における記憶の視点の平均評定値を，西洋人，東洋人別に示す（Cohen & Gunz 2002, Table 1に基づき作成）

注：高い値ほど第三者的視点。

があるという、日本人の二面性を問題にします。

日本人の住む3つの世界（土居 1971）

名著『甘えの構造』を著わした精神医学者であった土居健郎（1920〜2009）は、われわれ日本人は3つの世界に住んでいると考え、「私」を図7-2のように3つの同心円の中心に据えました。表7-1はこの3つの世界の性質を私なりに要約したものですが、少なくとも私世代の多くの日本人はこの表を眺める

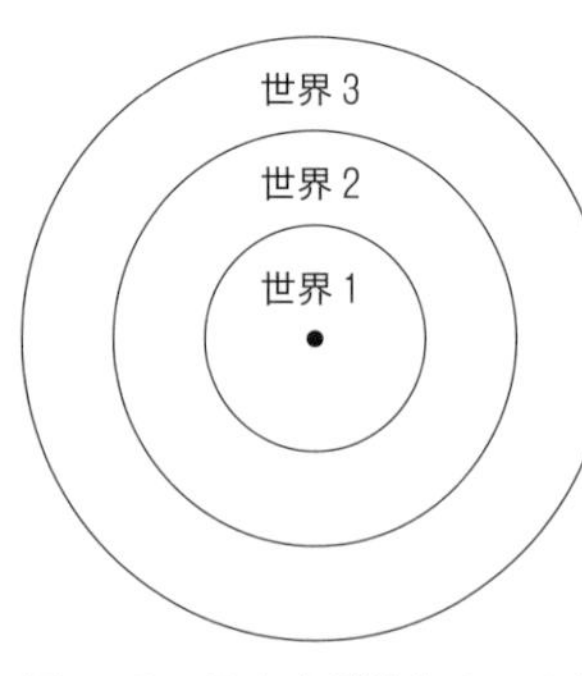

図7-2　日本人が住む3つの世界を表現した3つの同心円。中心の点が「私」（土居 1971の考えに基づき筆者が作成）

だけで、土居の考えがある程度理解できると思います。

簡単に言いますと、これは、日本人の生活には「内」と「外」があり、その中間に「外」ですが「内」の世界（世界2）があり、同じ人間でもこの2つの「外」の世界（世界2と世界3）での行動の仕方が違うとする考えです。特に世界2は日本人に特徴的なものであり、日本的な自己観・人間観・世界観に関連した諸現象が展開されるのも主にこの世界といえます。

土居は、日本人の「甘え」（分離不可能なまでに一体化した温かい密な人間関係を支配する心情、あるいは、他者の好意に依存し、それを当てにすること）の原型は母子関係、あるいは親子関係にあるとします。この関係は最も内輪の世界1の関係ですが、この内輪の心情は日本の伝統社会では、その一つ外の世界、——上役—部下、先生—学生、先輩—後輩のような——形式的には外の世界2の関係においても理想とされてきました。ここに公私・内外が混じり合った、伝統的日本社会に独特の世界が展開されることになります。親のように包容力があり面倒見のよい上役とか先生の姿は、かつてはわが国では理想とされてきました。実は日本人にとってうま

表７-１　３つの同心円で表される日本人の住む３つの世界の特徴
（土居 1971の考えに基づき筆者が作表。ただし最下段の自己卑下は筆者による追加）

世界	世界１	世界２	世界３
内・外（形式的）	内	外	外
内・外（心理的）	内		外
関係の具体例	家族・血縁関係 母―子 父―子	近しい社会的関係 上役―部下 先生―学生 先輩―後輩	無関係 他人―他人
	親子関係	疑似親子関係	他人との関係
心理的絆	有り		無し
甘え 関係に伴う心情	有り		無し
	自然発生する 完全な一体感情	社会的関係で発生することが期待されている一体感情	
	人情	義理 （公的関係で感じる人情）	無関心・時には敵意
遠慮	無し	有り	無し
羞恥心	無し	有り	無し
自己卑下	無し	有り	無し

くいけば心地よいのですが、場合によっては気疲れで生きづらくなるのが世界２なのです。ここは相手にどう思われるか（人目）が気になる世界だからです。そして世界２の外側に、無関係な他人の住む、冷たさと無関心、時には敵意が支配する、いわばどうでもよい世界３があるのです。

なお友人、仲間は定義により世界２の関係ですが、世界２に特徴的な上下関係が少ないので表の「関係の具体例」から省きました。

なお**表７-１**で興味深いのは、下の方にみられる「遠慮」の有無です。土居によりますと、世界１は親子のように関係が密すぎるので遠慮は存在しません。また世界３は無関係の世界なのでこれまた遠慮など存在しません。そして遠慮が存在するのは、公私が混じり合った世界２なのです（コラム７-２も参照）。佐々木ほか（2005）も、羞恥心は人間関係が親しすぎても疎遠すぎても起こらず、その中間の心理的距離にある人間の世界で起こるとしています。また石黒・村上（2007）の研究は、世界1の配偶者同士では自己卑下が起こらないことを示しています。表7－1の最下行は、この事実に基づいて付け加えました。

世界2と世界3で異なる日本人の行動

この土居の考察に照らしますと図7－1の事実が理解できるのではないでしょうか。つまり第三者の目が気にならない世界3では、「旅の恥は掻き捨て」的行動が起こります。ここでは「出る杭」になることは一向に気になりません。遠慮も羞恥心もないのですから。そして自分が見られていることが気になる世界2では「出る杭」にならないように自己を抑制するのです。

ベネディクトの『菊と刀』 実は、日本人論の古典を著わしたベネディクト（Ruth Benedict, 1887－1948）が、その名著『菊と刀』（Benedict 1946）のタイトルで表現したかったのは、同一の日本人であっても、時と場合（世界2か3）によって、穏やかで美しい「菊」のようであったり、激しく闘争的な「刀」のようになる日本人の矛盾する側面だったのです。加えて、長く身分社会であった日本では、「上見てヘイコラ、下見て横柄」という、上下による行動の使い分けもみられます。そしてこれらが、アメリカ人のベネディクトには理解困難だったことは、彼女が同書の冒頭に［奇怪至極な「しかしまた」の連発］（長谷川訳）（“the most fantastic series of 'but also's'”）と表現する「しかしまた」の長いリストをあげていることでもわかります。そのリストの一部の要点を紹介しますと、

〝日本人は礼儀正しい国民である、しかしまた（but also）不遜で尊大である。日本人はこの上もなくかたくなである、しかしまたどんな新奇な事柄にも容易に順応する。日本人は従順である、しかしまた上からの統制になかなか従

わない。日本人は忠実で寛容である、しかしまた不忠実で意地悪である。日本人は真に勇敢である、しかしまた臆病である。日本人は他人の評判を気にかける、しかしまた恐ろしい良心をもっている。日本人は命令に従順なロボットである、しかしまた命令に服さず公然と反抗する。日本人は西欧の学問に熱中する、しかしまた熱烈な保守主義である。日本人は美を愛好し菊づくりに秘術を盡す、しかしまた刀を崇拝し武士に最高の栄誉を帰す。〟

ベネディクトが育ったアメリカは、キリスト教を下地にもつ文化です。キリスト教の普遍的隣人愛の教えでは、ある所で許されないことが他の所で許されたり、目上の者には礼儀正しいが目下の者には尊大・横柄ということは、理想としてはあってはならないことなのです。神様の下では皆横一列、平等で、上もなければ下もない、内もなければ外もないのです。威張る、横柄なクリスチャンなど、本当はあり得ないのです。前講の**図6-10**で、アメリカ人の調和追求性は日本人より高い事実をみましたが、この事実はキリスト教のこの普遍的隣人愛の表れではないかと私は考察しました。そして、この普遍的絶対的行動基準の文化を背景にもつベネディクトの目には、「内」「外」、「上」「下」で異なる日本人の行動基準の相対性は奇怪至極だったのでしょう。

図7-3は40年も前の阪急電車の車内ポスターです。公共の乗り物の利用者のマナー向上を目指したもので、たとえ周囲に知った人が居なくても（世界3）、守るべきマナーはしっかり守りましょうと若者に訴えています。「旅の恥は掻き捨て」を戒めているのです。

実験的エビデンス　冒頭の**図7-1**でみた事実は、日本人は、他人が自分に関心を寄せている世界2と、自分に関心をもつ人が誰もいない世界3とでは、異なる生き方をしていることを示唆していました。土居理論を背景にしてこれを実験的に証明しようとしたのが次の高田（Takata 2003）の研究です。

高田の実験（2003）　高田（Takata 2003）は、彼自身も共同研究者であった、ハイネらのカナダ人と日本人を対象にした実験（Heine et al. 2000）と事実上同じことを、日本人を対象に行いました。高田の実験では、世

図７－３　1979年11月の阪急電車内のポスター

注：時代のせいか少し男性優位を思わせるが，格好良さと恥ずべき行為を対比させた，よくできたポスターと思う。阪急電車のご好意で頂いて保存していたものの１枚。阪急電車のご好意により掲載。

界2の人間である仲間を、情緒的絆のない世界3の人間に転換させるために、仲間を自分とは利害が一致しない競争相手に仕立てる方法をとりました。詳しい実験方法は前講で詳しく述べていますので（p. 178-179）要点のみを紹介しますと、2段階からなるこの実験は、一般教養の「心理学」の受講学生を対象に二人一組で個別に行われました。段階1では知能テストを装った課題が20試行与えられましたが、〈競争条件〉では、並行して別室で同じ課題を行っている相手と、賞を目指して競争していると伝え、〈非競争条件〉では、競争とは言いませんでした。実験に参加した男女大学生の組は、この2条件にランダムに配置されました。

実験の段階2は「不確かさの中での判断」を求めるもので、段階1（全20試行）の毎試行のテスト成績と偽って、自分の成績と相手の成績が並べてディスプレイ上に順次提示され、どれほど早く自分が相手に全体として勝ったか負けたかを、十分な情報を得たと思ったときに報告させるものでした。ここで各条件は〈優位条件〉と〈劣位条件〉に二分され、〈優位条件〉では、全体として当人が優位になる（勝つ）ように、〈劣位条件〉では逆に劣位になる（負ける）ように、ディスプレイ上の得点対が操作されていました。ただしどちらの条件の得点対も、非常に判断がつきにくいように設定されていました。

そのような条件のもとで、自分が相手に勝ったか負けたか、どれほど早く勝ち負けを判断したかの結果を、前講の**図6－7**にならって示したのが**図7－4**です。なお結果はハイネらの前実験同様、優位条件で正しく自分が勝ったと判断した者、劣位条件で自分が負けたと正しく判断した者に限定しました。

図7－4の右半分の〈非競争条件〉で、相手が競争相手でない世界2の仲間の場合は、**図6－7**の日本人学生の結果と同様に、負けは早くに認めていますが（低い黒柱）、自分が相手に勝っているという勝ち判断にはなかなか達していません（高い白柱）。つまり弱気な自己抑制的な決定をしています。しかし左半分の〈競争条件〉で、情緒的絆が失われて、相手が世界3の人間のようになった場合には、**図6－7**のカナダ人と同様に、勝ち判断にはすぐに達していますが（低い白柱）、負けはなかなか認めようとしていません（高い黒柱）。つまり強気の自己高揚的な決定をしています。

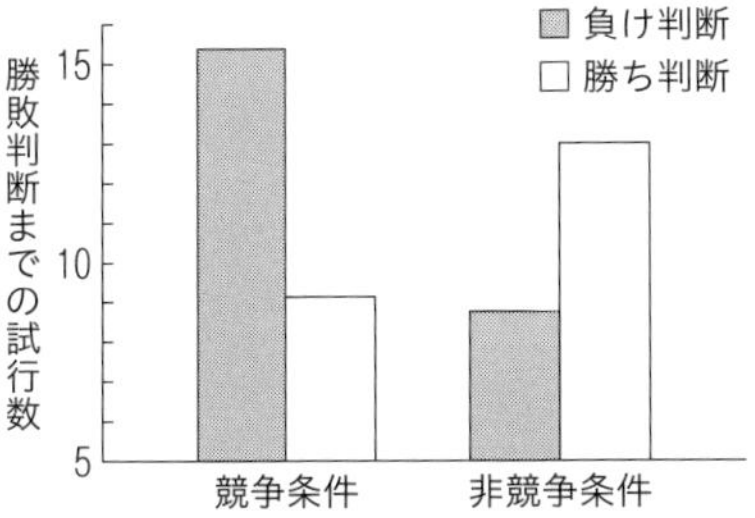

図7－4　日本人は，情的絆のある相手の場合（〈非競争条件〉）には自己抑制的になり，情的絆のない相手の場合（〈競争条件〉）には自己高揚的になる（Takata 2003 に基づき作成）

日本人は、情緒的絆のある世界（世界2）と情緒的絆のない世界（世界3）とでは、異なる行動傾向を示すことをこの実験結果は明らかに示しているのです。

ウィリアムズと荘厳の実験（1984）　目の前に長さの異なる3本の見本線分と、その内の1本と同じ長さの比較線分が横に並んでいるとき、誰でも、3本のうちのどれが比較線分と同じ長さかを間違いなく答えることができます。そういう簡単な課題で、6人のサクラの実験参加者が、実験者に指示されてわざと誤って答えたとしますと、その後に答える本物の実験参加者は、誤りであることがわかっていても、サクラの答えに引きずられて誤った答えをする同調行動が起こります。これは心理学史上有名な、アッシュによる集団圧力下での同調行動の実験（Asch 1955）として有名です（今田 2015に詳しいのでご参照ください）。

この実験をベースに、ウィリアムズと荘厳（Williams & Sogon 1984）は、日本の大学生を対象に、サクラが同じ大学の学生と偽った他大学の見知らぬ学生の場合と、同じ大学の同じクラブ（野球部と剣道部）のよく知った仲間の場合とで、同調行動がどう異なるかを調べました。結果はサクラが世界2の仲間の場合の同調傾向は、サクラが世界3の見知らぬ大学生の場合のほぼ2倍でした。さらにアッシュの元論文（Asch 1956）と比べると、同調率は、友人条件（世界2）ではより高く、見知らぬ他者条件（世界3）ではより低い結果でした（Williams & Sogon 1984, Table 2）。冒頭の図7－1と同じパタンです。

これも日本人が世界2と3を区別していることを明確に物語っています。

アイエンガーとレッパーの実験（1999）　アメリカのアイエンガーらの実験（Iyengar & Lepper 1999）も、重要な他者（仲間内）と無関係の他者（仲間外）のもつ影響力は、欧州系アメリカ人の場合には違いませんが、アジア系アメリカ人の場合には明白に異なることを明らかにしています。この実験は、次の第8講のことわざのもとでも紹介します。

以上の諸実験は、日本人は相手との情緒的絆のある世界2と、競争相手のように絆がない世界3を区別し、それぞれの世界に住む人間に対して異なる行動を示すことを明らかにしています。土居説を支持する事実といえるでしょう。またベネディクトに倣いますと、日本人は世界2では〝菊〟、「しかしまた」世界3では〝刀〟

と言うことができるでしょう。そしてこれらの事実は、世界３における日本人の「旅の恥は掻き捨て」的行動の理解を助ける事実といえます。

2　北米人は他者の世界をどうみているのか？

他者の世界は一つ？

それでは北米人には、日本人における「内」と「外」、世界1、世界2、世界３の区別はないのでしょうか。もっとも、もしあったとすれば、ベネディクトは日本人の矛盾した行動をみて、「奇怪至極な「しかしまた」」と言わなかったでしょうし、『菊と刀』を世に出すこともなかったはずです。

しかし、だからといって北米人が常に自分の信念をつらぬく矛盾のない行動ばかりをしているわけではありません。集団のなかでは人は無名化し、目立たなくなるため、一人のときには考えられない行動をすることがあります。大胆になったり、ルール違反をしたり、無責任になったり、責任回避をします。つまり普段とは矛盾する行動をするのです。そして西欧人におけるこのような矛盾行動の実例は「赤信号皆で渡れば怖くない」のことわざのもと、今田（2015）で数多く示しました。しかしこれらの矛盾は、ベネディクトをして「奇怪至極」と言わしめるような「しかしまた」ではなく、万人共通の社会心理を基盤とした理解可能なものでした（今田 2015参照）。

また北米にも in-group（仲間内）と out-group（仲間外）の区別はあります。また we-ness（われら意識）という言葉もあるように、we と we 以外を区別することもあります（Levine et al. 2005）。しかし先に触れたアイエンガーとレッパー（Iyengar & Lepper 1999）の実験は、他者が個人に与える影響力は、アメリカ人にとって in-group の母親さえも、out-group の他人と異ならないことを示しています。つまり自分の母親さえも他人の一人にすぎないことが示唆されているのです。他方日本人では、世界1の人間である母親と世界3の見知らぬ他人とでは、その影響力は明白に異なっていました。また、重要な他者を、世界1の母親から世界2の親友に置き換えても、親友は母親と同様の影響力をもつことも示されました。これは、日本人にとっては母親を含む家族や親しい仲間は他人ではないのに対して、北米人にとっては、自分以外はすべて他人であることを意味しています。

ただ本講の末尾に示す実験（Kitayama & Uchida 2003）では、アメリカ人も、他者の世界を2つに分けていることをうかがわせる事実もあります（図7-11B、図7-12B比較）。本項の見出しに「?・」を付した所以です。

自己卑下と謙虚さは同じではない

しかし、アメリカ人にとって他人の世界は一つといっても、相手が友人（friend）か見知らぬ他者（stranger）かで行動は同じではありません。また敬意を表すべき人には礼を失しない行動をとります。ただこれは謙虚さ（modesty）というべきもので、自己卑下とは区別しなければなりません。

自己提示の一つとしての自己卑下は、英語では様々な表現がありますが、自分に対して批判的になり、自分の価値を貶め、自分をネガティブにみる表現には、self-criticism（自己批判）、self-derogation（自己減損）、self-depreciation（自己減価）、negative self-regard（ネガティブ自己観）などがあります。また、マイナスまでいかないまでも、「出る杭」にならない程度の自己提示として、ゼロ化ともいうべき self-effacement（自己抹消）などがあります。いずれにしても、これらの消極的自己提示は、プラスあるいはポジティブであることを好むアメリカ人の自己提示でないことは前講でみたとおりです。

しかし前講で紹介した研究では、自己提示の対象となる他者は、ほとんどすべてが見知らぬ他人でした。次に紹介するタイスらの研究（Tice et al. 1995）は、友人（in-group の人）と見知らぬ他者（out-group の人）を対象にしたアメリカ人の自己提示を問題にしています。

タイスらの研究（1995）　タイスら（Tice et al. 1995）は、アメリカ人は、相手が見知らぬ他者の場合には自分のポジティブな面をアピールする自己高揚的（self-enhancing）な自己提示をするけれども、自分のことをすでによく知っている友人に対する自己提示の仕方は違うと考えました。つまり、よく知っている友人に対しては、今さら自分をアピールする必要などないわけで、他人に対するのと同じような自己高揚的な自己提示をすれば、「そんなこと言わなくてもわかっているのに……」と感じられてしまうかもしれません。ですから、すでによく知っている友人に対しては自己高揚的な自己提示をしないだろうと仮定しました。つまり自分についての過剰なポジティブ情報は、友人には威張り・自慢と受け取られ、自分の評価を落とすリスクがあります。そこで求められるのが謙虚さ（modesty）、控えめな自己提示だというのです。

５つの研究から構成されている彼らの論文の要点だけを簡単に紹介します。実験は学部学生を対象に、面接室で二人一組が隣同士着席するかたちで行われましたが、半数の参加者の隣には自分が同伴してきた友人が、他の半数は初めて会う同性の学生が座りました。そのような状況で、たとえば「あなたの人生の充実度・成功度の見通しは？」というような７つの質問に対して、自己提示の積極度で異なる10段階（１：非常に良くない～10：極めて良い）で答えさせました。結果は、この評定の合計点の平均値で、隣に見知らぬ他者が座っていた場合には54.5、友人が座っていた場合には48.0と、友人を意識したときの方が控えめな自己提示を示しました（研究２）。

また研究３と４では、友人相手に積極的に自分をアピールする不自然な自己提示を実験者によって強制され

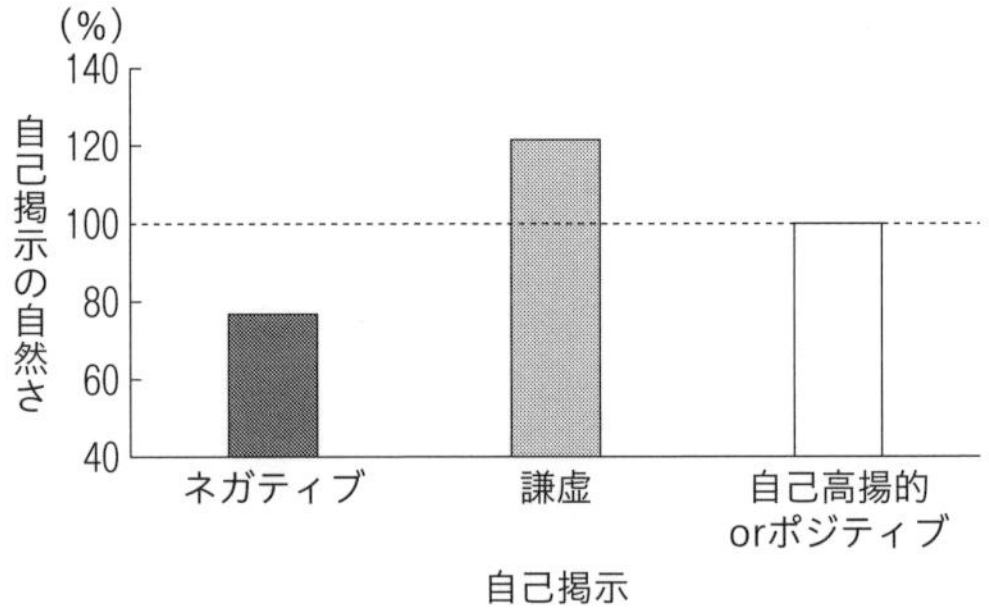

た場合、また友人に対して自然な控えめ・謙虚な自己提示が求められた場合のそれぞれに、前記の10段階で下した評定値の結果を、数分後に、全く予告なしに思い出すように求められました。そうすると、記憶は、自然な自己提示を要求されたときの方が、不自然な自己提示を強要された場合よりも、はるかに優れていました。これは不自然なことを覚えるのは心理的負担が大きいので思い出しにくく、自然なことを覚えるのは負担が少ないから思い出しやすいためだと考察されました。

さらに、友人に対する卑屈なまでにネガティブな自己提示は、謙虚な自己提示と同じように自然かどうかをも確かめたところ、友人に対する過度にネガティブな自己提示（自己卑下）は不自然で、記憶の成績は良くなく、自己卑下と謙虚は同じでないことが示されました（研究5）。

図7－5　友人に対するアメリカ人の自己提示の自然さ（Tice et al. 1995, Table2 と Table4 のそれぞれの左端の上下の数値に基づき作成）

研究3と研究5の結果を合わせて今述べたことを図7－5にまとめてみました。縦軸は、友人相手に10段階で行った自己提示の積極度の記憶の良さ（自己提示の自然さ）です。この図では、研究3における友人相手の自己高揚的あるいはポジティブな自己提示の記憶を100％とし（白柱）、それに対する友人相手の謙虚な自己提示の記憶との比をグレーの柱で、研究5における友人相手のネガティブな自己提示の記憶との比を黒柱で表しています。この図にみられるように、アメリカ人の場合も、友人相手の場合には、謙虚な自己提示が自己高揚的自己提示よりも自然ですが（グレー柱∨白柱）、謙虚さも度が過ぎてネガティブになり、自己卑下的になれば不自然になるようです（黒柱∧白柱）。

このように、前講でみた北米人の自己高揚的自己提示は、親しい間柄では不自然で、親しい者同士に相応しい自己提示は謙虚さでした。しかし謙虚さも度を越して自分をネガティブにみる自己卑下になりますと、これは北米では不自然な自己提示になることを、タイスらの研究は示したのです。つまり北米人も、他人を仲間内（in-group）と仲間外（out-group）に分けていますが、自己表現が自己卑下のようなマイナスの世界に入りこむことは、不自然な好まれない自己提示なのです。

なお、北米人の赤の他人に対する評価は、日本人同様、自分自身に対する評価よりもネガティブに評価している事実が、後の図7－12Bに明らかにされています。また、この第2節の内容についての別の面からの結論は、第4節の末尾も参考にしてください。

3　親しい他者との親密度の文化差

以上のようにアメリカ人も、他人を仲間内（in-group）と仲間外（out-group）に区別していることは否定できないようです。それでは、アメリカ人のin-groupの仲間との関係と、日本人の世界2の仲間との関係の親密度（closeness, intimacy）はどちらが高いのでしょうか。常識的に考えれば、仲間関係の親密度は、協調的な集団主義社会の方が、独立的な個人主義社会よりも密だと考えられます。ところが、社会を関係流動性（relational mobility）という基準で分ける、近年の文化差に対する社会生態学的アプローチ（socioecological approach）によりますと、意外なことにこの常識とは反対の結論が生まれるのです（たとえば、Kito et al. 2017）。

関係流動性

まず関係流動性は、個人がおかれている社会のなかで好きにパートナーを選択できる機会の多さ、また関係の形成・解消の自由度の高さのことです。これを基準にして個人主義社会と集団主義社会を比べますと、関係流動性は個人主義社会がはるかに勝っています。個人主義社会では、他者は、これから新しい関係をつくる潜在的パートナーのプールであり、個人は開放市場において自由に物を選ぶように、非常に幅広い選択肢のなかから自分の好みにしたがってパートナーを選び、また気に入らなければ破棄することができます。それに対して、集団主義社会では、個人は安定した排他的な集団に属しているため、パートナーの選択範囲の狭い、新しいパートナーとの出会いの機会の少ない関係流動性の低い社会に生きています。コラム7-1をご覧いただくと、この言葉の意味がより具体化するでしょう。

そして社会生態学的観点からすれば、人は、そのいずれの社会におかれていようと、その社会から自らの繁栄のために最大のメリットを生み出すための行動を選び、社会に適応すると考えられます。さらに、そのようにして獲得された個人の行動が社会をつくると考えます。この考えは、前講の第3節で紹介した、山岸の社会適応理論と同じと考えてよいと思います。

それでは関係流動性の高い、たとえばアメリカ社会に適応するためには何が望まれるでしょうか。それは良きパートナーを選び、良きパートナーに選ばれ、それを維持することです。そのためには個人は自分の良いところを精一杯相手に伝える高揚的自己提示が必要です。簡単に言えば、関係流動性の高い社会は、人々は利益によって結びついている利益社会（ゲゼルシャフト）ですから、益なしと思えば、いわば〝離婚〟してしまえばよいというような社会なのです。しかし逆に言えば、良いパートナーを選び選ばれなければ自己の繁栄はないので、関係の良好性を最大限にするために積極的努力がなされますし、かなりの〝投資〟をしないと良い関係は維持できません。他方、人間関係の調和が何よりも強調され、安定した親しい人間関係が担保されている集団主義社会ではそのような努力は不要です。そして関係流動性の高い社会に生きる人々の積極的努力度（入れ込み度　commitment）は、仲間を傷つけないような消極的努力さえしていればよい集団主義社会の仲間関係に比べると高く、そこに、より親密な人間関係が生まれるというのです。

考えとしてはわかりますが、それではその考えを支持する事実はあるのでしょうか。先にあげた鬼頭ら（Kito et al. 2017）の論文にはいくつかの事実が紹介されていますが、そのなかから、北海道大学のグループによって行われた研究を一つ紹介します。

山田・鬼頭・結城（2015）の研究　目的は、日本の大学生とカナダの大学生を対象に、親しい他者との親密性の文化差を調べ、それが社会間の関係流動性の違いによって説明可能かどうかを検討することでした。日本の大学生２０４名、カナダの大学生１０７名でしたが、まず彼らに、各自と3人の対象人物（親友、恋人、家族のなかで最も親しい人）に対する親密性の高さを、ＩＯＳ（Inclusion of Other in the Self Scale）（Aron et al. 1992）という尺度を用いて評定させました。この尺度は、２つの同じ大きさの円の重なりが、完全不一致状態（１）から、完全一致状態（７）まで7段階に変化する程度によって、対象人物と自分との親密さを回答させるものでした。次に参加学生には、関係流動性尺度（コラム７－１参照）によって、自分の住んでいる社会の流動性を7段階で評定させました。

コラム 7-1

関係流動性尺度

関係流動性尺度は、個人を取り巻く社会に用意されている対人関係の選択肢の多さ（新規出会いの機会）、またその関係の形成・解消の自由度の高さ（関係形成・解消の自由度）の2側面を測定するために、結城ら（Yuki et al. 2007）によって考案された12項目からなる尺度です。左に各側面を測る項目を2つずつ例示しますが、回答者は、まず次の教示文を読んだのちに、各項目に7段階（1：まったく当てはまらない～7：非常によく当てはまる）で回答しました。

教示文

あなたと普段付き合いのある人たち（学校の友人や知人、職場の同僚、近所の人々など）についてお尋ねします。次のそれぞれの文が、それらの人々にどれくらい当てはまるかを、想像してお答えください。

新規出会いの機会（全5項目）

・彼ら（あなたと普段付き合いのある人たち）には、人々と新しく知り合いになる機会がたくさんある。
・彼らは、初対面の人と会話を交わすことがよくある。

関係形成・解消の自由度（全7項目）

・彼らは、普段どんな人と付き合うかを、自分の好みで選ぶことができる。
・もし現在所属している集団が気に入らなければ、彼らは新しい集団に移っていくだろう。

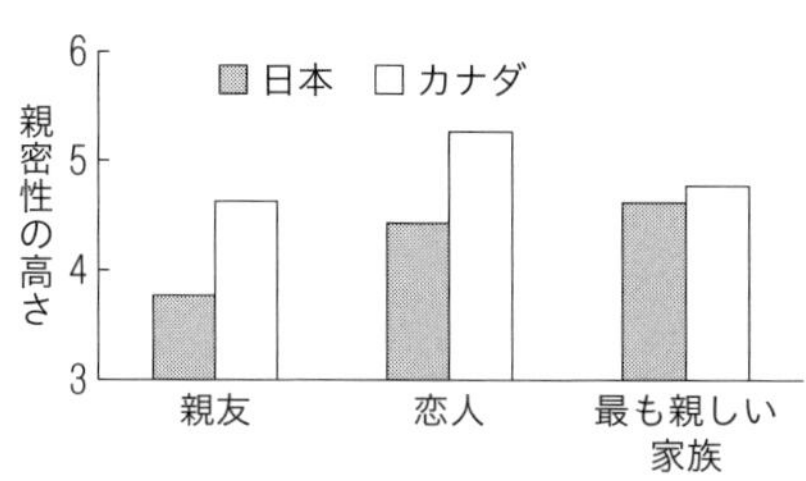

図７－６　対象人物（横軸）に対する親密性（山田ほか 2015，図１より作成）

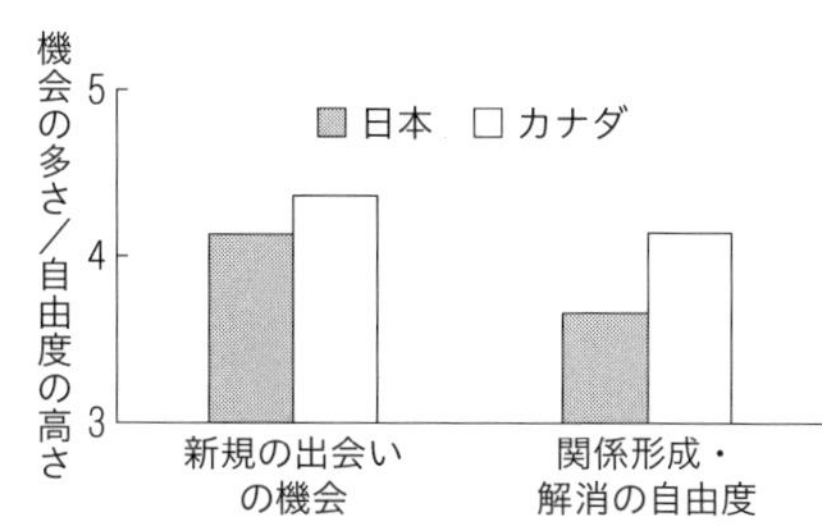

図７－７　日本とカナダの大学生の住む社会の関係流動性（山田ほか 2015，図２より作成）

結果は、図７－６と図７－７に示されています。

図７－６が示すように、カナダの大学生は、日本の大学生に比べて、親友や恋人への親密性は有意に高いですが、最も親しい家族に対しては両者の親密性には差がありません。また図７－７が示すように、関係流動性に関しては、新規の出会いの機会、関係形成・解消の自由度ともに、カナダ社会は日本社会よりも有意に高い結果でした。さらに図７－６の結果が、両国の関係流動性の差によって媒介されていることが、媒介分析という方法によって明らかにされました。

カナダ人のデータですが、以上の結果をもって、第２節の「北米人は他者の世界をどうみているのか？」に答えるとすると、以下のようになるでしょう。第一に、北米人は、その社会を日本人よりも流動性の高い社会ととらえているので、他者を、これから関係を築き得る潜在的パートナーとしてみていること、第二に、親しい他者と良好な密な関係を構築し維持するために北米人は積極的努力をし、その社会に適応しようとすること、第三に、その結果できた親しい他者との親密性は、関係流動性の低い日本社会よりも高いこと、などです。さらにこの親密性は、関係流動性によって媒介されているので、たとえば日本人の親友に対する親密性がカナダ人より低い事実は、親友との関係形成・解消の自由度がカナダより日本で低いことに由来しているということになります。

4 「出る杭は打たれる」と自尊心

アメリカの研究者にとっての大きな謎は、「出る杭」になることを恐れて自分を抑制し、自己卑下する日本人の姿です。自己卑下ばかりしていて、自尊感情は損なわれないのか、自尊心は傷つかないのだろうかということです。誰でも自分を価値の低い人間だとは思いたくありません。自己を尊重する気持ち（self-esteem）は、洋の東西を問わず普遍的心理ではないのでしょうか。それでも、日本人の自己卑下は本物だという研究者もいます（Heine et al. 2000）。

ここではこのアメリカ人の疑問を、一人の日本人としての私の疑問を軸に話を展開します。第一は、日米では自尊感情が傷つく源に違いがあるのではないかという疑問です。第二は、日本人の自己卑下は、社会を賢く生きるためのタテマエであって、ホンネではないのではないかという疑問です。なお最初の疑問について、私の個人的な考えをコラム７－２にまとめました。

自尊感情を傷つける源には文化差がある？

私のこの疑問の根拠は図７－８にあります。これは前講の図６－10の一部分で、山岸ら（Hashimoto & Yamagishi 2016）のデータです。詳しくは前講の第3節をみてほしいのですが、山岸は、自らの社会適応理論に基づいて、これまで個人主義社会の特徴とされてきた自己独立性を、自己独自性と自己表現性に分け、集団主義社会の特徴とされてきた相互協調性を、調和追求性と拒絶回避性に分離しました。そして４側面自己観尺度を作成し、それを日米学生に適用しました。その結果、日米で顕著に差が表れた２側面だけを前講の図６‐10から抜き出して、このコラムのために再度まとめたのが図７‐８です。

まず図７‐８の左半分をみてください。自己表現性というのは、自己の独自性、あるいは自分が自分であることをどれほど正確に相手に伝え、表現するかという自己の側面ですが、この面においてアメリカ人学生は日本人学生よりもはるかに高い結果でした。このようなアメリカ人にとって、自己卑下という自己提示は、自分の真価が相手に伝わらないこと、あるいは誤って伝わることにほかなりませんから、自己の尊厳に関わる大問題です。これだけの大問題がなぜ日本人にとっては大問題ではないのか、というのがアメリカの研究者の疑問です。

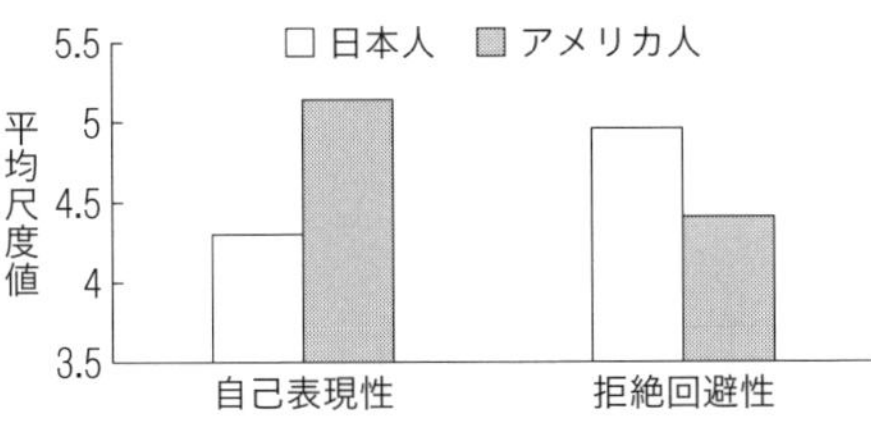

図７－８　４側面自己観尺度のなかの２側面における，日米学生の結果（Hashimoto＆Yamagishi 2016より一部抜粋して作成）

しかし日本人にとってのより大きな問題はここにあるのではなく、むしろ図７‐８の右半分の拒絶回避性の高さにあるのではないでしょうか。この側面は、自分が他者によって否定・拒絶されることを恐れる傾向です。どれ程自分の価値を大きく表に押し出しても、それを受ける社会が「出る杭を打つ」社会であれば、結果は「村八分」です。この社会的制裁によって自分が深く傷つくことを思えば、自己卑下というマイナスの自己表現は、日本人の自己表現性が低い事実とも相まって、日本人にとってはそれほど大きな問題ではないのではないでしょうか。また、後に述べるように、表現を受け取る社会のなかに、マイナスを緩和するしくみもありますので。

つまり自尊感情が損なわれる源が、アメリカでは自己表現不全、日本では自分が周囲から無視され拒絶されること、と異なるのではないかと私には思えます。したがって本節冒頭のアメリカ人の疑問は、自分たちと同じ物差しで日本人の自尊心を測ろうとしたため生じたもののように感じるのですが、どうでしょうか。

次に私の第二の疑問に移ります。日本人の自己卑下はタテマエであってホンネではないのではないかという疑問です。

日本人の自己卑下のタテマエとホンネ

日本人の自己卑下には裏がある　まず私たちの日常に目を向けてみましょう。私たちは誰かの家を訪問するときには手土産をよく持参しますが、手土産を渡すとき、「つまらぬ物ですが」と言って渡すのが私たち世代では常でした。これは自己卑下的表現です。誰もつまらぬ物とは思ってないのですが、これが伝統的な礼儀だからです。そしてこれを受け取る側はこの表現を否定して、「結構なものをご丁寧にどうも……」と返すのが礼儀なのです。つまり自己卑下の否定という相互依存（interdependence）という協調性によって肯定が生まれるので、誰も傷つくことはありません。村本（Muramoto 2003）は、このような日本人の自尊心の満たされ方を、間接的自己高揚（indirect self-enhancement）と名づけ、それを裏づける次のような事実を紹介しています。

村本の研究（2003）　この研究では、118人の日本の大学生を対象に行われたものですが、彼らに、自分の人生のなかで最も大きな成功と、最も大きな失敗を報告させ、それらを8次元からなる原因帰属尺度で7段階評定させました。たとえばある学生が成功例として、「この大学の入試に合格できたこと」をあげ、失敗経験として「交通事故を起こしたこと」をあげたとしますと、彼/彼女は、それぞれの原因を、どの程度自分の能力に原因があるとするか（原因帰属をするか）、どの程度、運の良し悪しに原因帰属するかが7段階（1：最小の原因である〜7：最大の原因である）で評定させました。図7-9は村本の結果を示しています（Muramoto 2003）。

図7-9の縦軸の帰属指数は、［①成功の、能力への帰属度＋②失敗の、運への帰属度］－［③成功の、運への帰属度＋④失敗の、能力への帰属度］で算出されました。たとえば自分の成功は自分の能力のせいにし（①高）、失敗は運のせいにする（②高）人は、成功を運のせいにせず（③低）、失敗を自分のせいにしない傾向が大きい（④低）でしょうから、右の［　］内は①＋②＞③＋④になり、帰属指数はプラス値となります。そしてこれは自己高揚的な自己主張の人ということになります。これとはまったく逆に、①低、②低、③高、④高の人は、①＋②＜③＋④で縦軸の帰属指数はマイナス値となり、これは自己抑制的、あるいは自己卑下的自己提示の人となります。

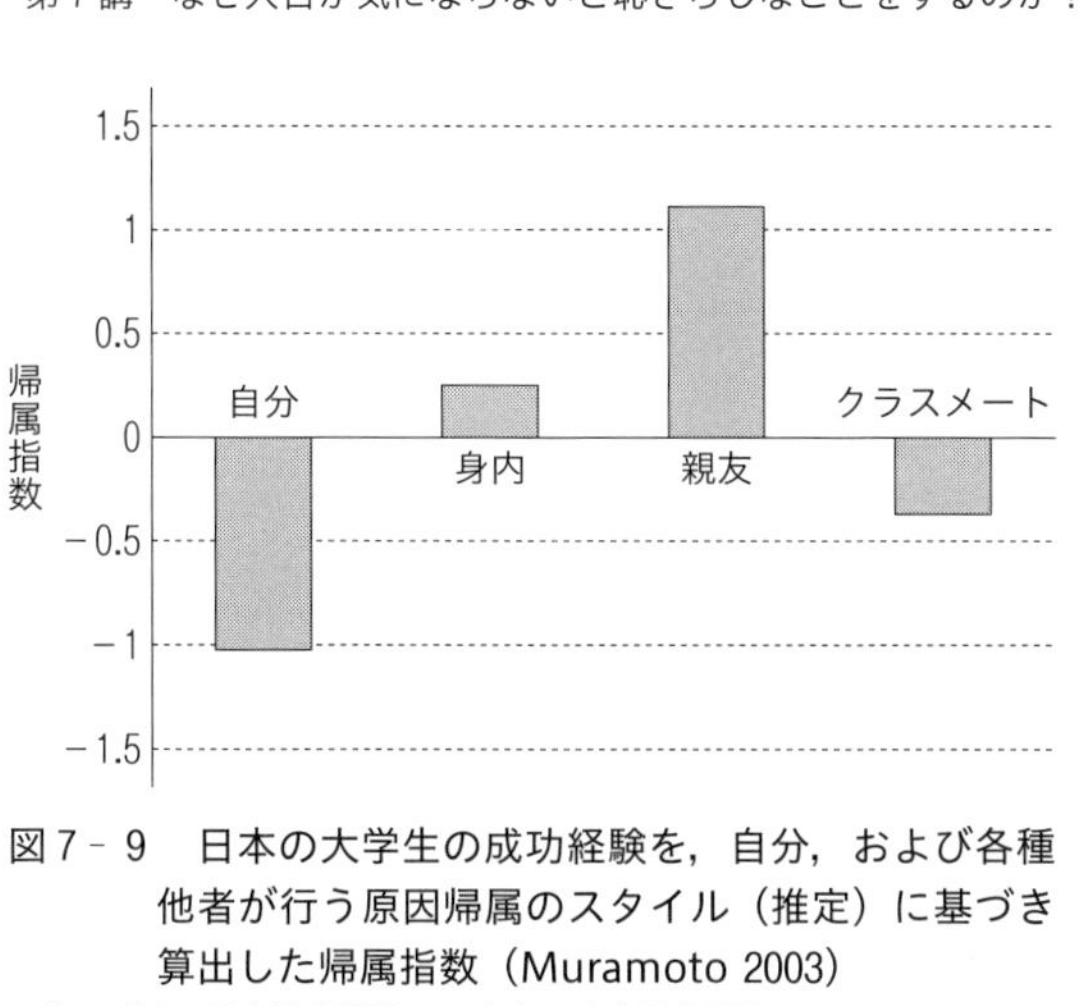

図７－９　日本の大学生の成功経験を，自分，および各種他者が行う原因帰属のスタイル（推定）に基づき算出した帰属指数（Muramoto 2003）

注：プラスは自己高揚的，マイナスは自己卑下的。

図7-9の左端の柱が示すように、日本人学生が自分自身について評定を行ったときの帰属指数は大きなマイナス値であり、これは自己卑下的な自己提示ということになります。またこの研究では、自分の成功、失敗を、自分の家族（母、父、きょうだい）（世界1）、親友（世界2）、親友以外のクラスメート（世界3）であればどのように原因帰属すると思うかを、同じく7段階で推定評定させました。それらの帰属指

数も図7－9に示されています。

ここで特に注目すべきことは、自分の成功や失敗を親友がどう原因帰属するかの推定値です。図7－9の親友の高いプラスの帰属指数（高い柱）にみられる姿は、自分の自己卑下を親友は否定してくれるであろうとする期待の表れとみることができます。この結果は、前にも述べたように、日本社会での自己卑下は、世界2の人々の否定によって間接的に自己高揚が得られ、自尊心が維持できることを明らかにしています。たとえばテストで好成績をとった者が、その親友に向かって「今回はマグレだよ」と自己卑下的に表現しても、親友が「そんなことないよ。これが君の実力だよ」と否定してくれれば、マイナスがプラスに転じ、タテマエとしての自己卑下はある意味では過分に報いられたことになります。これが間接的自己高揚です。

この親友の結果と対照的なのが、世界3のクラスメートの帰属指数です。ここには、親友以外のクラスメートには自己卑下の否定は期待しておらず、むしろ、彼らは自分をネガティブにみているであろうと推定している姿がみられます。また自分にとって非常に身近な世界1の家族・身内の帰属指数ですが、自分のことを十分知り、好意的にみているはずの肉親には、今さら自己卑下の否定や持ち上げは期待していないことも、図7－9は明らかにしています。

なおこの研究では、「他者に理解されたい期待」度も尋ねられていますが、親友の場合には70％と母親の72％に次ぐ高さで、父親の65％、兄弟の62％を上回っており、親友以外のクラスメートに対する同期待は32％にすぎませんでした。ここに「他者に理解されたい期待」では、世界1の肉親と世界2の親友は同じ内輪の世界に属する人間であること、世界3の他者とは異なることが明らかにされています。なおこの研究では、クラスメート以外に見知らぬ他人も含まれていましたが、見知らぬ他人の場合の「他者に理解されたい期待」度は12％でした。

総じて村本の先の結果は、土居の考えの妥当性を明らかにしたものといえるでしょう。また、図7－8で日本人の自己表現性が低いのは、わかってもらいたい人（世界1と2）には十分わかってもらっているのだから、その他の人（世界3）への自己表現はどうでもよいとも、図7－9から解釈できるように思います。

なお、日本人の自己卑下については、石黒・村上（2007）、吉田ら（2004）、吉富（2011）の研究も興味深いので参考にしてください。

遠慮への反応：日米差

日本の家庭の食事時の情景

左の情景は、一昔前の日本の家庭でごく普通にみられた食事時の情景です。ある客人がある家族とともに食卓を囲んで、ご馳走になっています。同席の主婦が、客人のお茶碗が空になったのに気がつきます。

主婦：「おかわりいかがですか?」

客人：「いいえ、もう沢山いただきました。けっこうです」

主婦：「まあ、そうおっしゃらずに……」

客人：「では少しだけ」

主婦は空のお茶碗を受け取り、十分一杯のごはんを盛って客人に返します。

客人：「恐れ入ります」

とお礼を言って、こともなげに平らげます。場合によっては、もう一度右のやり取りが繰り返されるかもしれません。

真夏のサンフランシスコの路上の情景

日本からサンフランシスコに着いたばかりの日本人が、アメリカの友人に町を案内してもらっています。時は1961年9月初旬。カンカン照りの真夏日、アイスクリーム・スタンドが見えます。

アメリカの友人：「アイスクリームどう？」

日本人：「けっこうです」

アメリカの友人：「ああ、そう」

2人はそのまま歩き続ける。

この日本人は私。60年以上も経った今でも、あの時食べそこなったおいしそうなアイスクリームが目に浮かびます。どうして日本的遠慮をしてしまったのだろうと大きな悔いが残ります。まだ日米の豊かさには格段の違いがある時代だっただけに、逃したあの時のアイスクリームは何とも大きいものでした。

顕在的自己批判と潜在的自己尊重

私は一人の日本人として、日本人の自己卑下は世界2を賢く生きるためのタテマエだと思っています。つまり日本人も多くの場合、ホンネでは自分が少しでも高く評価されたいと願っているに違いありません。そして自尊心の維持を基本的動機とする見方は近年支持を得ているようです（Baumeister & Leary 1995）。しかしハイネら（Heine et al. 2000）は、他者への印象操作の必要がない場面で自分が他よりも劣っていることを平気で認める日本人の姿から、日本人の自己卑下は本物、つまりホンネであると考えました。

しかし不確かな場面で、自分の成績は「平均より上か、下か」と世界2で尋ねられると、日本社会のなかで長年刷り込まれた習慣の自然の表れとして、多くの人は「下」と答えるのではないでしょうか。それは「こんにちは」と言われると、自然に「こんにちは」と返事するのと同じほどしっかり刷り込まれた自己表現ではないでしょうか。鈴木・山岸（2004）は、日本人の自己卑下は「デフォルトの自己提示方略」と言っています。つまり日本社会で長年にわたって刷り込まれてきた自己提示の初期値はマイナスであって、これはいわば表現上の習慣なので、さらにその下の深層に別の本心（ホンネ）が潜んでいる可能性は否定できません。

それでは日本人の自己提示の深層にあるかもしれないホンネを覗く方法はあるのでしょうか。以下に２つの研究を紹介しますが、これらの研究では、日本人の言語報告に表現された顕在的自己批判（explicit self-criticism）の根底には、潜在的自己尊重（implicit self-regard）が潜んでいると仮定しています。つまり、タテマエの下にホンネが隠されているというのです。まずわかりやすい研究から紹介します。

北山と唐沢の実験（Kitayama & Karasawa 1997）　未婚の男女学生２１９人に対して、まず、平仮名45文字のそれぞれに対する好悪度を7段階評定（１：非常に嫌い〜７：非常に好き）させました。そして自分の名前に含まれている平仮名が、自分の名前に含まれていない平仮名に比べてどれほど相対的に好まれているかが調べられました。たとえば私の場合には、姓名は〈いまだ　ひろし〉なので、まずこの6仮名以外の仮名の好悪度の平均値を算出し（ベースライン）、次に自分の名前に含まれている6つの仮名の各好悪度からベースラインの値を引き算し、これらを相対的好悪度としました。そしてこの相対的好悪度のプラス値が大きいほど、その仮名が好まれているものとしました。そして個々人別の名前の各仮名について求められたこの相対的好悪度の平均値を、「姓」「名」それぞれの最初の仮名とそれ以外の仮名に分けて示したのが図７‐10です。ただ、男子では「姓」の最初の仮名が、「名」の最初の仮名よりもより好まれており、女子では逆に「名」の最初の仮名が、「姓」の最初の仮名よりも好まれていたので、図７‐10の左のセットは、男子の「姓」のデータと女子の

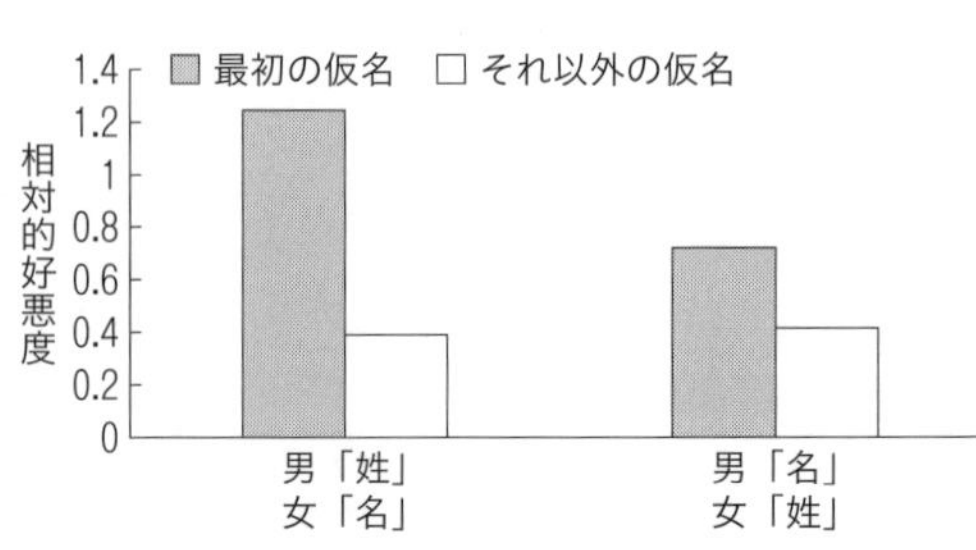

図7-10　自分の姓名の最初の仮名とそれ以外の仮名への好みを，ベースラインの好みとの差で示す（Kitayama & Karasawa 1997の Table 1に基づき作成）

「名」のデータが、右側のセットは、男子の「名」のデータと女子の「姓」のデータを合わせたものを示しています。

まず図7-10のすべての柱がプラスの値であることは、ベースラインに比べて自らの名に含まれている仮名文字をより好んでいることを表しています。なかでも高い2本の黒柱が示すように、姓名の最初の仮名に対する好みが顕著です。

この論文では、自分の姓名を表す仮名をその他の仮名よりも好んでいる事実をもって、日本人は潜在的には、つまりホンネではポジティブな自己感情（positive self-feeling）、あるいは自己尊重がある証拠としています。

なお同論文の研究2では、0～49までの数字のなかで、自分の生まれた月日、特に生まれた日の数字が有意に好まれることも、研究1と同様な方法を用いて明らかにされ、先の結論の更なる証拠としています。

北山と内田の実験（Kitayama & Uchida 2003）　この研究も、顕在的自己批判と潜在的自己尊重を確かめることを目的としたものですが、日米大学生を対象にして文化差をみようとしたことと、ホンネを露呈させるためにより洗練された方法を用いたことなど、全体として前研究を一歩前進させたものでした。ただ潜在的自己尊重の測定法は、かなり込み入ったものですので、要点だけを紹介します。

目の前のディスプレイ上に「私」の名前が出たら左の膝を、「私」以外の名前が出たら右膝をできるだけ速く叩くように訓練されたとします。また平行して、「美しい」のような良い意味の形容詞が出れば左の膝を、

「醜い」のような悪い意味の形容詞が表れると右の膝を、それぞれできるだけ速く叩くことが求められたとしましょう。これを〈Self-Good 条件〉といいます。もし「私」にポジティブな自己感情をもっていたならば、「私」にも、良い形容詞（「美しい」）にも、同じ「左」膝叩きが求められる場合には、抵抗がなく反応は速いと考えられます。しかし、「私」には左膝叩きを求め、今度は悪い形容詞（「醜い」）にも左膝叩きを求めますと（これを〈Self-Bad 条件〉といいます）、反応への躊躇がみられ、先の場合よりも反応は遅くなるだろうと仮定されます。簡単に言いますと本研究は、こうして刺激語間の潜在的結びつきの強さを検出しようとする潜在的連合テスト（implicit association test, IAT）の考えを基盤にして、自己に対する潜在的感情のポジティブ度を測ろうとしたものなのです。つまり Self-Good 連合（「私」と良い意味の形容詞の潜在的連合強度）と、Self-Bad 連合（「私」と悪い意味の形容詞の潜在的連合強度）を反応の速さで比較した実験なのです。

研究1では、友人との比較において自己に対する潜在的感情のポジティブ度をみましたが、できるだけ実際の具体的な友人がイメージできるように、参加者は同性の親しい友人同伴で実験に参加しました。そして、自分と友人それぞれが、実験者が求める無意味語を12のマス目のうち指定された6つのマス目に順次自筆で記入させました。このような自分のものか、友人のものかがはっきりわかる自筆の刺激が、引き続いて個別に行われた実験で、「美しい」や「醜い」などのポジティブあるいはネガティブな形容詞各6つと対にされましたが、半数の〈Self-Good 条件〉では、「私」の自筆に対する反応とポジティブ語に対する反応が同じ側の膝叩きを求められ、残る半数の〈Self-Bad 条件〉では、「私」の自筆に対する反応とネガティブ語に対する反応が同じ側の膝叩きを求められました。このようにして〈Self-Good 条件〉と〈Self-Bad 条件〉の自筆に対する反応時間を求めましたが、もし潜在的自己尊重がみられるならば、〈Self-Bad 条件〉では反応に躊躇がみられるため、〈Self-Good 条件〉よりも反応時間が長くなると予想されました。

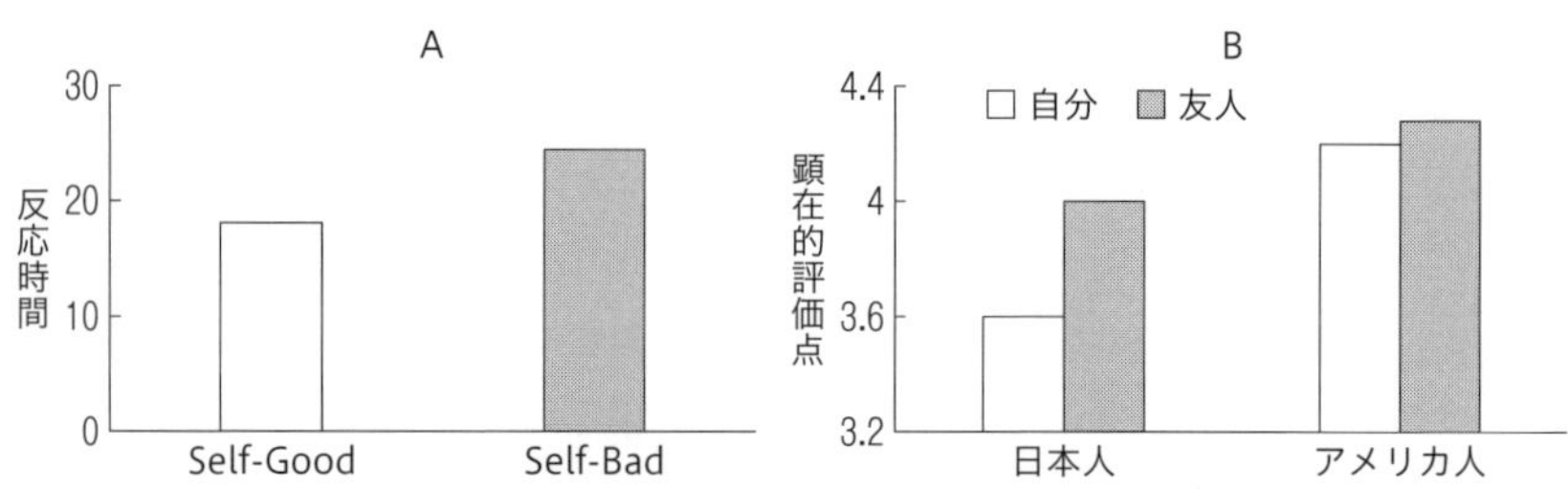

図7－11　(A) 日米学生を合わせた潜在的自己評価の結果。(B) 自分および友人についての日米学生の顕在的評価（Kitayama & Uchida 2003に基づき作成）

引き続き質問紙によって、顕在的評価も測定されました。参加者は先の実験で用いられた12の形容詞（ポジティブ6語、ネガティブ6語）を用いて、12の各語が自分と友人のそれぞれに、どれ程当てはまるかを5段階（1：まったく当てはまらない～5：非常によく当てはまる）で評定させました。

結果は**図7－11A**、**B**に示されています。

図7－11Aは、日米学生の結果に差がなかったため、両結果を合わせた結果です。ここでは〈Self-Good 条件〉（「私」の自筆に対する反応と、良い意味の形容詞に対する反応が同一膝叩きの場合）の方が、〈Self-Bad 条件〉（「私」の自筆に対する反応と、悪い意味の形容詞に対する反応が同一膝叩きの場合）よりも、反応時間は有意に短く、潜在的自己尊重、あるいはポジティブな自己感情が、日米学生ともに認められています。

これに対して**図7－11B**の顕在的評価では、左半分の「白柱＜黒柱」の事実が示すように、これまでの諸研究どおり、自分を友人より低く評価する日本人の自己卑下的傾向が顕著にみられています。しかしこの傾向は、わずかですがアメリカ人でもみられています。

なおこの実験では、自分の友人に対する評価が、同伴した友人に知られることを恐れて、友人を高く評価した可能性が否定できないので、追加実験で、実際の友人をイメージ上の友人に変えて同じことを試みましたが、結果は**図7－11**と同じでした。要するに**図7－11**の実験は、実際あるいは想像上の友

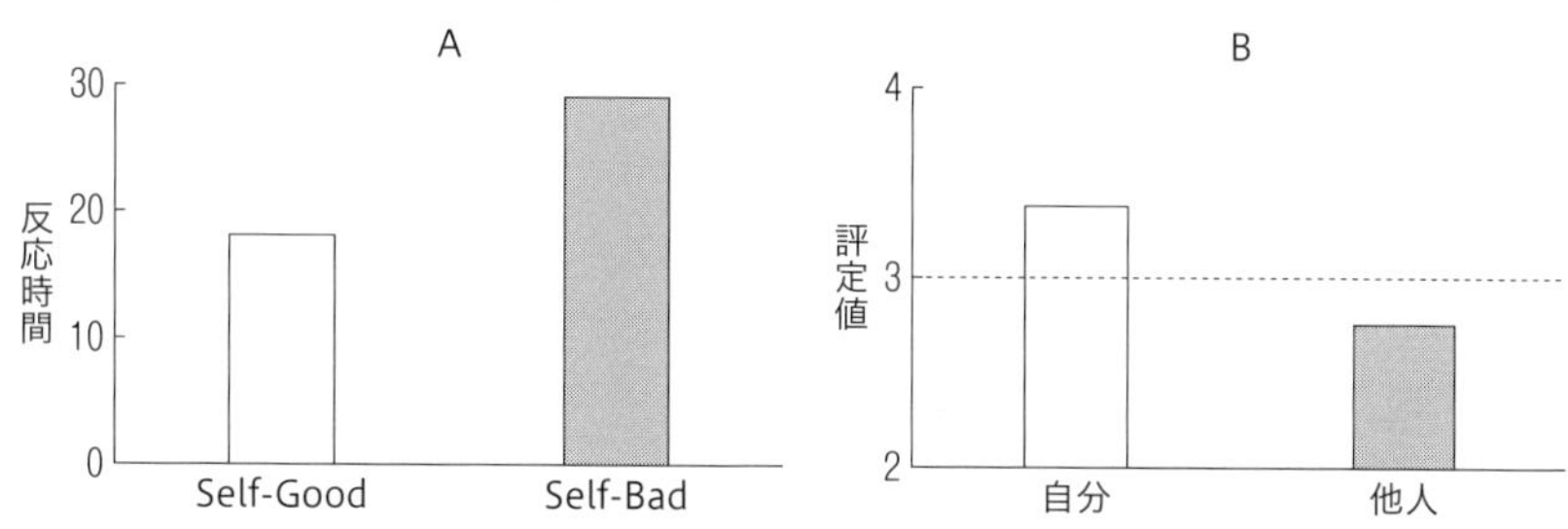

図7－12　(A) 日米学生を合わせた潜在的自己評価の結果。(B) 自分および見知らぬ他人についての日米学生の顕在的評価（Kitayama & Uchida 2003に基づき作成）

人のいる社会的文脈での、日本人における潜在的自己尊重と、顕在的自己卑下の事実を明らかにしたのです。つまり日本人の自己卑下はタテマエであって、ホンネでは自己尊重がみられたということです。

この論文の研究2では、研究1で友人が自筆で書き入れたマス目に、まったく知らない他者の自筆が前もって記入されており、見知らぬ他者のいる社会的文脈で、研究1と同じように潜在的自己評価が測定されました。一方、顕在的評価は、知らない相手なので研究1の方法は用いられないため、セマンティック・ディファレンシャル法（SD法）という方法が用いられました。つまり、〈良い―悪い〉、〈優れている―劣っている〉、〈好ましい―好ましくない〉、〈信用できる―信用できない〉などの反対の意味の形容詞を両極とする次元上で、自分と見知らぬ他人を、「どちらでもない」の3を中点とする5点尺度上で評定させました。

結果は図7－12A、Bに示されていますが、いずれも日米学生の結果に差がなかったので、両国学生の結果を合わせて示しています。

図7－12Aが示すように、ここでも〈Self-Good 条件〉の方が〈Self-Bad 条件〉よりも反応時間は短く、潜在的自己尊重が示されています。しかし顕在的評価では、図7－12Bの、中点の3を超える高い白柱が示すように、日本人もアメリカ人も、顕在的自己尊重を示しており、これは図7－11Bと対照的な結果でした。興味深い事実は、アメリカ人も日本人と同じように、見

知らぬ他人に対してネガティブな評定をしていることです。本講前半で、日本人の世界2と世界3の使い分けをみましたが、アメリカ人も友人を自分と同等か少し高く評価しているのに対して、見知らぬ他人は自分より低く評価しており、友人と見知らぬ他者とを区別しているのです。

なお、図7－11と図7－12の左半分（すなわちA）の黒白両柱の高さの差ですが、図7－11では6.64、図7－12では10.95で、この両者の差は統計的に有意でした。ここでも、比較する相手が世界3の赤の他人の場合（図7－12A）には、比較の相手が世界2の友人の場合（図7－11A）よりも、自分を〝相対的に〟高く評価していることが日米学生を合わせた結果で示されています。(注1)

5 おわりに

日本人は、親しい人たちが住む世界2と、赤の他人が住む世界3では行動を使い分け、世界2では「出る杭」にならないように、しばしば自己卑下的なまでの自己抑制を示します。しかし、知った人のいない世界3では、「旅の恥は掻き捨て」とばかりに恥知らずの行動をし、自己抑制は外れます。これが前講と、本講の前半でみられた姿です。

しかし本講の後半でみてきた事実は、アメリカ人も、友人が相手の場合には赤の他人が相手の場合よりも自己提示は謙虚になるし（図7－5）、相手が見知らぬ他人であれば、その他人を自分自身よりもネガティブにみています（図7－12B）。より具体的には、見知らぬ他人のいる文脈では、知った人のいる文脈におけるよりも、自分自身を相対的によりポジティブにみる傾向にあります（図7－11Aと図7－12Aの白柱と黒柱の差比較）。つまり他人を、自分との親しさにおいて2つに分け、異なる行動をとっているのです。

他方日本人の場合も、世界2で自己卑下する日本人も、ホンネ（潜在的自己評価）では自己に対してポジティブな感情をもち、自己尊重する姿が明らかになり（図７－11Ａ、図７－12Ａ）、自己卑下はホンネではなく、タテマエ（顕在的自己評価）（図７－11Ｂ左）であることも明らかにされました。ただ表現としての自己卑下はアメリカ人の肌には合わないようでした（図７－５）。

このようにみますと、様々な他人に直面したときに生まれる心理は、日米を問わず基本的には同じで、普遍性があるようです。ただ現実の社会において日米の行動に文化差がみられるのは、それぞれの文化で日常的に直面する社会的な状況が異なるためだと考えられます（Kitayama & Uchida 2003）。つまり情緒的つながりが強い相互協調的な社会に生きる日本人は、日本人的行動をとるし、独立した理性的行為者同士が、それぞれ独自性をもって交わり合うことを互いに求める状況に直面する機会の多い社会に生きるアメリカ人は、アメリカ人的行動が生まれるのではないでしょうか。これは人間の行動法則は普遍的で、文化特殊的でないと考える立場といえるでしょう。また親しい他者との親密度の文化差を扱った第3節で展開されている立場も、関係流動性において異なる社会への適応過程として、文化特殊性を一元的に説明しようとするものでした。

（注1）〝相対的〟としたのは、見知らぬ他人をGoodと言わねばならない状況で自分をBadと結びつけるときの躊躇が、相方が友人の場合よりも顕著であることが、図７－11Ａと図７－12Ａの黒い柱の高さの差に表れ、それが両図の白と黒の柱の高さの差になっているためです。

暮らすための習慣は、どれほど深くこころに影響するのか？

――「習慣は第二の天性なり」

文化心理学・社会心理学

一言英文

【広辞苑】習慣は人の性行に深くしみこんで、生まれながらの性質のようになる。（岩波書店）

牛乳を飲んだ後、お腹がゴロゴロする人はいるでしょうか？　牛乳にはお腹をゴロゴロさせるラクトースという成分が含まれるのですが、我々人間は一般的に離乳期以降、これを分解する酵素を体内で作ることができなくなります。しかし、欧州人は、この酵素を生涯にわたって作り続けることができます。紀元前1万から5千年前の新石器時代、酪農を暮らすための習慣とした欧州人は、離乳期以降もこの酵素を作り続けられる遺伝子変異が起きたといいます（Cook 2014; Van de Vliert et al. 2018）。暮らすための習慣は、私たちの身体だけでなくこころにもしみ込むのでしょうか。

我々のこころの基礎ともいえる脳の神経に目を向けてみましょう。読者の皆さんはロンドンの町並みをご存知でしょうか（**図1**）。歴史的な町並みを維持するため、ロンドンの道路は迷路のようで、通りの数はゆうに２５０００本ある複雑なつくりをしています。それはあまりに複雑で、タクシー会社の試験では、最短距離に関する出題があるそうです。マグアイアら（Maguire et al. 2006）は、このタクシー運転手が、町並みを覚え、客の行き先を思い出すことを、暮らすための習慣として繰り返し行っている、いわば空間記憶再生課題の熟練者であると考えました。ところで、我々の記憶を図書館にたとえると、その司書の役割を果たすと考えられているのが脳の「海馬」です（**図2**）。特に海馬の後部に位置する灰白質という神経細胞の集まりは、空間記憶を多用する哺乳類や鳥類で大きいことが知られていました。そこでマグアイアら（Maguire et al. 2006）は、ロンドンのタクシー運転手の海馬後部の大きさが、実際に彼らの暮らしのために要請される空間記憶再生課題と関連することを脳磁気共鳴画像法（ＭＲＩ）で検討しました。なお、これが運転経験や労働負荷の影響ではないことも示すため、同じロンドンの街を運転しながらも、決まったルートを走行するバスの運転手と比較し、かつ、タクシー運転手としての経験年数との相関を検討しました。その結果、確かにタクシー運転手の海馬後部はバス運転手と比べても大きく、また、経験年数と相関関係にあることがわかりました。

可塑性などと呼ばれるこういった現象は（Draganski et

al. 2004）、暮らしのための習慣に応じて、我々がこころと、その基礎である身体を適応させていくこととみることもできます。ハタノら（Hatano & Osawa 1983）は、算盤（そろばん）経験者が、非経験者に比べ、暗算課題をあたかも算盤を頭に思い浮かべたように行うことに注目しました。これは近年脳画像法により裏付けられ、算盤経験者の暗算は、初心者に比べ、より視空間的な神経を使っていることがわかっています（Hanakawa et al. 2003）。算盤経験者であれば暗算に算盤を思い浮かべるのは当然かもしれません。しかし、算盤は紀元前にアジア圏で作られ、社会生活で受け継がれた道具です。算盤塾に通う子どもは、繰り返しその道具の訓練を行うことで、自らの認知処理の方法を算盤のある社会のそれへと導びかれている、ととらえることもできるのではないでしょうか。暮らすための習慣は、歴史を超え、私たちのこころと身体にしみ込んでいくのです。

図１　ロンドンの町並み

出典：https://www.themantic-education.com/ibpsych/2019/02/01/key-study-london-taxi-drivers-vs-bus-drivers-maguire-2006/

海馬

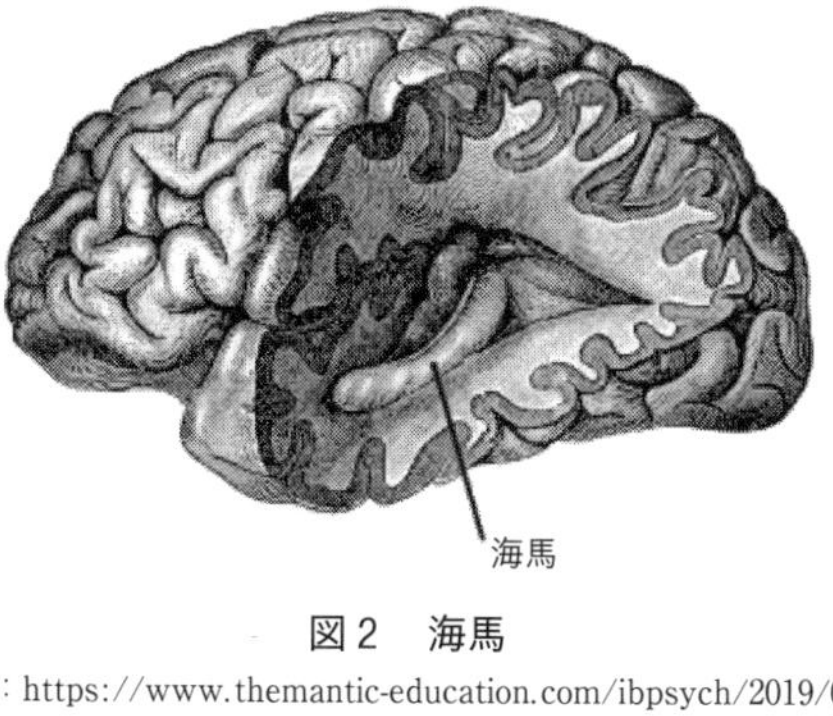

図２　海馬

出典：https://www.themantic-education.com/ibpsych/2019/02/01/key-study-london-taxi-drivers-vs-bus-drivers-maguire-2006/ より作成

第8講

押しつけ・強制はなぜ駄目か?

――「馬を水辺まで連れて行けても、水を飲ませることはできない」

動機づけの心理学、社会心理学、文化心理学

【名言・格言・ことわざ辞典】「やる気、自発心がなければ、教育は成り立たないという喩え。他人がいくらやらせようとしても無駄である。英語の諺 A man may lead his horse to the water, but he cannot make him drink.」(ミネルヴァ書房)

【故事俗諺ことわざ大辞典】「機会を与えることができても、当人にその気がなければどうにもならないことのたとえ。ヨーロッパで広く使われることわざ。欧文[英] You can take a horse to the water, but you can't make him drink.(小学館)

はじめに

「勉強しろ、勉強しろ」と、いくらうるさく子どもに言っても、一向に勉強しない子どもに悩まされたお母さま方は多いでしょう。また、外からいくら強制力を掛けても駄目で、最後は本人がその気にならないと、事は前に進まない経験をした人も多いでしょう。さらに強制は時には反発も誘います。これらはごく日常的な経験ですから、きっと関連することわざがあるに違いないと思って探してみたのですがなかなか見つかりません。しかし西洋には**図8-1**のように、標記のことわざがあり、右の辞書の定義にも「ヨーロッパで広く使われる

図８－１　「馬を水辺まで連れて行けても，水を飲ませることはできない」のポスター

ことわざ」とあります。本講では、この外来のことわざについて考えます。そして日本になぜこのことわざがないのか。その不思議にも目を向けます。

本講では、アンダーマイニング（undermining）効果といわれる現象をとりあげます。そして最後に、強制に対する反発として生ずるリアクタンスという現象にも少し触れることにします。

何か報酬がもらえると人はそれを繰り返します。このような外的な報酬によってコントロールされる行動を外発的に動機づけられた行動（extrinsically motivated behavior）といいます。それに対して、私たちは、好奇心に駆られてただ面白いから何かをすることもよくあります。第４講で取り上げた遊びがその典型で、そのような、何の外的報酬が与えられるわけでもないのに自発的に行う行動を、内発的に動機づけられた行動（intrinsically motivated behavior）といいます。私たちの日常生活をみても、読書、スポーツ、芸術鑑賞、ゲーム、お喋りなど、多くが本来何の外的報酬も当てにせずに行っている行動に満ちています。内発的動機の基本については第４講の第１節をみてください。

それでは、面白いから自発的に行っている行動に、突然「ご褒美をあげるよ」と言われたらどうなるでしょうか。ご褒美や報酬が行動に与える影響については疑う余地がないので、多くの人は、外的報酬によってヤル気はますます高まるだろうと予測します（Murayama et al. 2016）。報酬がダブルになるわけですし。

しかしこの常識を覆す研究が、１９７０年代初頭、アメリカ大陸の東岸と西岸でほぼ同時期に報告されました（Deci 1971；Lepper et al. 1973）。そして、「内発的に動機づけられた行動に対する外的報酬の効果」とか、

「報酬の妨害効果」とか「遊びが仕事になる」という名の論文が出版されるようになりました。自発的に行っている行動に対する報酬のもつこのネガティブな効果の研究は、日本でも「アンダーマイニング効果」（undermining effect）の名のもとに行われるようになりました。Undermine の意味は、本来文字どおり「～の下を掘る、～土台をくずす」意味なので、広く弱体化させる、阻害する、損ねるという意味があります。

本講では、ヤル気、自発心がなければ、他人がいくらやらせようとしても無駄である、ことを意味する西洋のことわざ、「馬を水辺まで連れて行けても、水を飲ませることはできない」のもとで、自発的行動のヤル気を削ぐ現象、アンダーマイニング効果に関する諸研究を中心に紹介します。

1　報酬はヤル気を削ぐか？：アンダーマイニング効果

古典的実験

アンダーマイニング効果の実験は通常、次の3段階からなっています。第1段階では、実験参加者が興味をもって自発的に行う行動（ターゲット行動）の自発の程度を観察します。第2段階では、実験参加者は実験群と統制群に分けられ、統制群は前段階と同じことを繰り返しますが、実験群はターゲット行動に対して外的報酬が与えられます。そして第3段階は、再び第1段階同様に報酬なしで、両群のターゲット行動の自発の程度を観察します。つまり、第2段階で実験群に与えた報酬の効果を、報酬を与えなかった統制群の結果との対比において、第3のテスト段階でのターゲット行動の自発の程度でみようとするわけです。そして、報酬群のターゲット行動の自発性が統制群を下回っていれば、アンダーマイニング効果がみられたと判断します。

以下に、この種の実験の原点となったロチェスター大学のデシの古典的実験と、スタンフォード大学のレッパーらの実験を紹介します。まずレッパーらの実験から始めましょう。

レッパーとグリーンの子どもの実験（1975）　4歳から5歳3ヶ月齢の保育園児を対象にレッパーら（Lepper & Greene 1975）は、遊びの自発性に対する報酬の効果の実験を行いました。まず第1の自由遊び段階では、様々な遊び道具で自由に遊ぶことができる集団保育室での子どもの行動が、一方透視の窓を通して観察されました。第2の実験段階は、2台のテーブルのある実験室で個別に行われました。一つめのテーブルには4つのパズルが、二つめのテーブルには6つのパズルが置かれており、すべての子どもに共通に次の手続きが施されました。最初に一つめのテーブルで実験者がパズルの解き方の見本を示し、続いて子ども自身が残る3つを解き、解き終わると机上のベルを鳴らす練習を行いました。続いて6つのパズルの置いてある隣のテーブルに移り、子どもに6つのパズルを順次、できるだけ速く解くように求め、解き終わったらベルを鳴らすように教示しました。そして実験者は、終了ベルの合図があるまで退室し、子どもは一人でパズル遊びに取り組みました。

実験では報酬期待の有無、監視の有無の組み合わせの合計4条件のいずれかに子どもはランダムに振り分けられました。〈報酬期待アリ条件〉の2群の子どもには、第2段階で実験室に入室するときに、部屋の隅のカーテンの後ろにある非常に魅力的な様々な玩具を見せて、良くできたら、後でこの玩具で遊ばせてあげると言って後の報酬に期待をもたせ、実験後に約束どおり10分間子どもたちを遊ばせました。なおこの条件は〈監視アリ条件〉と〈監視ナシ条件〉に分けられ、〈監視アリ条件〉では二つめのテーブルで6つのパズルを解く様子が、机の側に設置されたテレビ・カメラで撮影され、〈監視ナシ条件〉では、監視カメラは後ろ向きにされていました。

〈報酬期待ナシ条件〉の2群の子どもには、入室時にカーテンの後ろの魅力的な玩具は見せず、〈監視アリ条件〉あるいは〈監視ナシ条件〉で同様のパズルを解き、それが終わったのちに、ご褒美という形ではなく、ほかにも楽しい玩具があるので遊んでもいいよと言って、10分間自由に遊ばせました。

実験に参加した最後の子どもが課題を終えてから1～3週間の間に、テストが再び最初の集団自由保育室で実施されました。ここでは報酬は一切関係なく、集団の自由保育時間の最初の1時間に、実験参加者が入口近くのテーブル上に置かれたパズルでどれほど自由に遊ぶかが、一方透視の窓を通して観察され、記録されました。

結果は図8－2に示していますが、これは、最後のテスト段階で、自発的にパズルで遊んだ子どもの割合を条件別に示した図です。図の縦軸の値から明らかなように、子どもが自発的にパズルで遊ぶ傾向（内発的動機の指標）は、〈報酬期待アリ〉（右のセット）の方が〈報酬期待ナシ〉（左のセット）よりも明らかに低く、また全体として〈監視アリ〉（黒柱）の方が〈監視ナシ〉（白柱）よりも低い結果でした。つまりこの実験では、報酬と監視がターゲット行動に対して阻害効果をもち、アンダーマイニング効果が確認されました。自分が興味をもって自発的に行っている行動への第2段階での外的干渉（報酬期待と監視）が、後のターゲット行動に対するヤル気を削いだのです。そして彼らは、この効果を過剰理由づけ仮説（over-justification hypothesis）、あるいは自己知覚説（self-perception theory）で説明しました（コラム8－1参照）。

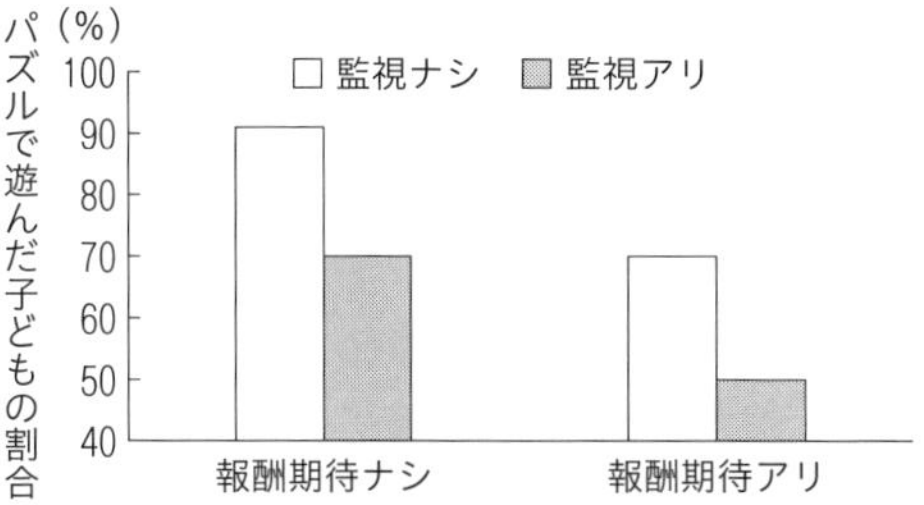

このレッパーらの研究は、彼らの先行研究（Lepper et al. 1973；Greene & Lepper 1974）で異なるターゲット行動と報酬を用いて行われた実験結

パズルで遊んだ子どもの割合（%）
100
90
80
70
60
50
40
□ 監視ナシ　▨ 監視アリ
報酬期待ナシ　報酬期待アリ

図8－2　テスト期に自発的にパズルで遊んだ子どもの割合を条件別に示す（Lepper & Greene 1975, Figure 1に基づき作図）

図8-3　用いられたパズル。左の7つのピースを組み合わせて様々な型をつくることができる。右は一つの見本。

果を再確認するものでした。先行研究（Lepper et al. 1973）で興味深いのは、自発的お絵描きを表彰（外的報酬）すると、表彰なしの条件に比べて、課題遂行中に描かれた絵の枚数には有意差がなかったのに、描かれた絵の出来栄え（質）は有意に低かったことです。

デシの大学生対象の実験（1971）　デシは、後に認知的評価理論（cognitive evaluation theory、コラム8-1参照）として知られるようになった立場から、大学生のパズル解き行動に対する金銭報酬のアンダーマイニング効果の実験を行いました（Deci 1971）。

実験は各段階1日で、3段階3日間にわたって大学生を対象に個別に行われました。課題は図8-3の左に示すような7つの立体的ピースを組合せば、何千、何万の形（図8-3右が形の1例）ができるパズルで、実験参加者は各日、目の前に示された4種類の見本形を見ながら、それを順次組み立てることが求められました。第1段階は全員が同じ条件で見本どおりに4つのパズルを組み立てることが求められました。第2段階では、〈実験群〉は各課題を完成させるごとに1ドルの報酬が与えられ、〈統制群〉には報酬はありませんでした。第3段階では再び両群は同じ条件で報酬なしでパズル課題を行いました。

各段階では4課題が、各課題最大13分打ち切りの条件で与えられましたが、各段階とも2つのパズルの組み立てが終わったところで、実験者は次の段階の準備のためと言って8分間実験室から退室し、実験参加者の行動を隣室から一方透視の窓を通して観察しました。なおこの実験者不在の第3段階の期間中、実験参加者は室内に置かれている雑誌（*New Yorker, Time, Playboy*）を読んでもよいし、パズルで遊んでもよい、つまり何をしてもよいと言われていました。そして、パズル遊びへの動機づけの指標は、この実験者不在の自由時間に、パズルで遊んだ時間でした。

このようにして、第2段階の金銭報酬が、第3段階の自由時間にパズルで遊ぶ時間に及ぼす効果が調べられました。その結果が図8‐4ですが、この図の縦軸は［第3段階でパズルで遊んだ時間―（マイナス）第1段階でパズルで遊んだ時間］でした。

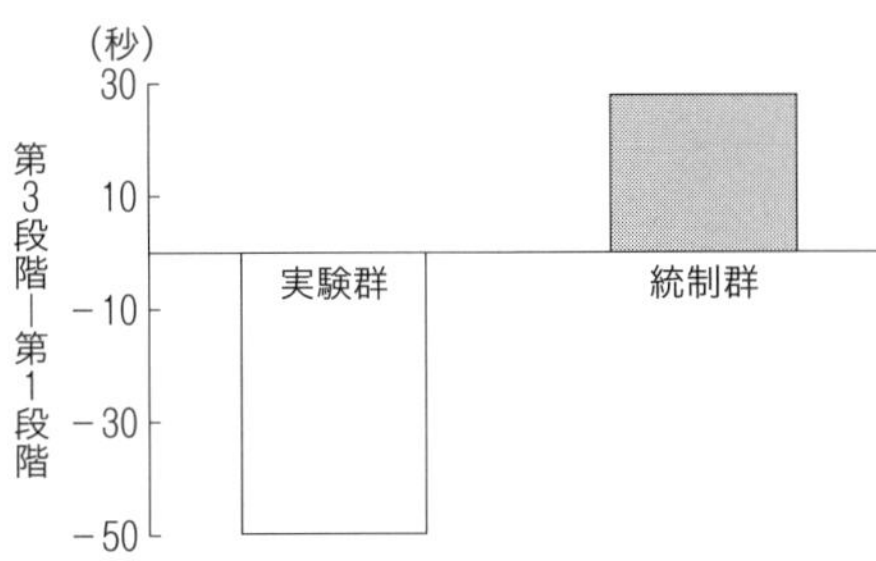

図8‐4　自由時間にパズルで遊んだ時間の第1段階と第3段階期の差（Deci 1971より作成）

〈統制群〉では第1段階の自由時間では213.9秒パズルで遊んでいたのが第3段階には241.8秒とわずかながら増えているのに対し、〈実験群〉では248.2秒から198.5秒に減少しています。すなわち、第2段階の報酬によるアンダーマイニング効果が確認されました。

デシはこのようなアンダーマイニング現象を、コラム8‐1に示す認知的評価理論で説明しています。

アンダーマイニング効果の説明

過剰理由づけ仮説（自己知覚説）

この説は、面白いから自発的に行っている行動に報酬が与えられると、自分の行動は自発性によるのではなく、外的報酬のために起こっていると、行きすぎた理由づけ、誤った自己知覚をしてしまうために自発性が阻害されると考える立場で、原因帰属理論（attribution theory）の立場からの説明といえます（Lepper & Greene 1974）。このような誤った帰属がなされると、せっかく面白く遊んでいたことも仕事のようになってしまうのです。事実、本文で紹介した論文（Lepper & Greene 1975）も、「遊びが仕事になる」というタイトルでした。

認知的評価説

何かを為すこと自体に報酬が内在している内発的動機は、自分の力で何かをなし得ているという自己決定感（self-determination）と、自分の能力（competence）が示されたという自己有能感の影響を受け、この両者を高める（と評価される）操作は内発的動機を高め、この両者を低める操作は内発的動機を低下させるとデシらは考えました。このような考えに立つ認知的評価理論（Deci & Ryan 1985; 上渕・大芦 2019, pp. 47–54参照）では、外的報酬は自己コントロール感（自己決定感）を脅威にさらし、それがアンダーマイニング効果を生むと考えます。しかし自分の行動に対する報酬は、自分の有能感が感じられる情報も併せ持っているので、もし他者によってコントロールされているという被コントロール感がそれほど強くなく、自分の有能感が証明されれば、報酬は行動阻害効果をもたず、むしろ促進効果がみられるとも認知的評価説は予測します。

実は、デシの先行研究（Deci 1971）では、言語報酬（ほめるなど、承認・賞賛）を用いて先に紹介した実験と同じことを行いましたが、この場合には、言語報酬はむしろターゲット行動への促進効果をもっていました。お金は私たちの日常生活で重要なものなので、お金が報酬の場合の被コントロール感は大きいでしょうが、言語報酬ではそのような被コントロール感は少なく、むしろ、それがもつ自己有能感の確認がポジティブに働いたためだと考察されました。

行動理論からの説明

アンダーマイニング効果は、報酬が常識とは逆の行動阻害効果をもつ現象なので、従来の行動理論ではこれを説明することは大きなチャレンジでした。それだけに、様々な立場の行動理論からの説明が試みられましたが（Deci et al. 1999, p. 630; Eisenberger & Cameron 1996, p. 1156）、ここでは、アイゼンバーガーらの考えを紹介します。

学習された無気力現象（learned helplessness）とは行動と独立・無関係にコントロール不可能な有害刺激が繰り返して与えられると、「何をしてもダメだ」という無気力感が生じ、その結果、すべての面で無気力現象がみられるようになる現象のことです（今田 2015参照）。それでは、行動と独立・無関係に与えられる報酬はどのような結果を生むでしょうか。ここでも、何かを行うことと報酬とは独立・無関係だという学習、あるいは行動によって報酬はコントロールできないという学習が生じ、その結果、行動を起こさなくなると考えられます。この考えは、アンダーマイニング効果を、内発的動機の阻害・低下によって説明しなくても、従来（といっても比較的新しい）の行動理論の枠内の〝独立性の学習〟で説明できるとする立場です。

ただこの考えでは、第２段階で与えられる報酬が、行動に随伴して与えられる場合には説明が難しくなります。つまりこの考えは、報酬は行動とは無関係に与えられる場合にしか適用できません。

なお、デシの実験と理論については、今田・北口（2015, pp. 30-33）も参考になります。

2　教育現場、職場におけるアンダーマイニング効果

「アメとムチ」という言葉がよく知られていますが、特にアメリカ社会では行動分析学の創始者・スキナーの影響もあって、褒めることや報酬（アメ）で行動をよい方向にコントロールする思想が、教育界、スポーツ界は言うに及ばず、ビジネス界、一般社会にも広く浸透していました。そのようななかで、報酬は与え方によってはネガティブな効果をもつというアンダーマイニング効果は、各界の指導者たちの関心を喚起するようになりました。たとえば、常識では考えられない『報酬によって罰せられる』（*Punished by rewards*, Kohn 1993）というタイトルの書物も出版されるようになり、同書は２０１８年には25版を記念するほど版を重ねており、日本語の翻訳書もあります（田中 2011）。またマスメディアも、報酬で子どもを操作するような教育プログラムは、読書本来の楽しみを子どもから奪うと手厳しく批判するようになりました。

このように考えますと、近年盛んなアクティブ・ラーニングは、報酬中心主義の反省から一歩前進して、生徒・学生の自発性・能動性を重視した教育法とみることができると思います。

教育場面におけるアンダーマイニング効果

教育者のなかには、一方的に教え込もうとする支配的（controlling）な教師から、生徒・学生の自律性を尊重する（autonomy-supportive）教師まで、幅広く存在します。デシら（Deci, Schwartz et al. 1981; Deci, Nezlek et al. 1981）は、教師の支配性―自律尊重性を両極とする尺度を考案し、同尺度で35人の教師の教育スタイルを測定し、教師の自律性尊重度と担当クラスの生徒の内発的動機と自己有能感との関係をみました。対象のク

ラスは4～6年生でしたが、結果には劇的な差がみられ、教師の生徒への接し方のスタイルの違いは早くも学期が始まって2ヶ月で現れ始めました。すなわち、自律性尊重度の高い先生のクラスの生徒ほど、好奇心やチャレンジ意欲が高く、自発性と達成への姿勢も高く、さらには自己有能感（sense of competence）も自尊感情も高まりました。本講のテーマに則した表現をしますと、支配的な教師は生徒のヤル気を削ぎ、生徒の有能感や自尊心を損ねるという結果です。

デシらはこの結果を、コラム8－1で紹介した自己評価理論で説明し、支配的な教師は報酬をコントロール的に用いるのに対して、自律性尊重度の高い教師は、報酬を情報的に用いているとしています。

自己評価理論を提唱したデシらは、生徒・学生に自律性と自己有能感を育てることを教育の大きな目標と考えています。そして先の研究は、生徒の自律性と自己有能感は、自律性を尊重する教師のもとで育ちやすいことを示したわけです。しかし、家庭における親の自律性支援が、学校場面での成功に必要な自律性と独立性を下支えしている可能性も考えられます。そこでグロルニックら（Grolnick & Ryan 1989）は、親、特に母親による子どもの自律性支援が、3～6年生の生徒の学校における自律性、自己有能感、適応と正の相関を示し、生徒の問題行動とは負の相関を示すこと、また教師による生徒の能力評価や学業成績とも正の相関を示していることを明らかにしました。逆の言い方をしますと、子どもに干渉し、その行動をコントロールしようとする親ほど、その子の学校場面での適応にネガティブな結果をもたらしたのです。

もっともこの種の相関関係をみた調査研究では、親の子どもへの接し方のスタイルが子どもに影響したのか、自律的な子どもだから親は干渉しなかったのか、あるいは手のかかる子だから親が支配的になったのか、因果関係まではわかりません。因果関係を明らかにするためには実験的研究を行わなければなりませんが、教育への含みをもった実験はいくつかあるものの（Ryan & Deci 2000, pp. 39-40）、親子関係や教育現場に実験的方法を持ち込むことは難しく、限界があることは容易に想像がつくでしょう。
しかし次に紹介する研究では、会社の上役の自律性尊重姿勢が、部下の仕事意欲に対して与える影響を実験的に明らかにしています。

職場における上役の自律性尊重が部下の仕事意欲に与える効果

アンダーマイニング効果の研究における夕ーゲット行動は、行うこと自体が楽しい自発的行動でなければなりません。その点では、給料を得るための仕事をターゲット行動とすること自体が、論理矛盾ということになります。しかし生活のために「やらねばならない」仕事であっても、日々の仕事に、やり甲斐と面白さを覚えて没頭する姿はよくみられますし、そのような姿は望ましいに違いありません。

デシらの研究　デシら（Deci et al. 1989）は、アメリカ各地に支店をもつ事務機器会社のサービス部門のマネージャーと、そのもとで、現場で事務機器の修理などに携わる部下（技術者）を対象に、部下に対するマネージャーの態度と、部下の職場に対する動機づけなどを含む諸態度や、仕事満足度の関係についての研究を行いました。研究は5州5支店を対象に18ヶ月にわたって行われ、その内3支店の、それぞれ20人弱の部下を抱える23人のマネージャーを対象に、約2週間の研修が行われました。この研修では、社員の内発的動機を高めるためには、社員自身の自主的決定（自己決定　self-determination）を重んずることの大切さについて、時には部下も含めてコンサルタントの指導を受けました。そして研修前後のマネージャーの自律性支援的態度と、部下の動機づけ等の変化が測定されました。なお自己決定感は、自律性支援、非コントロール的ポジティブ情報の伝達、他者の気持ちの受容という3要素によって促進されることがすでに示されていました。

結果は、まず研修の効果についてみますと、研修を受けた〈実験群〉では、マネージャーの自律性支援的態度は研修前の値を100とすると、研修によって123.3％に上昇したのに対して、マネージャーが研修を受けなかった〈統制群〉では95.6％にとどまり、研修によって〈実験群〉のマネージャーの態度が大きく自律性支援的になったことが明らかにされました。一方、職場に対する部下の全体的満足度は、〈実験群〉のマネージャーの自律性支援的態度の上昇に伴って、105.1％に上昇したのに対して、〈統制群〉では94.2％であり、マネージャーの態度の変化に伴う部下の仕事満足度の上昇が認められました。

本講のテーマに則して言いますと、右の研究は、部下に対して支配的な上役は、部下の仕事意欲を削ぐという結論になります。しかしこのような関係は、会社の経営状態が不安定なときにはみられず、経営状態が安定していてこそみられるとも指摘されており、マズロー（Maslow 1943）が引用されています。つまり給与などの生活の根底をなす基礎条件が充たされてこそ、上役―部下関係の影響が顕在化するという指摘です。（注1）

ヒュウェットとコンウェーの研究　イギリスのヒュウェットら（Hewett & Conway 2016）は、日常生活では言語的報酬（承認、賞賛）はよく用いられるにもかかわらず、アンダーマイニング効果に関する研究では、言語的報酬の効果はまちまちで定まらないことに疑問をもち、条件さえ整えば言語的報酬のアンダーマイニング効果は確認できるはずだと考えました。そこでイギリスの企業の会社員を対象に10日間にわたって毎日、仕事に関する日記を書くことを求め、そのなかで、その日の仕事の困難度（洞察を必要とする複雑な仕事だったかどうか）、報酬の顕在性（salience　仕事中に、承認・賞賛をどの程度期待したか）、さらに、動機の内発性等を測定する尺度への記入を求めました。この3者の関係についての結果は図8-5に示されています。

（注1）　マズロー（Abraham H. Maslow, 1908-1970）は人間の動機を階層的に考え（五段階欲求）、たとえば最上階層の「自己実現の動機」の追求・充足は、まずもって、より下位の階層の諸動機（たとえば、第一階層の「生物的動機」）が満たされてこそ可能になると考えました（参考：今田ほか 2016, p. 118）。

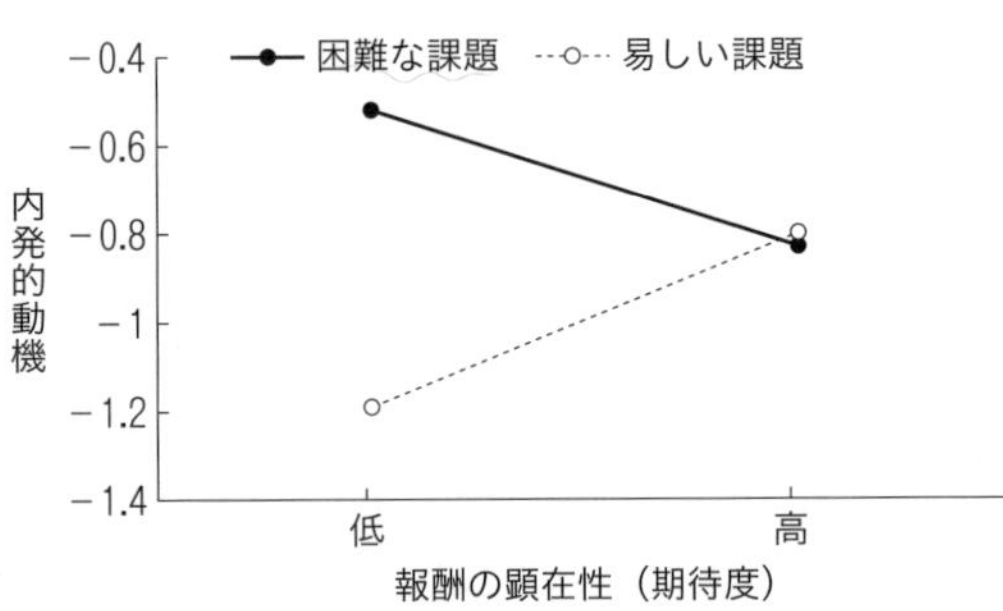

図8－5　言語的報酬は，課題がある程度複雑，困難で，さらに報酬の顕在性が高い場合にアンダーマイニング効果をもつ（Hewett & Conway 2016）

図8－5の縦軸に示された課題に対するヤル気（内発的動機）は、ほめ言葉などによる報酬の顕在性が低いときには（左半分）、課題が簡単すぎる（白丸）と起こりませんが、頭を使う複雑な課題の場合には（黒丸）促進されています。一方、報酬の顕在性が高くなると（右半分）、頭を使う複雑な課題の場合にはアンダーマイニング効果が顕著にみられますが（右黒丸＜左黒丸）、単純な課題の場合には自発性が促進されています（右白丸＞左白丸）。この事実は、課題が複雑な場合には、ほめ言葉はかえって被コントロール感を高め、自己決定感を削ぐために自発性を低下させますが、課題が単純な場合には、たとえ簡単な課題でもほめてもらえれば重要な意味のある仕事に感じられるので、言語的報酬は行動を促進するとされています。この事実は、顕在的な言語的報酬は、単純な課題の場合にはヤル気を向上させますが、複雑な課題の場合にはヤル気を削ぎ、アンダーマイニング効果が表れることを示しており、デシの理論を支持しているものといえます。

このようにして、ヒュウェットらの最近の研究は、長年、その効果が曖昧であった言語的報酬のアンダーマイニング効果について、現場で働く人たちを対象にして、報酬の顕在度と仕事のやりがい（課題の困難度）という2つの要因に焦点を当てて、新しい事実を明らかにしました。

3　アンダーマイニング効果のその後と文化差

アンダーマイニング効果のその後

これまで、アンダーマイニング効果を支持する研究のみを紹介してきましたが、この現象は常に確認されてきたわけではありません。このような問題の複雑さを物語るかのように、この現象については１９８８年から２００１年の間に９つものメタ分析が行われており、２０１４年に行われたセラソリらによる10個目のメタ分析でも、アンダーマイニング効果は未解決な問題を多く残しているとして、職業現場の立場からデシの理論を軸に問題の整理を試みています（Cerasoli et al. 2014）。なお、１９７１年にこの問題の口火を切ったデシは、２０１９年に至っても、自らが提唱した自己決定理論を堅持しています（Ryan & Deci 2019）。

それでは、セラソリらのメタ分析の結果はどうだったのでしょうか。彼らの基本的姿勢は、アンダーマイニング効果は、外発的動機と内発的動機を対立的に or の関係でとらえすぎているので、もっと動機づけ研究の原点に戻って、両者を and の関係でとらえなおすべきというものです。つまり一般社会の仕事現場での行動は、通常外発的動機と内発的動機の両方によって動機づけられているので、もし行動に対して直接的に顕在的報酬（directly performance-salient reward）が与えられると外発的動機が強くなり、内発的動機が締め出し（crowding out）を食ってしまいます。しかし同じ顕在的報酬であっても、行動に対して直接関係のない形で与えられる報酬（indirectly performance-salient reward）だと、行動との関係が明らかでないので、内発的動機は外発的動機によって締め出しを食らわないと考えます。したがってアンダーマイニング効果が生ずるのは、前者、すなわち顕在的報酬が行動と直接結びついた形で与えられたとき（つまり行動の原因を顕在的報酬に帰属させやすいとき）だと結論しています。これがセラソリらのメタ分析の第一の結論です。

しかし外発的動機と内発的動機の関係は、前者が強ければ後者を締め出すという形の関係のみではありません。今一つ大切なことは、外発的動機は行動の量（quantity）に影響し、内発的動機は行動の質（quality）に影響することです。その結果、ターゲット行動が単純な繰り返し課題の場合には、つまり量だけが問題になる場合には、外的報酬の影響力を大きく受けますが、課題が頭を使う複雑な、行動の質が求められる場合には、内発的動機の影響が大きくなると考えます。これがセラソリらの第二の重要な結論です。つまりアンダーマイニング効果は、あまり内発的に興味がわかない単純な課題では、外的報酬の影響を大きく受けるので確認しにくく、興味が内発的に喚起されるやりがいのある複雑な課題においては確認できるというのです。

このようにして、アンダーマイニング効果の研究は、最近は数こそ少なくなりましたが、いくつかの新たな方面への展開をみせながら、今も継続してなされているようです（上渕・大芦 2019, pp. 50–52）。

アンダーマイニング効果の普遍性

アンダーマイニング効果の普遍性を問題にするに先立って、私の素朴な疑問をコラム8－2にまとめました。

アンダーマイニング効果の普遍性への疑問

私が初めてアンダーマイニング効果を知ったとき、何とアメリカ的な現象かと思いました。自己主張、自己選択、自己決定をこよなく愛する国、アメリカならではの現象ではないかと思い、これが文化を超えて普遍性をもつ現象かと疑問に思いました。

そのアメリカですが、独立宣言の起草者、第3代大統領のトーマス・ジェファソン（Thomas Jefferson, 1743-1826）は、次のような言葉を残しています。「自由とは選ぶ権利である。自分のために選択肢を作り出す権利のことである。選ぶ可能性がなければ、つまり選択行使の可能性がなければ、人は人でなく、メンバーに過ぎない。道具であり、物に過ぎない」。

こんな国ですと、他者による監視やコントロールで自己決定感がアンダーマインされ、ヤル気を失うのは当然だと思います。

他方、わが国日本はどうでしょうか。万葉集の研究で有名な中西進氏は、日本の歴史には3つの大きな転機があったといいます（朝日新聞、２０２１年2月5日朝刊、人生の贈りもの）。17条憲法の制定で「法」による国家ができた６０４年、武家政権が誕生し、「武力」による支配が始まった１１９２年、そして太平洋戦争の終結とともに始まった「個人」が主役になった１９４５年、というのです。つまり日本人が個人としての自由を手にしてからまだ75年余ということになります。それを証明するかのように、日本は長く「出る杭は打たれる」国でした。「長い物には巻かれよ、太きには呑まれよ」「雉も鳴かずば撃たれまい」「泣く子と地頭には勝てぬ」「滅私奉公」「上意下達」等々、自己抑制と従順を奨励することわざや慣用句だらけです。そして「馬を水辺まで連れて行けても、水を飲ませることはできない」に対応する日本のことわざは見つかりません。せいぜい「好きこそものの上手なれ」くらいで、自発性を重視することわざは目につきません。

考えてみますと、わが国は長く、「無理やりにでも水を飲まされる」国だったのではないでしょうか。期待されていたのは、従順な「指示待ち人間」で、自己決定や自己選択は期待されていませんでした。「お任せ」がごく当たり前で、そもそもアンダーマインされるべきものが日本にはなかったのではないでしょうか。

そこで以下ではアンダーマイニング効果の文化的普遍性に注目することにします。

アイエンガーとレッパーの実験（1999）　アイエンガーら（Iyengar & Lepper 1999）は、他者選択によって生まれる被コントロール感によって自発性が削がれるのはアメリカ社会であって、協調的自己が尊重される東アジアでは、他者選択であっても、選択する他者と自分との親密度に応じて、必ずしも被コントロール感が生ずるとは限らず、アンダーマイニング効果がみられるとは限らないと考えました。そこでこの仮定に立って2つの実験をカリフォルニア州で行いました。

研究1の目的は、課題を自分で選べる場合と、他者に選ばれた場合の比較を、欧州系アメリカ人とアジア系アメリカ人（日系と中国系）各53人を対象に行い、続く自由遊び時間で課題遂行に対する内発的動機を観察することでした。なお他者選択の場合の他者が、関わりのない見知らぬ他者と、重要で信頼できる他者（母親）の場合の比較も行いました。

対象は小学2～4年生（7～9歳）の子どもで、アジア系の場合には、自宅で両親と話すときにはそれぞれの母語を話す、まだアメリカ文化にあまり同化されていない子どものみを対象としました。子どもたちは個別に、机の上に6つの山のアナグラム課題（語を用いたパズル）が置かれた部屋に導かれました。各山は15問のアナグラム課題から構成されていましたが、一番上のカードは表紙で、「動物」「パーティー」「サンフランシスコ」「家族」「家」「食べ物」と、6つの課題のタイトルが書かれていました。そしてタイトルカードの下には、各タイトルに関連したアナグラムが15問、易から難の順に重ねられていました。たとえばＡＮＩＭＡＬＳ（動物）のアナグラム課題の一例は、ＮＧＩＰＵＥＮの7文字を並べ替えて、動物名の語にするような課題（正答はＰＥＮＧＵＩＮ（ペンギン））でした。

またアナグラム課題の上方には6色の色鉛筆も置かれており、さらに机の上には、クロスワードパズルなど他の遊び道具も置かれていました。なお部屋の一隅には、本や書類に囲まれて、子どもには無頓着に、机に向かって忙しそうに仕事をしている観察者もいました。

実験条件は3つあり、〈自己選択条件〉（マスター）、〈実験者選択条件〉（サーバント1）、〈母親選択条件〉（サーバント2）で、〈自己選択条件〉の子どもは、6つのアナグラム課題のなかから自分の好きなタイトルの課題を選択することができ、さらに、記入用の色鉛筆の色も、自分の好きな色を選ぶことができました。実験は子どもを3人一組にして別々に行われましたが、残る2つの条件の子どもは、この〈自己選択条件〉のマスターに対してサーバントの立場にあり、マスターが選択したアナグラムと色鉛筆で課題を行うことが求められました。つまり課題と鉛筆は他者選択だったのですが、サーバント1（〈実験者選択条件〉）は、この他者は、赤の他人の実験者であり、サーバント2（〈母親選択条件〉）では、それぞれの子どもの母親が選んだ課題と鉛筆の色であると子どもに告げました。

実験者は課題の説明後退室し、6分後に戻り、それまでにできたアナグラムを回収し、採点のためと言って再び6分間退室しました。子どもたちはこの6分間は何をしてもよいと告げられ、観察者は、この6分間の自由時間に子どもがアナグラムで遊んだ時間を測定し、これが自発性の指標とされました。

結果は図8-6に、6分間（360秒）の自由時間にアナグラムで遊んだ時間を条件別、人種別に示しています。なお課題中に解いたアナグラムの数の結果も、ほぼこの図の結果と同じでした。

図8-6から明らかなように、欧州系アメリカ人の場合（白柱）には、左端の〈自己選択条件〉の場合には、自由時間にアナグラムで自発的に遊ぶ時間が長くなりましたが（高い白柱）、〈他者選択条件〉の場合には、他者が実験者であろうが母親であろうが、自発性がアンダーマインされています（低い白柱）。他方、アジア系アメリカ人の場合には、〈自己選択条件〉と〈実験者選択条件〉のグラフの柱の高低関係は欧州系アメリカ人

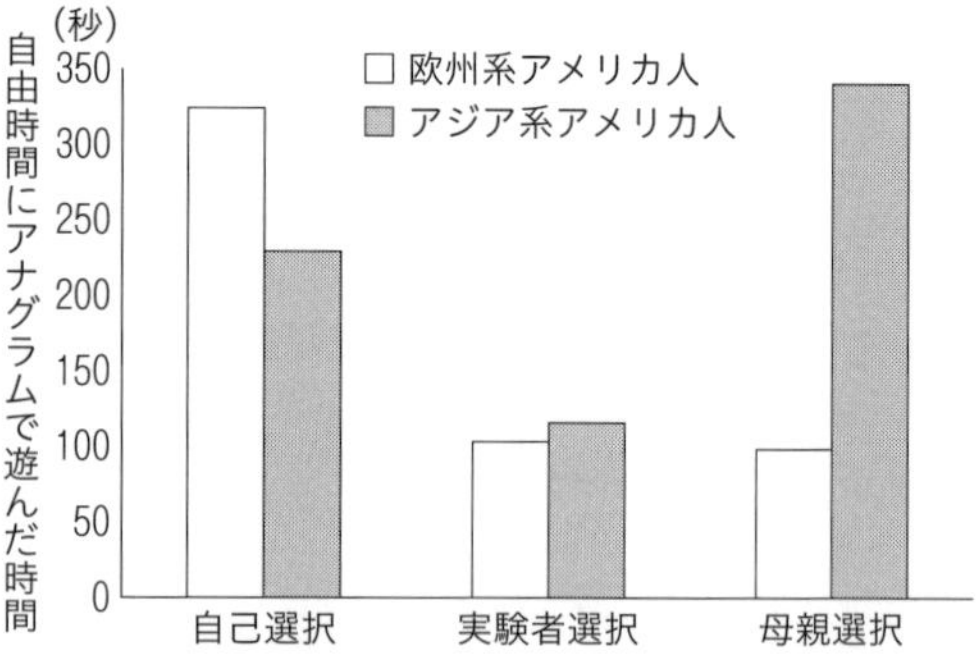

（秒）
自由時間にアナグラムで遊んだ時間

	欧州系アメリカ人	アジア系アメリカ人
自己選択		
実験者選択		
母親選択		

図8－6　自由時間にアナグラムで遊んだ時間を条件別，民族集団別に示す（Iyengar & Lepper 1999，研究1より作成）

に似て〈自己選択条件〉が高くなりましたが、この柱は欧州系アメリカ人の柱よりも有意に低いものでした。そしてもっと大きな違いは、右端の〈母親選択条件〉の場合で、アジア系アメリカ人の場合には、欧州系アメリカ人のようにアンダーマイニング効果はみられないばかりか、むしろ〈母親選択条件〉では、最も顕著な課題への取り組みがみられました。

なおアジア系アメリカ人のうち、日系と中国系の間には違いはみられなかったということですが、この点に関しては第6講のコラム6－5を参考にしてください。

研究2では、重要で信頼できる他者を、母親からウチ集団（in-group）の級友に置き換えたこと、課題を算数のルールを援用して、敵の宇宙船と競い合いながら、すごろく遊びのように目標に向かって進んで行くコンピュータゲームに変更したこと、さらに自発性の指標を多様化したことのほか、5年生（9～11歳）の欧州系アメリカ人41名、アジア系アメリカ人47名を対象にしたことなど、いくつかの変更をした以外は、同じ目的で研究1の再確認を試みました。

課題は、地球のエネルギー危機を救うために、他の天体の宇宙人と競争しながら少しでも早く目的とする天体エクターに到着し、エネルギーを確保するというコンピュータゲーム（Space Quest ゲーム）でしたが、〈自己選択条件〉の実験参加者（マスター）は、自分の乗る宇宙船の選択（4択）、宇宙船の乗組員からの自分の呼ばれ方の選択、敵の宇宙船の選択などが許されましたが、〈他者選択条件〉のサーバント1は仲間外集団（out

-group）の学童、サーバント2は重要で信頼できる仲間集団（in-group）の級友とされ、課題はマスターの選択に従いました。

結果は図8－7、8－8に示します。図8－7は、最終のテスト期に、「あなたは、Space Questゲームでどれほどもう一度遊んでみたいですか？」という直接内発的動機の強さを問う質問に対して5段階で評価させた結果です。この図は、図8－6に示した研究1の結果と酷似しています。

図8－8は、課題実行中に表明された、敵の宇宙船が挑んでくる課題の難易度に対する選好を〈易しい～難しい〉の3段階で表した結果です。アジア系アメリカ人では、仲間集団のクラスメートが選んだ課題の場合に、難しい課題に挑む姿勢が特に顕著なことが、右端の高い黒柱でわかります。他方、欧州系アメリカ人の場合に難問への挑戦意欲を示したのは、〈自己選択条件〉の場合のみでしたが、その意欲はアジア系アメリカ人のIn-groupの選択のヤル気（右端の黒柱）に、はるかに及ぶものではありませんでした。また欧州系アメリカ人の他者選択の場合には、他者が誰であろうと挑戦的姿勢は低いことも明らかです。

なお研究2では実験の前後に、通常の算数のテストが実施され、算数のテスト得点の実験前後の比較がなされました。ゲーム課題を通しての学習の効果は、欧州系アメリカ人では〈自己選択条件〉のみで、アジア系アメリカ人では、〈自己選択条件〉と、〈in-group選択条件〉においてみられました。また算数に対する興味・関心も、図8－7と類似のパタンの結果でした。

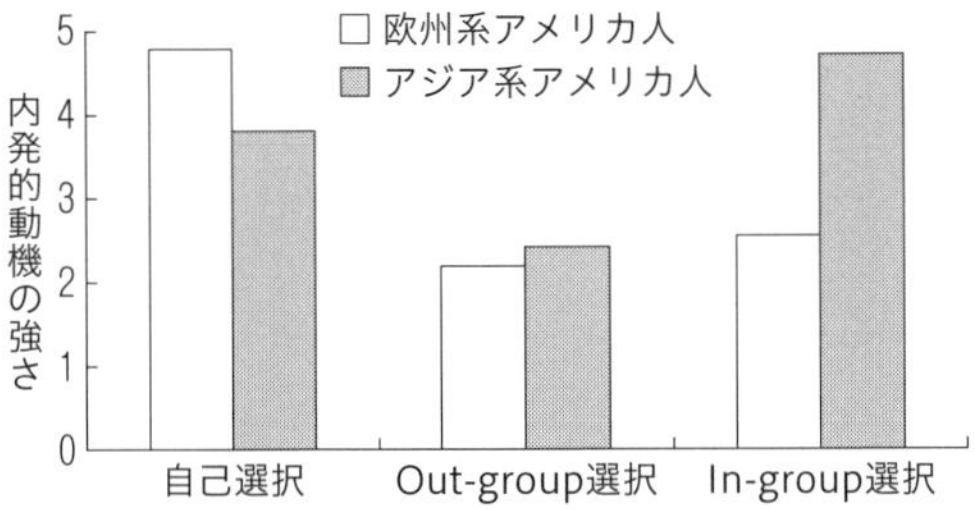

図8－7　異なる条件で遊んだSpace Questゲームで，再度遊びたい程度を，条件別，人種集団別に示す（Iyengar & Lepper 1999，研究2より作成）

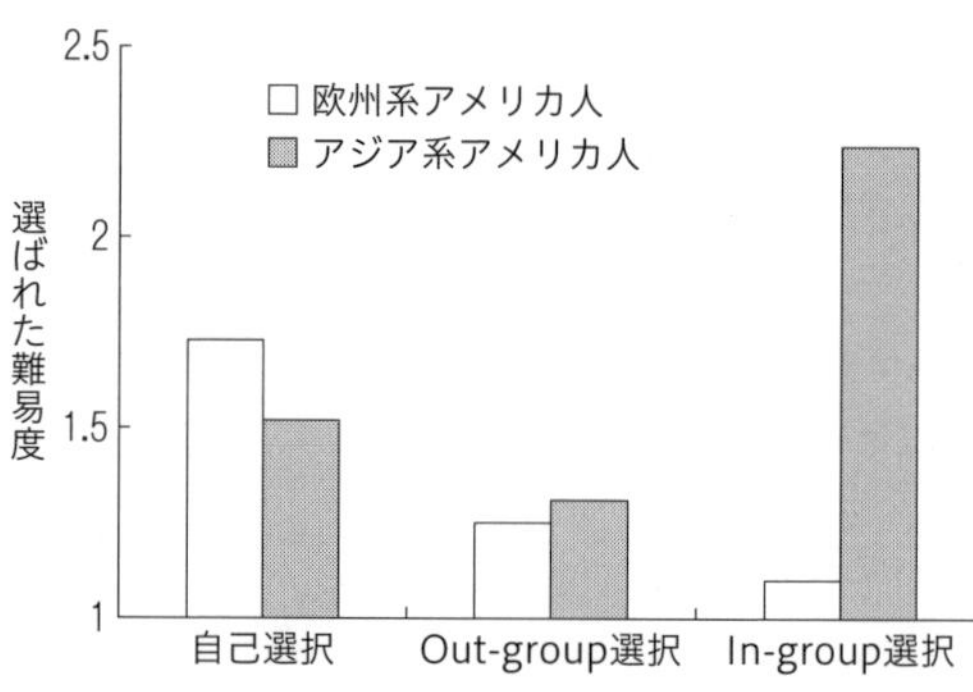

図8-8　課題実行中に表明された課題への挑戦度
（Iyengar & Lepper 1999，研究2より作成）

ここで、コラム8－2で述べた疑問、アンダーマイニング効果は日本人にはみられないのではないかという問いに対する答えですが、それはイエス&ノーということになります。自己決定が内発的動機に与える効果は、アジア系アメリカ人においても欧州系アメリカ人と同様ポジティブであり、また、赤の他人によって課題が選択された場合にも、アジア系でも欧州系アメリカ人同様、アンダーマイニング効果がみられました。しかし、重要で信頼できる他者（母親、クラスメート）によって課題の選択がなされた場合には、アジア系アメリカ人においてはアンダーマイニング効果がみられなかったばかりか、ヤル気の促進さえみられました。これは欧州系アメリカ人にはみられない現象です。これを逆の面からとらえますと、欧州系アメリカ人にとっては、母親さえも他人の一人にすぎないということになります。

しかし、さらに突っ込んで、協調的社会では、なぜ「重要な他者による選択」は自己決定の侵害にならないのかと問うと、それは自由の定義の違いに落ち着くことになるように思います。独立的社会の自由は「私」の自由であるのに対して、協調的社会の自由は「私達」の自由であって、お母さんや親友は、ともに「私達」を作り上げている共同体の一部なので、自由の侵害の源にはならないということかもしれません。なおこの自由の定義に関連する論議は、第4節の末尾に、ヨナスら（Jonas et al. 2009）、一言（私信）を参考にして再びなされます。

日本人が、他人を世界2に住むin-groupの人間と、世界3に住むout-groupの人間に区別することについては、前講の第1節で述べましたが、アイエンガーらの先の事実は、東アジア人においてこの区別が明確にあることを示しています。

4　アンダーマイニング効果の日本での再現性

わが国で最も早くに行われたアンダーマイニング効果に関する研究の一つ、大槻（1981）の論文は、「……主としてアメリカで行われているこの分野の実験で見られたような報酬のマイナス効果が、歴史・社会・文化的な背景を異にするわが国においても見られるかどうか……、（この）現象は、アメリカの特殊な事例にすぎないのではなかろうか」（大槻 1981, p. 335）という、私が先に抱いた疑問と同じ疑問から始まっています。ただ先に紹介したアイエンガーら（1999）の実験事実からしますと、自己決定に介入する他者、つまり他者決定者が、特に親しい内輪の人間の場合は例外として、通常の実験のように、実験参加者にとって赤の他人の実験者が介入者の場合には、わが国でもアンダーマイニング効果は確認されてもおかしくないのではないかと思われます。

そこで事実をみてみましょう。ただ、アメリカの研究との比較のために、ここではデシの理論に沿って行われたわかりやすい碓井の実験を２つ紹介するに留めておきます（碓井 1986, 1992）。コラム８－１でもみたように、デシの認知的評価説では、行為者の内発的動機は自己決定感と自己有能感の影響を受け、この両者を高める操作は内発的動機を高め、この両者を低めると評価されるものは内発的動機を低下させると考えられました。次の碓井の２つの実験は、いずれもこの説に立脚するものです。

碓井の実験（1986）　デシの研究（Deci 1981）を基盤として行われた碓井（1986）の実験２においては、外的報酬が内発的動機に及ぼす効果を、女子大学生を対象にパズル課題を用いて検討しています。そしてパズル課題を行わせるときに、〈無報酬条件〉、〈ガンバリ報酬条件〉、〈参加感謝報酬条件〉の３条件を設け、その効

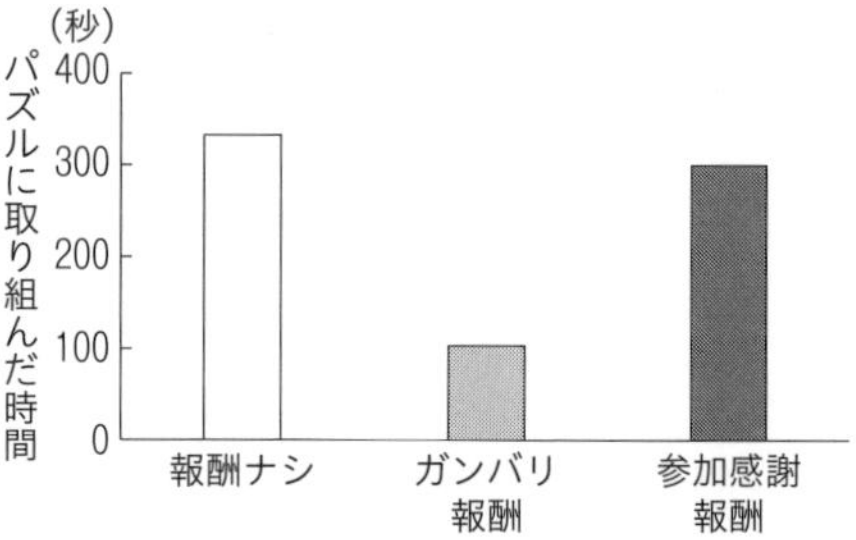

果を自由時間にパズルに取り組んだ時間（内発的動機の指標）によって測定しました。なお、〈ガンバリ報酬条件〉では、パズルが1問解けるごとに100円の報酬を与えるので頑張るように教示し、〈参加感謝報酬条件〉では、同様にパズルを1問解くごとに100円の報酬を与えましたが、これは「実験に協力していただいた感謝の気持……（なので）……、パズルを頑張って解かせようとするつもりではありません」と教示しました。〈無報酬条件〉では報酬は一切ありませんでした。15分のパズル解き試行後は自由時間として、実験参加者は雑誌を読んでもよし、パズルで遊んでもよい、何をしてもよい時間が10分間与えられました。従属変数は、この自由時間にパズルで遊んだ時間でした。

図8-9　パズル課題に対する報酬の有無，および報酬の与え方の内発的動機への効果（碓井 1986，実験2より作成）

結果は図8-9に示されています。図8-9から明らかなように、〈ガンバリ報酬条件〉では、報酬ナシ条件に比べて、アンダーマイニング効果が明らかに示されています。しかし課題遂行と無関係に与えられた〈参加感謝報酬条件〉ではアンダーマイニング効果はみられていません。この結果は、同じ外的報酬であっても、〈ガンバリ報酬条件〉では報酬のもつコントロール的側面が強いため自己決定感が阻害されるのに対して、〈参加感謝報酬条件〉では、報酬は頑張ったことに対する報酬ではないと受け取られたので、自己決定感は阻害されず、そのためアンダーマイニング効果は緩和されたと、デシの理論に基づいて説明されています。

当初の疑問に対する答えは、わが国の実験でも、アメリカの実験同様、アンダーマイニング効果がデシの理論が予想する形で再現されました。

碓井の実験（1992）　これまでも述べてきたように、デシの理論では、内発的動機は自己決定感とともに自己有能感によっても規定されますが、自己有能感が問題になるのは、課題が自己決定可能と評価される場合だけだと考えられます。つまり、課題に対する自己決定感が低い場合には、自己有能感は無関係だと考えられています。そこで碓井（1992）は、次のような自己有能感の高さ（高・低）と自己決定感の高さ（高・低）で４条件に分けて実験を行いました（実際には自己決定感が〝中〟の統制条件が設けられていますが、ここでは単純化のために〝中〟を省略しています）。

実験は碓井（1986）と基本的に同様で、大学生を対象にパズル課題を用いて行われました。自己決定感の高低は認知操作質問紙によって操作されましたが、〝高〟条件では、興味深い課題に積極的に取り組んでいる気分にさせる操作が、〝低〟条件では、課題を強制的にやらされている気分にさせる操作が施されました。他方、自己有能感は20分間の課題を終えた直後に、成績が平均以上とフィードバックして高有能感を喚起する条件と、成績が平均以下とフィードバックする低有能感の２条件を設けました。内発的動機は、前実験同様、課題終了後の10分間の自由時間にパズルに取り組んだ時間で確認されました。

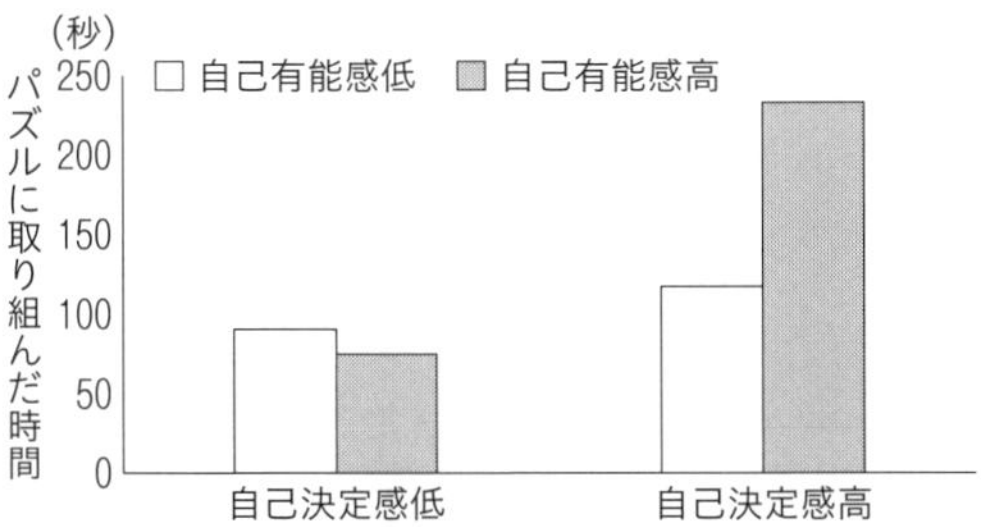

結果は図８－10に示すとおりです。予想されたように、自己有能感の高低が内発的動機に効果をもつのは自己決定感の高いときのみで（右半分）、自己決定感が低い状況では、自己有能感の高低は内発的動機に無関係でした（左半分）。そしてこの事実は、デシの考えを支持するものでした。

図８－10　自己決定感と自己有能感と内発的動機の関係（碓井 1992より作成）

以上、押しつけ・強制はなぜ駄目か？――「馬を水辺まで連れて行けても、水を飲ませることはできない」という本講のテーマに関連させて、自発的行動に他者が介入して報酬を与えると、かえって自発性が阻害されるアンダーマイニング現象を紹介しました。この現象は、条件さえ満たせば文化を超えて普遍的に見出される現象であることもみました。しかし介入する他者が母親や親友のように親しい人の場合には、東アジアの文化ではアンダーマイニング現象が起こらない事実もみました。この現象は、教育現場や職場でのヤル気に関わる興味深い現象ですが、まだ研究が展開されつつあるようです。

5　押しつけは反発を誘うか？：心理的リアクタンス現象

実は、押しつけ・強制はなぜ駄目か？という本講の主題に関連して、もう一つ忘れてはならない現象があります。それが心理的リアクタンス（psychological reactance）、あるいは単にリアクタンスと呼ばれる現象です。この現象は辞書には次のようにあります。

「ブレーム（Brehm, J. W. 1966）の用語。react を抽象名詞化したもので、逆作用の意。自由に行動することができる場合に、その自由が奪われたり、奪われる怖れがあると、自由を回復しようとする動因が起きることをいう。たとえば、禁止された行動をあえてとろうとする傾向が起きることをいう。」（『誠信心理学辞典』）。

つまりリアクタンスは、自由の制限に対する反作用現象のことで、「水を飲め！」とか、「勉強しろ！」と強制されると、その自由の制限に逆らって「水を飲まない」、「勉強しない」現象が起こることです。「見るな！」と言われるとかえって見たくなるのも、「残り僅か！」と聞くと買いたくなるのも、みな自由制限に対するリアクタンスです。リアクタンス研究50年を振り返って書いた自分の論文に、「この論文を読むな！」という副題をつけて、読ませようとした研究者もいます（Rosenberg & Siegel 2018）。

第5節では、このリアクタンス現象という大きなテーマを問題にしますが、紙数の関係で、基本的現象の理解のための実験を一つ紹介し、次にコラムで、リアクタンス現象の補足をし、最後に本講と先立つ2講の流れのなかで、この現象を文化差の面から論ずることにします。

リアクタンス現象の実験例

落書禁止の貼り紙に対するリアクタンス：ペンネベーカーらのフィールド実験（1976）　公衆トイレの落書きはどの国でもみられます。ペンネベーカーら（Pennebaker & Sanders 1976）は、落書禁止の貼り紙を4種類用意し、アメリカのある大学の男子トイレの個室の扉内側にそれぞれを貼り、異なる内容の貼り紙が、落書きに与える効果を比較するフィールド実験を行いました。つまり禁を侵して落書きする傾向（リアクタンス）が貼り紙の種類によって異なるかどうかをみたわけです。操作された要因の一つは、禁止文の禁止の強弱で、もう一つは、禁止者の権限の高低でした。

具体的には、貼り紙に書かれた文は次の2種類のうちのいずれかでした。強禁止文は「壁に落書きスルナ！」、弱禁止文は「どうか、壁に落書きをしないで下さい」でした。またそれぞれの文の後には、すべてJ. R. Buckという人物名のサインがあるのですが、その人の肩書は、大学警察・保安部長（高権限者）と、大学警察・構内委員（低権限者）の2種類でした。

これらの組み合わせで、〈強禁止文・高権限者条件〉、〈強禁止文・低権限者条件〉、〈弱禁止文・高権限者条件〉、〈弱禁止文・低権限者条件〉、合計4種類の貼り紙が、大学の校章入りの用紙に印刷されて用意され、そのいずれかが、男子トイレの17の個室の扉の内側に、利用者が座ると目の前にくる位置に貼られました。手続きの詳細は省きますが、図8-11は、観察期間の午前中の2時間に書かれた落書きの平均数です。なお、落書

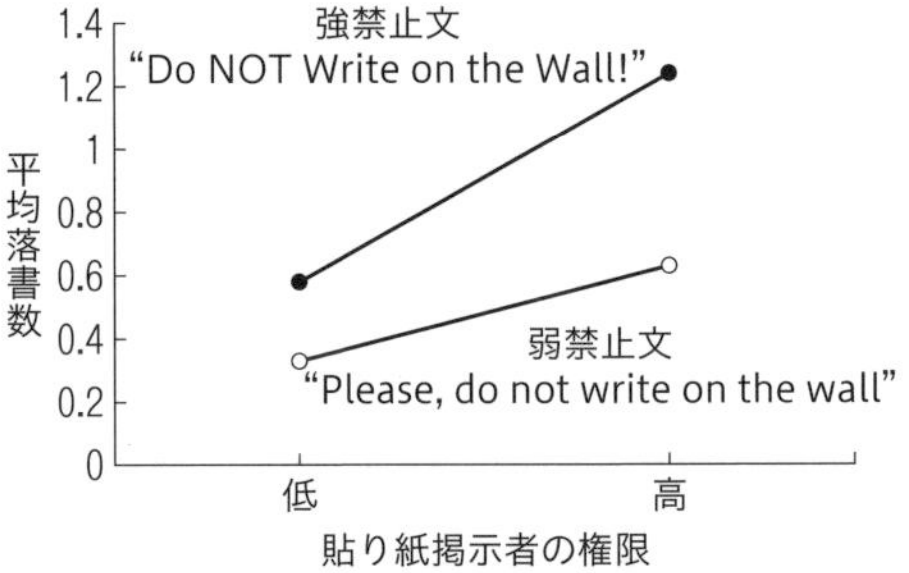

はすべて貼り紙上に書かれていました。

図8－11は、禁止の訴え方が強い禁止文ほど若者の反発を誘い、落書きしようとする動機が有意に高まること（黒丸線＞白丸線）、またグラフの左右を比較してわかるように禁止者の権限が高いほど、落書数が有意に多いことを明らかにしています。落書数が最も多かったのは〈強禁止文・高権限者条件〉でした。

これらの事実は、人は自由への脅威が大きいと感じるほど、自由を回復しようとする動機が強くなるとするリアクタンス理論からの予測に一致するものです。興味深いのは、禁止者が目の前にいなくてもこのようなリアクタンス現象がみられていることです。

図8－11　トイレ内の4種類の落書き禁止貼り紙の落書き数への効果（Pennebaker & Sanders 1976に基づき作図）

その他の研究例　人は様々な場面で他者に社会的影響力を行使しますので、当然リアクタンスも様々な場面で、いろいろな現れ方をします。それらの個々の研究を詳しく紹介はできませんが、ここでは私が興味をもったいくつかの研究の要点を紹介します。この現象の多様性がわかるでしょう。

・一向に勉強をしようとしない学生に、「勉強してはいけません」と強制する〈逆説的介入〉が功を奏し、勉強するようになった事例（Shoham-Salomon et al. 1989）。

・商品の購入を促すための宣伝が高圧的だと購買者のリアクタンスを招き、穏やかな宣伝より宣伝効果が劣る事例（Regan & Brehm 1966）。

・自由に選択できていた物が選択できなくなったと告げられると、その物の魅力度が急に上昇した事例

（Brehm et al. 1966）。
・禁酒のメッセージが強すぎると，穏やかに飲酒の弊害を伝えたときよりも飲酒量が増えた事例（Bensley & Wu 1991）。
・政治的態度を変えようと，本人の態度に不一致の高圧的な説得文を読ませたところ，それにはリアクタンスが起こらなかったのに，本人の態度に一致した高圧的な説得文が，かえってリアクタンスを招いた事例（Worchel & Brehm 1970）。この事実は，自分の態度をさらに強く縛る高圧文によって，この態度以外の立場がとれなくなってしまった不自由に対するリアクタンスのためだと説明されており，これはブーメラン効果と名付けられていました。ブーメラン効果（boomerang effect）とは，説得を目的とした伝達によって，かえって意図された方向とは逆の方向に受け取り手の意見が変化し，説得者の意図とは反対の効果を生じる現象のことです。

なお日本で出版されたリアクタンスの研究書には，今城の『説得におけるリアクタンス効果の研究』（2001）があります。

コラム 8-3

リアクタンス現象に関連して

ブレームについて

ジャック・ブレーム（Jack W. Brehm, 1928-2009）は，認知的不協和理論で有名なフェスティンガー

（Leon Festinger, 1919-1989）の弟子にあたる社会心理学者で、1966年に“*A theory of psychological reactance*”（『心理的リアクタンスの理論』）を著わしました。また1981年には、元妻シャロンとの共著、“*Psychological reactance : A theory of freedom and control.*”（『心理的リアクタンス：自由とコントロールの理論』）（Brehm & Brehm 1981）を著わし、また2004年には、ブレームの功績を讃えて弟子たちを中心に出版された『社会行動の動機づけ的分析：ジャック・ブレームの心理学への貢献を基盤として』（Wright et al. 2004）が出版されています。さらに節目の年ごとにリアクタンス理論についての優れた論評の刊行もみられます（Miron & Brehm 2006; Rains 2013; Steindl et al. 2015; Rosenberg & Siegel 2018）。この理論の影響は、先にもみたように、社会心理学の研究にとどまらず、健康、臨床、マーケティング、政治、教育などの応用分野でも数多くの研究がなされるようになりました。

特性としてのリアクタンス

リアクタンスは、自由が奪われたり、その怖れがあるときに生ずる、自由を回復しようとする動機づけの状態（state）です。しかし臨床心理学者がリアクタンスを問題にし始めたときには、彼らはリアクタンスを心理的特性（trait）として、つまりリアクタンスの起こしやすさの個人差の問題としてとりあげました（Miron & Brehm 2006, p. 7）。患者に適した治療法の選択の手がかりを得るためです（Shoham et al. 2004, p. 167）。そして、ドイツのメルツ（Merz 1983）によって、特性としてのリアクタンスを測る尺度も作成され、英訳もなされました（Tucker & Byers 1987）。しかし今日よく知られている尺度は、ダウド（Dowd et al. 1991）の「治療的リアクタンス尺度」（Therapeutic Reactance Scale, TRS）と、ホング（Hong & Page 1989）の「ホング心理的リアクタンス尺度」（Hong Psychological Reactance Scale, HPRS）です。これらの日本語訳は、今城（2002）の論文にみられます。

しかしリアクタンス理論の提唱者のブレーム自身は、リアクタンスは状況特殊的な状態なので、あらゆる事態・状況にリアクタンスを示すような個人の特性を考えることはできないと，特性としてのリアクタンスを問題にすること自体を疑っています（Miron & Brehm 2006, p. 7）。その他にも，特性としてのリアクタンスやその尺度の使用については批判的立場があります（Rosenberg & Siegel 2018, pp. 288-289；Shoham et al. 2004, p. 182）。

リアクタンス現象の文化差

第6講以降繰り返しみてきたように，個人主義の国と集団主義の国とでは，自己観に大きな違いがあり，それに伴い自由の意味するところは文化によって異なります。個の自由を最優先する国アメリカと，個の自由を抑えてでも集団の調和を優先する，「出る杭は打たれる」国日本では，ともにリアクタンスはみられるにせよ，その現れ方は異なるでしょう。何をもって不自由と感じるかも文化差があるでしょうし，自由の制約を誰から受けるかによってもリアクタンスの現れ方には文化差があるでしょう。そこでリアクタンスと文化の関係を取り上げます。

今城の研究　今城（2002）は，「リアクタンス理論が前提とする自由や自己支配が個人主義と表裏一体であるならば，我が国を含む集団主義文化では，リアクタンス現象が生起する可能性は低いことになる」（p. 366）と述べ，この仮説の検討をも兼ねて「リアクタンス特性と集団主義・独自性・説得効果の関係」という論文を著わしています。

今城（2002）は，リアクタンス特性については先のコラム8-3で紹介した，ホングのHPRSとダウドのTRSの日本語版を用い，それらで測られたリアクタンス傾向と，集団主義尺度（山口ほか 1988）で測られた集団主義傾向と，独自性尺度（山岡 1993）で測られた個人の独自性傾向の関係を調べました。さらに自由への脅威度の異なる3つの説得場面に対する自由反応から、個人の状態リアクタンスが測られ、先の特性尺度との関係が調べられました。

本講と関連の深い結果に絞って結果を箇条書きにしますと、（1）2つのリアクタンス特性尺度値と集団主義傾向には負の相関関係が、そして独自性特性とは正の相関関係が見出されました。つまり、集団主義的であるほどリアクタンス特性が低いこと、独自性特性が高いほどリアクタンス特性が高いことが示されました。（2）ホングのHPRSによって測られたリアクタンス特性が高いほど、説得場面での自由への脅威が大きいと強い状態リアクタンスがみられました。しかし、HPRSによるリアクタンス特性が低いと、自由への脅威が大きくても状態リアクタンスは弱いこともみられました。

文化との関係に関しては、著者の当初の予想どおり、集団主義傾向が強いほどリアクタンス特性は低く、独自性傾向が強いほどリアクタンス特性は高いことが、また日本人でも高い脅威に直面すると、リアクタンス特性が高い者は低い者よりも強いリアクタンスを示すことを今城（2002）の研究は明らかにしたわけです。

グラウプマンらの研究（2012）　オーストリアのザルツブルグ大学の研究者を中心に、いくつかのリアクタンスと文化の関係に関する研究が行われてきましたが、ここではまず2012年の研究を紹介します（Graupmann et al. 2012）。紹介に先立って、ザルツブルグ大学での研究に共通する考えをまとめておきましょう。

彼ら（たとえばJonas et al. 2009）は、まずリアクタンス現象そのものは文化を超えて普遍的現象だと考えます。ただ自己観の違いによって、制約と感じる自由の種類について文化差があり、個人主義の文化では個人的自由（individual freedom）が重要視され、集団主義の文化では集団的自由（collective freedom）が重要視されるとしました。したがって、文化によって脅威と感じる自由の種類が異なるため、脅威がそれぞれの自由に対応するものであれば、リアクタンスは文化を超えて普遍的に起こることを、ヨナスらの実験は明らかにしています（Jonas et al. 2009）。

このヨナスらの考えを背景に行われたグラウプマンら（Graupmann et al. 2012）の論文の研究1では、集団主義文化を背景にもつ台湾においては、自由への脅威の源がin-group（仲間内）にある場合には、リアクタンスは起こらないでしょうが、脅威の源がout-group（仲間外のソト集団）にある場合には、リアクタンスはみられると仮定しました。前者では、自らが一体感を感じ、同一視している仲間が決めたことですから、集団的自由は守られていますが、後者のように自由への脅威の源がout-group（仲間外）にある場合には、集団的自由が侵されますのでリアクタンスは起こると考えられたのです。

実験参加者は台湾の国立大学の学生66人で男女同数でした。全参加学生は、仲間内集団から自由の制限を受ける〈in-group条件〉、仲間外から自由の制限を受ける〈out-group条件〉、〈制限なし条件〉のいずれかにランダムに割り振られました。実験はすべて大学のコンピュータ室で行われ、アジアの諸大学の将来に学生の声を反映させる民主的な過程を導入するアカデモクラシー（Academocracy）というプロジェクトの一部と銘打って行われました。具体的には、図書館の充実、コンピュータ環境の整備、海外留学プログラム等々、9つの目的に、大学の予算をどのように順位をつけて使うべきか、1～9の順位づけを行うのが課題でした。そしてこの調査（投票）は、ネットワークでつながれているアジアの諸大学でも同時並行で行われており、他の大学の情報が随時入ってくるしくみになっているとも知らされました。順位づけを行った後に、9つの目的が順次コンピュータ上に示され、それぞれの目的が「個人的にどれほど重要か」を、1「まったく重要でない」～5「非常に重要」の5点尺度で評定させました。

第1回目の評定が終わるとすぐに、〈in-group〉条件に対しては、スクリーン上に次のメッセージが出ます。「台湾の諸大学でのアカデモクラシーの投票はすべて終わりました。あなたが3位と6位に挙げた目的は、全体の投票の中では順位が非常に低かったので、最終投票の時には、これら2つの選択肢は削除されるでしょう」。他方、〈out-group〉条件の参加者には、右の下線部の台湾が、マレーシアに変えられた以外は、メッセージの内容は同じでした。つまり〈in-group〉の台湾の大学生の投票の結果、自由の制限（選択肢の削除）が加えられた場合と、同じ自由の制限であっても、その原因が〈out-group〉のマレーシアの大学生の投票結果の場合とでは、リアクタンスに違いが出ると予想したのです。なお〈制限なし〉条件に対するメッセージは、「アカデモクラシーの投票はマレーシアの大学で終わりました。1185人の学生が参加しました」のみでした。

そして第2回目の評定に入りましたが、第1回目には、それぞれの目的が「個人的にどれほど重要か」を5段階で尋ねましたが、第2回の評定では、「大学にとってどれほど重要か」を5点尺度で評定させました。

要するに、台湾という集団主義文化を背景にした大学生が、選択肢の削除というかたちで自由の制限を受けた場合に、制限の源が、同じ台湾人学生という仲間内にある場合と、マレーシア学生という仲間外にある場合とで、削除された3位と6位の目的に対する評定値がどのように変わったかをみたのがこの研究1です。

結果は**図8-12**に、削除が告げられる前後の、削除された6位の目的の（重要度）評定値が示されています。**図8-12**の白丸線が示すように、選択肢から削除された第6位の削除の原因が同じ台湾の仲間の大学生の投票結果による場合には、仲間の決定に従って第6位の目的の重要度は下降しています。つまり、仲間への同調・服従（compliance）がみられたのです。しかし削除の原因がout-groupの投票結果と知らされた場合には、黒丸線が示すように、その投票結果を否定するかのように、第6位の目的の評定値（重要度）は著しく上昇しています。リアクタンスです。

つまり集団主義文化の台湾の大学生の場合、選択肢の減少という不自由がin-groupの決定による場合にはリアクタンスは起こらず服従がみられましたが、それがout-groupの決定によってもたらされた場合にはリアクタンスはみられることを、研究1は明らかにしたのです。

研究2では、実験参加者をオーストリアのザルツブルグ大学の学生に変え、out-groupをフランスの大学生に変えて、研究1と同じことを行いました。オーストリアは個人主義的文化を背景にしていますが、そのようななかでも自己観には個人差があることを考えて、対象とした108名の大学生の自己観の独立性―協調性を、シンゲリスらの個人主義―集団主義尺度（Singelis et al. 1995）で測定し、自己観の独立性―協調性とリアクタンスの関係を明らかにすることを目的としました。詳細は省き、結論のみを言いますと、（1）協調的自己観の強い学生ほど、自由の制限の源がout-groupにあるときにはリアクタンスを強く示しました。この結果は、集団主義の強い台湾で行われた研究1の結果を確認したことになります。しかし（2）独立的自己観の強い学生ほど、自由の制限の源がin-groupにあるときに、強いリアクタンスを示しました。この事実は、独立的自己観の強い人間にとっての自由とは、in-groupの仲間から独立していること、仲間の影響力から解放されていることを意味しています。しかし協調的自己観の強い人間は、in-groupの仲間の影響力からの解放を望んではおらず、in-groupの仲間に溶け込み、その決定に合わせようとするので、リアクタンスは起こらず同調が起こると考えられました。

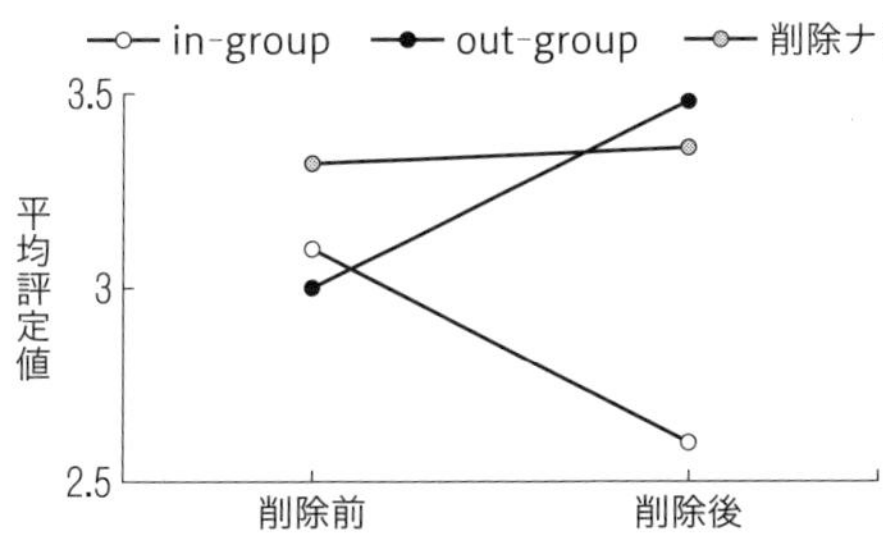

図8-12　選択された第6位の目的が選択肢から削除された場合の，第6位の重要度の変化を条件別に示す（Graupmann et al. 2012，研究1）。

ジッテンターラーらの研究　最後に紹介する研究もザルツブルグ大学での研究です（Sittenthaler et al. 2015）。

私たちは、日本人がどこか外国で恥ずかしいことをしたニュースに接すると、「同じ日本人として恥ずかしい」と思うことがよくあります。in-group の共感によるもので、これを共感性羞恥（empathic embarrassment）ということがあります（Miller 1987）。それでは同じようなことはリアクタンスでも起こるでしょうか。実は、他者の自由への脅威に接するだけで、自分の自由への直接の脅威がないにもかかわらず、自分にもリアクタンスが生じることがあり、これを代理リアクタンス（vicarious reactance）と呼びます。ジッテンターラーらの研究（Sittenthaler et al. 2015）は、この代理リアクタンス現象の文化差に関するものです。

彼らの研究1をみてみましょう。対象としたのは、オーストリアのザルツブルグ大学と、ドイツのミュンヘン大学の男女学生159名で、彼らに質問紙を配布し、休暇旅行を楽しんでいる最中に、不測の出来事で警察につかまっている次のような「休暇シナリオ」についてイメージするように求めました。まず、〈自己への制約条件〉の実験参加者は、納得できる説明もなしに警察につかまっている自分を想像するように求められました。そして、〈in-group への制約条件〉の参加者は、同じ言語を話す in-group の他者が警官に拘束されている場面を、また〈out-group への制約条件〉の者は、外国語を話す out-group の他者が警官に拘束されている場面をイメージするように求められました。その後、各条件の自由制約に対するリアクタンス経験を10段階のリアクタンス尺度で測定されました。たとえば、「あなたは、警察官の反応をどの程度、自由の制約と感じますか」、「警察官の反応の結果、あなたはどれ程のプレッシャーを感じましたか」などが尋ねられ、「1＝まったくそうは感じない～10＝非常にそう感じる」を両極とする10点尺度で回答しました。高得点ほどリアクタンスが強いということになります。

他方、全実験参加者には、独立的自己観尺度の短縮版（Triandis & Gelfand 1998）が施され、個々人の独立的自己観の強さが測定されましたが、結果は、同尺度の平均値から1標準偏差以上の〈独立的自己観〉群、平

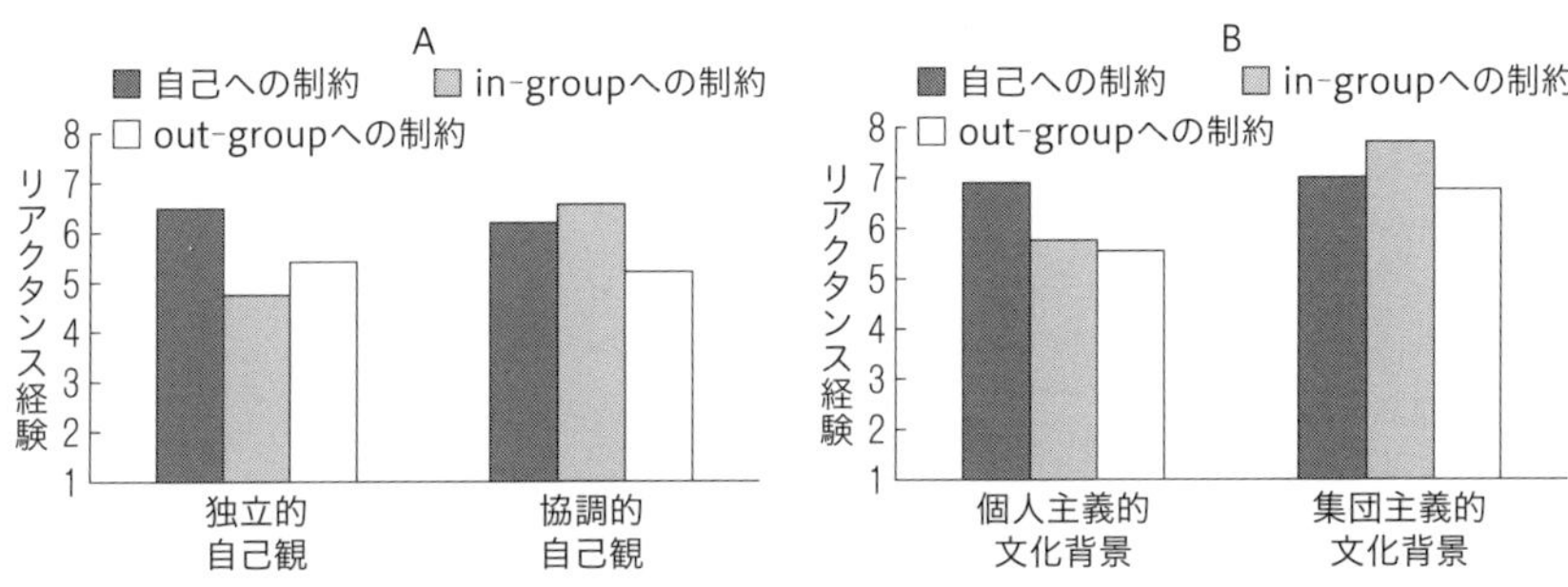

図8－13　異なる自己観（A），異なる文化的背景（B）における，リアクタンスと代理リアクタンス（Sittenthaler et al. 2015より作成）

均値から1標準偏差以下の〈協調的自己観〉群のみについて、条件別の平均リアクタンスをみました。その結果が図8－13Aです。

図8－13Aの重要な点をまとめてみましょう。（1）まず他者への共感性が強い協調的自己観者は、独立的自己観者よりも強いin-groupの仲間への代理リアクタンスを示していることが、図8－13Aの左右のセットのグレーの柱の高さの差に顕著に表れています（右セットのグレー柱＞左セットのグレー柱）。（2）しかしこのようにin-groupへの代理リアクタンスを示した右セットの協調的自己観者であっても、out-groupへの代理リアクタンスは示していません（右セット白柱＜グレー柱）。（3）自己への制約に対するリアクタンスをみますと、グラフ上はわずかですが、左の独立的自己観者の黒柱が、右の協調的自己観者の黒柱よりも高く、しかもその差は有意でした。

以上の結果で特に注目するべきは、左右のセットで、黒柱とグレー柱の高さの関係が逆になっている点です。

次にジッテンターラーらは研究2で、これと同じことを個人主義的文化背景の強い国（オーストリアとドイツ）と集団主義的文化背景の比較的強い国（クロアチアと一部ボスニア人を含む）の参加者それぞれ90名を用いて行いました。なお両集団を自己観尺度で測ると、クロアチア・ボスニアがオーストリア・ドイツよりも有意に集団主義的でした。用いられた「休暇シナリオ」は研究1とほぼ同じでしたが、休暇旅行先はスペインとされたことと、用いられたリアクタンス尺度は5点尺度に変更されました。

結果は図8-13Bに示していますが、両研究の比較がしやすいように、図8-13Bでは、縦軸の値を10点尺度に換算しています。図8-13Bにみるように、得られた結果は、研究1をほぼ再確認するものでした。ただ、自己への制約に対するリアクタンスに関しては、研究1では、独立的自己観の黒柱∨協調的自己観の黒柱であり、り、この差は有意でしたが、研究2では、有意ではありませんでしたが黒柱は値の上では研究1とは逆でした。

以上、リアクタンスの文化差を取り上げた研究をいくつか紹介しましたが、リアクタンス現象そのものは、自由の制約を受けたときにその自由を取り戻そうとする普遍的現象ですが、リアクタンスの現れ方には文化差がありました。その際にキーになる言葉が、文化によって異なる自己観であり、それに伴う自由の定義の違いにあることもみました。

ヨナスらのザルツブルグ大学グループは、個をあくまで重要視する文化と、個を少々犠牲にしてでも、自分が大切にしている集団の調和を尊ぶ文化では、自由の意味が異なり、前者の自由は「個人的自由」、後者の自由は「集団的自由」と考えました。そして、それぞれの自由が脅威にさらされるときにリアクタンスがみられると考えました。この2種類の自由は、いわば、「個人的自由」を「私」の自由、「集団的自由」を「私達」の自由だと考えてみるとわかりやすいかもしれません。つまり、個人主義文化では一人称の私が感じ、考え、判断することをそのとおり行使することが自由だと含意されますが、集団主義文化では「私達」が共有する空気、総意、そして合意がそのとおり執り行われることこそが自由なのかもしれないのです。そう考えますと、集団主義文化を背景にもつ人たちにあっては、「私達」の仲間が被っている自由の脅威に共感する代理リアクタンスも理解できますし、たとえ選択の自由が除かれても、それが「私達」の仲間の決定に基づくのであれば、リアクタンスが起こらぬばかりか、同調・服従が起こる事実も理解できます。

6　おわりに

本講では、「馬を水辺まで連れて行けても、水を飲ませることはできない」という西欧のことわざに関連させて、押しつけ・強制はなぜ駄目か？という問題をとりあげました。第1～4節では、内発的に動機づけられて自発的に行っている自己決定行動に、外的報酬を与えると自発的行動のヤル気を削ぐ現象、すなわちアンダーマイニング現象に関する実証的研究と理論を紹介し、この現象は条件さえ整えば、洋の東西を問わず普遍的に見られる現象であることをみました。ただ東アジア人の場合には、自己決定に干渉する他者が、母親や親友のような親しい他者のときにはアンダーマイニング現象はみられず、西欧人にはみられることが明らかになりました。最後の第5節では、自己決定の自由が奪われると反発がおこるという、リアクタンス現象に関する実証的研究を紹介しました。特にこの現象は、集団主義と個人主義における自己観の違いによって、集団主義傾向の強い国や個人では、自由への脅威の源がout-groupにある場合にはみられるが、仲間内のin-groupにある場合にはみられないのに対し、個人主義の国や個人では脅威の源がin-groupにある場合でもリアクタンスがみられるという文化差がみられました。最後に自分自身でなく仲間が自由の脅威を受けていることを知ることで起こる代理リアクタンス現象と文化差をとりあげました。

なぜ幸せすぎると不安になるのか？

——禍福はあざなえる縄のごとし

文化心理学・社会心理学
一言英文

【大辞林】災いと福とは、縄をより合わせたように入れかわり変転する。（三省堂）

ある日突然、あなたは仕事で昇進が決まり、恋人ができ、宝くじに当選したとしましょう。とても嬉しいかもしれませんが、こころのどこかで「自分は運を使い果たしたのではないか」と、一抹の不安に苛まれるのではないでしょうか？　この不安は、幸せと不幸が流転するものであるという東洋的な思考法に基づいています。一方、西洋的な思考法では、同じ状況で、「これから先、さらにうまくいくかもしれない」と考えるようです。

ジら（Ji & Nisbett 2001）は、中国人と北米人を対象に、架空の企業の売上に関するシナリオを読ませ、それらが近い将来どうなると思うか、予測させました。具体的には、1から3期までの売上が緩やかな上昇傾向である図を提示し、「4期と5期に、この企業の売上はどうなると思うか」、参加者の予想売上を記入させました。その結果、中国人は1から3期までの上昇傾向は4期と5期に反転する（売上が落ちる）と予測しましたが、北米人は上昇傾向が4期と5期にも継続する（売上が伸びる）と予測しました。つまり、中国人で優勢な東洋的思考が企業の売り上げ予測に反映されたのです。ジらはこのほかに、物事のポジティブな展開、ネガティブな展開にかかわらず、反転思考という文化差がみられることを示しました。

東洋的思考法は、それを背景とする文化ではメリットがあると思われているようです。ジらの第5実験では、良いこと（例：金持ちになった）もしくは悪いこと（仕事を失った）が主人公に起きたとしたうえで、主人公とは別の観察者が、「（良いこと条件では）これは主人公にとって悪いことかもしれない」、「（悪いこと条件では）これは主人公にとって良いことかもしれない」と、主人公にとっての意味を反転してとらえる下りがシナリオで提示されました。参加者は、この観察者がなぜ起こったことの反対の予測をしたのだと思うか、選択肢から選びました。その結果、北米人は観察者が「（主人公の成功を）嫉妬／妬んだため」「（仕事が主人公に向いていなかったのでは等と）心配したため」という回答が優勢であったのに対し、中国人は観察者が「賢かったため」「主人公を成熟させると思ったため」という回答が優勢でした。

このように東洋的な思考法では、物事が時間的・通状況的に変化することを前提としていることがわかります（Nisbett, Peng, Choi, & Norenzayan 2001）。これは人の行動が対象でも同様であり、東洋人は西洋人に比べ、行動は状況に依存して変わるものだ（例：先生の前では丁寧に振る舞って、友人の前では気さくに振る舞うなど）と考えやすいことが知られています。もちろん、一般的に人の行動は状況で変わるのですが、西洋では、仮に状況の力によって行動したことが明らかな場合でも、行為者の性格、能力、意図などが原因となって行動が生じていると考えられやすいです。これらは、文化社会的に伝わっている、人を含めた物事の理解の枠組みに由来すると考えられています（Markus & Kitayama 2003）。

東洋的思考法は、自分に起きた良い出来事の解釈にも影響を与えます。ミヤモトら（Miyamoto & Ma 2011）は、良い成績をとった際に「嬉しいと感じ続けると、何か悪いことが起きる気がする」という信念をもつ個人ほど、その嬉しさが減少することを日米の学生を対象に示しました。この反転思考は、数は少ないとはいえ北米人にも認められ、肯定的感情の低下の文化差は、この個人差によって文化を超えて説明できることが明らかになりました。東洋で「勝って兜の緒をしめよ」や「塞翁が馬」といったことわざで知られる東洋的思考法は、西洋においても "Every cloud has a silver lining"（直訳：どのような逆境にも光明は指す）などと類似のものがあります。これらが物語るのは、我々人間には、文化を超えて物事の良悪両面を考えるという賢い思考法があるということなのかもしれません。

引用文献

第 1 講

淡路圓治郎・岡部弥太郎（1933）．向性検査と向性指数（下） 心理学研究，**13**，417-438.

Cramer, K. M., & Imaike, E. (2002). Personality, blood type, and the Five-Factor Model. *Personality and Individual Differences,* ***32***, 621-625.

古川竹二（1927）．血液型による氣質の研究　心理学研究，**2**，612-634.

古川竹二（1932）．血液型と氣質　三省堂

放送倫理・番組向上機構 放送と青少年に関する委員会（2004）．「血液型を扱う番組」に対する要望

上瀬由美子・松井豊（1991）．血液型ステレオタイプの機能と感情的側面　日本社会心理学会第32回大会発表論文集，pp. 296-299.

川名好裕（2003）．血液型性格判断――Big Five でのプロフィール　日本心理学会第67回大会発表論文集，p. 156.

久保義郎・三宅由起子（2011）．血液型と性格の関連についての調査的研究　吉備国際大学紀要，21，93-100.

丸山芳登（1932）．血液型（血清学的個人差）と気質との相関問題　台湾医学会雑誌，**31**(7)，865-872.

正木信夫（1932）．古川氏による気質型と血液型との関係に就いて　東京医事新誌，2807，2915-2921.

松田薫（1991）．「血液型と性格」の社会史　河出書房新社

松井三雄・内田勇三郎ほか（1931）．素質型に関する実験的研究　第 3 回心理学会論文集

松本道弘（1982）．血液型英語上達法　実業之日本社

縄田健悟（2014）．血液型と性格の無関連性――日本と米国の大規模社会調査を用いた実証的論拠　心理学研究，**85**，148-156.

能見正比古（1971）．血液型でわかる相性――伸ばす相手，こわす相手　サンケイ新聞社出版局

能見正比古（1973）．血液型人間学――あなたを幸せにする性格分析　青春出版社

能見正比古（1984）．血液型エッセンス　角川書店

大村政男（2012）．新編 血液型と性格　福村出版

大村得三（1931）．研究室余談　犯罪学雑誌，**4**，49-50.

Rogers, M., & Glendon, A. I. (2003). Blood type and personality. *Personality and Individual Differences,* ***34***, 1099-1112.

佐藤達哉・宮崎さおり・渡邊芳之（1991）．血液型性格関連説についての検討　日本発達心理学会第 2 回大会発表論文集，p. 147.

佐藤達哉・渡邊芳之（1995）．古川竹二の血液型気質相関説の成立を巡って――大正末期～昭和初

期におけるある気質論の成立背景　性格心理学研究，3，51-65.
佐藤達哉・渡邊芳之（1996）．オール・ザット・血液型――血液型カルチャー・スクラップ・ブック　コスモの本
白佐俊憲・井口拓自（1993）．血液型性格研究入門　川島書店
高田明和（1992）．血液型性格判断の正否は　他人をはかる“座標”を決めたがる日本人の性――血液型性格判断のウソ　文藝春秋（編）日本の論点，論点94（pp. 832-838）文藝春秋
高田明和（協力：大村政男）（1992）．血液型で性格は決まらない――非科学的な性格判断が日本人を振りまわす　Newton, 12(5)，104-111.
武田知弘（2018）．本当はスゴイ！血液型　統計から新事実が見えてきた　ビジネス社
詫摩武俊・松井豊（1985）．血液型ステレオタイプについて　東京都立大学人文学部人文学報，172，15-30.
渡辺席子（1994）．血液型ステレオタイプ形成におけるプロトタイプとイグゼンプラの役割　社会心理学研究，10，77-86.
山岡重行（1999）．血液型ステレオタイプが生み出す血液型差別の検討　日本社会心理学会第40回大会発表論文集，pp. 60-61.
山崎賢治・坂元章（1992）．血液型ステレオタイプによる自己成就現象　日本社会心理学会第33回大会発表論文集，pp. 342-345.

講間コラム01

Barrett, L. F. (2017). *How emotions are made: The secret life of the brain*. Houghton Mifflin Harcourt.（バレット，L. F. 高橋洋（訳）（2019）．情動はこうしてつくられる――脳の隠れた働きと構成主義的情動理論 紀伊國屋書店）
Ong, A. D., Benson, L., Zautra, A. J., & Ram, N. (2018). Emodiversity and biomarkers of inflammation. *Emotion, **18***, 3-14.
Quoidbach, J., Gruber, J., Mikolajczak, M., Kogan, A., Kotsou, I., & Norton M. I. (2014). Emodiversity and the emotional ecosystem. *Journal of Experimental Psychology: General, **143***, 2057-2066.

第２講

安藤寿康（2000）．心はどのように遺伝するか――双生児が語る新しい遺伝説　講談社ブルーバックス
安藤寿康（2011）．遺伝マインド――遺伝子が織り成す行動と文化　有斐閣
安藤寿康（2014）．遺伝と環境の心理学――人間行動遺伝学入門　培風館
Bouchard, T. J., Jr. (1983). Twins――Nature's twice-told tale. *Yearbook of science and the future* (pp. 66-81). Chicago, IL: *Encyclopedia Britanica.*
Bouchard, T. J., Jr. (1997). IQ similarity in twins reared apart: Findings and responses to critics. In R. J. Sternberg & E. Grigorenko (Eds.), *Intelligence, heredity, and environment* (pp. 126-160). New York, NY: Cambridge University Press.

Bouchard, T. J., Jr., Lykken, D. T., McGue, M., Segal, N. L., & Tellegen, A. (1990). Sources of human psychological differences: The Minnesota twins reared apart. *Science, **250***, 223-228.

Darwin, C. (1859). *The origin of species.* London, U. K.: Murray.（八杉龍一（訳）(1990). 種の起原（上・下）岩波文庫）

Dickens, W. T., & Flynn, J. R. (2006). Black Americans reduce the racial IQ gap. *Psychological Science, **17***, 913-918.

Duyme, M., Dumaret, A., & Tomkiewicz, S. (1999). How can we boost IQs of "dull children"? A late adoption study. *Proceedings of the National Academy of Sciences, **96***, 8790-8794.

Fancher, R. E. (1985). *The intelligence men.* New York, NY: Norton.

Galton, F. (1869). *Hereditary genius: An inquiries into its laws and consequences.* London, U. K.: Macmillan.（原口鶴子（訳）(1916). 天才と遺傳　早稲田大学出版部）

Gottfredson, L. S. (1994). Mainstream science on intelligence. *Wall Street Journal,* Dec. 13.

Gottfredson, L. S. (1997). Mainstream science on intelligence: An editorial with 52 signatories, history, and bibliography. *Intelligence, **24***, 13-23.

Harris, J. R. (1998, 2009 改訂). *The nurture assumption: Why children turn out in the way they do.*（石田理恵（訳）(2017). 子育ての大誤解——重要なのは親じゃない（上・下）ハヤカワ・ノンフィクション文庫，早川書房）

Hearnshaw, L. S. (1979). *Cyril Burt, psychologist.* Ithaca, NY: Cornell University Press.

Herrnstein, R. J. (1971). IQ. *Atlantic Monthly* (September): 43-64.

Herrnstein, R. J., & Murray, C. (1994). *The bell curve: Intelligence and class structure in American life.* New York, NY: Free Press.

Jensen, A. R. (1969). How much can we boost IQ and scholastic achievement? *Harvard Educational Review, **39***, 1-123.

Kamin, L. J. (1974). *The science and politics of IQ.* Potomac, MD: Erlbaum.（岩井勇児（訳）(1977). IQの科学と政治　黎明書房）

Loehlin, J. C. (1992). *Genes and environment in personality development.* Newbury Park, CA: Sage Publications.

Magnuson, K. A., & Duncan, G. J. (2006). The role of family socioeconomic resources in the black-white test score gap among young children. *Developmental Review, **26***, 365-399.

McKown, C., & Weinstein, R. S. (2003). The development and consequences of stereotype consciousness in middle childhood. *Child Development, **74***, 498-515.

Moore, E. G. J. (1986). Family socialization and the IQ test performance of traditionally and transracially adopted black children. *Developmental Psychology, **22***, 317-326.

Murray, C. (2006). Changes over time in the black-white difference on mental tests: Evidence from the children of the 1979 cohort of the National Longitudinal Survey of Youth. *Intelligence, **34***, 527-540.

Nisbett, R. E. (2009). Intelligence and how to get it: Why schools and cultures count.

NewYork, NY: Norton.（水谷淳（訳）（2010）．頭のでき――決めるのは遺伝か環境か　ダイヤモンド社）

Nisbett, R. E.（2019）. culture and intelligence. In D. Cohen & S. Kitayama（Eds.）, *Handbook of Cultural Psychology Second Edition*（Chapter7, pp. 207-221）. New York, NY: Guilford Press.

Nisbett, R. E., Aronson, J., Blair, C., Dickens, W., Flynn, J., Halpern, D. F., & Turkheimer, E.（2012）. Group differences in IQ are best understood as environmental origin. *American Psychologist,* ***67***, 503-504.

Nolen-Hoeksema, S., Fredrickson, B. L., Loftus, G. R., & Lutz, C.（2014）. *Atkinson & Hilgard's Introduction to psychology*（16th ed）. Hampshire, U. K.: Cengage Learning.

Plomin, R., & DeFries, J. C.（1980）. Genetics and intelligence: Recent data. *Intelligence,* ***4***, 15-24.

Plomin, R., DeFries, J. C., McClearn, G. E., & McGuffin, P. M.（Eds.）（2008）. *Behavioral Genetics*（5th ed）. New York, NY: Worth Publishers.

Plomin, R., Fulker, D. W., Corley, R., & DeFries, J. C.（1997）. Nature, nurture and cognitive development from 1 to 16 years: A parent-offspring adoption study. *Psychological Science,* ***8***, 442-447.

Rushton, J. P.（2012）. No narrowing in mean Black-White IQ differences――Predicted by heritable *g*. *American Psychologist,* ***67***, 500-501.

Scarr, S., Weinberg, R., & Waldman, I. D.（1993）. IQ correlations in transracial adoptive families. *Intelligence,* ***17***, 541-555.

Segal, N. L.（2012）. *Born together—reared apart.* Cambridge, MA: Harvard University Press.

Steele, C. M.（1997）. The threat in the air: How stereotypes shape intellectual identity and performance. *American Psychologist,* ***52***, 613-629.

Steele, C. M., & Aronson, J.（1995）. Stereotype threat and the intellectual test performance of African Americans. *Journal of Personality and Social Psychology,* ***69***, 797-811.

van Ijzendoorn, M. H., & Juffer, F.（2005）. Adoption is a successful natural intervention enhancing adopted children's IQ and school performance. *Current Directions in Psychological Science,* ***14***, 326-330.

Watson, J. B.（1930）. *Behaviorism*（*Revised Edition*）. Chicago, IL: University of Chicago Press.（安田一郎（訳）（1968）．行動主義の心理学　河出書房）

Wilson, R. S.（1983）. The Louisville Twin Study: Developmental synchronies in behavior. *Child Development,* ***54***, 298-316.

講問コラム02

Simons, D. J., & Chabris, C. F.（1999）. Gorillas in Our Midst: Sustained Inattentional Blindness for Dynamic Events. *Perception,* ***28***, 1059-1074. https://doi.org/10.1068/p281059

Simons, D. J., & Levin, D. T.（1998）. Failure to detect changes to people during a real-world

interaction. *Psychonomic Bulletin & Review* ***5***, 644-649. https://doi.org/10.3758/BF03208840

Smith, T. J., Lamont, P., & Henderson, J. M. (2012). The penny drops: Change blindness at fixation. *Perception, **41***, 489-492. https://doi.org/10.1068/p7092

第3講

Albert, D., Chein, J., & Steinberg, L. (2013). The teenage brain: Peer influences on adolescent decision making. *Current Directions in Psychological Science, **22***, 114-120.

Altermatt, E. R., & Pomerantz, E. M. (2005). The implications of having high-achieving versus low-achieving friends: A longitudinal analysis. *Social Development, **14***, 61-81.

Arnett, J. J. (2007). The myth of peer influence in adolescent smoking initiation. *Health Education & Behavior, **34***, 594-607.

Berndt, T. J. (1979). Developmental changes in conformity to peers and parents. *Developmental Psychology, **15***, 608-616.

Björkqvist, K., Batman, A., & Aman-Black, S. (2004). Adolescents' use of tobacco and alcohol: Correlations with habits of parents and friends. *Psychological Reports, **95***, 418-420.

Brechwald, W. A., & Prinstein, M. J. (2011). Beyond homophily: A decade of advances in understanding peer influence processes. *Journal of Research on Adolescence, **21***, 166-179.

Chang, F., Lee, C., Lai, H, Chiang, J., Lee, P., & Chen, W. (2006). Social influences and self-efficacy as predictors of youth smoking initiation and cessation: a 3-year longitudinal study of vocational high school students in Taiwan. *Addiction, **101***, 1645-1655.

Chein, J., Albert, D., O'Brien, L., Uckert, K., & Steinberg, L. (2011). Peers increase adolescent risk taking by enhancing activity in the brain's reward circuitry. *Developmental Science, **14***, F1-F10.

Choukas-Bradley, S., Giletta, M., Cohen, G. L., & Prinstein, M. J. (2015). Peer influence, peer status, and prosocial behavior: An experimental investigation of peer socialization of adolescents' intentions to volunteer. *Journal of Youth & Adolescence, **44***, 2197-2210.

Corsini, R. J. (1999). *The dictionary of psychology*. Philadelphia, PA: Brunner/Mazel.

Crone, E. A., & Dahl, R. E. (2012). Understanding adolescence as a period of social-affective engagement and goal flexibility. *Nature Reviews Neuroscience, **13***, 636-650.

Dupéré, V., Dion, E., Cantin, S., Archambault, I., & Lacourse, E. (2020). Social contagion and high school dropout: The role of friends, romantic partners, and siblings. *Journal of Educational Psychology*. Advance online publication. https://doi.org/10.1037/edu0000484

Ellickson, P. L., Tucker, J. S., & Klein, D. J. (2001). High-risk behaviors associated with early smoking: Results from 5-year follow-up. *Journal of Adolescent Health, **28***, 465-473.

Gardner, M., & Steinberg, L. (2005). Peer influence on risk taking: risk preference, and risky decision making in adolescence and adulthood: An experimental study. *Developmental Psychology, **41***, 625-635.

Harris, J. R. (1995). Where is the child's environment? A group socialization theory of development. *Psychological Review*, ***102***, 458-489.

Harris, J. R. (1998, 2009改訂). *The nurture assumption: Why children turn out in the way they do.* (石田理恵 (訳) (2017). 子育ての大誤解――重要なのは親じゃない (上・下) ハヤカワ・ノンフィクション文庫, 早川書房)

Harris, J. R. (2006). *No two alike: Human nature and human individuality.* New York, NY: W. W. Norton & Co.

Hofstede, G. (2001). *Culture's consequences: Comparing values, behaviors, institutions and organizations across nations.* Thousand Oaks, CA: SAGE Publications.

Hofstede, G., Hofstede, G. J., & Minkov, M. (2010). *Cultures and organizations: Software of the mind* (3rd ed.). New York, NY: McGraw-Hill.

Kobus, K. (2003). Peers and adolescent smoking. *Addiction*, *98* (Suppl 1), 37-55.

子安増生・丹野義彦・箱田裕司 (監修) (2021). 有斐閣 現代心理学辞典――学び, 実践する人たちのために 有斐閣

Levitt, E. E., & Edwards, J. A. (1970). A multivariate study of correlative factors in youthful cigarette smoking. *Developmental Psychology*, ***2***, 5-11.

Liu, J., Zhao, S., Chen, X., & Albarracin, D. (2017). The influence of peer behavior as a function of social and cultural closeness: A meta-analysis of normative influence on adolescent smoking initiation and continuation. *Psychological Bulletin*, ***143***, 1082-1115.

Mercken, L., Candel, M., Willems, P., & deVries, H. (2007). Disentangling social selection and social influence effects on adolescent smoking: the importance of reciprocity in friendships. *Addiction*, ***102***, 1483-1492.

Monahan, K. C., Steinberg, L., & Cauffman, E. (2009). Affiliation with antisocial peers, susceptibility to peer influence and antisocial behavior during the transition to adulthood. *Developmental Psychology*, ***45***, 1520-1530.

Simons-Morton, B. G., & Farhat, T. (2010). Recent findings on peer group influences on adolescent smoking. *Journal of Primary Prevention*, ***31***, 191-208.

Steinberg, L., & Monahan, K. C. (2007). Age differences in resistance to peer influence. *Developmental Psychology*, ***43***, 1531-1543.

Urberg, K. A., Degirumencioglu, S. M., & Pilgrim, C. (1997). Close friend and group influence on adolescent cigarette smoking and alcohol use. *Developmental Psychology*, ***33***, 834-844.

Vandell, D. L. (2000). Parents, peer groups, and other socializing influences. *Developmental Psychology*, ***36***, 699-710.

VandenBos, G. R. (Ed.) (2015). *APA Dictionary of Psychology Second Edition.* Washington, DC: American Psychological Association.

講間コラム03

Alvarez, L., & Jaffe, K. (2004). Narcissism guides mate selection: Humans mate assortatively,

as revealed by facial resemblance, following an algorithm of "self seeking like". *Evolutionary Psychology, **2***, 177-194.

Bereczkei, T., Gyuris, P., Koves, P., & Bernath, L. (2002). Homogamy, genetic similarity, and imprinting: parental influence on mate choice preferences. *Personality and Individual Differences, **33***, 677-690.

Byrne, D. (1971). *The attraction paradigm*. New. York: Academic Press.

Chartrand, T. L., & Bargh, J. A. (1999). The chameleon effect: The perception-behavior link and social interaction. *Journal of Personality and Social Psychology, **76***, 893-910.

Chi, P., Epstein, N. B., Fang, X., Lam, D. O., & Li, X. (2013). Similarity of relationship standards, couple communication patterns, and marital satisfaction among Chinese couples. *Journal of Family Psychology, **27***, 806-816.

Gaunt, R. (2006). Couple similarity and marital satisfaction: Are similar spouses happier?. *Journal of Personality, **74***, 1401-1420.

Gray, J. S., & Coons, J. V. (2017). Trait and goal similarity and discrepancy in romantic couples. *Personality and Individual Differences, **107***, 1-5.

Griffiths, R. W., & Kunz, P. R. (1973). Assortative mating: A study of physiognomic homogamy. *Social Biology, **20***, 448-453.

Hinsz, V. B. (1989). Facial resemblance in engaged and married couples. *Journal of Social and Personal Relationships, **6***, 223-229.

Humbad, M. N., Donnellan, M. B., Iacono, W. G., McGue, M., & Burt, S. A. (2010). Is spousal similarity for personality a matter of convergence or selection? *Personality and Individual Differences, **49***, 827-830.

Karney, B. R., & Bradbury, T. N. (1995). The longitudinal course of marital quality and stability: A review of theory, methods, and research. *Psychological Bulletin, **118***, 3-34.

Little, A. C., Burt, D. M., & Perrett, D. I. (2006). Assortative mating for perceived facial personality traits. *Personality and Individual Differences, **40***, 973-984.

Luo, S. (2009). Partner selection and relationship satisfaction in early dating couples: The role of couple similarity. *Personality and Individual Differences, **47***, 133-138.

Lutz-Zois, C. J., Bradley, A. C., Mihalik, J. L., & Moorman-Eavers, E. R. (2006). Perceived similarity and relationship success among dating couples: An idiographic approach. *Journal of Social and Personal Relationships, **23***, 865-880.

Mehrabian, A. (1989). Marital choice and compatibility as a function of trait similarity-dissimilarity. *Psychological Reports, **65***, 1202.

中澤潤・泉井みずき (2010). カップルは似ているか？ 日本心理学会第74回大会発表論文集, p. 40.

Nemechek, S., & Olson, K. R. (1999). Five-factor personality similarity and marital adjustment. *Social Behavior and Personality, **27***, 309-317.

Spuhler, J. N. (1968). Assortative mating with respect to physical characteristics. *Eugenics*

Quarterly, ***15***, 128-140.

Wong, Y. K., Wong, W. W., Lui, K. F., & Wong, A. C. N. (2018). Revisiting facial resemblance in couples. *PLOS One,* ***13***, e0191456.

Zajonc, R. B. (2001). Mere exposure: A gateway to the subliminal. *Current directions in Psychological Science,* ***10***, 224-228.

Zajonc, R. B., Adelmann, P. K., Murphy, S. T., & Niedenthal, P. M. (1987). Convergence in the physical appearance of spouses. *Motivation and Emotion,* ***11***, 335-346.

第 4 講

Bennett, E. L., Rosenzweig, M. R., Morimoto, H., & Hebert, M. (1979). Maze training alters brain weights and cortical RNA/DNA ratios. *Behavioral and Neural Biology,* ***26***, 1-22.

Clements, R. (2004). An investigation of the status of outdoor play. *Contemporary Issues in Early Childhood,* ***5***, 68-80.

Einon, D. F., Morgan, M. J., & Kibbler, C. C. (1978). Brief periods of socialization and later behavior in the rat. *Developmental Psychobiology,* ***11***, 213-225.

Flanders, J. L., Herman, K. N., & Paquette, D. (2013). Rough-and-tumble play and the cooperation-competition dilemma: Evolutionary and developmental perspectives on the development of social competence. In D. Navarez, J. Panksepp, A. N. Schore, & T. R. Gleason (Eds.), *Evolution, early experience and human development: From research to practice and policy.* New York, NY: Oxford University Press.

Flanders, J. L., Leo, V., Paquette, D., Pihl, R. O., & Séguin, J. R. (2009). Rough-and-tumble play and the regulation of aggression: An observational study of father-child play dyad. *Aggressive Behavior,* ***35***, 285-295.

Flanders, J. L., Simard, M., Paquette, D., Parent, S., Vitaro, F., Pihl, R. O., & Séguin, J. R. (2010). Rough-and-tumble play and the development of physical aggression and emotion regulation: A five-year follow-up study. *Journal of Family Violence,* ***25***, 357-367.

Fry, D. P. (2005). Rough-and-tumble social play in humans. In A. D. Pellegrini & P. K. Smith (Eds.), *The nature of play: Great apes and humans.* New York, NY: Guilford Press.

*深谷昌志・深谷和子（1976）. 遊びと勉強――子どもはどう変わったか　中公新書

Gray, P. (2011). Play as preparation for learning and life: An interview with Peter Gray. *American Journal of Play,* ***5***, 271-292.

*Gray, P. (2012). *Free to learn: Why unleashing the instinct to play will make children happier, more self-reliant, and better students for life.* New York, NY: Basic Books.（吉田新一郎（訳）(2018). 遊びが学びに欠かせないわけ――自立した学び手を育てる　築地書館）

Haapala, E. A., Poikkeus, A-M., Tompuri, T., Kukkonen-Harjula, K., Leppänen, P. H. T., Lindi, V., & Lakka, T. A. (2014). Associations of motor and cardiovascular performace with academic skill in children. *Medicine & Science in Sport & Exercise,* ***46***, 1016-1024.

*Hanscom, A. J. (2016). *Balanced and Barefoot: How Unrestricted Outdoor Play Makes for*

Strong, Confident, and Capable Children. Oakland, CA: New Harbinger Publications.

Harlow, H. F., & Harlow, M. K. (1962). Social deprivation in monkeys. *Scientific American,* ***200***, 68-74.

Harlow, H. F., & Harlow, M. K. (1969). Effects of various mother-infant relationships on rhesus monkey behavior. In B. M. Foss (Ed.), *Determinants of infant behavior* (Vol. 4, pp. 15-36). London, U. K.: Methuen.

ホイジンガ　里見元一郎（訳）(2018)．ホモ・ルーデンス――文化のもつ遊びの要素についてのある定義づけの試み　講談社学術文庫（Huizinga, J. (1938). *Homo Ludens. Proeve eener bepaling van het spel-element der cultuur*).

*堀切直人（2009）．原っぱが消えた――遊ぶ子供たちの戦後史　晶文社

Humphreys, A., & Smith, P. K. (1987). Rough-and-tumble play, friendship and dominance in school children: Evidence for continuity and change with age. *Child Development,* ***58***, 201-212.

今田寛（2015）．ことわざと心理学――人の行動と心を科学する　有斐閣

カイヨワ　多田道太郎・塚崎幹夫（訳）(1990)．遊びと人間　講談社学術文庫（Caillois, R. (1958). *Les jeux et les hommes: le masque et le vertige.* Gallimard)

Kamijo, K., Ponfitex, M. B., O'Leary, K. C., Scudder, M. R., Wu, C., Castelli, D. M., & Hillman, C. H. (2011). The effects of an afterschool physical activity program on working memory in preadolescent children. *Developmental Science,* ***14***, 1046-1058.

Kempes, M. M., Gulickx, M. M., van Daalen, H. J., Louwerse, A. L., & Sterck, E. H. (2008). Social competencies reduced in socially deprived rhesus monkeys (Macaca mulatta). *Journal of Comparative Psychology,* ***122***, 62-67.

*子どもと遊び研究会（財団法人中山隼雄科学技術文化財団）（編）(1996)．遊びが育てる子どもの心　PHP研究所

正木健雄・井上高光・野尻ヒデ（2004）．3～6歳キレない子ども　集中力ある子どもに育つ　脳をきたえる「じゃれつき遊び」　小学館

*Miller, E., & Almon, J. (2009). *Crisis in the kindergarten: why children need to play at school.* College Park, MD: Alliance for Childhood.

文部科学省　体力・運動能力調査報告書　文部科学省ホームページ

森洋子（1989）．ブリューゲルの「子供の遊戯」――遊びの図像学　未来社

奥津文夫（1989）．ことわざの英語　講談社現代新書

Paquette, D. (2004). Theorizing the father-child relationship: Mechanisms and developmental outcomes. *Human Development,* ***47***, 193-219.

Pellegrini, A. D. (1988). Elementary-school children's rough-and-tumble play and social competence. *Developmental Psychology,* ***24***, 802-806.

Pellegrini, A. D. (1991). A longitudinal study of popular and rejected children's rough-and-tumble play. *Early Education and Development,* ***2***, 205-213.

Pellis, S. M., & Pellis, V. C. (2007). Rough-and-tumble play and the development of the social

brain. *Current Directions in Psychological Science,* ***16***, 95-98.

Pellis, V. C. (2006). Play and the development of social engagement: A comparative perspective. In P. J. Marshall & N. A. Fox (Eds.), *The development of social engagement: Neurobiological perspectives.* New York, NY: Oxford University Press.

Pesce, C., Masci, I., Marchetti, R., Vazou, S., Sääkslahti, A., & Tomporowski, P. D. (2016). Deliberate play and preparation jointly benefit motor and cognitive development: Mediated and moderated effects. *Frontiers in Psychology,* ***7*** (11).

*Postman, N. (1982, 1992). *The disappearance of childhood.* Vintage Books, U. K. (小柴一（改訂）(2001) 子どもはもういない　新樹社)

*Rivkin, M. S. (1995). *The Great outdoors: Restoring children's right to play outside.* Washington, D. C.: National Association for the Education of Young Children.

Rosenzweig, M. R., Bennett, E. L., & Diamond, M. C. (1972). Brain changes in response to experience. *Scientific American,* ***226***, 22-29.

Rosenzweig, M. R., Bennett, E. L., Hebert, M., & Morimoto, H. (1978). Social grouping cannot account for cerebral effects of enriched environments. *Brain Research,* ***153***, 563-576.

*仙田満 (1992). 子どもとあそび――環境建築家の眼　岩波新書

*Singer, D. G., Golinkoff, R. M., & Hirsh-Pasek, K. (Eds.) (2006). *Play=learning: How play motivates and enhances children's cognitive and social-emotional growth.* New York, NY: Oxford University Press.

Singer, D. G., Singer, J. L., D'Agostino, H., & DeLong, R. (2009). Children's pastimes and play in sixteen nations. *American Journal of Play,* ***1***, 283-312.

Smith, P. K. (1989). The role of rough-and-tumble play in the development of social competence: Theoretical perspectives and empirical evidence. In B. H. Schneider, G. Attili, J. Nadel, & R. P. Weissberg (Eds.), *Social competence in developmental perspective.* Dordrecht/Boston/London: Kluwer Academic Publishers.

Smith, P. K. (2005). Play: Types and functions in human development. In B. J. Ellis & D. F. Bjorklund (Eds.), *Origins of the social mind.* New York, NY: Guilford Press.

Tomkins, G. R., & Olds, T. S. (2007). Secular changes in pediatric aerobic fitness test performance: The global picture. *Medical Sport Science,* ***50***, 46-66.

van den Berg, Hol, T., van Ree, J. M., Spruijt, B. M., Everts, H., & Koolhaas, J. M. (1999). Play is indispensable for an adequate development of coping with social challenges in the rat. *Developmental Psychobiology,* ***34***, 129-138.

Westendorp, M., Houwen, S., Hartman, E., Mombarg, R., Smith, J., & Gisscher, C. (2014). Effects of a ball skill intervention on children's ball skills and cognitive functions. *Medicine & Science in Sports & Exercise,* ***46***, 414-422.

Whitebread, D., Coltman, P., Jameson, H., & Lander, R. (2009). Play, cognition and Self-regulation: What exactly are children learning when they learn through play? *Educational & Child Psychology,* ***26***, 40-52.

Whitebread, D., & Jameson, H. (2005). Play, storytelling and creative writing. In J. Moyles (ed.), *The excellence of play* (2nd, ed.) maidenhead, NY: Open University Press, (Chapter 4, p. 67, Photograph 4-2).

Whitebread, D., Jameson, H., & Basilio, M. (2015). Play beyond the Foundation Stage: Play, self-regulation and narrative skills. In J. Moyles (Ed.), *The excellence of play* (4th ed.) maidenhead, NY: Open University Press (pp. 84-93).

講間コラム04

Corbett, M. (2015). From law to folklore: Work stress and the Yerkes-Dodson Law. *Journal of Managerial Psychology,* ***30***, 741-752.

Hebb, D. O. (1955). Drives and the C. N. S. (conceptual nervous system). *Psychological Review,* ***62***, 243-254.

Hull, C. L. (1943). *Principles of behavior: An introduction to behavior theory.* New York: Appleton.

Oxendine, J. B. (1970). Emotional arousal and motor performance. *Quest,* ***13***, 23-30.

Teigen, K. H. (1994). Yerkes-Dodson: A law for all seasons. *Theory & Psychology,* ***4***, 525-547.

Yerkes, R. M., & Dodson, J. D. (1908). The relation of strength of stimulus to rapidity of habit-formation. *Journal of Comparative Neurology and Psychology,* ***18***, 459-482.

第5講

Beecher, H. K. (1955). The powerful placebo. *Journal of American Medical Association,* ***15***, 1602-1606.

Benedetti, F. (2014). *Placebo effects* (2nd ed.). New York, NY: Oxford University Press.

Benedetti, F., Maggi, G., Lopiano, L., Lanotte, M., Rainero, I., Vighetti, S., & Pollo, A. (2003). Open versus hidden medical treatments: The patient's knowledge about a therapy affects the therapy outcome. *Prevention & Treatment,* ***6***, Article 1.

Brown, W. A. (1998). The placebo effect. *Scientific American,* ***278***(1), 90-95.（鈴木圭子（訳）(1998). 意外に大きな偽薬の効能, 日経サイエンス, 5月号）

Brown, W. A. (2015). Expectation, the placebo effect and response to treatment. *Rhode Island Medical Journal,* ***98***, 19-21.

Carrel, A. (1973). *Le voyage de Lourdes, suivi de Fragments de Journal, et de Meditations.* Plon.（田隅恒生（訳）(1983). ルルドへの旅　中公文庫）

Chvetzoff, G., & Tannock, I. F. (2003). Placebo effects in oncology. *Journal of the National Cancer Institute,* ***95***, 19-29.

Colloca, L., Lopiano, L., Lanotte, M., & Beneditti, F. (2004). Overt versus covert treatment for pain, anxiety, and Parkinson's disease. *The Lancet* (*Neurology*), ***3***, 679-684.

Darragh, M., Booth, R. J., & Consedine, N. S. (2015). Who responds to placebos? Considering

the "placebo personality" via a transactional model. *Psychology, Health & Medicine,* ***20***, 287-295.

de la Fuente-Fernández, R., Lidstone, S., & Stoessl, A. J. (2006). Placebo effect and dopamine release. *Journal of Neural Transmission,* ***70***, 415-418.

de la Fuente-Fernández, R., Ruth, T. J., Sossi, V., Schulzer, M., Calne, D. B., & Stoessl, A. J. (2001). Expectation and dopamine release: Mechanism of the placebo effect in Parkinson's disease. *Science,* ***293***, 1164-1166.

de la Fuente-Fernández, R., Schulzer, M., & Stoessl, A. J. (2002). The placebo effect in neurological disorders. *The Lancet Neurology,* ***1***, 85-91.

Enck, P., Bingel, U., Schedlowski, M., & Rief, W. (2013) The placebo response in medicine: minimize, maximize or personalize?. *Nature Reviews Drug Discovery,* ***12***, 191-204.

Fountoulakis, K. N., & Möller, H. J. (2011). Efficacy of antidepressants: a re-analysis and re-interpretation of the Kirsch data. *International Journal of Neuropsycho-pharmacology,* ***14***, 405-412.

Geers, A. L., Briñol, P., & Petty, R. E. (2018). An analysis of the basic processes of formation and change of placebo expectations. *Review of General Psychology,* ***23***, 211-229.

広瀬弘忠 (2001). 心の潜在力 プラシーボ効果 朝日選書

Hróbjartsson, A., & Gøtzsche, P. C. (2001). Is the placebo powerless? An analysis of clinical trials comparing placebo with no treatment. *New England Journal of Medicine,* ***344***, 1594-1602.

Kaptchuk, T. J., Kelley, J. M., Conboy, L. A., Davis, R. B., Kerr, C. E., Jacobson, E. E., Kirsch, I., Schyner, R. N., Nam, B. H., Nguyen, L. T., Park, M., Rivers, A. L., McManus, C., Kokkotou, E., Drossman, D. A., Goldman, P., & Lembo, A. J. (2008). Components of placebo effect: Randomized controlled trial in patients with irritable bowel syndrome. *British Medical Journal,* ***336*** (7651), 999-1003.

Kirsch, I., Deacon, B. J., Houedo-Medina, T. B., Scoboria, A., Moore, T. J., & Johnson, B. T. (2008). Initial severity and antidepressant benefits: A meta-analysis of data submitted to the Food and Drug Administration. *PloS Medicine,* ***5***, e45.

Kirsch, I., & Sapirstein, G. (1998). Listening to Prozac but hearing placebo: A meta-analysis of antidepressant medication. *Prevention and Treatment,* ***26***, 1, 1-17.

Klopfer, B. (1957). Psychological variables in human cancer. *Journal of Projective Techniques,* ***21***, 331-341.

Leuchter, A. F., Hunter, A. M., Tartter, M., & Cook, I. A. (2014). Role of pill-taking, expectation and therapeutic alliance in the placebo response in clinical trials for major depression. *British Journal of Psychiatry,* ***205***, 443-449.

Lindsley, C. W. (2012). The top prescription drugs of 2011 in the United States: Antipsychotics and antidepressants once again lead CNS therapeutics. *ACS Chemical Neuroscience,* ***3***, 630-631.

McRae, C., Cherin, E., Yamazaki, T. G., Diem, G., Vo, A. H., Russel, D., Ellgring, J. H., Fahn, S., Greene, P., Dillon, S., Winfield, H., Bjugstad, K. B., & Freed, C. R. (2004). Effects of perceived treatment on quality of life and medical outcomes in a double-blind placebo-surgery trial. *Archives of General Psychiatry*, ***61***, 412-420.

Martin, E. (1999). Can the placebo be the cure? *Science*, ***284***, 238-240.

三輪英人 (2009). プラセボの効果――特にパーキンソン病における効果について　臨床薬理, ***40***, 145-150.

Moseley, J. B., Wray, N. P., Kuykendall, D., Willis, K., & Landon, G. (1996). Arthroscopic treatment of osteoarthritis of the knee: A prospective randomized, placebo-controlled trial. *American Journal of Sports Medicine*, ***24***, 28-34.

Moseley, J. B., O'Malley, K., Petersen, N. J., Menke, T. J., Brody, B. A., Keykendall, D. H., Hollingsworth, J. C., Ashton, C. M., & Wray, N. P. (2002). A controlled trial of arthroscopic surgery for osteoarthritis of the knee. *New England Journal of Medicine*, ***347***, 81-88.

Schafer, S. M., Colloca, L., & Wager, T. D. (2015). Conditioned placebo analgesia when subjects know they are receiving placebo. *Journal of Pain*, ***16***, 412-420.

Thomas, K. B. (1987). General practice consultations: Is there any point in being positive? *British Medical Jounrnal*, ***294***, 1200-1203.

Tilburt, J. C., Emanuel, E. J., & Kaptchuk, T. D. (2008). Prescribing "placebo treatments": Results of national survey of US internists and rheumatologists. *British Medical Journal*, ***337*** (7678).

Wager, T. D., & Atlas, L. Y. (2015). The neuroscience of placebo effects: Connecting context, learning and health. *Nature Reviews Neuroscience*, ***16***, 403-418.

Wager, T. D., Rilling, J. K., Smith, E. E., Sokolik, A., Casey, K. L., Davidson, R. J., Kosslyn, S. M., Rose, R. M., & Cohen, J. D. (2004). Placebo-induced changes in fMRI in the anticipation and experience of pain. *Science*, ***303***, 1162-1167.

Watters, E. (2010). *Crazy like us: The globalization of the American psyche*. New York: Sterling Lord Literistic. (阿部宏美（訳）(2013). クレイジー・ライク・アメリカ　紀伊國屋書店)

Zubieta, J. K., Bueller, J. A., Jackson, L. R., Scott, D. J., Xu, Y., Koeppe, R. A., Nichols, T. E., & Stohler, C. S. (2005). Placebo effects mediated by endogenous opioid activity on μ-opioid receptors. *Journal of Neuroscience*, ***24***, 7754-7762.

講間コラム05

Zeidan, F., Martucci, K., Kraft, R., Gordon, N. S., Mchaffie, J., & Coghill, R. (2011). Brain mechanisms supporting the modulation of pain by mindfulness meditation. *The Journal of Neuroscience*, ***31***, 5540-5548.

第6講

ベンダサン，I.（1971）．日本人とユダヤ人　角川文庫（Ben-Dasan, I.（1972）. *The Japanese and the Jews.* New York, NY: Weatherhill.）

Cohen, D., & Gunz, A.（2002）. As seen by the others ...: Perspectives on the self in the memories and emotional perceptions of Easterners and Westerners. *Psychological Science,* ***13***, 55-59.

Cousins, S. D.（1989）. Culture and self-perception in Japan and the United States. *Journal of Personality and Social Psychology,* ***56***, 124-131.

Hashimoto, H., & Yamagishi, T.（2013）. Two faces of interdependence: Harmony seeking and rejection avoidance. *Asian Journal of Social Psychology,* ***16***, 142-151.

Hashimoto, H., & Yamagishi, T.（2016）. Duality of independence and interdependence: An adaptationist perspective. *Asian Journal of Social Psychology,* ***19***, 286-297.

Heine, S. J., Takata, T., & Lehman, D. R.（2000）. Beyond self-presentation: Evidence for self-criticism among Japanese. *Journal of Personality and Social Psychology,* ***26***, 71-78.

Hendry, J.（1986）. *Becoming Japanese: The world of the pre-school child.* Manchester, UK: Manchester University Press.

Heyman, G. D., Itakura, S., & Lee, K.（2011）. Japanese and American children's reasoning about accepting credit for prosocial behavior. *Social Development,* ***20***, 171-184.

今田寛（2015）．ことわざと心理学――人の行動と心を科学する　有斐閣

金文学（2012）．すぐ謝る日本人，絶対謝らない中国人　南々社

Kitayama, S., Park, H., Sevincer, A. T., Karasawa, M., & Uskul, A. K.（2009）. A cultural task analysis of implicit independence: Comparing North America, Western Europe, and East Asia. *Journal of Personality and Social Psychology,* ***97***(2), 236-255.

北山忍（2010）．社会・行動科学のフロンティア――新たな開拓史に向けて　石黒広昭・亀田達也（編）文化と実践――心の本質的社会性を問う（pp. 199-244）．新曜社

Kito, M., Yuki, M., & Thomson, R.（2017）. Relational mobility and close relationships: A socio-ecological approach to explain cross-cultural differences. *Personal Relationships,* ***24***, 114-130.

国立青少年教育振興機構（2015）．高校生の生活と意識に関する調査報告書――日本・米国・中国・韓国の比較　独立行政法人国立青少年教育振興機構

国立青少年教育振興機構（2019）．高校生の留学に関する意識調査報告書――日本・米国・中国・韓国の比較　独立行政法人国立青少年教育振興機構

Lewis, C.（1984）. Cooperation and control in Japanese nursery schools. *Comparative Educational Review,* ***28***, 69-84.

Markus, H. R., & Kitayama, S.（1991）. Culture and the self: Implications for cognition, emotion, and motivation. *Psychological Review,* ***98***, 224-253.

Markus, H. R., & Kitayama, S.（2010）. Cultures and selves: A cycle of mutual constitution. *Perspectives on Psychological Science,* ***5***, 420-430.

Markus, H. R., Uchida, Y., Omoregie, H., Townsend, S. S. M., & Kitayama, S. (2006). Going for the gold: Models of agency in Japanese and American contexts. *Psychological Science, **17***, 103-112.

Nigro, G., & Neisser, U. (1983). Point of view in personal memories. *Cognitive Psychology, **15***, 467-482.

Noguchi, K. (2007). Examination of the content of individualism/collectivism scales in cultural comparisons of the USA and Japan. *Asian Journal of Social Psychology, **10***, 131-144.

Oishi, S., & Graham, J. (2010). Social ecology: Lost and found in psychological science. *Perspectives on Psychological Science, **5***, 356-377.

Park, J., Uchida, Y., & Kitayama, S. (2016). Cultural variation in implicit independence: An extension of Kitayama et al (2009). *International Journal of Psychology, **51***, 269-278.

佐藤淑子（2001）．イギリスのいい子 日本のいい子――自己主張とがまんの教育学　中公新書

佐藤淑子・目良秋子・田矢幸江・柏木惠子（1999）．就学前児の社会的認知的発達に関する縦断的研究(1)　発達研究，**14**，27-36.

高木哲也（1996）．謝らないアメリカ人，すぐ謝る日本人――生活からビジネスまで，日米を比較する　草思社

高田利武（1999）．日本文化における相互独立性・相互協調性の発達過程――比較文化的・横断的資料による実証的検討　教育心理学研究，**47**，480-489.

Telhelm, T., Zang, X., Oishi, S., Shimin, C., Duan, D., Lan, X., & Kitayama, S. (2014). Large-scale psychological differences within China explained by rice versus wheat agriculture. *Science, **344***, 603-608.

Uskul, A. K., Kitayama, S., & Nisbett, R. E. (2008). Ecocultural basis of cognition: Farmers and fishermen are more holistic than herders. *Proceedings of the National Academy of Sciences, **105***(25), 8552-8556.

和辻哲郎（1935）．風土――人間学的考察　岩波書店（Bownas, G.（訳）(1962). *Climate and culture: A philosophical study by WATSUJI TETSURO.* Tokyo: Hokuseido Press.）

Yamagishi, T., & Suzuki, N. (2009). An institutional approach to culture. In M. Schaller, A. Norenzayan, S. Heine, T. Yamagishi, & T. Kameda (Eds.), *Evolution, culture, and the human mind* (pp. 185-203).

Yamaguchi, S., Greenwald, A. G., Banaji, M. R., Murakami, F., Chen, D., Shiomura, K., Kobayashi, C., Cai, H., & Krendl, A. (2007). Apparent universality of positive implicit self-esteem. *Psychological Science, **18***, 498-500.

吉田寿夫・古城和敬・加来秀俊（1982）．児童の自己呈示の発達に関する研究　教育心理学研究，***30***，120-127.

講間コラム06

Kang, Y., Gray, J., & Dovidio, J. (2014). The nondiscriminating heart: Lovingkindness meditation training decreases implicit intergroup bias. *Journal of Experimental Psychology. Gen-*

eral, ***143***, 1306-1313.

第７講

Aron, A., Aron, E. N., & Smollan, D.（1992）. Inclusion of other in the self scale and the structure of interpersonal closeness. *Journal of Personality and Social Psychology,* ***63***, 596-612.

Asch, S. E.（1955）. Opinions and social pressure. *Scientific American,* ***193***, 31-35.

Baumeister, R. F., & Leary, M. R.（1995）. The need to belong: Desire for interpersonal attachments as a fundamental human motivation. *Psychological Bulletin,* ***117***, 497-529.

Benedict, R.（1946）. *The chrysanthemum and the sword.*（長谷川松治（訳）（1967, 2005）. 菊と刀　講談社学術文庫）

Cohen, D., & Gunz, A.（2002）. As seen by the others ...: Perspectives on the self in the memories and emotional perceptions of Easterners and Westerners. *Psychological Science,* ***13***, 55-59.

土居健郎（1971）.「甘え」の構造　弘文堂（Bester, J.（訳）（1973）. *Anatomy of dependence.* Kodansha International.）

Hashimoto, H., & Yamagishi, T.（2016）. Duality of independence and interdependence: An adaptationist perspective. *Asian Journal of Social Psychology,* ***19***, 286-297.

Heine, S. J., Takata, T., & Lehman, D. R.（2000）. Beyond self-presentation: Evidence for self-criticism among Japanese. *Journal of Personality and Social Psychology,* ***26***, 71-78.

今田寛（2015）. ことわざと心理学――人の行動と心を科学する　有斐閣

石黒格・村上史朗（2007）. 関係性が自己卑下的自己呈示に及ぼす効果　社会心理学研究, ***23***, 33-44.

Iyengar, S. S., & Lepper, M. R.（1999）. Rethinking the value of choice: A cultural perspective on intrinsic motivation. *Journal of Personality and Social Psychology,* ***76***, 349-366.

Kitayama, S., & Karasawa, M.（1997）. Implicit self-esteem in Japan: Name letters and birthday numbers. *Personality and Social Psychology Bulletin,* ***23***, 736-742.

Kitayama, S., & Uchida, Y.（2003）. Explicit self-criticism and implicit self-regard: Evaluating self and friend in two cultures. *Journal of Experimental Social Psychology,* ***39***, 476-482.

Kito, M., Yuki, M., & Thompson, R.（2017）. Relational mobility and close relationships: A socioecological approach to explain cross-cultural differences. *Personal Relationships,* ***24***, 114-130.

Levine, M., Prosser, A., Evans, D., & Reicher, S.（2005）. Identity and emergency interventions: How social group membership and inclusiveness of group boundaries shape helping behavior. *Personality and Social Psychology Bulletin,* ***31***, 443-453.

Muramoto, Y.（2003）. An indirect self-enhancement in relationship among Japanese. *Journal of Cross-Cultural Psychology,* ***34***, 552-566.

佐々木淳・菅原健介・丹野義彦（2005）. 羞恥感と心理的距離との逆Ｕ字的関係の成因に関する研究――対人不安の自己呈示モデルからのアプローチ　心理学研究, **76**, 445-452.

鈴木直人・山岸俊男（2004）．日本人の自己卑下と自己高揚に関する実験研究　社会心理学研究，**20**，17-25.

Takata, T. (2003). Self-enhancement and self-criticism in Japanese culture: An experimental analysis. *Journal of Cross-Cultural Psychology,* ***34***, 543-551.

Tice, D. M., Butler, J. L., Muvaren, M. B., & Stillwell, A. M. (1995). When modesty prevails: Differential favorability of self-presentation to friends and strangers. *Journal of Personality and Social Psychology,* ***69***, 1120-1138.

Williams, T. P., & Sogon, S. (1984). Group composition and conforming behavior in Japanese students. *Japanese Psychological Research,* ***26***, 231-234.

山田順子・鬼頭美江・結城雅樹（2015）．友人・恋愛関係における関係流動性と親密性――日加比較による検討　実験社会心理学，**55**，18-27.

Yuki, M., Schug, J., Horikawa, H., Takemura, K., Sato, K., Yokota, K., & Kamaya, K. (2007). Development of a scale to measure perceptions of relational mobility in society. *CERSS Working Paper Series,* ***75***.

吉田綾乃・浦光博・黒川正流（2004）．日本人の自己卑下呈示に関する研究――他者反応に注目して　社会心理学研究，**20**，144-151.

吉富千恵（2011）．日本人の卑下的呈示行動に関する検討――発話者の身内を卑下する動機と聞き手の返答および印象　対人社会心理学研究，**11**，81-87.

講間コラム07

Cook, C. J. (2014). The role of lactase persistence in precolonial development. *Journal of Economic Growth,* ***19***(4), 369-406.

Draganski, B., Gaser, C., Busch, V., Schuierer, G., Bogdahn, U., & May, A. (2004). Changes in grey matter induced by training. *Nature,* ***427*** (6972), 311-312.

Hanakawa, T., Honda, M., Okada, T., Fukuyama, H., & Shibasaki, H. (2003). Neural correlates underlying mental calculation in abacus experts: a functional magnetic resonance imaging study. *NeuroImage,* ***19***(2), 296-307. http://doi.org/10.1016/S1053-8119 (03) 00050-8

Hatano, G.,& Osawa, K., (1983). Digit memory of grand experts in abacus- derived mental calculation. *Cognition,* ***15***, 95-110.

Maguire, E. A., Woollett, K., & Spiers, H. J. (2006). London taxi drivers and bus drivers: A structural MRI and neuropsychological analysis. *Hippocampus,* ***16***(12), 1091-1101.

Van de Vliert, E., Welzel, C., Shcherbak, A., Fischer, R., & Alexander, A. C. (2018). Got Milk? How Freedoms Evolved From Dairying Climates. *Journal of Cross-Cultural Psychology,* ***49***(7), 1048-1065.

第8講

Bensley, L. S., & Wu, R. (1991). The role of psychological reactance in drinking following alcohol prevention messages. *Journal of Applied Social Psychology,* ***21***, 1111-1124.

Brehm, J. W. (1966). *A theory of psychological reactance.* Oxford, UK: Academic Press.

Brehm, J., Stires, L. K., Sensenig, J., & Shaban, J. (1966). The attractiveness of an eliminated choice alternative. *Journal of Experimental Social Psychology, **2***, 301-313.

Brehm, S. S., & Brehm, J. W. (1981). *Psychological reactance: A theory of freedom and control.* London, UK: Academic Press.

Cerasoli, P. C., & Nicklin, J. M. (2014). Intrinsic motivation and extrinsic incentives jointly predict performance: A 40-year meta-analysis. *Psychological Bulletin, **140***, 980-1008.

Deci, E. L. (1971). Effects of externally motivated rewards on intrinsic motivation. *Journal of Personality and Social Psychology, **18***, 105-115.

Deci, E. L. (1980). *The psychology of self-determination.* Lexington, MA: Heath. (石田梅男(訳) (1985). 自己決定の心理学――内発的動機づけの鍵概念をめぐって　誠信書房)

Deci, E. L., Connell, J. P., & Ryan, R. M. (1989). Self-determination in a work organization. *Journal of Applied Psychology, **74***, 580-590.

Deci, E. L., Koestner, R., & Ryan, M. R. (1999). A meta-analytic review of experiments examining the effects of extrinsic rewards on intrinsic motivation. *Psychological Bulletin, **125***, 627-668.

Deci, E. L., Nezlek, J., & Sheinman, L. (1981). Characteristics of the rewarder and intrinsic motivation of the rewardee. *Journal of Personality and Social Psychology, **40***, 1-10.

Deci, E. L., & Ryan, M. R. (1985). *Intrinsic motivation and self-determination in human behavior.* New York, NY: Plenum.

Deci, E. L., Schwartz, A. J., Sheinman, L., & Ryan, R. M. (1981). An instrument to assess adults' orientation toward control versus autonomy with children: Reflections on intrinsic motivation and perceived competence. *Journal of Educational Psychology, **73***, 642-650.

Dowd, E. T., Milne, C. R., & Weiss, S. L. (1991). The therapeutic reactance scale: A measurement of psychological reactance. *Journal of Counseling and Development, **69***, 541-545.

Eisenberger, R., & Cameron, J. (1996). Detrimental effects of reward: Reality or myth? *American Psychologist, **51***, 1153-1166.

Graupmann, V., Jonas, E., Meier, E., Hawelka, S., & Aichhorn, M. (2012). Reactance, the self, and its group: When threats to freedom come from the ingroup versus the outgroup. *European Journal of Social Psychology, **42***, 164-173.

Greene, D., & Lepper, M. R. (1974). Effects of extrinsic rewards on children's subsequent intrinsic interest. *Child Development, **45***, 1141-1145.

Grolnick, W. S., & Ryan, M. R. (1989). Parent styles associated with children's self-regulation and competence in school. *Journal of Experimental Psychology, **81***, 143-154.

Hewett, R., & Conway, N. (2016). The undermining effect revisited: The salience of everyday verbal rewards and self-determined motivation. *Journal of Organizational Behavior, **37***, 436-455.

Hong, S., & Page, S. (1989). A psychological reactance scale: Development, factor structure

and reliability. *Psychological Reports, **64***, 1323-1326.

今田寛（2015）．ことわざと心理学——人の行動と心を科学する　有斐閣

今田寛・宮田洋・賀集寛（編）（2016）．心理学の基礎 四訂版　培風館

今田純雄・北口勝也（2015）．動機づけと情動　現代心理学シリーズ4　培風館

今城周造（2001）．説得におけるリアクタンス効果の研究　北大路書房

今城周造（2002）．リアクタンス特性と集団主義・独自性・説得効果の関係　心理学研究，**73**，366-372.

Iyengar, S. S., & Lepper, M. R. (1999). Rethinking the value of choice: A cultural perspective on intrinsic motivation. *Journal of Personality and Social Psychology, **76***, 349-366.

Jonas, E., Graupmann, V., Kayser, D. N., Zanna, M., Traut-Mattausch, E., & Frey, D. (2009). Culture, self, and the emergence of reactance: Is there a "universal" freedom? *Journal of Experimental Social Psychology, **45***, 1068-1080.

Kohn, A. (1993). *Punished by rewards.* Boston, MA: Houghton Mifflin.（アルフィ・コーン　田中英史（訳）（2011）．報酬主義をこえて　法政大学出版局）

Lepper, M. R., & Greene, D. (1974). Undermining children's intrinsic interest with extrinsic reward: A test of the "overjustification" hypothesis. *Journal of Personality and Social Psychology, **28***, 129-137.

Lepper, M. R., & Greene, D. (1975). Turning play into work: Effects of adult surveillance and extrinsic rewards on children's intrinsic motivation. *Journal of Personality and Social Psychology, **31***, 479-486.

Lepper, M. R., Greene, D., & Nisbett, R. E. (1973). Undermining children's intrinsic interest with extrinsic reward. *Journal of Personality and Social Psychology, **28***, 129-137.

Maslow, A. H. (1943). A theory of human motivation. *Psychological Review, **50***, 370-396.

Merz, J. (1983). Fragebogen zur Messung der Psychologischen Reaktanz (A questionnaire for the measurement of psychological reactance). *Diagnostica*, XXIX, 75-82.

Miron, A. M., & Brehm J. W. (2006). Reactance theory —40 years later. *Zeitschrift für Sozialpsychologie, **37***, 9-18.

Miller, R. S. (1987). Empathic embarrassment: situational and personal determinants of reactions to the embarrassment of another. *Journal of Personality and Social Psychology, **53***, 1061-1069.

Murayama, K., Kitagami, S., Tanaka, A., & Raw, J. A. L. (2016). People's naiveté about how extrinsic rewards influence intrinsic motivation. *Motivation Science, **2***, 138-142.

大槻千秋（1981）．幼児の内発的動機づけに及ぼす外的報酬の影響　東京大学教育学部紀要，**20**，335-342.

Pennebaker, J., & Sanders, D. (1976). American graffiti: effects of authority and reactance arousal. *Personality & Social Psychology Bulletin, **2***, 264-267.

Rains, S. A. (2013). The nature of psychological reactance revisited: A meta-analytic review. *Human Communation Research, **39***, 47-73.

Regan, J. W., & Brehm, J. W. (1966). Compliance in buying as a function of inducements that threaten freedom. In L. Bickman & T. Henchy (Eds.), *Beyond the laboratory: Field research in social psychology* (pp. 269-274). New York, NY: McGraw-Hill.

Rosenberg, B. J., & Siegel, J. T. (2018). A 50-year review of psychological reactance theory: Do not read this article. *Motivation Science, **4***, 281-300.

Ryan, M. R., & Deci, E. L. (2000). When rewards compete with nature: The undermining of intrinsic motivation and self-regulation. In C. Sasone & J. M. Harackiewicz (Eds.). *Intrinsic and Extrinsic Motivation : The Search for Optimal Motivation and Performance* (Chapter 2). San Diego, CA: Academic Press.

Ryan, M. R., & Deci, E. L. (2019). Commentary. Research on intrinsic and extrinsic motivation is alive, well, and reshaping 21st-Century management approaches: Brief reply to Locke and Schattke (2019). *Motivation Science, **5***, 291-294.

Shoham, V., Trost, S. E., & Rohrbaugh, M. J. (2004). From state to trait and back again: Reactance theory goes clinical. In R. A. Wright, J. Greenberg, & S. S. Brehm (Eds.), *Motivational analyses of social behavior: Building on Jack Brehm's contributions to psychology.* Mahwah, NJ: Erlbaum.

Shoham-Salomon, V., Avner, R., & Neeman, R. (1989). You're changed if you do and changed if you don't: Mechanisms underlying paradoxical interventions. *Journal of Consulting and Clinical Psychology, **57***, 590-598.

Singelis, T. M., Triandis, H. C., Bhawuk, D., & Gelfand, M. (1995). Horizontal and vertical individualism and collectivism: A theoretical and methodological refinement. *Journal of Cross-Cultural Research, **29***, 240-275.

Sittenthaler, S., Traut-Mattausch, E., & Jonas, E. (2015). Observing the restrictions of another person: vicarious reactance and the role of self-construal and culture. *Frontiers of Psychology, **6***, Article1052.

Steindl, C., Jonas, E., Sittenthaler, S., Traut-Mattausch, E., &Greenberg, J. (2015). Understanding psychological reactance: New developments and findings. *Zeitschrift für Psychologie, **223***(4), 205-214.

Triandis, H. C., & Gelfand, M. J. (1998). Converging measurement of horizontal and vertical individualism and collectivism. *Journal of Personality and Social Psychology, **74***, 118-128.

Tucker, R. K., & Byers, P. Y. (1987). Factorial validity of Merz's Psychological Reactance Scale. *Psychological Reports, **61***, 811-815.

上淵寿・大芦治（編著）(2019). 新・動機づけ研究の最前線　北大路書房

碓井真史（1986). 内発的動機づけに及ぼす外的報酬と認知的情報の効果　社会心理学研究, **2**, 25-31.

碓井真史（1992). 内発的動機づけに及ぼす自己有能感と自己決定感の効果　社会心理学研究, **7**, 85-91.

Worchel, S., & Brehm, J. W. (1970). Effect of threats to attitudinal freedom as a function of

agreement with communicator. *Journal of Personality and Social Psychology*, ***14***, 18–22.

Wright, R. A., Greenberg, J., & Brehm, S. S. (Eds.) (2004). *Motivational analyses of social behavior: Building on Jack Brehm's contributions to psychology*. New York: Psychology Press.

山口勧・岡隆・丸岡吉人・渡辺聰・渡辺久哲（1988）．合意性の推測に関する研究(1)――集団主義的傾向との関連について　日本社会心理学会第29回発表論文集，pp. 176–177.

山岡重行（1993）．ユニークネス尺度の作成と信頼性・妥当性の検討　社会心理学研究，**9**，181–194.

講間コラム08

Ji, L. J., & Nisbett, R. (2001). Culture, change, and prediction. *Psychological Science*, ***12***(6), 450–456.

Markus, H. R., & Kitayama, S. (2003). Models of agency: sociocultural diversity in the construction of action. Nebraska Symposium on Motivation. *Nebraska Symposium on Motivation*, ***49***, 1–57.

Miyamoto, Y., & Ma, X. (2011). Dampening or savoring positive emotions: A dialectical cultural script guides emotion regulation. *Emotion*, ***11***(6), 1346–1357.

Nisbett, R. E., Peng, K., Choi, I., & Norenzayan, A. (2001). Culture and systems of thought: Holistic versus analytic cognition. *Psychological Review*, ***108***(2), 291–310.

《著者紹介》（＊は編著者）

＊今田　寛（いまだ・ひろし）　まえがき，第1講～第8講
関西学院大学名誉教授

成田健一（なりた・けんいち）　講間コラム01
関西学院大学文学部総合心理科学科教授

小川洋和（おがわ・ひろかず）　講間コラム02
関西学院大学文学部総合心理科学科教授

中島定彦（なかじま・さだひこ）　講間コラム03，04
関西学院大学文学部総合心理科学科教授

有光興記（ありみつ・こうき）　講間コラム05，06
関西学院大学文学部総合心理科学科教授

一言英文（ひとこと・ひでふみ）　講間コラム07，08
関西学院大学文学部総合心理科学科准教授

《編著者紹介》

今田　寛（いまだ・ひろし）

1934年，西宮市に生まれる。

1957年，関西学院大学文学部心理学科卒業。同大学院修士課程を経て，1963年，アイオワ大学大学院卒業。関西学院大学専任講師，助教授，教授を経て，2003年，定年退職。元関西学院大学学長，元広島女学院大学学長。

現　在，関西学院大学名誉教授（専門，心理学）。

Ph. D.，文学博士。

著作に，『恐怖と不安』（誠信書房，1975年），『学習の心理学』（培風館，1996年），『学習の心理学』（放送大学教育振興会，2000年），『心理科学のための39レッスン』（培風館，2004年），『ことわざと心理学』（有斐閣，2015年），共編著に『心理学の基礎〔4訂版〕』（培風館，2016年），訳書にR. C. ボウルズ『学習の心理学』（培風館，1982年），W. ジェームズ『心理学』上・下（岩波文庫，1992・1993年）など。

ことわざから出会う心理学

2022年7月1日　初版第1刷発行　〈検印省略〉

定価はカバーに
表示しています

編著者　今田　寛
発行者　杉田啓三
印刷者　江戸孝典

発行所　株式会社　ミネルヴァ書房

607-8494 京都市山科区日ノ岡堤谷町1
電話代表 (075)581-5191
振替口座 01020-0-8076

共同印刷工業・藤沢製本

ISBN978-4-623-09254-3

Printed in Japan